作者简介

陈蕴哲 江苏滨海人。中央团校青年运动教研室主任，共青团中央中国特色社会主义理论体系研究中心特聘研究员，新南威尔士大学政治学博士。澳大利亚-新西兰政治学会理事，共青团中央国际青年组织研究专委会委员，中国教育装备行业协会常务理事，教育部国别和区域研究培育基地中山大学大洋洲研究中心、华南理工大学、华南农业大学、聊城大学特约研究员。研究方向为国际政治与政治学，马克思主义中国化，青年与青年运动。曾发表论文30余篇，出版中英文专著4部，主持国家社科基金、教育部基金、共青团中央课题5项。

周 悦 河北乐亭人。中国社会科学院大学管理学院讲师，北京师范大学管理学博士。研究方向为公共服务和公共治理。曾发表中英文学术论文30余篇，参与出版专著5部。

全国教育科学"十三五"规划教育部青年项目课题——澳大利亚国际教育发展历史与现状研究（课题编号EOA160395）阶段性成果

澳大利亚国际教育发展与启示

陈蕴哲　周　悦◎著

人民日报学术文库

人民日报出版社·北京

图书在版编目（CIP）数据

澳大利亚国际教育发展与启示／陈蕴哲，周悦著
. —北京：人民日报出版社，2019.8
ISBN 978 - 7 - 5115 - 6157 - 2

Ⅰ.①澳… Ⅱ.①陈…②周… Ⅲ.①国际教育—研
究—澳大利亚 Ⅳ.①G561.1

中国版本图书馆 CIP 数据核字（2019）第 155756 号

书　　名：澳大利亚国际教育发展与启示
　　　　　AODALIYA GUOJI JIAOYU FAZHAN YU QISHI
作　　者：陈蕴哲　周　悦

出 版 人：董　伟
责任编辑：翟福军　毕春月
封面设计：中联学林

出版发行：人民日报出版社

社　　址：北京金台西路 2 号
邮政编码：100733
发行热线：（010）65369509　65369512　65363528　65363531
邮购热线：（010）65369530　65363527
编辑热线：（010）65369463
网　　址：www. peopledailypress. com
经　　销：新华书店
印　　刷：三河市华东印刷有限公司

开　　本：710mm×1000mm　1/16
字　　数：368 千字
印　　张：20.5
版次印次：2019 年 8 月第 1 版　　2019 年 8 月第 1 次印刷

书　　号：ISBN 978 - 7 - 5115 - 6157 - 2
定　　价：98.00 元

目 录
CONTENTS

第一章

国际教育综述

第一节　基本概念

（一）概念界定

国际教育,是指各国之间进行的学历教育和非学历教育,主要实施阶段在高等教育方面。国际教育分为四种表现形式:跨境远距离教育、留学教育、在目标国设立分校或分部与当地学校合作办学,给当地学校授权等模式以及教师和培训师跨境讲学等。出国留学是国际教育最主要最直接的表现形式,国际青少年教育协会是以组织教育学术交流及教育服务的国际化专业平台。在信息技术日益发展的今天,各国之间的联系和往来日益密切,经济全球化和教育国际化发展趋势显著,在寻求多样化的发展道路和发展方式上,一些国家进行了广泛的积极探索并取得阶段性成效。随着当今国际间竞争与合作关系的不断扩大,商业贸易、外交事务、国际留学等都将在全球范围内更为紧密地联系在一起。在这样的大环境、大背景之下,世界各国,特别是西方一些发达国家利用自身教育优势,积极开发国际教育资源,不断开拓国际教育市场。如加拿大在1990年《没有国界和边界的教育》报告中,要求大学把教育国际化作为自己的组织目标之一,并制定相关政策推进和保护教育国际化进程。法国外交部国民教育研究和技术合作部于1998年11月成立法国教育国际协作总局,积极对外宣传法国的教育、科研和名牌大学,组织各大学赴国外进行教育展览,为各大学代理招收自费留学生或与国外教育机构联手,协调并整合教育资源①。在学术界,不同的学者对于国际教育也有着不同的理解和认识,这种不同的理解不仅引发了人们对国际教育的争论,同时也引起了

---

① 邹秧珍:《中外"国际教育"比较》,载《宁波大学学报(教育科学版)》,2003(4)。

人们的困惑。比如,斯坎伦提倡国际教育的主旨应该是互相理解与良好的愿望,海登、汤普森、沃克认为国际教育的基本元素应该是追求世界和平和国际间合作与理解。他们认为,世界公民和国际观念是国际教育的根本。波斯尔思韦特认为,所有旨在培育在知识上以及姿态上以国际为导向的教育行为都是国际教育。弗雷泽和布里克曼则认为,国际教育是包含两个国家或两个以上国家的、无论是个人还是群体间的在智力、文化和教育方面的各种形式的合作、理解与交流的方式及其各种关系①。不管是从国际政治角度还是从社会文化方面,对于国际教育的论述,都具有特定历史时期下的发展特色和轨迹。

百年大计,教育为本。一个国家、一个民族,只有拥有强有力的教育水准,才能更好地为国家培养后备人才,积蓄后发力量。自 20 世纪 80 年代以来,人们逐渐开始接受教育作为商品在市场上进行交换的理念,许多发达国家将日趋丰富的教育资源和多样化的教育服务作为增加巨额外汇收入的重要手段,在激烈的国际竞争中占据有利的市场份额。"国际教育"(International Education)这一术语最早由美国国际教育协会(Institute of International Education)在 1919 年首次提出和使用②。历经一个半世纪的探寻和追问,国际教育已经发展成一个包括国际理解教育和世界公民教育在内的比较宽泛的研究和实践领域③。纵览不同时代、不同国家的学者对国际教育的诸多界定,著名比较教育专家斯图尔特·弗雷泽(Stewart Fraser)和威廉·布里克曼(William Brickman)给出的定义比较具有代表性。他们使用"流动"一词来描述国际教育,认为国际教育是"来自两个或两个以上国家的个人或团体通过人员、书籍、思想跨越国界流动或国际合作、理解、交流而建立的知识、文化或教育关系"④。从外延上看,它主要有人员跨境流动、项目资源跨境流动、教育机构跨境流动以及国际理解教育 4 种最为直接的表现形式。⑤

第一次世界大战后,随着西方资本主义国家向垄断资本主义的转化以及国际教育局的诞生,产生了最早以杜威为民主主义教育理论代表的国际教育理论,第

---

① 王振民:《国际教育之今日发展》,载《世界教育信息》,2014(23)。

② Arum,S.,& Van de Water,J.,(1992). The Need for Definition of International Education in U. S. Universities. In C. B. Klasek(Ed.),Bridges to the Future:Strategies for Internationalizing Higher Education. Carbondale:Association of International Education Administrators:191～203.

③ Robert Sylvester. (2007). Historical Resources for Research in International Education (1851～1950). In Mary,Hayden.,Jack,Levy.,& Jeff,Thompson.,(Ed.),The SAGE Handbook of Research in International Education. London,Thousand Oaks,New Delhi:SAGE:11.

④ Stewart,Fraser.,& William,Brickman.,(1968). A History of International and Comparative Education:Nineteenth-century Documents. Glenview,II:Scott Foresman:17.

⑤ 马毅飞:《中美国际教育政策研究》,华东师范大学学位论文,2014。

二次世界大战后,西方垄断资本主义获得进一步发展,国际教育局也为联合国教科文组织所取代,西方近代国家主义教育制度开始向现代国际主义教育制度转变。在高等教育领域,高等教育与国家间的政治经济社会交往联系密切,加之高等教育所针对的群体和历史等渊源,这种国际性的转变更为显著。20 世纪 90 年代,信息技术迅猛发展,全球经济一体化趋势日益明显,伴随而生的全球化问题也逐渐增多,呈现出复杂化和多样化的发展态势,国际视野下的教育已经不能满足时代发展需求,人们不得不把目光调整至全球视野去看待教育的发展,这种在发达国家率先进行的努力与尝试促成了全球教育理论的诞生和实践中多国国际教育制度的发展与转变,由点到面,由局部到整体,国际教育的发展成为摆在世界面前的一个重要问题。①澳大利亚为进一步扩大国际影响力和国际教育发展的竞争力,不断丰富国际教育项目,积极参与海外合作办学,不断提升办学质量和品牌效应。我国加入 WTO 后,在国际教育方面也逐渐进行探索性的突破,成为我国对外交流和贸易的重要组成部分,我国在国际教育方面不断丰富教学形式和教学内容,致力于在国际教育的浪潮中占据优势和主动地位。这一方面,为我国教育市场打开了大门,为世界各国先进文化传播至我国起到巨大的推动作用;另一方面,为我国教育走向国际市场提供了契机,促进我国先进文化积极走向世界,提升中华文化的影响力,让中华文化以更绚丽的姿态屹立于世界民族文化之林。

如何在国际教育和国内教育之间找到平衡点,如何在国际教育的发展要求与国内教育发展现状之间找到协调点,如何面对教育中存在的资源分配不公等现实问题,这些都是国际教育所要面临的富有挑战性的重大难题。只有多元化的教育形式和方向才能回答和解决不同层面、不同状况下的国际教育实践问题,才能满足不同国家在国际教育市场上的利益诉求,才能更好地培养拥有国际化视野的人才,实现教育的本质。早在 20 世纪初期,杜威就曾经说过,民主主义教育不同于18 世纪只注重教育理论却忽视教育实践的世界主义教育,同时也不同于 19 世纪只注重教育现实而忽视教育理想的国家主义教育,民主主义的教育理论和过程要超越国家的控制,但它的教育机构可以由国家来承担和管理。时至 21 世纪初期,尽管全球化浪潮席卷世界各地,旧有国家力量受到来自内部民族和种族分裂的威胁与外部跨国政治、经济和文化方面的巨大冲击与削弱,但是国家作为一个拥有领土和主权的实体,仍然是今天国际舞台上的主要角色,国家仍然会作为国际教育机构的主要承担者。从另一个角度说,尽管国际教育为国家利益服务的思想从20 世纪初到 20 世纪末一直受到教育家的批判,但是通过国家教育保卫国家安全,

---

① 李爱萍:《美国"国际教育":历史、理论与政策》,华东师范大学学位论文,2005。

为国家获取更多的经济社会效益仍然是国际教育现实任务的重要内容。

（二）国际教育下的教育发展

全球化背景下，"国际教育"作为一项保持国际领导力、经济竞争力的国家安全策略，在国家发展中占据越来越重要的位置。国际教育早已成为教育理论研究和公共政策辩论的热门话题，日益展示了它的重要性和复杂性。[①]将教育提升到国际视野，毫无疑问将有助于先进教育经验的传播与相互借鉴交流学习。作为一种教育制度，国际教育影响着个人行为与实际活动，对社会的发展与前进具有重要作用，承担着为国家培养后备人才、促进国际交流与合作的责任。将国际教育置于澳大利亚教育的政治历史等发展进程中，考察澳大利亚国际教育发展的历史沿革及现代国际教育的责任以及国际教育未来发展方向和路径探索，将对教育在国际间的发展有着重要的启发与借鉴作用。1998 年，美国教育理事会国际教育主席巴巴拉·特林顿（Barbara Turlington）在《改革高等教育课程：校园国家化》（Reforming the Higher Education Curriculum：Internationalizing the Campus American council on education，Oryxpress，serieson Higher Education，1998）一书的序言中指出，全世界的商业、政治、教育领导皆认为，过去 10 年的情况要求我们改变我们工作的方法、我们与他国联系的方法以及我们的教学与研究方法。高等教育的领导认识到，变化中的国际环境、全球经济以及诸如环境污染和公众健康这样的世界问题，呼吁课程与教学方法的改革[②]。

1. 国际教育拓宽了教育的发展性视野

1988 年 1 月 4 日，著名教育家欧内斯特·博耶（ErnestL. Boyer）在美国大学协会第 74 届年会上所做的《大学的质量》演讲中，阐释了他的国际教育观："我认为高质量的大学本科教育应该使学生形成一种全球性的眼观和全人类的视野。归根到底，人类大家庭的未来并不取决于他的武器系统置于太空，而是取决于全人类更好的相互理解"[③]。随着近代社会人类交流和教育知识的不断增多，国际教育在文化方面的巨大推动力也在日益凸显，人们将教育作为学术资源进行学术交流不断扩大学术视野。通过经验的学习与借鉴，构建为自己国家所用的国际化人才，突破传统教育的局限，将教育延展到国际视野，在不同的国情下进行国际教育

---

① 马毅飞：《中美国际教育政策研究》，华东师范大学博士论文，2014。

② *American council on education*，Oryx press，series on Higher Education，1998.

③ 欧内斯特·博耶：《关于美国教育改革的演讲（1975—1995）》，69 页，北京：教育科学出版社，2002。

发展的必要性研究。世界联系越来越紧密,"世界是平的"的观念深入人心,人们逐渐认识到教育不应只关注本国,更应该超越国界,让学生走向世界,让世界的学生了解本国文化,促进本国文化的对外传播,提升文化和教育水平的国际影响力。

2. 国际教育促进教育内容和方式创新

教育在漫长的历史发展中经历了一次又一次变化,在本国的国民教育中,使用的经验和内容越来越具有世界普适性,一些先进的知识和技术传授给本国国民,对于本国政治经济文化的发展影响深远。在国际间交流与合作的同时,不断提升高校学生对于不同文化的适应性,在语言文化、商业贸易等多元化主体的共同承载下相互借鉴,实现新的突破与发展。教育方式和手段不应局限于以往的教育模式,国际化发展将有利于教育内容和方式创新。正如英国政府在《置世界于世界一流教育之中》(Put the World into the World – class education)所说,在一个全球化的社会中,如果我们不能给予年轻一代国际教育,就好比没有给一个战士全副武装①。所以,国际教育将有助于培养全方位、跨领域的现代化人才。

3. 国际教育补充国民教育的欠缺不足

国民教育以传统的培养模式和知识为教育的主要内容,侧重于培养适合本国国情的本土化人才。历经多年的发展,传统的国民教育体系难免会出现一定的弊端和阻碍,教育方式单一、教育内容繁杂、教育思路禁锢,都成为国民教育发展过程中的壁垒。在当今全球化的时代背景下,国际教育的发展将有助于弥补国民教育的不足,从内到外建立一套完整的教育发展体系,将有助于本国国民走向世界,同时将世界优秀人才引入本国。著名高等教育学家、卡内基高等教育政策研究理事会主席克拉克科尔对于大学教育国际化和民主化提出了自己的见解,在他看来,大学教育国际化与民主化是难以避免的矛盾,对于这个矛盾的认识,人们承认与否并不具有决定性因素,关键在于人们能够在多大程度上发现二者之间的冲突与合作关系,科尔指出"大学就其发展普遍知识的特性而言,基本属于国际化的机构,但是他们的确一直生存在对其有所图谋的国家环境之中"②。大学的国际教育是不能脱离国家教育而独立存在的,作为国民教育的重要补充,国际教育所发挥的作用,必定具有较为深远的意义。

---

① 吕杰昕、熊建辉:《发展国际教育,建设和谐世界——访上海市教育委员会副主任张民选》,载《世界教育信息》,2009(10)。

② Klark Kerr. *Higher Education Cannot Escape History*. State University of New York Press,1994, p. 6.

4. 国际教育顺应了教育的未来发展趋势

布里克曼还通过对国际高等教育史的研究,积极地评价了大学对世界文明发展的突出贡献:"大学的最大能力在于它通过创造和推动知识的进步使人类了解了自身所处的世界,并通过有效的合作争取大同的世界。"①艾萨克·康德尔(Issac Kendel)认为,国际教育的前提是它首先必须自然的产生于民族的教育体系之中,而不是将国际主义加以理想主义的改装"强制地"置于其上。1957年,康德尔在《教育中的民族主义和国际主义》一文中重申了这一观点,并且认为,国际教育是为了培育人类的价值和尊严,而不论他们是什么种族、肤色和宗教;国际教育是通过不同思想的碰撞激发民族之间的交流,从而促进人类的进步,没有哪一个民族可以自诩无须参与其中也能够成为先进民族的一员;国际教育可以通过文化之间的相互渗透促进东西方的接触,拉近双方的距离。②国际教育是全球化发展的产物,是国际间交流与合作的重要载体和桥梁。在二战后的半个多世纪里,尤其是21世纪的今天,各国间竞争的激烈性将推动教育从全球化迈向国际化,相互交流和借鉴对于教育本身的发展来讲,是值得的也是十分有益的。

随着外部环境的不断变化,各国间的国家教育呈现出共同的发展趋势。第二次世界大战之后,苏联、中国、英国、美国等国家在重构战后秩序的时候就已经认识到,当前的世界形势极为严峻,如果仍然以一种敌视的状态而不是增进共识维护和平,世界仍将处在战争的威胁下。《联合国教科文组织组织法》导言中写道:"战争起源于人之思想,故务需于人之思想中筑起保卫和平之屏障。"《组织法》第一条就表明了该组织的宗旨:"本组织之宗旨在于通过教育、科学及文化来促进各国间之合作,对和平与安全作出贡献,以增进对正义、法治及联合国宪章所确认之世界人民不分种族、性别、语言或宗教均享人权与基本自由之普遍尊重。"教育所能发挥的巨大作用,是全世界的、全人类的,以协作代替敌视,以包容海纳百川,国际教育正是希望用这种方式告诉学生,人类必须停止惨绝人寰的战争和残杀。

(三)国际教育下的社会协调

1. 国际教育提升了公民的社会责任感

20世纪80年代,部分教育学家将国民教育与国际教育的思考提升到全球经

---

① Brickman, W. W. International Relations in Higher Education, 1862 – 1962 [A]. W. W. Brickman and S. Lehrer(eds.). A Century of Higher Education : Classical Citadel to Collegiate Colossu [C]. New York : Society for the Advancement of Education, 1962, p. 239.

② Kandel, I. L. Nationalism and Internationalism in Education [J]. Harvard Educational Review, 1957, pp. 75 – 84.

济的竞争关系中或者是全人类相互往来与支持的层面上，认为国际教育应普遍存在于大学教育体系之中；还有一些观点认为，国际教育应当更加注重学生的人格与个性发展。通过发展本国的国民教育，将有助于了解本国的发展历史，掌握基本知识，了解本国的政治制度，具备基本的公民政治素养。在教育的发展过程中，重视公民意识的培养，引导公民积极参与公共事务，既作为本国公民又作为世界公民的双重身份，将有助于将个人置于全球化时代背景下审视本国发展的大致情况，借鉴国外先进经验，不断提升公民的社会责任感与参与感，这样的全球化意识将一个国家与其他国家联系起来，与全球社会的政治、经济、社会、环境等问题紧密联系起来。在国际问题日益严重的今天，各种恐怖主义、传染病、贫困等社会问题猖狂，国际教育的发展将有助于我们超越地域与国界的限制，以全球化的视野、全球化的责任意识应对多变的环境，提升社会责任感，为全世界公民造福。

2. 国际教育是教育与民主的重要载体

联合国教科文组织将教育作为人权的一项重要内容。国际教育所传递出的思想是前沿化的，它充分将个人民主引入，充分协调个人发展与社会发展之间的关系，并没有将个人民主禁锢在固定的领域和范围。在政治、经济、文化和科学已经超越国界发展的今天，人与人、人与社会、人与自然之间的联系日趋紧密；当然另一方面来看，随着国际间竞争的日趋激烈，利益集团之间的激烈角逐使得各国或多或少处于一种敌对状态，在这样的状态下，以往的以国家利益为目的的教育显然是有一定局限性的。杜威曾经在《民主主义与教育》中指出："一方面是范围较广的联合、互相协助的社会生活，另一方面是范围较狭的、排他性的、因而含有敌对性质的事业和目的。这两个领域之间的矛盾，要求在教育理论上对教育的社会功能和社会检验标准中所用的'社会'一词的意义，有比过去更为明确的概念。"他认为，理想的社会是民主主义社会，由于民主主义社会不仅是一种政府的形式，而首先是一种联合生活的方式，是一种共同交流经验的方式，因此，民主主义教育有自己的独特性。具体来说，第一，民主主义教育的根本目的不是服务于国家而是服务于社会，即不是培养国家公民，而是促进个人的发展，增进国际理解与合作。杜威在《民主主义与教育》一书中提到过："在民主主义的社会中，为民主主义设置的教育有一个基本的问题，是由于国家主义的目的和更广阔的社会目的的冲突而提出的。"从个人的国际思维和国际交往及国际合作精神的角度来看，国际教育的发展是广阔的，是超越国家主义的，是可以让个人在接受不同国家教育的同时树立一种开放、自由及民主的意识，这就是一种教育民主。

3. 建设全球公民文化

目前，很多国家普遍接受国际教育的基本观点认为，以开阔的眼界学习外国的成功经验是理所应当的也是十分有必要的,在全球化的发展进程中,教育和学习以及复杂的国际间交流与合作已经不仅仅是国家领导人和学者的事情,而应当是全球公民共同的任务。世界的历史、世界的地理环境、世界的气候变化、世界的沟通往来都是国际教育的重要内容。因此,培养出具有国际视野,善于开展国际合作的一代又一代公民,是一个国家、一个社会建立完整的教育体系的应有之义。随着现代科技手段的日益发达,现代互联网技术能够最大限度地超越时间和空间的局限,将信息进行广泛传递,在跨越国界的信息传递中,在多样化的传递渠道下,信息的互通有无将有助于教育工作者认识到"国际教育"的重要性,通过各种方式和手段,使公民不仅仅局限于当前的本国生活,还要为整个世界,甚至是整个人类做出应有的贡献。

(四)国际教育下的课程建设

1. 国际教育课程构建综合性提升

高等教育课程发展经历了一个漫长而艰难的过程,第二次世界大战以后,尤其是在20世纪80年代以后,高等教育教学的改革呈现出较快的发展趋势,拥有较快的发展速度,西方高等教育在这样高速化的促使下,也呈现出明显的相互交融趋势,即在传统意义上的大学里开设相关理工科的课程,在高等专业或者技术院校中开设人文和社会科学的课程。学科综合化的趋势增强,由原来比较多的学科课程到后来逐渐组成一种跨学科的综合课程,国际教育视野下的综合课程建设体系不断完善,将有助于知识的融会贯通,也将大大促进学生的知识结构趋向综合。同时,在课程建设方面,个性化意识建立并增强。许多学校都提供了丰富、多样化的课程,使学生有充分的选择余地,国外的选课制度相较于我国选课制度存在本质意义上的区别,我国选课受到的限制较大,而国外选课方式更为灵活,更加注重学生的个性发展自由和需要。20世纪四五十年代,在二战正在紧张进行和刚刚结束不久,比较教育学家I. L. 康德尔(L. L. Kander)就什么是国际教育以及国际教育和国家教育的关系进行了探讨。1943年,在《理智的合作:国家与国际》(Intellectual Cooperation:National And International)一书中,康德尔首次提出了他的国际教育观。康德尔认为,所谓"国际教育",其目的就是通过培养学生的判断能力与批判能力,以及对他人和他种性质事物的宽容心和认同感,能够辨别和理解不同文化,从而使具有不同文化背景的人能够在相互理解的基础上达到共存。康德尔从概念上回答了什么是国际教育的问题,他的国际教育观将国际教育问题与国家教育从理论上区别开了。

2. 国际教育内容丰富形式多样

对于教育来讲,内容和形式是十分重要的构成部分。20 世纪 90 年代以来,国际教育家就逐渐开始探索新型的课程建设体系,摆脱以往局限性的教育方式,避免以往教育形式中出现的独立化、分散化的弊端,积极开发多元化、协作化的国际人才培养模式,也逐渐从国际教育大系统和大背景下对国际课程和课程国际化进行深入思考。由于国际教育所处的环境是多变复杂的,在国际化交流日趋紧密的今天,国际教育的内容呈现出多样化的发展趋势,从以往单一选派留学生到目前国际间联合培养项目,再到如今的网络远程教育等形式的普及和推广,加之互联网的推广和普及,通过互联网和跨国界教育越来越普遍。据估算,美国 33 个州已经成立了虚拟大学,3000 多家学院专门开设网上课程,85% 的社区已经开设远程教育课程,在泰国和土耳其的公立开放大学里,注册的学生人数分别占本国人数的 41% 和 38%①。在国际教育家的普遍观点中,建立跨文化的技能培养是需要重点关注的方面,如思维技能、认知技能、辩证思维以及合作的意识,在传统的国民教育中,这样全面的发展技能实现难度还是很大的,而国际教育恰好提供了这样的契机,不同的教育发展模式加之不同的思维方式,使得知识在相互交流中产生碰撞,在碰撞中产生新的想法和见解,促进人才的多方面技能提升,更好地应对全球化发展趋势。

3. 高等教育作为国际教育的载体

高等教育作为国际教育的重要载体,承担着培养人才搭建平台的关键性任务。随着学生人数的日益增多,传统的教育模式和结构面临一定的挑战和阻碍,很多大学都在教育方式和结构方面以及课程体系建设等方面进行了改革。在学科设置方面,注重新的学科领域,如电子、纳米技术、智能工程、神经系统科学、生物工程以及环境科学等,将传统的单一学科体系设置逐渐向多结构、跨领域学科知识上转变,培养适应现代社会发展的复合型人才。当今世界,各国间知识竞争和人才竞争激烈,建设世界一流大学是诸多高等学府的重要目标和发展方向,在打造世界一流的办学宗旨的指引下,高等教育将会为知识进步做出巨大的贡献,高等教育也应积极应对国际竞争带来的重大压力与挑战,不断创新高等教育国际化发展手段和方式,不断跟进教学课程和思想,开发新的学习项目,规范高等教育的发展,加强技术在教育国际化中的应用普及率,同时应该注重教育国际化发展质量的考量与评估,构建完整的框架体系,才能为国际教育提供坚实的制度保障。高等教育只有不断开拓进取,明确自身定位,才能在新的战略规划下实现长久生

---

① 杰美尔·萨尔米、李强:《国际高等教育动态与挑战》,载《教育研究》,2006(5)。

存,促进国际教育的发展。

第二节　相关理论

(一)国际教育理论研究

国际教育的交流与合作,将有助于推动国际交往,是教育的国际关系的主要运动形式,教育对中国国际关系的作用日益显著。对国际教育的理论研究内容比较丰富,有宏观层面的教育理论也有微观层面的教育课程、教学技术理论,以及建构主义等理论。其中,对于国际教育领域的研究,诸多学者选择在国际关系理论视角下进行,各国之间的教育正是在国际关系的影响下发生着一系列变化,教育与国际关系联系密切。一方面,国际关系对于一个国家的国际教育发展广度和深度有着深刻持续的影响,一国国际教育政策、内容、形式等方面必须要时刻关切当前国际关系的发展变化;另一方面,一国国际教育的发展是国际关系的重要组成部分,反映了一国的国家利益,基于国家利益是决定教育的国际关系的根本因素,同时也是诸多研究人员观察和研究国家关系的一种视角。

(二)国际关系理论与教育国际化发展

接下来讨论国际关系理论与教育国际化发展,从国际政治、自由主义理论、现实主义理论等几个方面入手。

首先,现实主义理论与教育国际化。现实主义是当代西方政治关系中的主要流派之一,被称为"现实主义"的政治理论范式。它基于几个主要假设:第一,在国际关系研究中,国际体系以国家为基础,国家是基本的分析单位。第二,国际政治的本质是冲突,即无政府状态下争夺权力的斗争,是一种权力政治。第三,现实主义规范性理论的核心是国家的生存和安全[1]。因此许多国家的国际教育政策的制定均是以本国的国家安全为首要考虑对象,从国家利益角度出发,做出理性化的决策。20 世纪 90 年代以来,美国、日本、澳大利亚等国家将国际教育提升到国家战略层面,作为进行国际间交往竞争及合作的重要手段。在教育中秉持国家利益至上的原则,确保国家主权地位不受侵犯,维护本国在国际竞争中的主动性地

---

[1]　洪邮生:《现实主义国际关系理论:一种经久不衰的主流范式》,载《历史教学问题》,2004(4)。

位,国际教育中的竞争和博弈,都是现实主义理论的直接表现。

与之相对的是自由主义理论,理想主义国际关系产生于第一次世界大战后并迅速在欧美地区流行。对于国际利益的分析,理想主义国际关系理论认为,单纯追求国家利益是一种闭塞狭隘的民族主义,国家利益阻碍人们产生共同和谐的利益,阻碍国际主义的产生。理想主义认为,国家利益涉及政治、经济、领土等多方面的利益,这些利益不应该单纯作为国际交往考量的因素。20世纪两次世界大战期间,理想主义对国际教育产生了深远的影响,人们认识到,只有携手合作,跨越国界,消除隔阂,以共进的态度对待国际教育的发展,才是实现民族国家重新认识和合作的最好方式。从20世纪初凯梅尼的国际教育研究所的计划到安德鲁斯夫人的国际教育大会,从1921年成立的国际智力协作委员会到1947年成立的联合国教科文组织,都体现出人们希望通过教育手段和方式创新促进国际合作交流,同时奠定了后来国际教育的纵深化发展。

在国际关系理论的发展进程中,世界体系论将国际教育与世界发展体系紧密相连。世界体系论的提出者是伊曼纽尔·沃勒斯坦,他将世界看成一个整体,一个国家或者是社会在世界体系中的地位,取决于世界体系结构①。任何一个国家的发展都必须置于世界整体结构中,不能脱离国际发展环境,不能孤立存在。在国际教育发展过程中,各国同样的教育发展应该积极融入世界国际教育的发展大潮中去。一个国家,要想在国际竞争中取得主动权,就必须拥有前瞻性、广阔性的视野面对当今世界全球化的发展趋势,要想在不平衡的国际关系中取得战略主动权,就应该让教育走向世界,让世界影响本国教育。了解世界发展整体局势,掌握变化动向,培养能够应对复杂多变的国际环境的专业人才,相互关联又相互独立地参与国际竞争发展进程。

全民教育(Education for All)是20世纪末期兴起的重要国际教育思潮。全民教育是1990年3月在泰国宗迪恩召开的"世界全民教育大会"上正式提出的。大会由联合国教科文组织、儿童基金会、开发计划署和世界银行联合发起,通过了《世界全民教育宣言》和《满足基本学习需要的行动纲领》两个划时代的文件,从而使全民教育的思想为国际社会所接受。全民教育的核心思想是满足所有人基本学习的需求。20世纪90年代国际社会面临许多重大问题,诸如辍学失学、文盲、男女没有平等的受教育机会、环境问题严重、战争、暴力恐怖袭击等,国际社会曾为应对这样的问题做出了积极的努力,但是,目前国际社会所面临的问题仍然

---

① 杨启光:《国际关系理论视野下中国教育国际化发展战略的研究》,载《黑龙江高教研究》,2010(7)。

十分严峻。国际教育界乃至国际社会于 20 世纪 90 年代初提出了全民教育,在全民教育思潮的重要影响下,国际教育间的往来与合作也更加密切。联合国教科文组织的 21 世纪委员会报告提出的四个主要支柱"学会学习、学会做人、学会生存和学会共处"也包含了全民教育的重要内容。此外,世界各国教育信息、教育资源的搜集和整理、分析和评价都得到了不同程度的提高,在实施全民教育的过程中,大大提高了全球合作与行动的能力,体现了全球价值①。国际教育的发展,虽然以高等教育为主,但是也要注重主体的广泛性和参与性,只有这样才能多角度加强国际合作,突破以往思维的局限,开拓新的领域,创造新的辉煌。

第三节　研究方法

(一)比较研究法

国际教育发展历史由来已久,许多西方国家较早地进行教育国际化探索并取得显著成效。本书通过对比研究的方法,以国际化的视野看待当今教育发展,结合美国、英国、加拿大等国发展实际情况,将更为清晰地了解国际教育发展历史进程及过程中存在的问题还有部分国家国际教育发展特色,提炼出影响国际教育发展的直接和间接因素,以便更好地研究我国国际教育的发展。进入 21 世纪以来,经济全球化进程加快,各国人才竞争日趋激烈,2000—2010 短短 10 年的时间,全球国际学生的总数已经从 210 万人增至 410 万人,增幅高达 95.2%。进一步分析可知,美国的国际留学生占世界总数的 18%,英国占 12%,中国、法国和澳大利亚均占 7%,德国占 6%,日本占 3%,其他国家占 34%。从全世界留学生数据来看,国际留学生总量占全球高等教育总在校生人数的近 2%,有些国家这一比重更高,如澳大利亚国际留学生占本国高教在校生总数的 18%,英国为 17%,OECD 国家平均值已达 8%。中国留学生遍布全球 100 多个国家,其中 90% 左右在美国、澳大利亚、日本、英国、韩国、加拿大、新加坡、法国、德国和俄罗斯等十个国家。据美国国际教育协会《2013 年门户开放报告》统计,在 2013—2014 学年中,美国学院和大学中的国际学生总数再创新高,达到 886052 人,比上学年增长 8%;其中留美中国学生总计 274439 人,较上学年增长 16.5%,这是连续第 7 年的两位数增长,在全

---

① 黄志成:《西方教育思想的轨迹——国际教育思潮纵览》,523 页,上海:华东师范大学出版社,2008。

美留学生的占比超过30%。在加拿大的中国留学生,也在2011—2013年间从6.7万人次增长到8.8万人次,占该国留学生的比例从22%增至33%,中国连续五年成为加拿大最大留学生来源国。

英国的国际教育。英国的国际教育大多通过英国文化委员会进行统筹,有的院校也会直接联系当地的学校或者教育机构进行合作办学。作为一个教育文化产业十分成熟的国家,英国对于教育的重视程度极高,拥有完备的教育发展模式和人才培养体系,对于国际教育的发展,也有着长远的战略发展规划。据相关人士介绍,近年来,英国将主要市场方向面向中国,对于中国市场,他们给予充分重视。比如,他们出台了一系列有关签证方面的优惠政策,最大限度吸引学员,与此同时,积极拓展海外市场,致力于将海外市场份额增加到25%;此外,他们还不断完善学生培养体系和模式,针对本硕博等不同阶段开发不同的合作教育项目,积极组织开展相关培训及游学等。

美国的国际教育。美国的国际教育历史和美国整个社会的历史一样久远。从20世纪40年代后期开始,美国颁布了一系列国际教育政策法令以应对国内和国际形势的变化。美国的国家教育历经"萌芽期""勃发期""回落期""复兴期""转型期"五个发展阶段,不同历史时期美国国际教育的发展在各个方面都表现出了不同的特点。2012年11月,美国联邦教育部出台了一份为期五年的国际教育战略报告《通过国际教育与合作取得全球性成功》(Succeeding Globally Through International Education and Engagement)。该《报告》将国际教育提升到国家安全的战略高度,并系统阐述了战略的出台背景、目标体系和行动路径,标志着美国国际教育进入了一个全新的发展阶段[1]。美国国际教育政策出台的背景大致分为以下四个方面:第一,就业形势的严峻,劳动力供需市场发展不平衡,在竞争日趋激烈的背景下,对于高层次人才的需求更为迫切,需要一部分既拥有先进技能又具备世界视野和沟通能力的国际化人才;第二,教育与国家安全休戚相关,美国教育部提出,公民意识和全球意识对于理解美国历史及其国际关系来说不可或缺,外语技能和区域专业知识对于维护国家安全、信息安全和法律实施来说是必不可少的;第三,气候、疾病、自然灾害、恐怖袭击等全球性事件带来重大的影响,共同解决这些挑战,需要各国间加强合作与交流,不断提升应对威胁的能力;最后,美国是一个兼容并包的多元文化社会,对于不同文化背景的包容与沟通协作是美国公民的一项基本能力。

---

[1]　刘强、荆晓丽:《部分发达国家视域下的中国国际教育发展研究》,载《比较教育研究》,2016(10)。

加拿大国际教育。加拿大的高等国际教育在国际上拥有较高的声誉,对于高等院校的审核和考察,加拿大有一套严格的标准,完善的教学规范和体系,促进了加拿大教育水准的不断提升。在地理和经济给予的丰富教育资源这一得天独厚的条件下,加拿大不断开展国际合作办学,深化国际教育合作与发展。加拿大办学经费总体来讲并不富裕,主要由政府承担庞大的教育支出,但是加拿大始终致力于提升教育质量,维护教育声誉。宁波大学与加拿大汉伯学院合作的中加项目自1996年开办以来取得了令人满意的成绩,培养了数百名适应国际化发展要求的专业人才,成效显著。

澳大利亚国际教育。近年来,澳大利亚政府采取了由政府主导、整合各种项目和资源的战略方针,由教育部负责国际教育服务方面的战略、规划、政策和整体推广,视教育为重要出口产业,为各级各类教育机构与中介机构提供全方位的支持,鼓励这些学校按照商业模式去吸引海外生源,开拓海外市场①。教育服务出口成为澳大利亚经济的重要发展动力之一。自从2006年国际教育成为澳大利亚第三大出口业以来,其产值就长期处于增长状态,澳大利亚国际教育出口额在2008—2009年度达到172亿澳币,2008—2009年国际教育产业价值较去年同期增长了23.2%。澳大利亚国际教育的发展,为整个国家经济实力的提升做出了突出的贡献。澳大利亚联邦政府十分注重提升国内外教育服务的质量,通过加强立法,对教育进行规范和保护。2001年通过的《海外学生教育服务法》,旨在利用法律手段对国际教育服务者的权力进行监督,对海外学生在澳的学习和生活给予重视和保障。2001年制定的《海外学生教育服务实施条例》规定了《海外学生教育服务法》的具体实施办法,保护了持学生签证来澳大利亚留学学生的权益,对保障澳大利亚教育出口产业的质量以及澳大利亚在国际领域的声誉起到了极其重要的作用②。之后颁布的新《国家准则》,在政府职责划分、注册机构的规范管理等方面进行了较为明确和细致的规定,加在学生服务、权益保护、签证业务、师资及教学规范等方面制定了15条标准。

① Center for the Study of Higher Education. Analysis of Equity Groups in Higher Education 1991 – 2002 [DB/OL]. Center for the Study of Higher Education. website of the University of Melbourne. (2010 – 03 – 01) [2010 – 06 – 10]. http://www.cshe.unimelb.edu.au/pdfs/equity_report_final.pdf.

② Bradley, D. et al. Review of Australian Higher Education: Final Report [R]. Australian Government, Canberra City, December 2008.

（二）个案研究法

本书主要以澳大利亚国际教育为对象进行研究。对于本书中的最大研究个案,将集中对其国际教育历史发展沿革和基本状况进行总结,并在后面的几章着重进行细化的比较研究,对澳大利亚国际教育发展过程中的特色和不足进行深刻剖析,并对于其在"教育援助"阶段的国际教育、"单一经济"阶段的国际教育以及"多层次发展"阶段的国际教育进行具体介绍和分析。通过对比研究、个案研究等方法,将其置于当今世界国际教育发展的大环境大背景之下。个案研究有助于对分析对象进行全面系统综合性的分析,有助于较为全面地了解澳大利亚国际教育发展的特点,并提炼其发展的成功经验,同时在不同个案之间建立起联系。通过联系澳大利亚国际教育发展与我国国际教育发展的实际情况,探究国际间教育合作与交流的必要性和可行性,综合分析其对我国国际教育发展的启示。最后,个案研究将用于澳大利亚和中国部分城市、重点大学的教育战略,具有深远的影响意义。

第二章

澳大利亚国际教育机构

第一节　管理机构

(一)澳大利亚联邦教育、科学与培训部

1. 职能简介

澳大利亚联邦教育、科学与培训部的工作重点在于"制定国家政策与方案,帮助澳大利亚人获得优质和负担得起的早期儿童保育和儿童教育,学校教育,高等教育,职业教育和培训,国际教育和研究。"①同时,由于澳大利亚各州独立负责各州教育事业,因此澳大利亚联邦教育、科学与培训部通常发挥上层调控的功能。

关于国际教育,澳大利亚教育部发挥的职能主要如下。

澳洲联邦法律明确保护"大学"一词。大学的设立,必须在设立前期通过专家学者及政府针对相关学术、财务等方面的品质进行评估与认可,且由国会或州议会立法通过,方准设立。在通过和成立之后,大学获得授权从而自行审核之后才可开设课程以及颁授证书、文凭和学位。之后,再由澳大利亚教育部以学程名录(Commonwealth Register of Institutions and Courses for Overseas Students,简称 CRICOS)进行管理。

长期以来,澳大利亚开展高等教育问责制,并于 2004 年由联邦政府发布了澳大利亚高等教育"新问责框架"。该框架主要关注高校内部问责制度,与原有的外部问责制度一起,"不仅优化了澳大利亚高校的内部管理,而且也作为一种长效机

---

① Australian Government of Department of Education and Training Website,https://www.education.gov.au.

制推动了澳大利亚高等教育的可持续发展。"①澳大利亚教育部通过推动该问责框架的运行，有效完善澳大利亚高等教育制度，更加吸引国际学生赴澳留学。

虽然，"目前澳大利亚高等教育投资体系却呈现出与最初宪法原则不相一致的地方，联邦政府成为高等教育的投资主体，承担了大学的全部办学费用，职业与继续教育学院的办学经费也主要以联邦投资为主。"②但是，由于澳大利亚是一个联邦国家，根据其法律，澳大利亚的教育事务基本由各州政府负责，因此联邦政府拥有的权力较少。然而，不可避免的，在国际教育市场中，澳大利亚需作为一个整体出现且签证等问题需要联邦政府的支持，这就需要各州和联邦政府整合教育资源，合作进入国际教育市场。因此，澳大利亚教育部组织联邦政府和各州成立"部长会议"，参与会议的人员包括联邦和各州的教育部长。通过该会议，联邦和各州共同商讨涉及全澳洲的教育问题，国际教育是其中的重点之一。

除此之外，澳大利亚教育部通过外派官员出访、组织澳洲当地院校参加世界各地教育国际展览会、设立澳大利亚政府官方留学网站、出版《澳大利亚教育新闻快报》，成立澳大利亚校友会等活动，积极推广澳大利亚教育。

此外，澳大利亚教育部还强调，要将所有学生（包括已经来澳读大学的大学生）纳入提高英语标准的计划之中，以解决留学生实际应用英语水平低、融入当地生活困难的问题，以期为澳大利亚提供更加优秀的外国人才资源。

最后，虽然澳大利亚作为一个联邦国家，联邦教育部没有权力要求各州政府与外国建立相关国际教育培训中心。但是在联邦教育部宣传和整体政策利好的影响下，2008年中国国家汉办与维多利亚州教育部建立了海外首个政府间合作汉语教师培训机构。这说明，澳大利亚联邦教育、科学与培训部具有影响、推动澳洲当地国际教育事业的发展的作用。

（二）澳大利亚联邦移民局

1. 职能简介

自20世纪70年代以来，澳大利亚政府一直将移民的职业技术能力作为移民选择最重要的标准。因此，澳洲政府不仅重视移民本身已有的职业技术能力，也对澳洲本土培养移民职业技术的事业十分重视。而该项事业的发展，除去澳大利

① 荣军、李作章：《澳大利亚高等教育内部问责制——以莫纳什大学为个案》，载《高教探索》，2014（1），79页。

② 崔爱林、张在法：《澳大利亚联邦和各州对高等教育投资的法律权限的转换》，载《河北大学学报（哲学社会科学版）》，2007（5），87页。

亚相关教育部门的努力,也需要澳大利亚联邦移民局的配合。

(1)收集相关数据

澳大利亚联邦移民局的职责之一,在于收集有关澳大利亚移民的相关数据,包括但不限于:出境人口系列调查数据、入境人口系列调查数据、移民特征调查、移民清单、各州担保数据、澳大利亚移民就业数据报告等。①

(2)澳大利亚成人移民教育计划

随着澳大利亚的政治、经济、文化等一系列"软实力"在国际上的影响力越来越大,自1996年以来,来自非英语国家的移民数量呈大幅度增长态势。不仅如此,大量非英语国家的移民中还包括一些澳洲政府收容的难民,而这类难民普遍文化水平不高。在这样的大背景下,澳大利亚的文化更为多元化,而移民也更加难以融入澳洲当地社会。为了使移民能够更加容易地融入当地社会,首先要解决的是他们的语言问题。相对而言,由于澳洲相对完善的教育体系,青少年移民接触到英语的机会较多,学习能力也较强,而成人移民受到年龄、环境等的影响,较难解决其语言问题。针对这种情况,澳大利亚联邦移民局联合澳大利亚联邦教育、科学与培训部,推出了澳大利亚成人移民教育计划。

(3)发放毕业生工作签证

自2013年起,澳大利亚联邦移民局开始向在澳大利亚读完本科或硕士研究生的来自海外的学生提供毕业生工作签证,以期吸引更多高质量留学毕业生留澳工作。同时,为保证留澳海外毕业生的质量,该签证面向的人员还要求满足一定的英语要求、健康要求和安全要求等。和此前的"485"签证只允许毕业生在澳洲境内工作18个月不同,澳大利亚联邦移民局推出的毕业生工作签证制度可允许在澳洲完成本科学业的毕业生申请留澳工作两年,在澳洲完成研究型硕士学位课程的可申请留澳工作三年,在澳洲完成博士学位课程的可申请留澳工作四年。与此前制度相比,毕业生可留澳的时间增长,使得澳大利亚在国际教育市场上的吸引力有很大的提高。

(4)新政下的澳洲技术移民

自2017年以来,澳大利亚联邦移民局出台的一系列政策均表明,新政下的澳洲技术移民逐渐向年轻化方向转变。同时,移民局建议,所有永久技术移民签证申请人的英语水平,至少要达到"competent"的水平。在这样的背景之下,可以明确的是,澳大利亚政府在广泛推广其国际教育产业并吸引大量海外留学生的同时,也在逐步筛选高质量、高水平的留学生及海外移民留在澳洲。这也逐步成为

---

① http://www.immi.gov.au/media/publications/sta-tistics.

澳大利亚联邦移民局的工作重点。

此外,澳大利亚联邦移民局还有权力提议开放认可其他英语考试,以方便其对澳洲技术移民进行更加开放、全方位的考察。

从以上几点可以看出,表面上,澳大利亚联邦移民局对于移民政策持日趋严格的态度,实际上,这正表明以联邦移民局为代表的澳大利亚政府和社会希望提高本国移民的质量。因此,针对中国移民,澳大利亚联邦移民局持的态度如下:"首先,坚持多元文化主义,欢迎华人移民入境;其次,以发展技术移民为主,优化职业清单;再次,加强对华人移民申请资料以及投资移民申请者资金来源的审查;最后,积极发展投资移民项目,吸引中国游客。"①

(三)澳大利亚驻华使领馆教育处(AEI China)

1. 职能简介

澳大利亚驻华使领馆教育处是澳大利亚政府驻华的官方代表机构之一,其下属于澳大利亚工业、创新、科学、研究和高等教育部(DIISRTE)的澳大利亚工业、创新、科学、研究和高等教育部国际教育司(AEI)。它的主要责任是与中国教育部及中国各地教育委员会交流、沟通与合作。其目的在于增进中澳两国的经济文化交流,特别是教育领域的高层次交流、人员往来及两国学校和非政府组织之间的多层次、全方位的合作。针对中国地域辽阔、人口众多及留学生数量较大的特殊情况,澳大利亚驻华使领馆教育处在中国南北方共设三个办事处,分别位于驻北京大使馆、驻香港和上海总领事馆之内。同时,澳大利亚驻华使领馆教育处还利用新媒体广泛发展的态势,在中国建立名为"澳大利亚教育官方微博"的微博账号,以期两国在国际教育上有更为平民化、更为广泛的交流。该官方微博每日更新、发布澳大利亚当地教育(尤其是国际教育方面)的相关信息、政策。

(1)澳大利亚工业、创新、科学、研究和高等教育部国际教育司(AEI)

①研究各国关于国际合作与交流的政策,特别是有关国际教育方面的相关政策,拟定相关文件。

②拟定针对不同国家和区域的政策,为双方特别是澳大利亚本国学校、非政府组织及个人提供相关信息与服务。

③拟定与国际组织开展国际教育的相关合作、交流的政策。

④密切跟踪各国教育和改革的新动态,从中搜索适合澳大利亚本国的教育国

---

① 邓茜茜:《白澳政策终结后澳大利亚对华移民政策研究》,华中师范大学博硕论文,38、39页。

际合作与交流中的问题解决措施。

⑤推动与其他国际或地区教育部门及驻澳外交机构建立双边教育合作组织。

⑥为澳大利亚各州提供相关业务工作的意见和建议。

⑦统计教育国际合作与交流及来澳与出国留学工作的数据资料。

⑧指导并统筹管理全国来澳、出国留学工作。

⑨监督来澳留学工作中的违规工作。

⑩组织、协调和指导留澳毕业生工作。

⑪与各州合作做好在外高层次留学人才的引进工作。

⑫负责在澳举办的与外国合作办学活动及本国教育机构赴境外办学的相关政策。

⑬负责外籍人员子女学校的宏观管理、政策研究和指导工作。

⑭负责在澳举办的澳外合作办学活动和我教育机构赴境外办学的相关政策研究和宏观管理。

⑮负责自费出国留学中介服务机构的宏观管理、政策研究和指导工作。

⑯负责教育对外宣传工作,拟订某些外宣项目的经费预算。

⑰和移民局等相关机构一起,合作负责完善及更新"海外高层次留学人才信息数据库"和"国内高校引进优秀留学人才需求信息库"。

⑱指导、协调相关单位与世界及大洋洲大、中学生体育联合会等国际学生体育组织的合作与交流。

⑲负责引进境外智力以及指导各州外籍教师、专家聘请和管理工作。

⑳统筹、协调教育部与国外跨国公司的教育交流与合作。

(2)澳大利亚驻华使领馆教育处(AEI China)

①向澳大利亚政府、高校、机构及民众报告中国的教育发展,尤其是向澳大利亚相关教育机构提供中国教育和研究发展的策略信息。

②支持澳大利亚相关教育机构在中国开展活动。

③管理和促进双边教育合作与交流。

④管理澳大利亚奋进奖学金项目,同时加大与中国政府及高校的交流,扩大奖学金双向流动的机会,并与中国合作完善相关机制。

⑤编辑翻译和发布澳大利亚相关法规和教育政策的动态和信息。①

2. 机构设置

澳大利亚工业、创新、科学、研究和高等教育部(DIISRTE)所属的澳大利亚工业、创新、科学、研究和高等教育部国际教育司(AEI),在中国设立了澳大利亚驻华

---

① 澳大利亚驻华大使馆网站,http://china. embassy. gov. au/bjngchinese/education. html.

使领馆教育处(AEI China)。

第二节　知名学府

(一)澳大利亚国立大学(Australian National University)

1. 学校简介

作为澳大利亚本土唯一由联邦国会专门单独立法而设立的大学,其在澳大利亚的社会地位和受重视程度不言而喻。它是澳洲八大名校之一、南半球唯一位列全球20强的大学。

(1)地理位置与基础设施

澳大利亚国立大学位于澳大利亚首都堪培拉的市中心,与黑山(Black Mountain)、伯利·格里芬湖(Lake Burley Griffin)毗邻,校园总面积约150公顷。

该校拥有六个分支校区和三个博物馆,分别是赛丁泉天文台(Siding Spring Observatory)、斯壮罗山天文台(Mount Stromlo Observatory)、临床医学院(School of Clinical Medicine)、科龙海岸校区(Kioloa Coastal Campus)、北澳研究单位(North Australia Research Unit)、偏远乡村医学院(ANU Rural Clinical School)、ANU Drill Hall 美术馆(University Drill Hall Gallery)、ANU 艺术学院美术馆(ANU School of Art Gallery)及 ANU 古典博物馆(ANU Classics Museum)。

澳大利亚国立大学图书馆于1948年创建,其藏书量和规模居亚太地区前列。因其庞大的藏书量,澳大利亚国立大学共在学校内设立四个主图书馆及若干分馆。同时,图书馆与澳大利亚国家图书馆、世界其他名校进行合作,为教职工和学生提供调阅研究资料及拷贝文献副本的服务。

澳大利亚国立大学共有九所学生宿舍,其宿舍条件各不相同。学生也可以自主选择校外宿舍。

(2)学院架构

澳大利亚国立大学拥有7所教学学院、4所国家级科学研究院和1所预科学院。其中较为特别的是预科学院(ANU College),它的设立为海外学生提供了更好地适应在澳洲留学生活的服务,海外学生如果能够成功通过其预科课程,就可被澳大利亚国立大学的本科部录取。

澳大利亚国立大学以研究生为主,本科生较少,是典型的研究型大学。

（3）知名校友

截至 2017 年上半年，该校共培养出两位澳大利亚总理，六位诺贝尔奖获得者，多名澳大利亚科学院院长、澳洲首席科学家和各国大学校长，数百位澳大利亚国会议员、澳洲联邦法院法官、政党党魁，多个领域的杰出学者。其中，较为中国人熟知的当属前澳大利亚总理陆克文。

（4）海外教育

首先，澳大利亚国立大学借助澳大利亚较为发达的国际教育市场，与世界各地 75 所院校举办多场学生交流活动，同时还设置大量的学生交换项目。其学生交换项目允许海外大学生在澳大利亚国立大学修读 1～2 学期的无学位课程，或是本校学生在海外近 80 所大学中修读最多 1 年的学术课程。

其次，澳大利亚国立大学还为国际留学生提供了大量的奖学金作为支持，并且资助本校学生到其他国家的各大高校进行交换。其中比较著名的奖学金有：AE Ringwood 补充奖学金、A&A 高等学位研究奖、AL Hales 荣誉奖学金、ACTION 信托荣誉奖学金、ANU 校友博士生奖学金、美国－澳大利亚协会退伍军人奖学金、Alex Rodgers 旅游奖学金、ANU 商业与经济学院社区参与奖等。澳大利亚国立大学的奖学金形式较为多样，多重视学生完成某项学业、活动的成果。

再次，在海外教育方面，澳大利亚国立大学还接受了众多来自校友、澳大利亚政府和澳大利亚及国际社会各大机构的资助，这些资助不仅包含资金方面，还包含学术、课程等方面的资助。最为著名的有美国－澳大利亚退伍军人协会设立的各个奖学金、DST 集团奖学金、欧洲大学研究所（EUI）博士课程。

最后，澳大利亚国立大学还设立了专门的咨询日供海外学生当面了解本校相关信息。关于咨询日当天日程安排和成果，该校还主动在一系列社交平台及本校官网进行公布，以备当天未能到场的海外学生之需。

2. 学科优势

（1）概述

澳大利亚国立大学在各类世界大学综合排名中常年居于 Top30，尤其在人文社会学方面在国际社会上享有极高的声誉，"政治学与国际研究"专业在世界学术界享有领头人的角色。它是国际研究型大学联盟、环太平洋大学联盟、IARU①的创始成员之一。其主要专业有：社会学、法律、金融、生理、医学、物理等。

---

① 2006 年澳大利亚国立大学与剑桥大学、牛津大学、北京大学等十个高校组成的具有相同国际视野和价值观的"十校集团"。

（2）学院及研究中心

①学院设置。

澳大利亚国立大学七大学院分别是：人文艺术和社会科学院（College of Arts and Social Sciences）、物理和数学科学院（College of Physical & Mathematical Sciences）、医学生物和环境学院（College of Medicine，Biology and Environment）、工商和经济学院（College of Business and Economics）、工程和计算机科学院（College of Engineering and Computer Science）、亚洲和太平洋学院（College of Asia and the Pacific）、法学院（College of Law）。

学院下辖研究院、教学学院与院系。其中，研究院主要进行学术研究，并提供一部分本科生教学，教学学院和院系主要提供教学。此外，某些学院另有研究所及智库。

②研究中心及智库。

澳大利亚国立大学的研究中心主要包括以下 13 个：欧洲研究中心（ANU Centre for European Studies）、澳大利亚国家辞典中心（Australian National Dictionary Centre）、澳大利亚国家公众意识科学中心（Australian National Centre for the Public Awareness of Science）、克劳福德公共政策学院（Crawford School of Public Policy）、亚洲与太平洋政策学会（Asia and the Pacific Policy Society）、中华全球研究中心（Australian Centre on China in the World；CIW）、天文和天体物理学研究院（Research School of Astronomy and Astrophysics）、物理工程研究院（Research School of Physical Sciences and Engineering；RSPE）、化学研究院（Research School of Chemistry）、数学研究院（Mathematical Sciences Institute）、地球科学研究院（Research School of Earth Sciences）、资讯科学与电机研究中心（Research School of Information Sciences and Engineering）、医学研究中心（The John Curtin School of Medical Research）。

其中，欧洲研究中心由欧盟与澳大利亚国立大学共同设立；澳大利亚国家辞典中心则是亚太地区非常重要的语言学研究中心；公共意识科学中心是联合国教科文组织的重要合作伙伴；亚太政策学会是全球第一个以亚洲与太平洋地区为主题的公共政策学会；中华全球研究中心曾接待过习近平总书记的访问。由此可知，澳大利亚国立大学的几大研究中心，均是在国际上享有较高声望，在学术上有较高成就的研究机构。

澳大利亚国立大学的部分智库长期担任联邦智库，与联邦政府有着密切联系，因此以 ANU 高阶研究中心为首的校内研究组织，会依据联邦政府的需要和国际发展的态势对本校智库进行及时调整并创设新智库。其附设智库中心主要如下。

天文和天体物理学研究院(Research School of Astronomy and Astrophysics)、物理工程研究院(Research School of Physical Sciences and Engineering;RSPE)、化学研究院(Research School of Chemistry)、数学研究院(Mathematical Sciences Institute)、地球科学研究院(Research School of Earth Sciences)、资讯科学与电机研究中心(Research School of Information Sciences and Engineering)、亚太地区研究中心(Research School of Pacific and Asian Studies)、社会科学研究中心(Research School of Social Sciences)、医学研究中心(The John Curtin School of Medical Research)、亚太外交学院(Asia Pacific College of Diplomacy)、克劳福德政经研究所(Crawford School of Economics and Government)、澳洲护理保健研究所(Australian Primary Health Care Research Institute)、原住民经济政策研究中心(Centre for Aboriginal Economic Policy Research)、应用哲学与公共道德研究中心(Centre for Applied Philosophy and Public Ethics)、跨文化研究中心(Centre for Cross – Cultural Research)、心理健康研究中心(Centre for Mental Health Research)、能源与环境研究中心(The Centre for Resource and Environmental Studies)、国家公众意识科学中心(Australian National Centre for the Public Awareness of Science;CPAS)、永续能源系统研究中心(Centre for Sustainable Energy Systems)、神经科学研究中心(Eccles Institute of Neuroscience)、人文科学研究中心(Humanities Research Centre)、国立流行病学与公共卫生中心(National Centre for Epidemiology and Population Health)、国立管理研究所(National Graduate School of Management)、数学研究所(Mathematical Sciences Institute)、欧洲国际研究中心(The National Europe Centre)、澳洲国立公共政策研究所(Australian National Institute for Public Policy)。

2011 年,该校发布为期十年的新校务发展计划,强调积极强化其在澳大利亚与亚太地区公共政策智库(Public Policy Resource)的角色。

3. 国际水准与国际教育

(1)毕业生优势

首先,澳大利亚国立大学在其官网称:"毕业生就业率居澳大利亚第一位、世界第 22 位。"①较高的就业率一定程度上说明该校留学生在澳洲工作的可能性较大。

其次,澳大利亚国立大学拥有众多杰出校友和知名教职工。知名的教职工和

---

①　Australian National University Website,http://www. anu. edu. au/study/choose – anu/australias – most – employable – graduates.

较强的科研能力为留学生打下较为牢固的学术基础,增加其在就业市场的竞争力。而遍布全球的杰出校友则为留学生提供较为广阔的资源。

最后,在2016年就任新校长的布莱恩·施密特的带领下,澳大利亚国立大学正逐步强调并加强在校生与校友的联系,加强与澳大利亚及世界研究机构的交流,这为留学生毕业之后提供了更为广阔的资源。

(2)学校支持

澳大利亚国立大学为海外学生提供预科学院(ANU College),其目的在于使海外留学生更好地适应在澳洲留学生活的服务,海外学生如能成功通过其预科课程,就可被澳大利亚国立大学的本科部录取。与此同时,该校本科阶段国际学生奖学金有10个,研究生阶段相应奖学金有5个。此外,特别值得一提的是,针对中国留学生,澳大利亚国立大学和中国国家留学基金委设立了博士奖学金。

与此同时,澳大利亚国立大学还是东南亚高等教育协会(ASAIHL)、澳大利亚八大名校(Go8)、国际研究型大学联盟(IARU)、大学天文研究协会(AURA)和环太平洋大学联盟(APRU)的联盟学校之一,它还和全球上百所大学签订了学术合作协议,积极参与国际学术交流。

(3)国际水准

在2016年度QS世界大学排名中,澳大利亚国立大学位居世界第19名,澳大利亚第1名;[1]在2016年度QS世界大学学科排名中,该校有4门学科居世界前10,15门学科居澳大利亚第1;[2]在2016年的泰晤士高等教育大学国际化程度排行榜[3]上,其世界排名第7,澳大利亚排名第1。以上排名均说明其在国际社会上学术水平较强,认可程度较高。

(二)墨尔本大学(University of Melbourne)

1.学校简介

墨尔本大学是澳大利亚一所公立综合性大学,学校类型为综合研究型大学。其主管部门为澳洲教育署和维多利亚州议会。同时,它也是澳大利亚八大名校和"环太平洋大学联盟"成员之一。其校训"Postera crescam laude"中文意思为我们

---

① QS World University Rankings Website, https://www.topuniversities.com/qs-world-university-rankings.

② QS World University Rankings by Subject Website, https://www.topuniversities.com/subject-rankings/2017.

③ 《泰晤士高等教育发布2016-2017年世界大学排名》, http://www.sohu.com/a/114804573_484998。

将在后人的敬重中成长,体现了该校希望在校学生重视后辈教育与校友支持,以及认真负责地进行学术研究的教学理念。

(1)地理位置与基础设施

墨尔本大学创立于1853年,位于"世界最宜居城市"之一的墨尔本。其占地面积约为22.5公顷,是澳洲为数不多拥有众多历史悠久建筑的大学之一,是澳大利亚六所"砂岩学府"之一。

墨尔本大学包含大量哥特式建筑,其知名建筑有:钟楼、方场(quadrangle)和南草坪(South Lawn)。南草坪曾在澳大利亚建筑界引起轰动。

由于地处澳大利亚最繁华城市之一的墨尔本,且大学本身离墨尔本市中心很近,因此孕育了墨尔本大学注重文化多样性、尊重并鼓励个人思想的校园文化和学术氛围。

墨尔本大学图书馆是澳洲最大和最古老的图书馆之一,藏书数量超过300万册,同时还包含数字收藏约"32000本电子书,数百个数据库和63000个通用和专业期刊",①囊括超过20种语言。墨尔本大学图书馆在几个校区共设十几个分馆以满足学生和教职工的需求。与此同时,墨尔本大学图书馆分管校内馆藏,包括33个文化收藏。除此之外,该图书馆还下辖一个专业团队,主管校园教学空间的共享。

(2)学院架构

墨尔本大学曾设12个学院,现土地与环境学院已解散,另11个学院分别是:设计学院(Melbourne School of Design)、文学院(Faculty of Arts)、商业与经济学院(Faculty of Business and Economics)、教育学院(Melbourne Graduate School of Education)、工程学院(Melbourne School of Engineering)、信息学院(Melbourne School of Information)、法学院(Melbourne Law School)、医学、牙医与健康科学学院(Faculty of Medicine,Dentistry and Health Sciences)、理学院(Faculty of Science)、兽医与农业科学学院(Faculty of Veterinary and Agricultural Sciences)及艺术与音乐学院(Faculty of VCA and MCM)。

其中,文学院下设人文社科学院(Graduate School of Humanities and Social Sciences)及政府学院(Melbourne School of Government);商业与经济学院下设墨尔本商学院(Melbourne Business School);医学、牙医与健康科学学院下设牙医学院(Melbourne Dental School)、医学院(Melbourne Medical School)、健康科学学院(Melbourne School of Health Sciences)、人口与卫生学院(Melbourne School of Popu-

---

① The University of Melbourne Website,http://library.unimelb.edu.au/about_us/about_us.

lation and Global Health)及心理学院(Melbourne School of Psychological Sciences);理学院下设理学研究生院(Melbourne Graduate School of Science)。

墨尔本大学较为突出的专业有:建筑、文学、教育、工程、商学、法律、土地和食品资源、兽医、医学和音乐。其中,墨尔本大学在医学领域稳居澳大利亚前列,工程领域也得到澳大利亚学界的广泛认可。墨尔本商学院(Melbourne Business School)MBA课程已经被列入世界前五十,毕业生拥有直接赴英国工作的资格。并且,由于学校采取综合均衡发展的发展策略,墨尔本大学几乎在所有的学科中都取得了较好的声望。根据泰晤士高等教育全球大学排名对全球大学各个科目的评估,墨尔本大学是澳大利亚唯一一个所有科目都位列全球前30的大学。①

值得一提的是,墨尔本大学开设了六种"新生代"学位课程,旨在鼓励学生兼顾学术深度与广度。

(3)海外教育

墨尔本大学将自身的海外教育目标定位为:将我们的教学、学生、研究工作与发展方向以及国家和全球的社区联系起来,帮助我们实现学术愿望,创造经济、社会和文化价值。该价值目标既体现了该大学在学术和文化交流方面的努力,也体现了其重视公共价值的特点。墨尔本大学长期致力于公共贡献,自建校以来,一直把交流作为其价值观和宗旨的中心,确保作为公共精神机构的风尚在所有努力中得到体现。墨尔本大学对"参与"一词的理解主要如下。

公共价值方面,对公共价值的承诺支撑该校的学术使命,塑造了他们的经营实践观,并指导其对知识、文化、社会和经济生活做出贡献。

学术研究方面,墨尔本大学作为一所综合性、研究密集型和全球化的大学,共享着塑造世界的进步。

基于以上对公共价值和"参与"的理解,墨尔本大学举办多项相关国际交流活动,例如开设"政策商店播客"以审查澳大利亚和全球的公共政策挑战,深入挖掘可能遗漏于公开演讲中的政策问题及其细节;成为墨尔本艺术节的分区之一,每两年举办一次文化碰撞活动;公布"通向妇女政治纲领",向全世界发声有关妇女在议会中长期不足的问题;开办"卡尔顿社会作物"活动,吸引来自14个国家的70多名卡尔顿居民在墨尔本大学伯恩利校区开展一系列园艺培训;开设"大西洋社会公平研究员"计划,该计划旨在培养新一代大洋洲及太平洋地区的领导人。

此外,墨尔本大学积极与世界上30多个国家的120多所大学签订了交换协议,同时它还是世界21所名校组织的倡导者,与国际社会的知名高校进行过多次

① https://www.timeshighereducation.com/world-university-rankings.

多方面、多层次的交流与合作,吸引了来自100多个国家的学生、教职工在此学习、生活。它还倡导建立"国际化联盟"模式,即摒弃传统英联邦国家的教育年制,而采取与国际社会上大多数国家接轨的教育模式——本科3年,硕士2年,博士3年。这种模式有利于墨尔本大学的学生更快融入国外留学生活,也加大了海外学生申请墨尔本大学的接轨性。

在如何使留学生更好地融入澳大利亚当地及墨尔本大学的问题上,墨尔本大学十分重视,其专门为留学生设置的新生培训和过渡课程曾被颁发澳洲杰出教育奖(1998年)。

在教学方面,该校始终坚持"'全球化课程'不是一门具体课程,而是一种教育和课程的新理念,强调的是课程的全球观"。[1]同时,引进大量来自海内外各界的教师,对该校吸引留学生就读、引导留学生适应留学生活、拓展本校学生视野等方面有较大的影响。此外,墨尔本大学提倡"合作教育"——留学生和本地学生进行交叉分组完成课上及课后作业,营造国际化的班级学习、生活环境。

在奖学金方面,墨尔本大学为留学生设置的奖学金虽然丰厚但数量较少。每年,该校只有20名海外学生可以获得其"国际本科生奖学金",亚洲地区的数量虽有10个,但相比于墨尔本大学将近1.3万的留学生数量,中国学生在该校申请到该奖学金的可能性较小。

机构设置方面,墨尔本大学拥有独立的"国际关系办公室(IRO)",专门从事有关墨尔本大学对外关系、提供国际化和全球参与指导意见的工作。国际关系办公室主要通过以下几个方面对墨尔本大学的国际教育进行领导和建议:第一,协调和监督墨尔本大学与海外大学以及其他战略合作伙伴的正式双边和多边关系的建立、发展和审查;第二,向大学的总理办公室、学院、研究生院和其他相关的利益相关者提供战略性的地区和国家的具体建议;第三,发展和加强国际资金的流动以及交流的机会;第四,拟定、监督和管理高层次来访的国际访问和代表团的议定书;第五,推进国际外交关系战略,提供与澳大利亚和海外重要政府机构和外交使团的情报;第六,管理大学高层访问者的国际访问计划并安排澳大利亚和国际社会上其他高校的高层代表进行交流和会谈。

活动设置方面,在国际教育领域墨尔本大学主要从以下三方面入手:双边国际合作协议、国际多边合作会员制和联合计划。

双边国际合作协议(Bilateral International Agreements)是墨尔本大学国际关系办公室支持与世界各地的其他大学建立学术合作和各种流动的正式关系和伙伴

---

① 王禄佳:《墨尔本大学课程国际化策略及启示》,载《教育探索》,2016(12),148页。

关系的一个协议。该协议反映了墨尔本大学的全球化前景,以及悠久的在研究、学习、教学以及参与方面支持"增长的自尊"的富有成效的国际关系史。该项协议主要以世界七大洲作为分类标准。

国际多边合作会员制(International Multilateral Collaborations and Memberships)主要体现出墨尔本大学与许多国际多边合作伙伴和会员的合作和参与。这些国际多边合作伙伴包括但不限于 APRU、U21、Go8 和麦克唐纳国际学者学院等战略联盟的成员。同时,墨尔本大学通过一些个人和机构(如 NAFSA,EAIE,APAIE,IEAA 等)与其他组织进行合作交流。

联合计划(Joint Programmes)是墨尔本大学以大学政策为指导,寻求发展因而与国际社会上其他大学进行联合型项目的计划。该计划包括一些墨尔本大学的院系、研究生院和研究机构主持的联合学术计划、交流计划和交换计划。各个学院以及大学监督该计划的进行。同时,联合计划还负责墨尔本大学与一些机构合作开设学位。比较著名的有,墨尔本法学院拥有法学和金融硕士学位,并与牛津大学合作,要求学生在墨尔本学习两年半,在牛津学习一年,从而有机会同时取得两校的学位。

尽管在澳大利亚八大名校中,除墨尔本大学以外的学校均已承认中国学生的高考成绩,但墨尔本大学仍然拒绝承认中国的高考成绩。同时,墨尔本大学对海外学生成绩的审查在澳洲八大名校中属于较为严格的,常常长达 5 个月之久。在此基础之上,中国高中毕业生申请墨尔本大学的难度大大增加。但是,这不意味着墨尔本大学放弃中国学生的潜在实力,它注重自身的品牌效应和知名度,在微博和微信上均建立了社交账号以提高其在中国学生中的影响力。

(4)知名校友

墨尔本大学的知名校友涵盖行业较广,虽然其校友多留在了澳大利亚本土,但在政治、法律、经济、商业等方面均拥有多位杰出校友。以下为墨尔本大学不完全知名校友名单。

澳大利亚总督:

• 艾萨克·阿尔弗雷德·艾萨克斯爵士,第 9 任澳大利亚总督、第 3 任澳大利亚首席大法官

• 理查德·加德纳·卡西男爵,第 16 任澳大利亚总督

• 泽尔曼·考恩爵士,第 19 任澳大利亚总督

• 尼尼安·斯蒂芬爵士,第 20 任澳大利亚总督、澳大利亚高等法院法官

• 彼得·约翰·霍林沃思,第 23 任澳大利亚总督

维多利亚州总督:

- 亨利·温尼克爵士,第 21 任维多利亚总督
- 理查德·麦加维,第 24 任维多利亚总督
- 詹姆斯·戈博爵士,第 25 任维多利亚总督
- 约翰·兰迪,第 26 任维多利亚总督
- 大卫·德科瑞特瑟教授,第 27 任维多利亚总督
- 阿莱克斯·切尔诺夫,现任维多利亚总督

澳大利亚总理:

- 艾尔弗雷德·迪金,第 2 任澳大利亚总理,推行"澳大利亚联邦化"的领袖
- 罗伯特·孟席斯,第 12 任澳大利亚总理
- 哈罗德·霍尔特,第 17 任澳大利亚总理
- 茱莉娅·吉拉德,第 27 任澳大利亚总理,澳洲首位女性总理及工党首位女性党魁

其他著名政治家:

- 雷·格鲁姆,塔斯马尼亚州州长
- 林恩·埃里森,前任澳大利亚民主党前任领袖
- 肖恩·斯通,前任澳大利亚自由党总裁
- H. B. Higgins,前任联邦总检察长与澳大利亚最高法院法官
- John Alexander Forrest,澳大利亚国会议员
- Bruce Baird,澳大利亚国会下议院议员
- Anna Burke,澳大利亚国会下议院议员
- Petro Georgiou,澳大利亚国会下议院议员
- Greg Hunt,澳大利亚国会下议院议员
- Robert Wilfred Holt,澳大利亚土地部部长
- John Langmore,澳大利亚国会下议院议员
- William Maloney,澳大利亚国会下议院议员
- Dennis Jensen 博士,澳大利亚国会下议院议员
- Nicola Roxon,澳大利亚国会下议院议员与卫生部部长
- 拉夫·威利斯,前任澳大利亚财政部长与澳大利亚国会下议院议员
- David Kemp,前任内阁部长
- Peter McGauran,前任科技部部长
- Andrew Peacock,前任澳大利亚外交部部长与财政部部长
- 依士迈·阿都·拉曼,马来西亚巫统副主席、前驻美国大使、第二任副首相
- Dato'Mustapa Mohamed,现任马来西亚国际贸易与产业部部长

- 托马斯·皮克林,美国外交官
- Mark Regev,以色列总理发言人
- 苏震西,墨尔本市第 102 任市长,2006 年全球最佳市长,世界华人经济论坛第一任主席

香港政客:

- 吴文远,香港社会民主连线副主席
- 苏利民,香港医院管理局前任行政总裁

第一夫人:

- Kirsty Sword Gusmão,东帝汶第一夫人

军事家:

- 尼尔·汉密尔顿·费尔利爵士,军医和二战将军
- 埃德蒙·赫林爵士,第二次世界大战将军
- Samuel Burston 爵士,军医和二战将军
- Rupert Downes,军医和二战将军
- Edward 'Weary' Dunlop 爵士,军医和人道主义者
- Harold Edward 'Pompey' Elliott,警察和第一次世界大战将军
- James Whiteside McCay 爵士,政治家和一战将军
- John Monarchs 爵士,著名一战将军
- Kingsley Norris 爵士,军医和将军
- Brigadier General William Grant CMG,一战将军,澳大利亚首席大法官澳大利亚高等法院法官,澳大利亚联邦法院首席法官,澳大利亚家事法庭首席法官
- 艾萨克·阿尔弗雷德·艾萨克斯爵士,第 3 任澳大利亚首席大法官、第 9 任澳大利亚总督
- 弗兰克·达菲爵士,第 4 任澳大利亚首席大法官
- 约翰·莱瑟姆爵士,第 5 任澳大利亚首席大法官
- 欧文·狄克逊爵士,第 6 任澳大利亚首席大法官
- Keith Aickin 爵士
- Susan Crennan
- Daryl Dawson 爵士
- 欧文·狄克逊爵士
- Wilfred Fullagar 爵士
- 弗兰克·达菲爵士
- Kenneth Hayne

- H. B. Higgins
- 艾萨克·阿尔弗雷德·艾萨克斯爵士
- Douglas Menzies 爵士
- 尼尼安·斯蒂芬爵士
- Michael Black
- Alastair Bothwick Nicholson

商界领袖：

- 庄敏帼,前任澳洲航空主席
- 利·克利福德,澳洲航空主席
- Charles Goode,澳新银行前任主席
- Brian Inglis 爵士,安姆科(Amcor)前任主席
- Davis Knott,澳大利亚证券投资委员会前任主席
- Hugh Morgan,澳洲储备银行前任董事会成员
- Elizabeth Proust,墨尔本银行主席
- James Riady,力宝集团主席
- 詹姆斯·格曼,摩根士丹利主席兼首席执行官
- Graham Allan,牛奶国际首席运营官
- 邵子力,摩根大通集团中国区主席兼首席执行官
- 彭韬博士,面包旅行(Breadtrip. com)首席执行总裁及创始人
- Elizabeth Proust,墨尔本银行主席
- Katie Lahey,澳大利亚商业协会秘书长,1988 年 EMBA 毕业生
- Scott Crawley Del Inc,全球采购部协理,1992 年 MBA 毕业生
- Margaret Jackson,1982 年 MBA 毕业生
- Paul Coughlin,标准普尔公司,企业暨政府评堡部,资深执行董事,1985 年 MBA 毕业生
- Vu Tien Vy,瑞士联合银行,财富管理部,金融商品协理,1999 年 MBA 毕业生
- Varina Nissen,Manpower Inc,全球市场营销及通信部,资深副总裁,1996 年 MBA 毕业生
- Mark Laurie,Price Waterhouse Coopers 合伙人,2005 年 EMBA 毕业生
- Brent Chapman,Majordomo 创办人,2003 年 MBA 毕业生
- Ahmed Fahour,澳大利亚国民银行首席执行官,1993 年 MBA 毕业生
- 比尔·萧藤,资深工会干部,2001 年 MBA 毕业生

- John Elliott,Carlton & United Beverages 前任执行长
- Paul Rizzo,澳大利亚电信(Telstra)集团执行董事,1969 年 MBA 毕业生
- Ross Oakley,澳大利亚足球协会(AFL)前任秘书长

2.学校优势

首先,在学科建设和学术研究方面,作为澳大利亚乃至亚太地区最大的研究型大学之一,墨尔本大学的工科、医学均居澳大利亚前列。此外,2013 年 QS 对全球共 30 个学科进行排名,墨尔本大学的 24 个学科居该榜前 30,6 个学科居世界前10。①根据时代高等教育世界大学排名(2017—2018 年度),墨尔本大学位居澳大利亚第一,世界排名第 32 位。②另外,建校以来,该校已培养出 6 位诺贝尔奖获得者。

其次,在资金方面,墨尔本大学是澳大利亚联邦政府研究资金年拨款额最高的机构之一,同时也是澳洲联邦政府颁发 Australian Postgraduate Awards 和 Postgraduate Research International Scholarships 两项奖学金最高的大学。墨尔本大学的奖学金主要分为三类:帮助学生解决学业上的财政困难的奖学金(助学金)、帮助学生留在墨尔本的奖学金和帮助学生环游全球的奖学金。该大学还获得了来自澳洲及国际社会一些机构、学会的资金支持。此外,该校庞大而优秀的校友群也为其研究基金贡献了巨大的力量。

再次,近年来,墨尔本大学紧跟时代步伐,在其官网上为世界各地学生免费提供本校的“慕课”课程(网络公开课)。提供这些课程,除了体现墨尔本大学的包容性与开放性之外,也一定程度上展示了它希望并乐意接纳来自不同国家、不同文化的学生、教师来到本校进行学习、教研。

然后,在教学思路方面,墨尔本大学明确提出了自己与其他世界一流大学不一样的教学方针:鼓励学生沉浸于一种不同的思维方式。该教学方针基于在当今社会日新月异的发展背景下,很少有人会永远留在一个行业的现实情况。因此,它旨在培养学生自主选择自己的学习路线和未来方向,独立思考今后的发展道路。同时,培养较为高超的学习能力,以便在日后需要转行之时,能够更快适应新行业。为实现这一教学方针,墨尔本大学从以下几方面入手:该校学生可以选择100 多个主要学习领域,接触不同学科,同时学校不干涉学生专注于自己的专业或是选择开放性学习;该校将大学一年级设为探索期,学生最晚可到大学三年级选

---

① QS World University Rankings by Subject Website,https://www.topuniversities.com/subject-rankings/2013.

② http://www.unimelb.edu.au/.

择主修专业。

之后,以重点支持学生通过课程和不同校园环境进行学习为基础,墨尔本大学于 2008 年推出了"墨尔本课程"这项其历史上最重要的课程改革。该课程改革设有六个三年制本科学位课程,他们既有学科深度,又有学术广度。无论是专业研究生课程还是高等研究课程,这种结构旨在为学生提供更大的灵活性,这些学士学位为学生提供直接就业或进一步学习的机会。"墨尔本课程"的成功之处在于为全体学生提供高质量的墨尔本大学之体验,它将研究、学习和外部参与结合起来,形成一个刺激和先进的环境,将提高学生的经验作为持续努力的方向。

最后,墨尔本大学作为多项世界名校联盟的成员之一,并且多项学科位列世界一流之列,加之澳大利亚联邦政府及各州政府一直致力于该国国际教育产业的发展,该校的学术能力、国际影响力均居于亚太地区乃至全球前列。因此,该校具有较为前卫的国际视野。

(三)新南威尔士大学(University of NewSouth Wales)

1. 学校简介

新南威尔士大学为澳洲八大名校之一,同时是三大国际研究型大学联盟组织(环太平洋大学联盟、全球科技大学联盟、Universitas 21)成员之一,该校注重精进科技研究和"实践出真知"的精神。

(1)地理位置与基础设施建设

新南威尔士大学建于 1949 年,地处新南威尔士州的悉尼。该校分为主校区和 3 个分校区。其中,主校区面积约为 38 公顷,与悉尼火车站和机场距离较近。分校区艺术学院、圣乔治分校和国防军事学院均与悉尼相近。

新南威尔士大学内设 4 座图书馆,分别是社会科学和人文图书馆、生物医学图书馆、法学图书馆和物理科学图书馆,拥有近 200 万册书籍、视听资料和地图等。该校图书馆提供相关计算机,以便学生和教职工进入澳洲学术研究网、世界范围内的大部分计算机数据库和欧洲与美洲的主数据库。

该校校内的运动设施包括:与奥运会水准相当的 50 米室内游泳池、羽毛球场、网球馆、壁球场、体育馆等。

关于宿舍,新南威尔士大学预科部配备有专门的宿舍管理员,以照顾到未满18 岁的预科生。校内共有 7 座宿舍,有单人房和双人房供学生选择,此外学生还可以选择形式多样的短期和长期膳宿(内宿学院、寄宿家庭)。

学校还为无亲友接送的学生提供接机和转送服务。

(2)学院架构

新南威尔士大学现有"10 个学院、75 个系,下设 5 所研究所、6 所教学医院,是澳大利亚重要科研基地之一,大学共提供 450 个本科、硕士和博士课程。"①其中值得一提的是,该校大学院由澳大利亚国防部资助,致力于该国科学、工程等事业。

该校 9 个学院分别是:文学与社会科学院(Faculty of Arts and Social Sciences)、建筑环境学院(Faculty of the Built Environment)、新南威尔士大学商学院(UNSW Australia Business School)、工程学院(Faculty of Engineering)、法学院(Faculty of Law)、医学院(Faculty of Medicine)、科学学院(Faculty of Science)、艺术与设计学院((Art & Design)、澳大利亚国防学院(Australian Defence Force Academy)。

该校 75 个系主要包括:教育系(School of Education)、英文系(School of English)、历史系(School of History)、历史与科学哲学系(School of History and Philosophy of Science)、媒体、电影和戏剧系(School of Media Film and Theatre)、现代语言系(School of Modern Language Studies)、音乐与音乐教育系(School of Music and Music Education)、哲学系(School of Philosophy)、政治与国际关系学系(School of Politics and International Relations)、社会科学与政策系(School of Social Science and Policy)、社会工作系(School of Social Work)、社会学与人类学系(School of Sociology and Anthropology)、商业法律与税务系(School of Business Law & Taxation)、会计系(School of Accounting)、精算系(School of Actuarial Studies)、市场营销系(School of Marketing)(包括旅游与医院管理)、信息系统、科技和管理系(School of Information Systems,Technology & Management)、银行及金融系(School of Banking & Finance)、经济系(School of Economics)、组织与管理系(School of Organisation and Management)、化学工程与工业化学系(School of Chemical Engineering and Industrial Chemistry)、土木与环境工程系(School of Civil & Environmental Engineering)、太阳能电力工程系(School of Photovoltaic Engineering)、生物医学工程研究系(Graduate School of Biomedical Engineering)、计算机科学与工程系(School of Computer Science and Engineering)、电机工程与通信系(School of Electrical Engineering and Telecommunications)、采矿工程系(School of Mining Engineering)石油工程系(School of Petroleum Engineering)、机械与制造工程系(School of Mechanical and Manufacturing Engineering)、测量与空间信息系统

---

① 张红艳:《实践思考出真理——走进新南威尔士大学》,载《考试与招生》,2017(3),37 页。

系（School of Surveying and Spatial Information Systems）、医疗科学系（School of Medical Sciences）、公共健康与社区医学系（School of Public Health and Community Medicine）、女性与儿童健康系（School of Women's and Children's Health）、精神医学系（School of Psychiatry）、航空部（Department of Aviation）、生物技术与生物分子科学系（School of Biotechnology and Biomolecular Sciences）、生物、地球和环境科学系（School of Biological，Earth and Environmental Sciences）、材料科学与工程系（School of Materials Science and Engineering）、数学及统计学系（School of Mathematics and Statistics）、化学系（School of Chemistry）、物理系（School of Physics）、心理系（School of Psychology）、安全科学系（School of Safety Science）、验光与视力科学系（School of Optometry and Vision Science）、设计研究系（School of Design Studies）、艺术系（School of Art）、艺术教育系（School of Art Education）、传媒艺术系（School of Media Arts）、艺术历史与理论系（School of Art History and Theory）、信息技术与电机工程系（School of Information Technology and Electrical Engineering）、物理、环境及数理科学系（School of Physical，Environmental and Mathematical Sciences）、航空、土木及机械工程系（School of Aerospace，Civil and Mechanical Engineering）、商业系（School of Business）人文与社会科学系（School of Humanities and Social Sciences）等。

其中，该校商学院通常被认为是澳大利亚综合排名第一的商学院，也是澳洲仅有的开设精算课程的三所高等院校之一。此外，在 2006 年，该校商学院与澳大利亚管理研究生院（Australian Graduate school of Management）合并成为澳大利亚商学院。合并之后的澳大利亚商学院 MBA 排名居世界第六（除美国之外），EMBA 和 MBA 均为澳大利亚国内第一，综合排名与墨尔本大学相当。同时，学院还下辖由会计准则委员会（Accounting Standards Board）发行的刊物《Annual》。

另外，该校工程学院被普遍认为是澳大利亚最大的工程学院，法学院则以多次为澳大利亚联邦宪法的制订与修改提供帮助而著名。

（3）知名校友

新南威尔士大学培养出了多位大学校长、总理、生物学家、建筑家、科学家和企业家等。知名校友包括：澳大利亚联邦第 24 任总理保罗·基廷（Paul John Keating）、建筑界的诺贝尔奖——普利兹克奖获得者格伦·马库特（Glenn Murcutt）、计算机界的诺贝尔奖——图灵奖获得者 Raj Reddy、华裔澳大利亚企业家施正荣（创立尚德电力公司）等。

（4）针对国际学生的奖学金

针对国际学生的特殊性，以及该校出于吸引国际优秀学生来本校就读的考虑,该校针对国际学生的奖学金特点是获奖人数多。每年约有30人可获得各类奖学金,其中专门针对国际学生的奖学金有以下几种:Faculty of Engineering International Alumni Scholarship、Golden Jubilee Scholarships、UNSW Federation Scholarships、Faculty of Engineering International Research Scholarship。此外,国际学生还可以与澳洲本地学生竞争各种其他奖学金。

2. 学科状况

(1)概述

总体而言,新南威尔士大学在QS世界大学综合排名上近三年来均居世界前50,同时也是QS星级大学中,17所five star plus university之一。①除了是三大国际著名的研究型大学联盟组织(上文已提到)的成员之一,新南威尔士大学也是澳大利亚唯一一所与美国宾夕法尼亚大学建立合作关系的大学。新南威尔士大学虽是一所综合性研究型大学,但受其建校历史影响,其理工科学术水准均处于较高水平,它的工程专业排名居全澳洲第一,世界排名前20。

新南威尔士大学在澳大利亚及国际社会上以治学严谨、教学手段灵活为名。从该校校训"Scientia Manu et Mente(实践思考出真理)"可以看出,该校重视学生的独立思考以及实践操作的能力。

(2)课程优势

首先,作为澳大利亚最为古老和最大的语言中心所在地,新南威尔士大学为本科生和研究生提供了全面的学科英语及普通英语课程,这些课程还可以分为长期和短期项目。具体课程项目如下:雅思辅导班、大学英语直升课程、大众英语、商业英语及学术英语等。这些课程一般周期为10周。语言中心还专门配备了专业的图书馆供学生提高语言能力。

其次,新南威尔士大学还为有志进入该校学习的学生提供预备课程。一般来说,这类课程学制为1年,包括生命科学、物理科学、商科、设计与传媒、艺术与社科等5门预科课程。其目标人群为在澳大利亚本国内高三毕业或高二毕业且具有优异成绩的学生。较有特色的地方在于,新南威尔士大学开设的这类预备课程,已被澳洲八大院校及英国、新西兰等国的部分大学所接受。

再次,上文已介绍,新南威尔士大学的工程学院被公认为澳洲最好的工程学院,同时,它的太阳能与可再生能源学院也在亚太地区遥遥领先。该校至今仍保持着研发世界能源效率最高的太阳能电池的记录。

然后,在经过数十年的发展之后,新南威尔士大学已从单一的理工科类学科

---

① QS World University Rankings Website,https://www.topuniversities.com/.

见长的大学,转变为综合性大学。其商学、金融、会计专业等均与澳洲政府建立了紧密的联系,并拥有大量的学生。

最后,新南威尔士大学一向以课程设置紧密联系社会著称。

(3)发展战略

目前,新南威尔士大学制定了"2025 战略计划"——到 2025 年,将该校建设成为澳大利亚的全球性大学和全球最佳 50 所院校之一。根据该校为该项计划建立的网站可知,该校将"把自己定位为'澳大利亚的全球大学'作为今后十年中指导我们的优先事项和主题"。①同时,在 2015—2025 十年之间,该校还将致力于对社区服务的贡献;整合校园和数字教育。在完成这项目标的过程之中,该校采取"以人为本"的基本方针,力求一切计划和行动均出自对于学生和教职工"人"的本质的尊重,提供灵活的、个性化的教育模式。

该战略计划从以下三部分出发:学术、社会影响、全球影响力。具体目标包含以下十个方面:世界顶尖级的研究、对新学科的探索、模范教育、培养符合社会需要的毕业生、提供公平的机会、领先的思想(教育、科研方面)、有助于社会和国家的繁荣、卓越的国际教育、与国际社会的合作及社会正义。

从 2019 年起将要推行的三学期制 UNSW3 + 是该项战略中的重要部分。UN-SW3 + 即改变现有的一年两学期制(每学期 4 门课),改为一年三学期(其中两个大学期每学期 2—3 门课,再加一个夏季学期)。该项制度改变旨在为学生的在校学习生活提供更加个性化、灵活化的选择,为毕业实习争取时间,同时这种制度也是向北美的 Trimester 制度看齐,意图推动新南威尔士大学的国际化进程。

3.国际教育

(1)概述

首先,新南威尔士大学为海外学生提供了大学预备基础课程(UNSW Foundation Year)。在读完该项课程之后,约有 85% 的海外学生选择进入新南威尔士大学学习正式课程。设置该课程的目的在于让海外学生更快了解、融入新南威尔士大学的学习、生活,为其正式的本科、硕士研究生学习打下基础,尽可能消除因文化差异导致的障碍。

其次,虽然在录取之前,新南威尔士大学已通过雅思/托福成绩等方式,对海外学生的语言能力进行初步判断,但它依然为有语言障碍的学生提供了澳洲最大、最古老的语言中心。

---

① "It sets out the priorities and themes that will guide us over the next decade as we position ourselves as 'Australia's Global University'.",https://www.2025.unsw.edu.au/.

再次,该校位于留学产业价值达 60 亿澳元的新南威尔士州,该州对国际学生提供一系列利好的留学政策,包括简化签证手续、提供留学后的工作签证等。且该校自 1952 年起即接受亚洲学生的申请。因此,该校的国际教育事业发展受到当地各界的重视与监督,也是澳洲国际教育发展较为完善的高校之一,同时文化包容度较高。

然后,该校还是三个国际著名的研究型大学联盟组织——环太平洋大学联盟(APRU)、全球科技大学联盟(Global Tech)、Universitas 21 的成员大学之一,并且和宾夕法尼亚大学建立了澳洲唯一的合作关系。与这些世界顶级高校建立联盟,对于新南威尔士大学在国际社会上建立较强的影响力、吸引优秀国际学生以及为本校学生提供更加多维化的学术交流提供了较大、较强的平台。

最后,新南威尔士大学还在官方网站上,从学生的兴趣和专长出发,为国际留学生提供个性化专业选择的咨询。与澳大利亚其他主要大学相比,其网站设置有更为专业化、大版块的针对海外留学生的网页。以此可见该校对于海外留学生、国际教育的重视,该校商学院的国际学生更是占到了 30%—40% 的比重。此外,该大学还为外国留学生设立了留学生办公室。

(2)与中国相关的信息

课程方面,申请新南威尔士大学本科课程的中国高中毕业生均被要求参加预科学习,已在中国境内读完大学一年级及以上课程的申请人不需要预科课程的学习。

中国申请学生的要求方面,申请本科课程的学生需要提供雅思 6.5 分(各单科成绩不得小于 6.0 分)的成绩单。部分专业需要提供总分 7.0 分,单科不少于6.5 分的成绩单(或者托福 90 分的成绩单),同时高中 GPA 须达到 85.0。对于申请研究生的学生而言,需要提供的雅思和托福成绩与本科相同,同时大学期间的GPA,"985" 和 "211" 大学学生须达 72%,非 "211" 大学学生 GPA 须达 76%(商科要求为 88%)。此外值得一提的是,该校已于 2013 年开始正式承认中国的高考成绩,其具体要求为:申请当年高考成绩须高于该省总分的 80%(工科为 88%)。

学费方面,本科课程学费与研究生学费要求不同,不同学院的要求也不同。一般而言,商学院、理学院、工程学院和医学院的学费较其他学院而言较贵。对于国际学生而言,该校学费分为四个部分:学费、申请费用、健康保险和课本与课程的费用。

资金资助方面,新南威尔士大学为海外留学生提供了"financial aid and

student loan programs"。①此外,还提供了相应的奖学金,其中,针对海外留学生的奖学金仅针对自费学生,主要是以下几种:Faculty of Engineering International Alumni Scholarship、Faculty of Engineering International Research Scholarship、Golden Jubilee Scholarships、UNSW Federation Scholarships、JD Scholarship for International Students、International Postgraduate Research Scholarship。②针对中国学生而言,较为有特色的是 UNSW 香港校友奖。

在与国内高校的合作方面,2002 年 6 月,新南威尔士大学与河北省教育厅在河北省首届国际教育博览会上签订了长期合作协议,以期共同培养双语教学教育硕士。在该项协议中,由河北省教育厅选拔符合规定的硕士研究生到新南威尔士大学进行为期一年的学习,在顺利完成学习并成绩合格之后,颁发新南威尔士大学硕士学位证书和硕士毕业证书。针对河北省内的高校情况,首批选拔学生主要从燕山大学、河北大学和河北师范大学中进行选择。此外,截至 2017 年上半年,河北省共有 18 所高校参加了河北省教育厅和新南威尔士大学联合创办的"3 + 1 + 2"项目协议。"3 + 1 + 2"项目协议规定,这 18 所高校的本科生可以参加双方合作制定的硕士培养方案,在大四期间赴新南威尔士大学继续学习相关专业,且成绩达65%的学生,可以直升新南威尔士大学的硕士课程。

其他方面,新南威尔士大学专门针对中国学生建立了"UNSW China"官网,并在该校建立了世界上第一个中国境外火炬创新园区。新南威尔士大学还建立了自己的微博和微信账号,以期和中国学生有更深入的交流并弥补与其他"澳洲八校"相比名气稍逊的不足。从这些措施足见其对中国留学生的重视程度。

(四)悉尼大学(The University of Sydney)

1. 学校简介

悉尼大学成立于 1850 年,是澳大利亚乃至大洋洲第一所大学,位于新南威尔士州首府——悉尼。和前两所高校相同,它也是一所公立性质的研究型大学。

悉尼大学是国际商学院协会(AACSB)和欧洲管理发展基金会(EQUIS)的认证大学之一,是欧洲全球管理学教育联盟(CEMS)的成员。同时,它还是环太平洋大学联盟、澳大利亚八校联盟、世界大学联盟、亚太国际贸易教育暨研究联盟的成员。

悉尼大学是澳大利亚拥有最多本土学生的高校之一。

---

① http://www. international. unsw. edu. au/financial – aid.

② https://www. scholarships. unsw. edu. au/.

悉尼大学的校训是:"sidere mens eadem mutual(繁星纵变,智慧永恒)。"该句校训体现了悉尼大学对于高等教育中"智育"的重视,对于人类智慧的尊重。根据该校在其官方网站上的介绍,其愿景和价值观为:"领导改善我们周围的世界,创建一个能够让学生和研究人员更好地发挥其潜能的校园环境,提供更安全的校园社区,实现校园的可持续发展。"①

(1)地理位置与基础设施

悉尼大学的主校区位于悉尼市中心,占地约72公顷。繁华的校园周边环境为学生毕业之后更好地融入社会提供了便利条件。同时,悉尼大学目前共有讲堂107间、实验室328间及多所国家重点研究中心。

悉尼大学图书馆拥有南半球最多的藏书量,因此全校共有21个图书馆。21个图书馆主要包括:

Fisher Library

Badham Library Burkitt – Ford Library

Curriculum Resources Collection

Camden Library

Conservatorium Library

Health Sciences Library

Medical Library

East Asian Collection

Music Library

Nursing Library

Dentistry Library

Rare Books & Special Collections Library

Schaeffer Fine Arts Library

Storage

The SciTech Library

SETIS

Law Library

Sydney College of the Arts Library

其中的总图书馆Fisher Library(费雪图书馆)是南半球目前规模最大的学术图书馆。对于全校21个图书馆,悉尼大学采取"一馆借阅,全馆可还"的模式——

---

① https://sydney.edu.au/about – us/vision – and – values/strategy.html.

一个图书馆借阅的书籍可以在其他图书馆归还。另外,悉尼大学图书馆对全体公民开放,校内外人士均可在馆内阅读、借阅。

悉尼大学作为南半球历史最悠久的大学,还拥有多个著名的博物馆,例如Nicholson Museum、Macleay Museum、University Art Gallery。这些图书馆常年对外开放,并可以免费参观。Nicheolson Museum 以收藏大量古埃及、古希腊和古罗马的文物为名。

住宿方面,悉尼大学有着自身特色——它将 7 所住宿学院按照宗教派别进行划分,分别是圣安德烈学院(长老会,1867 年)St Andrew's College、圣约翰学院(天主教,1857 年)St John's College、圣保罗学院(圣公会,1854 年)St Paul's College、圣索菲娅学院(天主教女子学校,1929 年)Sancta Sophia College、韦斯利学院(卫理公会,1910 年)Wesley College、曼德邦姆学院(犹太教,1994 年)Mandelbaum House 和女子学院(不分教派,1889 年)Women's College。此外,该大学还在校内提供国际宿舍和大学村两种校内住宿。同时,学生可以选择在校外自行居住。

悉尼大学还为学生提供了"学生服务机构"。学生服务机构包括:职业中心、学习辅助中心、健康服务和咨询服务以及国际学生基金。

(2)学院架构

悉尼大学分为本部、学院、系别三级,共拥有 10 个学院,分别是文学、法学、经济、工程、医学、理学、建筑、农学、牙科和兽医。文学院是该校规模最大的学院,下设 21 个系。(悉尼大学以所设学科范围广泛、专业多元化著称。)

悉尼大学还拥有众多的研究中心,包括戏剧排练场、原子研究基金会、澳大利亚语言研究中心、伊丽莎白女王妇幼研究所、城乡规划研究中心、鲍尔美术研究所、悉尼师范学院、犯罪学研究所以及由联邦卫生部资助的公共卫生和热带医学学院。

总的来说,悉尼大学以法学院和医学院闻名(其法学院是哈佛大学法学院在南半球唯一的合作伙伴)。

(3)知名校友及学术成就

作为澳大利亚和南半球历史最悠久、拥有世界一流的法学院、医学院、工程学院和商学院的大学,悉尼大学培养了一大批杰出校友,并在各种学术领域上取得了显著的成就。

①知名校友。

该校毕业生一直牢牢掌控着澳大利亚的政治、经济命脉,截至 2017 年上半年,其校友包括八位澳大利亚总理,23 位最高法院法官,7 位诺贝尔奖(三分之一的澳大利亚诺贝尔奖获得者毕业于悉尼大学)及克拉福德奖得主,101 位罗德奖学金获得者、联合国大会主席、澳洲央行行长等。它是澳大利亚产生最多亿万富翁毕业生的大学。

法学院方面，该校共培养出了前联合国秘书长 Dr. H. V. Evatt，前牛津大学法学院院长 Michael Spence，前世界银行总裁 James Wolfensohn，负责编制人类发展报告的联合国人类发展报告处的现任主任 Jeni Klugman，第一任总理 Sir Edmund Barton，曾四度连任的总理（约翰·温斯顿·霍华德），前总理 Tony Abbott（托尼·阿博特），前澳洲投行麦格理银行总裁艾伦·莫斯。现任的六位澳大利亚联邦大法官中，有三位毕业于悉尼大学。

工程学院方面，知名校友包括：设计了国家标志性建筑"悉尼海港大桥"的 John Bradfield，发明了飞行记录器的 David Warren，IEEE 总裁 James Prendergas，世界软件工程界最有影响力的顶尖大师之一、建立了 Spring 的 Rod Johnson，出版《莱昂氏 UNIX 源代码分析》这本被誉为"计算机历史上被复印次数最多的一本书"的 John Lions，奠基了现代音箱理论、发明了 T/S 参数的 Neville Thiele 和 Richard Small，发明了被 IEEE 评为全球十大数据发掘算法的 John Ross Quinlan，发明了 Simultaneous Localisation and Mapping（SLAM）算法的 Hugh Francis Durrant – Whyte（使机器人在不确定的情况下可以自行绘图认路，此成果被普遍认为是机器人发展历史上最重要的突破发明），全世界第一位华人担任 IEEE 通信学会最权威学术期刊主编的肖承山博士。

目前，悉尼大学工程学院已拥有了如 ACM、IEEE、AAAI、FRS 等各类院士数十位，是澳大利亚工程系相关院士最多的大学之一，学校教授亦在众多主流学术期刊担当编委职务。

医学院方面，优秀毕业生主要如下：

发明了第一台人工起搏器的 Dr Mark C Lidwell，发明了世界上第一台 B 超扫描器的 Dr George Kossoff，发明了世界上第一个人工耳蜗的 Dr Graeme Clark，发明了全球每间医院每架救护车都有的 CPAP 呼吸机的 Dr Colin Sullivan，发现哺乳动物胸腺的功能以及 T 细胞和 B 细胞的鉴定的 Dr Jacques Miller，著名免疫学学家 DGustav Nossal（2000 年澳大利亚名人奖章的获得者，在人类免疫系统的抗体生成机理研究方面获得了全球瞩目的成就），澳大利亚现代血液学的奠基人 Dr Donald Metcalf，世界心脏手术的权威 Dr Gerald Lawrie，英国医学协会总裁 Dr Michael Marmot，哈佛公共卫生学院掌管学术事务的院长 Dr David Hunter，伦敦大学 1969—1972 年的校长 Dr Brian Windeyer，目前世界上资金最多（30 亿美元）的医学研究机构（the California Institute for Regenerative Medicine）总裁 Dr Alan O. Trounson，牛津大学和英国流行病学的学科带头人 Dr Dame Valerie Bera，美国最大的医学专业协会——美国医师协会总裁 Dr Virginia L. Hood,倡导低 GI 生活的权威和先驱 Dr Jennie Brand-Miller,获得了 1963 年诺贝尔医学奖的 Bernard Katz。

②学术成就。

总体而言,悉尼大学的学术水准在世界上得到广泛认可,特别是其法学、商学、工程学和医学方面更是居于世界领先水准。

由"ISI 论文库"网站①的数据可知,截至 2014 年,台湾大学世界大学科研论文评比中,悉尼大学排名世界第 37 名;莱顿大学世界大学论文排名中,悉尼大学排名世界第 35 名;由 SCImago 和 Elsevier 合作制成的世界大学论文排名中,悉尼大学排名世界第 53 名。此外,它还是 21 世纪学术联盟(Academic Consortium 21)和国际性研究型联盟 Pacific Rim Universities 的成员。还有其他种种数据表明,悉尼大学在多项学科上达到了世界领先水平。具体如下:

法学方面,悉尼大学的学术水平得到许多世界顶级名校的认同。例如,悉尼大学和国际名校——剑桥大学及牛津大学签订了一项协议,该协议允许悉尼大学法学院的学生在本校就读两年后,直接转入这两所英国顶级名校就读,并且在毕业时可取得两校的法学毕业证书。同时,悉尼大学法学院与美国多所著名高校建立了学生交换协议,且它是哈佛大学在澳大利亚唯一承认的,允许学分互换的大学。这相当于得到了国际学术界的翘首——哈佛大学法学院的认可,足见其在法学方面的学术造诣之大、影响之广。

工程学方面,除了培养出多位世界著名的科学家、发明家,体现了其较高的学术造诣外,悉尼大学工程学院更以拥有诸多世界一流的工程学领域的学术泰斗任教而著称。例如,计算机界的泰斗、Unix 之父、图灵奖获得者 Ken Thompson 一生只在两所大学任教,其中一所就是悉尼大学;被 IEEE 评为"全球十大数据发掘算法之首"的 C4.5 算法由悉尼大学计算机系的毕业生兼教授 John Ross Quinlan 在悉尼大学发明;悉尼大学工程系的教授 Hugh Francis Durrant-Whyte 发明了被认为是机器人发展历史上最重要的突破发明之一的 Simultaneous Localisation and Mapping(SLAM)算法。

此外,悉尼大学工程学院还拥有世界第二大的机器人研发中心。

医学院方面,悉尼大学培养出了多位优秀毕业生,他们发明了包括人工起搏器、B 超扫描仪、人工耳蜗等一系列造福人类的医疗设备。

该校医学院的图书馆还开展多项医学学科服务内容,包括定题服务、网络医学资源导航、专题数据库培训、医学专业教学资料的收集整理、医学新生教育、医

①　http://www.webofknowledge.com.

学研究院的高层次专业信息服务、分专业的信息技能课程、实习生指导等。

此外,悉尼大学医学院还拥有三个杰出的肝病、肾病、临床与健康伦理研究中心。

商学院方面,它是世界上唯一一所开设教授 Master of International's Management(CEMS MIM)课程的澳大利亚商学院;2013 年,《金融时报》将商学院的管理学硕士课程(Master of Management)评为全球前 50,全澳第 1 名;2013 年,该校开设的 Global EMBA(全球高级工商管理硕士)被澳大利亚金融评论杂志《BOSS》评为澳大利亚 EMBA 第 1 位,并于 2014 年获 QS 全球管理硕士课程排名第 49 名,此外,它还在 2015 年 Finacial Times 排名全球第 39 名,全澳第 1;2014 年悉尼大学商学院会计与金融专业被英国 QS 世界大学排名列为全球第 13,全澳第 3。

此外,悉尼大学商学院聘任的教授,多为学术界的知名人士、学术泰斗,例如国际会计联合会(IFAC)的教育总监 Peter Wolnizer,前加利福尼亚大学洛杉矶分校(UCLA)国际学院院长、现任悉尼大学商学院院长的 Geoffrey Garrett,还有该校商学院的 Dilip Madan 与该校数学系的 Eugens Seneta(研究得到现广泛应用于金融领域 Variance Gamma 定价模型的芯)。

2. 学科状况

(1)概述

悉尼大学拥有全澳数量最多的课程供学生选择,其教学模式以研究为主。

在学校排名方面,2015 年度的 QS 世界大学排名,悉尼大学居世界第 37 位,全澳第 3 位;[1] 2016 年度的 QS 世界大学毕业生竞争力排行榜上,悉尼大学居世界第 4 位,全澳大利亚第 1 位;[2] 2016 年 USNEWS 世界大学排名第 45 名;[3] 2017 年的泰晤士大学排行榜(THE),悉尼大学位居世界第 60 位,全澳并列第 3 位。

在专业领域排名方面,悉尼大学几乎所有学科均居世界前 50 强,澳洲前 5 强。

(2)课程优势

首先,悉尼大学为学生提供了拥有丰富课程选择的预科课程(USFP)。这项课程旨在为学生提前判断自身是否适合悉尼大学,并为进入悉尼大学学习打下基础。课程内容包括但不限于:标准课程、强化课程、延伸课程和实习课程。

---

① QS World University Rankins Website, https://www. topuniversities. com/qs - world - university - rankings.

② QS Employability - Rankings Website, https://www. topuniversities. com/university - rankings/employability - rankings/2016.

③ https://www. usnews. com/.

其次,除了传统意义上的学术研究,悉尼大学还是澳大利亚著名的运动强校和辩论强校,其在这两个领域的成就说明该校在课程设置方面注重学生的全面发展和素质培养。

最后,悉尼大学致力于将其课程细化。作为拥有澳大利亚最多课程供学生选择的大学,它将本校课程分为预科课程、本科课程、研究生研究课程、博士研究课程、短期课程、培训班、夏季和冬季学校以及英语教学中心。种类繁多的课程促进多元文化的传播,为学生提供了不断尝试的可能性,也有利于培养学生的探索精神。

3. 国际教育

(1)资金支持

首先,悉尼大学地处悉尼——澳大利亚经济、文化中心,其州政府、市政府及联邦政府有财力为之提供充足的资金。2011年,社会各界以及悉尼大学各界校友为其捐款约7300万澳元(约合人民币5亿元)。这些捐款为悉尼大学的校园基础设施建设、学术研究、对学生的援助做出了很大的贡献。例如,2011年,悉尼大学共为学生颁发了共计6500万澳元(约合人民币4.38亿元)的奖学金。

其次,由于悉尼大学致力于建设顶尖的研究型大学,因此一直积极参加各个领域的课题研究。通过参加这些课题研究,悉尼大学获得多项由澳大利亚研究委员会(ARC)及国家健康与医疗委员会(NHMRC)提供的资金。并且,澳大利亚联邦政府还为该校提供了15项重要联邦研究基金。

再次,悉尼大学为学生提供了丰富的资金支持。主要项目有:学生助学金、免息贷款、奖学金和 Australian Mobility Grants(澳大利亚移动拨款)。

其中,"澳大利亚移动拨款"包括以下两方面:Endeavour Mobility Grants(奋进流动性资助)和 New Colombo Plan(新科伦坡计划)。

奋进流动性资助包括:亚洲研究生课程(AP)、研究海外短期流动计划(ST-MP)、国际学生交流计划(ISEP)、长城学生交流计划(ECKSEP)。这些资助项目主要用于鼓励学生来到亚洲国家,了解并研究澳大利亚与亚洲国家的经济、政治与文化差异。

新科伦坡计划主要目的在于为悉尼大学的本科学生提供在印度洋——太平洋地区短期学习、实习和研究的资金支持。与奋进流动性资助不同的是,这些学习、研究等需要在教授和学校的同意之下才可以进行。

另外,针对本校希望出国交换的学生,悉尼大学还提供了其他相应的奖学金资助:Sydney Abroad International Exchange Scholarships(悉尼国际交流奖学金)、Faculty and Departmental Exchange Scholarships(学院和部门交流奖学金)、Exchange partner and foreign government scholarships（交流伙伴和外国政府奖学金）、Westpacific Asian Exchange Scholarships（西太平洋亚洲交流奖学金）、New Colombo Plan Scholarship Program（新科伦坡计划奖学金）、Littrell – Cartwright International Exchange Scholarship（Littrell – Cartwright 国际交流奖学金）、Marion Macaulay Bequest Scholarship（Marion Macaulay 遗赠奖学金）、James Wolfensohn Travelling Scholarship（詹姆斯·沃尔芬森旅游奖学金）、OS – HELP loan scheme（OS – HElP 贷款计划）。

最后,悉尼大学还为发展中国家的留学生提供了澳大利亚发展合作奖学金、悉尼大学留学生奖学金等专门奖学金。这一举动体现了在当今全球化的发展环境下,悉尼大学意识到发展中国家人才流入的可能性较大,因此鼓励发展中国家的优秀人才到校学习。

（2）政策支持

对于身处国际教育产业大国澳大利亚,且位于澳大利亚经济中心的悉尼大学而言,国际教育是其一项重要的战略,例如该大学提出的 Campus 2010 + Building for the Future 的校园发展计划即是为更好地发展国际教育产业而制定的。同时,也因为其自身强大的科研能力和国际认可度,目前,悉尼大学共吸纳国际学生8000 多人。

悉尼大学将其国际教育政策分为两部分:第一部分针对国际学生到悉尼大学本部参加学习,第二部分针对身在海外、无法到本部进行学习的国际学生。这种区分方法不但使有志于到悉尼大学学习,但因种种原因无法实现的学生能够有机会完成学业,而且在世界范围内广泛传播了悉尼大学的相关学术成就,提升其知名度。

此外,悉尼大学与澳大利亚国立大学于 2005 年建立了合作伙伴关系,意在实现双方学分互换、学术交流,并在海外市场实现合作。

值得一提的是,悉尼大学商学院是澳大利亚唯一一个安排留学生到当地知名企业、项目中进行实习的学院,足见该校在政策方面对留学生的重视程度。

（3）悉尼大学与中国

首先,悉尼大学作为最为中国学生熟知的澳大利亚大学之一,一直以来广受中国留学生的关注,同时它也是澳大利亚承认中国学生高考成绩的大学之一。

其次,为吸引中国的优秀学生到悉尼大学就读,悉尼大学针对中国学生和家长对学校了解较少、语言不通的特点,提供了专门针对中国学生的校园开放日和官网咨询账号。同时,在微信、微博等社交平台上建立了社交账号,以期更广泛地宣传本校并和中国学生有更深的交流。

最后,悉尼大学凭借多年来与世界各国顶尖大学建立国际交流的基础,近年来加强了与中国的合作交流。上文提到的"奋进流动性资助",尤其是"长城学生交流计划",是其重视与中国发展国际教育产业的表现之一。

(五)昆士兰大学(The University of Queensland)

1. 学校简介

始建于 1910 年的昆士兰大学,地处澳大利亚昆士兰州布里斯班市,是昆士兰州第一所公立综合性研究型大学、澳大利亚"八大名校"之一及澳大利亚六所"砂岩学府"之一。以上种种殊荣表明,昆士兰大学无论是学术水准还是历史声望,在澳大利亚的大学之中均处于前列。并且,其在校博士生的数量居澳大利亚第一。

昆士兰大学的校训是:Scientia ac Labore(依靠学习即勤勉)。在该校的校徽上,正中间是一本书。这些都体现了该大学对于知识的尊重与渴求,同时,这也是大学的基本目标所在。

(1)地理位置与基础设施

昆士兰大学地处布里斯班市,该市风景优美、安全指数较高,曾被联合国教科文组织评为"世界宜居城市"。并且由于布鲁斯班市的消费水准较澳大利亚其他几个主要城市低,该市也因此成为留学生的青睐之地。

昆士兰大学共有四个校区,分别是:St Lucia,Ipswich,Gatton 和 Herston,总面积达 1464 公顷,其拥有 1955 间教室及实验室,数量居澳大利亚前列。

主校区 St Lucia 面积约 114 公顷,主要设置了部分商业、药剂、科学、工程人类科学、法律、艺术、教育等主要专业。另外三个分校区零散分布着该校其他专业。并且,在 North Stradbroke 岛、昆士兰州各地,该校共设置了 40 多所专业科学中心、研究中心、海洋研究站、地震观测站、海事研究站、实验矿场等机构。

图书馆方面,位于主校区的主图书馆,是昆士兰州最大、藏书量最多的图书馆。同时,昆士兰大学还有多个分图书馆,分别是:Architecture and Music Library(建筑与音乐图书馆)、Biological Sciences Library(生物科学图书馆)、Dorothy Hill Engineering and Sciences Library(多萝西山工程与科学图书馆)、Dentistry Library(牙科图书馆)、Fryer Library(炸炉图书馆)、UQ Gatton Library(UQ 加特图书馆)、Graduate Economics and Business Library(研究生经济与商业图书馆)、Herston Health Sciences Library(赫斯顿健康科学图书馆)、UQ/Mater McAuley Library(UQ/Mater McAuley 图书馆)、PACE Health Sciences Library(PACE 健康科学图书馆)、PA Hospital Library(PA 医院图书馆)、Social Sciences and Humanities Library(社会科学与人文图书馆)、UQ Ipswich Library(UQ 伊普斯维奇图书馆)和 Law Library

(法律图书馆)。①这些图书馆总共为学生提供了超过 240 万册的藏书。同时,图书馆还为那些在学术或活动方面为图书馆做出贡献的学生、教职工提供奖学金,包括 Rae&George Hammer 访问研究奖学金、创意写作奖学金、图书馆优秀奖、泰勒与弗兰西斯集团图书馆优秀研究奖等。

住宿方面,昆士兰大学为学生提供了包括机场接待、临时住宿等服务,并为学生及时更新校内外住房消息,以方便学生找到性价比最高的住房。

(2)学院架构

昆士兰大学共有 7 大学院、6 大研究所,为学生提供约 6000 种课程。此外,各大学院分别拥有自己的研究中心。

昆士兰大学的 7 大学院分别是:Faculty of Arts(文学院)、Faculty of Business, Economics & Law(商学、经济学及法学院)、Faculty of Science(科学院)、Faculty of Engineering, Architecture and Information Technology(工程学、建筑学及资讯科技学院)、Faculty of Health Sciences(健康科学院)、Faculty of Natural Resources, Agriculture & Veterinary Science(天然资源、农学及兽医学院)和 Humanities and Social Sciences(人文和社会科学学院)。

(3)知名校友与教职工

作为澳大利亚八大名校之一,昆士兰大学和前四所大学一样,培养了众多优秀学生、校友,吸引众多的优秀学者在此工作。其中较为出名的有:

两位诺贝尔奖获得者:Peter C. Doherty(1996 年诺贝尔生理学或医学奖得主)和 Barry James Marshall(2005 年诺贝尔医学与生理学奖得主)。

多位政坛知名人士:Kevin Rudd(陆克文),Quentin Bryce(现任澳大利亚总督),Bill Hayden(1989—1996 年间任澳大利亚总督),Penelope Wensley、Leneen Forde、Matthew Nathan(曾任昆士兰州州督),Peter Beattie 、Michael Ahern 、Wayne Goss 、Jack Pizzey(昆士兰州多位州长),Andrew Bartlett(2002—2004 年间任澳大利亚民主党党魁),Fred Paterson(澳大利亚历史上唯一一位成为国会议员的澳大利亚共产党成员),Wayne Swan(曾任澳大利亚财政部长)等。

多位司法界名人:Sir Walter Campbell(曾任英国皇室御用大律师、昆士兰州州督、首席法官)、William Webb(前澳大利亚最高法院法官、远东国际军事法庭法官团主席)、Gerard Brennan(曾任澳大利亚最高法院首席大法官)、Patrick Keane(曾任澳大利亚联邦法院首席大法官)、Buri Kidu(巴布亚新几内亚第一位国家首席大法官)等。

---

① The History of the Library Website, https://web. library. uq. edu. au/about-us/history-library.

在其他领域,昆士兰大学也培养出了多位知名人士,例如自然资源保护学家 Aila Keto、世界太阳能之父 Martin Green、奥斯卡最佳男主角获得者 Geoffrey Rush、第一位参加澳大利亚空军的女性 Julie Hammer、2000 年悉尼奥运会沙滩排球金牌获得者 Natalie Cook 等。

2. 学科状况

(1)概述

作为澳大利亚八大名校联盟 Group of Eight 以及 17 所优秀研究型大学国际高校联合体 Universitas 21 的成员之一,昆士兰大学在澳大利亚国内和国际社会上都得到广泛的认可。

在澳大利亚国内,昆士兰大学拥有数量最多、达到世界一流标准的科研项目,其获得的国家教育奖居全澳第一。

在世界范围内,昆士兰大学取得的成绩如下:在 QS 世界大学排名中,它曾获得全球前 50 位的名次;在《泰晤士报》公布的 2011 年高等教育大学排名中,它排名全球前 1%;在 2016 年上海交通大学的世界排名中,它排名全球第 55 位。同时,它还被《亚洲周刊》连续多年评为"亚太地区最好的大学之一"。同时,昆士兰大学商学院是澳大利亚第一所及唯一一所与哈佛大学签署可享有和哈佛大学商学院完全相同教材协议的大学。

(2)课程优势

首先,作为澳大利亚八大名校、世界一流大学的昆士兰大学,在以下几个学科中,均居世界领先水平:Public Heleath(公共卫生)、Education(教育学)、Engineering(工程学)、Biomedical and Clinical Health Sciences(生物和临床医学)、Biological Sciences(生物学)、Chemical Sciences(化学)、Environmental Sciences(环境科学)和 Physical Sciences(物理学)。此外,该大学还拥有较为出色的 Economics(经济学)、Law & Legal Studies(法学)、History & Archaeology(历史与考古学)、Technology(engineering & environment)(应用科学·工程和环境方向)、Mathematical Sciences(数学)、Language Communication & Culture(语言和文化研究)、Philosophy & Religious Studies(哲学和宗教研究)、Built Environment & Design(建筑环境与设计)、Management(管理学)、Studies in Human Society(人类社会研究)、Commerce(商学)和 Tourism & Services(服务和旅游)。

其次,更值得注意的是,昆士兰大学的公共卫生专业居全澳第一,教育学居全球前 20。

再次,该校在课程设置上,注重培养学生的持续学习能力和严谨学术作风。在昆士兰大学进行的 Pitch drop experiment(沥青滴漏实验),是目前为止全球持续时间最长的实验,该校多任教职工与学生一起,一直致力于将该项实验完成。

最后,昆士兰大学还是世界著名的辩论强校和体育强校。作为闻名于世的辩论强校,该校学生多次在世界大学辩论赛上取得优异成绩,总积分位居全球第五;作为传统的体育强校,该校曾为澳大利亚培养出多位杰出的英式橄榄球运动员,其校友也多次获得奥运会奖项,并且,昆士兰大学曾在悉尼奥运会期间被选为意大利代表队的选手村及训练场地,其体育设施之完善、体育氛围之良好可见一斑。

3. 国际教育

(1)资金支持

作为一个拥有众多知名校友,在国际上有较为广泛影响力的大学,昆士兰大学得到了来自世界多个国家和不同地区的机构、企业及合作伙伴的支持。这些机构、企业和合作伙伴为昆士兰大学提供了较为充沛的资金支持。同时,昆士兰大学长久以来秉持"公平、公正"的原则,不仅为本土学生,也为海外留学生提供了较为多元化的奖学金选择。

昆士兰大学提供的奖学金主要如下:

为本科生提供的有:UQ Vice – Chancellor's Scholarships(昆士兰大学副校长奖学金)、UQ Merit Scholarships(昆士兰大学美德学金)、UQ Excellence Scholarships(昆士兰大学优秀奖学金)、Science Undergraduate Merit Scholarships(自然科学院本科生美德奖学金)、Science Undergraduate Excellence Scholarships(自然科学院优秀本科生奖学金)、UQ Economics Centenary Scholarship(昆士兰大学百年奖学金)、The GRM International Undergraduate Scholarship in Social Science(Development)(GRM 公司国际本科生奖学金)和 SONM Book Bursary(SONM 书籍奖学金)。

为研究生提供的有:UQ Excellence Scholarships(昆士兰大学优秀奖学金)、Science Postgraduate Excellence Scholarships(自然科学院优秀研究生奖学金)以及 UQ Merit Scholarships(昆士兰大学美德学金)。

澳大利亚政府为昆士兰大学的海外留学生(本科)提供了澳大利亚发展奖学金(ADS),该奖学金主要为在澳洲学习的发展中国家学生提供。此外,一些跨国援助组织也为该大学学生提供奖学金。

(2)政策支持

首先,作为昆士兰州排名第一,也是最大的大学,昆士兰大学得到了来自昆士兰州政府及澳大利亚联邦政府的政策支持。

其次,昆士兰大学已经和世界上 17 个国家的多所著名大学(如斯坦福大学、帝国理工学院)签署了合作协议。同时,它也和中国国内多所高校、研究单位建立了合作关系。

再次,昆士兰大学还为本校学生及海外留学生提供了"UQ 信用额度数据库①"等相关指南。该指南主要用于为学生提供海外机构的课程查询与选择。这一数据库极大方便了昆士兰大学和国际社会各大高校学生与学生之间、学生与高校之间的交流。

然后,昆士兰大学还为全球学生提供了《UQ 英语课程手册》,目前该手册已更新至 2018 年度。制作这一手册的目的,不仅在于为海外留学生提供英语学习机会,还在于宣传本校未来的教育计划,以提高大学在国际上的知名度。《UQ 英语课程手册》的内容主要包括以下几部分:符合学生学习、生活和工作的基础英语课程、雅思和 OET(职业英语考试)课程、教师培训课程、量身定制的英语课程、帮助世界各地人员和组织的国际发展课程以及用于国际会计、商科从业人员的专业课程。

最后,昆士兰大学还制定了详尽的全球战略。该全球战略基于五大主要目标:成为公认的世界领先的大学之一、具有高度战略性的全球视角、加强昆士兰大学的全球业务、吸引来自世界各地最好的学生和为全球学生创造拥有国际体验的机会。基于以上目标,昆士兰大学正努力寻找全球各地学术、公共和私营部门的潜在学生,并和各国建立合作伙伴计划、全球参与计划。这些计划不仅是宏观的,更是细分到针对各大洲、各个国家甚至是具体高校的。

(3)昆士兰大学和中国

首先,近年来,昆士兰大学与中国多所高校保持密切合作关系,包括北京大学、中国人民大学、复旦大学、中南大学、天津大学、中国科学院大学、南方科技大学等。此外,该校与中国九校联盟大学(C9)建立了学术和科研合作关系,其中包括一系列学生交流活动和学术研讨活动。

其次,昆士兰大学还在其官网公布了一系列计划,包括"Doing Business in China"计划、"PKU Guanghua Undergraduate Fact Sheet 2016—2017"计划等。

最后,昆士兰大学还在中国主要社交平台——微博、微信等建立了公共账号,以提高自身知名度,方便中国学生了解该校、选择该校。

---

① UQ Credit Precedent DatabaseWebsite,http://www. uq. edu. au/uqabroad/index. html? page = 191110&pid = 35449.

第三节　中介组织

澳大利亚作为国际教育产业居于世界前列的国家之一,整个国家投入了巨额资金于国际教育产业,并拥有一套较为完整的、世界领先的国际教育战略体系、法律法规。同时,澳大利亚还是南半球经济最发达的国家,国内生产总值(GDP)常年居世界前列,人均生产总值远高于英、美等国。

基于以上背景,澳大利亚对中介的管理较有经验、对本地中介的审批也较为严格。但是,对于国外中介,因为澳大利亚没有权力进行管理,所以经常出现外国黑中介欺骗移民,导致移民失败或是黑中介和澳大利亚本地非法组织勾结,诱导移民偷渡的情况。

(一)IDP 教育集团

1. 职能简介

IDP 教育集团的前身是澳大利亚教育国际开发署,1969 年由澳大利亚政府组织成立,至今已有近 50 年历史。2006 年,澳大利亚教育国际开发署由非营利组织转为公司运营。作为澳大利亚最大的推广全球性教育的非营利组织,澳大利亚教育国际开发署归澳大利亚 38 所大学所有,代表着澳大利亚的整体教育水平。在此基础上诞生的 IDP 教育集团在职能和能力方面与之几乎一脉相承。

IDP 教育集团的全球业务涉及留学服务、发展调研及国际考试三大领域。不仅如此,IDP 教育集团还是雅思考试(IELTS)的主办方之一。除了服务于澳大利亚 38 所大学之外,它还服务于澳大利亚各级各类教育机构,包括学院、英语(论坛)语言学校、TAFE(职业技术教育)、私立职教机构及中学等,共 400 多所学校与机构。

2. 发展优势

(1)历史优势

首先,IDP 教育集团有其前身——澳大利亚教育国际开发署为基础,是世界上成立最久的留学服务机构之一。同时,由于近 50 年的发展,它还是规模最大、服务最为专业的留学服务机构之一。

其次,澳大利亚教育国际开发署属于澳大利亚全部 39 所大学(包括 38 所公立大学及 1 所私立大学),因此,其在澳大利亚当地,尤其是高校当中有较高的声望。在澳大利亚教育国际开发署基础上诞生的 IDP 教育集团,一定程度上得益于其前身的这种声望。

最后,在 2006 年 IDP 集团正式实行公司运营制之后,IDP 教育集团收购了"雅思考试澳大利亚公司",至此,IDP 教育集团的业务范围拓展至国际考试方面。并且,由于雅思考试的知名度高、适用范围广,IDP 教育集团在一定程度上因此提高了自身的知名度。

(2)其他优势

首先,目前 IDP 教育集团在全球的 29 个国家设置了 75 个办公室。数量较大并遍布全球的机构设置,为 IDP 教育集团建立了较为完备的海外数据库,为其海外业务的拓展提供了基础。在这个强大的海外优势基础之上,IDP 教育集团不仅能够协助澳大利亚的大学、教育机构拓展他们的海外业务,也能够为国际社会赴澳留学的学生和家长们提供较为全面和符合其背景的信息。正是由于以上优势,截至 2009 年,每年有超过 2.5 万的海外学生选择通过 IDP 集团申请澳大利亚的学校。

其次,目前 IDP 教育集团不仅将业务停留在针对澳大利亚的留学服务上,还将业务拓展至针对五大英语国家——美国、英国、澳大利亚、加拿大和新西兰的留学申请服务。

最后,IDP 教育集团重视新媒体在当今国际教育产业中的重要位置。例如,针对中国特殊的网络社交平台——微博和微信,该集团分别开设社交账号(而非局限于传统西方网络社交平台 Twitter 和 Facebook),以宣传本集团优势。

(二)GVC 环视界(Global Vision Consultancy)

1. 职能简介

(1)概述

成立于 2005 年的 GVC 环视界,目前总部位于澳大利亚悉尼。虽然与其他老牌留学移民公司相比,它成立时间较短,知名度较低,但在留学生和移民中的口碑较高。目前,其业务范围已扩张至中国、越南、印度、巴西、蒙古、泰国、爱尔兰、英国和意大利等国。

此外,GVC 环视界拥有澳大利亚教育部首批颁发的国际教育咨询师资格(证件号为 G007)、澳大利亚政府注册移民代理执照等一系列合法文件。

(2)具体职能

GVC 环视界主打精品型中介,主要业务集中在澳大利亚本地,例如留学生来澳读书的各项业务、移民的各项业务等。

GVC 环视界的理念是:和顾客交朋友。基于该理念,该公司会在澳大利亚不定期举办一些活动,如主题派对、短途旅行等,以抚慰新来澳洲的留学生的思乡之情,也帮助他们更好地融入当地的文化、生活。

(3)优点与缺点

①优点。

首先,GVC 环视界公司的早期客户,大多数来自中国浙江、四川、重庆、上海等地,通过十多年的积累,该公司逐渐在以上四个地方建立口碑,并逐渐在中国建立起较为稳定的客户群。同时,该公司通过中国互联网宣传,在互联网上有较好口碑。

其次,GVC 环视界公司将总部定在悉尼,有利于其更加了解当地情况,同时及时为客户更新留学移民资讯。相较其他外国中介中心,这种将总部建立在客户目标移民地的做法,虽然让其自身受到更多澳大利亚政府及执法部门的管制,但同时也是一种监督和规范,无形中增加了该公司在移民中的信誉。

最后,GVC 环视界公司紧跟时代步伐,建立独立的网站,成立微信公众号、微博账户,紧抓一系列网络时代年轻移民所热爱的信息渠道。

②缺点。

正如上文所述,GVC 环视界公司最初的客户来源主要集中于中国浙江、四川、重庆和上海,但是该公司时至今日仍未在这四个地方建立办事处。诚然,GVC 环视界公司将业务中心放至目标地——澳大利亚的策略新颖又有一定效果,但是忽略最初客户群的做法(虽然该公司声称通过互联网这个新途径,他们并没有忽略这些最初客户)可能会使这四地的最初客户群投向其他新兴中介机构。

(三)AusTop 环澳教育

1. 职能简介

AusTop 环澳教育的主要业务,集中于为全球各地留学生提供来澳留学的相关准备、规划及发展。同时,近年来它的业务范围拓展至为投资移民规划、完善移民申请,并着重于为澳大利亚投资地产移民制作相关方案等业务。

目前,AusTop 环澳教育的发展策略为:全方位发展。具体而言,作为一家中介公司,它的业务范围不仅涉足留学、移民行业,还涉及地产、媒体等其他行业。

(2)优点和缺点

①优点。

首先,AusTop 环澳教育隶属于 AusTop 环澳集团,该集团是澳大利亚本地规模最大的留学移民教育服务机构。因此,Austop 环澳教育分享了该集团较为丰富的资源,并和澳大利亚多所知名学校、联邦政府组织和媒体、商会、各行业的一流公司、具有合法资质的移民律师保持密切合作。

其次,AusTop 环澳教育的宗旨是:关注您在澳洲发展的每一步。该公司具有在亚太地区占据一流地位的留学服务产业链,为客户提供的服务多是"一条龙"服务。

再次,环澳集团为其教育中心配备了强大的师资力量供留学生选择,设立分类详细的多类补习班,包括托福、雅思、澳大利亚高考等补习班。同时,它还为客户提供一系列有关留学的活动,包括一些国际院校合作(在国内初高中毕业后可直升澳大利亚部分高中和大学)、冬令营和夏令营、师资力量考察培训团、项目交换生等。

最后,AusTop 环澳教育还开设了 24 小时线上答疑通道、微信公众号平台、微博账号等一系列网络沟通渠道,以方便留学生及家长咨询相关业务。

②缺点。

前文提到,环澳集团涉及业务范围较广,虽然留学服务属于其主要业务,但对于消费者而言,容易产生信任危机,担心其不能提供真正优质的服务。

此外,与同行业其他公司相比,该公司的主要业务负责人较为年轻,对于棘手问题,特别是涉及两国政府的一些政策问题,没有相应的资源及手段进行解决。

(四)澳际留学

1.职能简介

澳际教育集团是国内成立时间较久的国际服务机构,澳际留学是其旗下分机构之一。

澳际留学主要提供美国、英国、澳大利亚、加拿大、新西兰、日本、韩国、新加坡、德国、荷兰等国的留学咨询、规划和申请方案制作。同时,它还提供留学评估、留学资料收集、语言培训等服务。

2.优点和缺点

(1)优点

首先,澳际教育集团作为国内历史较为悠久的国际服务机构(该集团成立于1990 年),与国内同类中介机构相比拥有较多经验、资源,其高层人员多是行业内的资深从业者,对于中国留学生的特点以及国外国际教育的发展拥有较为全面的了解和认识。因此,其旗下的"澳际留学",所具有的资源、经验、人力都居中国业内前列。

其次,澳际留学所属的澳际教育集团,业务范围较广,涉及少儿英语培训、成人英语培训、国际预科、国际游学、出国留学、海外移民六大业务,除了澳际留学以外,旗下还拥有澳际境外服务机构、全景英语、好好学、澳际国际游学和澳际国际学校等机构。庞大的业务范围为澳际留学提供较为丰厚的资金基础、人脉资源、潜在客户群体,同时也在一定程度上为其进行侧面宣传。

再次,澳际留学还在其官网提供符合年轻留学生喜好的沟通咨询方式,如QQ、微信、微博等。这些咨询方式极大地方便并吸引留学生选择该机构。

最后,澳际留学还为中国留学生提供"学费一键汇"等便捷式服务,以方便初到外国,不熟悉外国流程的留学生及家长。这些小细节式的服务项目,体现了其注重细节的特点。

(2)缺点

作为国内规模最大的留学中介机构之一,澳际集团拥有较多的客户,所承担的人力成本较高,因此较难保证为每一位客户提供同样优质的服务。也因为其涉及业务范围较广,它和 AusTop 教育集团一样,都面临客户的信任危机。

此外,网络上常常出现关于澳际留学"店大欺客"的负面信息——费用高,服务却虎头蛇尾。这一方面体现其服务质量有所欠缺,另一方面也说明其公关能力有待提高。

第三章

澳大利亚国际教育比较研究

第一节　整体概况

目前,澳大利亚与美国、英国、加拿大、德国同为世界五大留学目的国之一,其丰富而开放的教育资源和多元的文化吸引着世界各地留学生来此学习。在教育质量方面,澳大利亚的学术科研水平在机械、建筑、生物技术、工程、法律、设计、教育等领域保持着世界领先的地位;在就业方面,根据 2010 年澳大利亚官方发布的《国际学生职业发展与雇主意见调查报告》,有 63% 的海外雇主认为有在澳大利亚留学经历的员工更富有创新精神和良好的解决问题的能力。这两点吸引了众多学生将澳大利亚选为留学目的地,并有部分学生选择毕业后获取澳大利亚绿卡,从而继续留澳学习或工作。据澳大利亚教育部所属的国际教育机构网站消息,截止到 2015 年 12 月,共有 645185 名持有学生签证的国际学生在澳大利亚各级各类教育机构注册全额付费学习,比 2014 年同期增长 9.8%,澳大利亚成为仅次于美国的第二大留学目的国。其中,中国大陆学生人数 170212,比 2014 年同期增长 12.8%,中国学生占所有国际学生人数的 26.4%。①

(一)澳大利亚国际教育发展历程

国际教育一直是澳大利亚高等教育的重要组成部分,自 20 世纪 50 年代以来,澳大利亚国际教育已有超过 60 年的发展历史,其发展经历大概可分为以下三个阶段:

---

① 《2015 年中国在澳留学生人数统计》,中华人民共和国驻澳大利亚大使馆教育处,http://www.edu－australia.org/publish/portal72/tab5536/info122475.htm。

1. 政策援助阶段:20 世纪 50 年代—20 世纪 80 年代中期

1950 年,澳大利亚参与并制定了"科伦坡计划"。"科伦坡计划"是世界上第一批援助计划之一,它在 1950 年由英联邦国家发起,援助对象是巴基斯坦、印度、泰国、印度支那等国家和地区,旨在通过资金和技术援助计划、教育及培训援助计划来促进亚洲国家尤其是东南亚各国的经济社会发展。根据该计划,澳大利亚政府为大批来自亚太地区各发展中国家,尤其是东南亚国家的留学生提供了大额奖学金和各种优惠政策,鼓励其来澳接受高等教育。这段时期澳大利亚的国际教育政策以"援助"为主要策略,其国际学生可分为受"科伦坡计划"奖学金资助的学生和自费学生两部分。澳大利亚政府认为,这些国际学生学成回国之后,他们将为其所在国的经济发展做出相应的贡献,进而有利于整个亚太地区的和平与稳定。这一计划实行超过 30 年,吸引了 40000 多名学生来澳学习。在前十年,澳大利亚共提供给亚洲大学生 3125 万英镑贷款,并另拨出 325 万英镑作为奖学金,以供国际学生在澳大利亚的大学、师范学院和技术学校学习。此外,除接受大量受"科伦坡计划"资助的海外留学生之外,澳大利亚对自费学生同样给予了帮助。这些自费留学生同澳大利亚本地学生一样,仅支付高等学校学费的 10%—15% 即可,其余学费将由联邦和各级政府负责。在 1951—1965 年共十五年间,澳大利亚共接收来自 15 个国家的 5500 名学生和培训者。到 1954 年年底,600 名来自东南亚国家的学生根据"科伦坡计划"领取奖学金并在澳大利亚展开学习,另有 79 名澳大利亚专家赴东南亚各国服务。到 1968 年,澳大利亚共接受了 9400 名由"科伦坡计划"资助的学生和受训人员,其中一些具有特殊技能的人获得澳大利亚永久居留权。[①] 20 世纪 60 年代末,澳大利亚将国际学生和私人学生的政策整合到一起,这标志着澳大利亚政府开始寻求更为清晰统一的国际教育计划。1974 年,澳大利亚取消了包括国际学生在内的所有学生的高等学校学杂费,受此影响,国际学生数量激增,但非法移民问题也渐渐严重。为抑制非法移民问题的严重化,澳大利亚政府在 1979 年决定实施"外国留学生收费条例"。根据"外国留学生收费条例"规定,外国留学生需支付约为本科生人均培养成本四分之一的各类费用,此外,澳大利亚政府还要求私人学生要在回国两年后才能申请澳大利亚国籍。这两种手段在之后的一段时期内持续发挥作用,有效抑制了非法移民数量的增长。

2. 留学生经济的单一发展阶段:1985—2009 年

20 世纪 80 年代初国际石油危机爆发,澳大利亚的经济形势不容乐观。澳大利亚是出口导向性国家,高度依赖矿产业和农牧业的出口,由于资本主义国家对

---

① 李志良:《南十字照耀在星空》,83 – 84 页,北京:知识出版社,1991。

此类商品的需求量减少,澳大利亚经济持续低迷。1982—1983 财年,澳大利亚的失业人数达到48.3 万人,通货膨胀率达到14%,存在公共部门不断膨胀、公共开支不断增加以及政府压力增大的问题。高达 16.7 亿澳币的政府赤字使得教育援助计划难以维持,人们开始质疑联邦政府对国际学生提供大额补助的合法性与合理性。1984 年,澳大利亚政府组织了两个委员会分别对国际学生政策展开评估,并获得两份报告。然而这两份报告的意见不一致:一个不赞成国际教育的商业性发展,认为这种措施不利于澳大利亚经济的改善与转型;另一个认为国际教育服务贸易是一项新兴的、有巨大发展潜力的、十分重要的教育产业,是一个新的经济增长点和突破点,澳大利亚政府应当废除教育援助政策,将国际教育成为对外贸易的有效手段,并能够改变澳大利亚经济衰退的局势。时任工党政府在海外学生政策中越来越倾向于"经济理性主义",第二份报告的意见在其中起到了重要作用。此后,澳大利亚政府于1985 年引入了一项新的海外学生政策,宣布从1986 年1 月起对海外学生收取全额学费。此政策鼓励学校及留学机构基于海外学生创收,实现学费的全额回收,国际教育出口产业成为澳大利亚一个充满竞争力的新兴行业。该政策标志着澳大利亚的海外学生政策实际上由传统的政策援助模式转向了贸易创收模式,澳大利亚国际教育正式进入以经济为单一导向的产业高速发展时期。[①]

与此相应,澳大利亚政府在 1986 年决定简化国际学生的入境手续,鼓励高等学校和教育机构向海外推销其留学课程,以实现成本的全回收。从 1990 年起,澳大利亚政府决定实行要求所有国际学生必须支付全额学费的新政策,对国际教育产业及援助目标重新定位,确定国际教育经济单一发展的总方向。这样海外学生或者由个人支付学费,或者由私人捐助者或政府为其买单。同时,澳大利亚政府也用新的奖学金计划代替了以往的传统援助制度。[②] 从 20 世纪 80 年代中期开始,澳大利亚和其他国家的教育政策已经日益成为经济改革议程的一部分。换句话说,教育政策的设计已逐步致力于提升澳大利亚在国际市场上的经济竞争能力。其结果是,教育系统经历了引人注目的结构调整,使之更多地置于市场压力之下。[③]

此外,澳大利亚政府还赋予学校更多国际教育事务自主权,学校有权决定留

---

① 赵强:《澳大利亚国际教育产业发展探究》,载《外国教育研究》,2011(2),85－90 页。

② 赵强:《澳大利亚国际教育产业发展探究》,载《外国教育研究》,2011(2),85－90 页。

③ 谢少华:《权力下放与课程政策变革——澳大利亚经验与启示》,4、29 页,广州:中山大学出版社,2002。

学生的招收规模、奖学金额度和学费,并鼓励其提升自身竞争力,积极参加国际教育市场竞争,并提供了宣传援助,帮助学校及教育机构的国际化发展。

随着国际教育市场的推进,澳大利亚的国际学生数量明显增加。据统计,1985 年澳大利亚留学生仅为 2000 人,在 1995 年该数字已突破 10 万。留学生经济的单一向发展阶段后期,国际学生人数呈平稳上升趋势,2009 年有 631935 名学生持签证来澳大利亚学习,创历史新高,这些留学生为澳大利亚各级政府和教育机构创造了超过 186 亿澳元的经济收入,国际教育出口产业成为澳大利亚的第四大出口产业。

3. 留学生经济的多向发展阶段:2009 年至今

2009 年以后,面对日益激烈的国际教育市场竞争,国际教育的单一经济导向发展已无法满足市场需求,澳大利亚改变其原有政策,以提高国际教育产业竞争力。作为教育出口大国,保护国际学生利益一直是澳大利亚政府的工作重点之一。2000 年,澳大利亚通过了《2000 年海外学生教育服务法》及相关法律,该法律成为世界上首个对国际学生利益进行全方位保护的教育法律整体框架。在接下来的十余年里,该法在规范澳大利亚国际教育产业、保护留学生利益方面发挥了巨大作用,为澳大利亚赢得了良好的国际声誉。2014 年澳大利亚参议员麦肯齐代表澳大利亚教育部长派恩在第 28 届教育年会上回应《钱尼报告》,重申政府支持国际教育产业发展的立场。麦肯齐肯定了政府承诺的 150 亿澳元策略法案,敦促澳大利亚国际教育领域间开展更加深入的合作。麦肯齐的发言主要包括以下几点:一是强调国际教育的跨部门协作,国际教育产业部门的各项咨询必须精简程序,提高部门间工作效率;二是重视教育质量,优质的教育质量一向是澳大利亚引以为自豪的优势,维护教育质量是澳大利亚政府发展教育的核心思想,政府的高等教育重整工作创造了很多机会,提升了教育质量,并将逐渐实现政策松绑、简化程序,以减轻各大学的行政负担,让教育机构和教育专业能够更自由地发展;三是为国际学生提供积极的生活经验,国际学生在澳大利亚留学的经验对于澳大利亚的国际教育评价来说很重要,必须确保国际学生在澳大利亚开放、友善的学习环境中得到充分的支持;四是维护和发展合作伙伴关系,澳大利亚教育机构及政府部门需对外发展与建立更加多元化、国际化的伙伴关系,尤其是与亚太地区国家建立交流伙伴关系,攸关澳大利亚未来的经济富裕。[1]近年来,国际教育发展大力推动了澳大利亚向知识与服务经济转型,为了保障知识和创新持续繁荣,确保澳

---

[1]　秦悦:《澳大利亚重整国际教育输出政策以利招生》,载《世界教育信息》,2014(22),78 –79 页。

大利亚国际教育的世界领先地位,澳大利亚政府于 2016 年 4 月宣布启动《国际教育国家战略 2025》计划。该项国家战略为扩大澳大利亚国际教育市场份额、扩展新兴市场以及加强国际联系提供了一个基本框架,通过这个框架可以提高澳大利亚教育系统在国际上的认可度与稳定性,增强澳大利亚与全球合作伙伴关系,使澳大利亚的国际教育行业更具适应性、创新性和全球性。①

　　然而,近年来澳大利亚的国际学生人数整体呈下降趋势,下降人数超过 10万。其原因如下:首先,在贸易导向阶段,政府不断删减国际教育预算,1995—2004 年间,澳大利亚对高等教育的投资平均下降 4%,是 OCEO 国家中唯一对高等教育投资下降的国家;其次,国际教育市场竞争逐渐激烈,不仅有传统教育出口国如美国、英国、德国等,更有新加坡、马来西亚、韩国等新兴教育出口国加入,凭其教育系统的不断完善和教育水平的不断提高,吸引了更多留学生将其作为留学目的国;最后,由于各大学掌握国际教育事务的自主权,在制定收费标准、奖学金标准、培养方案等方面缺少政府管控,造成了国际教育市场的混乱,教育管理水平参差不一,缺少有效监管。

(二)澳大利亚国际教育现状

　　20 世纪 80 年代后期,澳大利亚政府开始着力培养国际教育产业,积极参与并支持教育服务出口,澳大利亚的国际教育产业迅速发展。截至 2015 年,持学生签证的全额付费国际学生由 1986 年的 2330 人激增至 2015 年的 645185 人,目前澳大利亚已是仅次于美国的第二大高等教育服务出口国。2007 年,澳大利亚高等教育部门的国际学生占全球份额 7.0%,美国为 19.7%,英国为 11.6%,德国为 8.6%,法国为 8.2%。目前,澳大利亚国际教育产业由高等教育、海外学生英语语言集中课程、职业教育与培训、中小学、其他部门等五部分组成,其中等教育部门中的国际学生注册人数占主导地位,但近期这种局面被逐渐打破,澳大利亚国际教育的现状可从以下几点进行分析。

　　1.学生数量方面呈下降趋势

　　澳大利亚的国际学生中亚洲学生占据主导地位。从各国学生占教育出口额比例来看,中国学生在其教育出口额中的比例达 20%,随后是印度学生,约占16% 的比例。从澳大利亚国际教育的教育领域来看,高等教育在国际教育中所占的份额最大,其次是职业培训教育,然后是语言教学领域和高中教育。教育服务

　　①　孔江榕、周涛、王晖:《澳大利亚国际教育及其对中国的启示》,载《现代大学教育》,2012(6),30－36、112 页。

出口除了具有巨大经济潜在价值之外,还能够帮助澳大利亚实现其政治、经济、外交及文化目标。通过国际教育出口,澳大利亚为来自世界各地的国际学生提供了深入学习及了解该国的机会,在个体、学校及政府层面上建立了持久而坚固的发展关系,为政治、外交及文化的输出奠定了扎实的基础。更有部分留学生可以参与到澳大利亚的科研计划中,为科技及学术发展做出贡献。

从长期看,澳大利亚留学经济于 1985 年进入单一方向高速发展阶段后,留学生人数迅速增长。仅 1986—1990 短短四年间,澳大利亚国际学生就从 2000 人增长到 40000 人,2002 年超过 200000 人,2009 年达到 631935 人。但从短期看,在 2009 年以后,由于移民政策的调整,留学人数呈结构下降趋势,到 2012 年,人数下降到 500000 人。根据澳大利亚留学生招收人数统计可知,大学相较职业培训教育、语言教学领域、高中教育而言,是接受留学生最多的教育机构。2009 年澳大利亚政府对移民政策进行调整,增加留学生获取澳大利亚绿卡的难度,使得大学留学生数量略有下降,但无较大波动。由于 2009 年以前的移民政策允许留学生在完成职业教育课程后便可移民澳大利亚,职业教育留学生人数增加至 208281 人。但 2009 年以后,随着职业教育毕业生移民计划的取消和澳大利亚政府决定将语言课程作为国际教育的先导课程,职业教育留学生出现了入学人数下降的趋势。从整体上看,澳大利亚的国际学生数量并未产生较大改变,一些影响境内留学生人数的因素如签证、移民政策等,也未对国际留学生产生明显影响。

2. 学生来源及教育层级的改变

从学生来源来看,澳大利亚国际学生的五大来源国分别为中国、印度、韩国、泰国和尼泊尔,其中来自中国和印度的留学生占到 43.6%。来自澳大利亚的留学生的五大目的国分别为美国、英国、加拿大、法国和德国,其中去往美国、英国和加拿大的学生占到了总数的 47%。数据显示,留学生群体中存在发展中国家向发达国家流动、发达国家留学生向发达国家流动的单一方向流动性,澳大利亚国际学生的主要来源国由从东南亚为主向以中亚、南亚为主偏移。在来澳的国际学生中,89% 选择高等教育,其中 27% 攻读硕士学位,7% 攻读博士学位,55% 选择攻读学士学位;另有 11% 的学生参加职业教育培训课程。与 2000 年相比,高等教育部门的注册人数远大于职业教育与培训部门的注册人数,教育层级逐渐向更高级别偏移。在来澳国际学生中有 56.8% 参加短期课程(一个学期以内),36.7% 参加一个学期的课程,仅 6.5% 参加一年以上的课程,表明很多留学生以取得学位为目的,但是来自澳大利亚的留学生在海外多选择短期(一个学期以内)体验和培训,不以取得所在国的学位为目标。从专业选择来看,根据澳大利亚教育咨询委员会 2013 年报告显示,来澳留学生就读人数最多的 4 个专业分别是管理和商科

(50%)、工程类专业(10%)、社会和文化类专业(8%)和医学健康类专业(8%)。澳大利亚国际教育发展的初衷是对发展中国家尤其东南亚国家实施经济、教育、文化多方位的援助计划,帮助培养高技术人才,补充当地教育资源,通过留学改善发展中国家的经济、教育现状。随着澳大利亚国际教育逐渐向经济导向转变,留学生经济逐渐成为各大高校重要的经济来源。因此,为更多、更快获得优质的留学生生源,占领更大的国际市场份额,许多高校开始发展国际教育,通过政府——高校、政府——高校——企业等多种模式与海外市场对接,为留学生提供更为方便快捷的国际教育服务。

3. 留学生政策的不断更新

1992 年 9 月,澳大利亚政府重审之前的留学生政策,认为旧的留学生教育政策已无法适应留学生经济的发展,需做出调整。同年,教育部长在阐述新政策时,提出留学生政策应将重点放在教育国际化上,认为国际教育是澳大利亚国际关系的重要组成部分,它有利于拓展国际间文化、经济和人民的往来,促进相互了解,同时有利于充实本国的教育和培训体系及社会体制。①近年来,澳大利亚采取由政府主导整合项目与资源的战略方针,由教育部直接负责国际教育服务的战略规划及推广,给予国际教育相关机构与中介机构全方位支持,鼓励学校发展留学生经济,吸引海外生源,开拓海外市场。2016 年 6 月,澳大利亚外交部部长朱莉·毕晓普和旅游与国际教育部部长理查德·科尔贝克联合宣布启动三项重要战略:《国际教育国家战略 2025》、《澳大利亚全球校友参与战略》和《澳大利亚国际教育 2025 市场开发路线图》。《国际教育国家战略 2025》将确保在接下来十年间澳大利亚国际教育部门能够适应当前经济现状,提高自身创新性,增强教育实力。该战略旨在推动澳大利亚国际教育部门与地方、社区及全球伙伴的合作。该战略主题主要包括以下四点:一是促进留学生的就业能力,国际教育部门将为国际学生提供更多工作及实习机会;二是召开主题论坛,积极解决国际教育部门的关键问题;三是加强数据收集与分析工作,有利于制定更加适宜的政策;四是制定针对离岸合作伙伴的国家战略,突出国际教育对于社区的收益贡献,参与国际竞争。《澳大利亚国际教育 2025 市场开发路线图》是《国际教育国家战略 2025》的补充,保证了接下来十年间澳大利亚国际教育产业的竞争力。《澳大利亚全球校友参与战略》将充分利用全球校友的力量,保证澳大利亚的外交、贸易与投资利益。随着澳大利亚经济逐渐向知识与国际教育产业转型,这些战略将在未来十年进一步增强

---

① 孔江榕、周涛、王晖:《澳大利亚国际教育及其对中国的启示》,载《现代大学教育》,2012 (6),30 – 36、112 页。

其国际教育部门功能,以便该产业能够充分利用全球机会,实现持续繁荣。

4. 留学生经济的不断发展

国际教育出口为澳大利亚经济发展做出了重要贡献。自 1982 年以来,澳大利亚的国际教育出口量年均增长约为 14%,2007 年国际教育出口占总出口价值的 6%,占总服务出口的 25%。2006—2007 财年,澳大利亚国际教育出口价值达 117 亿澳元,成为继煤炭和羊毛出口之后的第三大出口产业,其产业价值处于高速递增状态,超过旅游业成为最大的服务出口产业。2008—2009 财年,澳大利亚国际教育出口额达 172 亿澳元,其中 166 亿澳元来自澳洲境内学生,此外的 5.53 亿澳元来自其境外开设的教育项目,环比增长 23.2%。澳大利亚 2009 年出口行业排名显示,国际教育行业是澳洲第 4 大出口行业,前 3 大出口行业分别为:煤矿(547 亿澳元)、铁矿(342 亿澳元)和金矿(175 亿澳元)。根据澳大利亚统计局(ABS)公布的数据,2015 年国际教育为澳大利亚创造了 13 万个就业岗位,为经济贡献了 19 亿澳元的收入。此外,德勤经济研究所(Deloitte Access Economics)最新发布的报告指出,澳大利亚国际教育领域中还有多个未被 ABS 记录的额外收入来源,包括留学生亲友赴澳探亲旅游支出、海外课程以及持非学生签证赴澳留学人员的教育相关支出等,这部分额外收入的总金额高达 10 亿澳元。因此,2015 年国际教育实际上为澳大利亚创造价值近 210 亿澳元。①从上述数字中可发现,澳大利亚国际教育出口的产值不断上升,澳大利亚经济逐渐向知识和教育出口方向转型。

(三)澳大利亚国际教育主要优势

1. 留学相关优势

在经济社会方面,相较于其他主要留学国家如法国、德国等,澳大利亚以其安全而舒适的环境闻名。在经济方面,澳大利亚经济起步较晚,经济结构调整和产业结构调整促进了澳大利亚第三产业的发展,第三产业产值占总产值的 70% 以上,多年来其经济增长率稳步上升,在资本主义国家中名列前茅。在社会结构方面,澳大利亚的多元文化和谐统一、健康发展,200 多个不同国家、不同民族的居民组成了其多元而特色的国家文化,国家的世界移民特点为留学生提供了更宽松的学习环境。在社会安全方面,相较美国等留学国家,澳大利亚出台了枪支保护法,且其社会犯罪率较低,保证了留学生在该国留学时享有安全而舒适的留学环境。有调查报告显示,被调查的 10 所大学的 1600 名留学生认为澳大利亚是目前最安

---

① 《澳大利亚国际教育国家战略 2025》,https://www.wenji8.com/p/210TOXx.html。

全的留学目的国。在留学费用方面,澳大利亚的留学费用相对低廉,留学期间只需支付 6 万—12 万澳元的学费。澳大利亚允许留学生打工,平均每周有 20 小时的合理打工时间,使大部分留学生能通过打工解决生活费问题。此外,留学生享有海外学生医疗保险保障。澳大利亚既是高收入国家又是高福利国家。居民享受免费义务教育、儿童补贴金、养老金、伤残抚恤金、失业补贴等待遇。而留学生只需每年交纳 400 澳元的 OSHC 海外学生医疗保险费,国家即可帮助支付公立医院诊疗费、医师诊断费、医师测验费、照 X 光费等,该项举措保证了留学生的医疗权益,也在一方面减轻其在留学费用方面的负担。

2. 澳大利亚政府相关政策优势

澳大利亚针对国际学生制定了相关优惠政策,对国际学生有巨大吸引力。首先,自 20 世纪 80 年代起,受新自由主义思潮影响,澳大利亚执政党制定了全新的国际高等教育发展战略方针,全面放开自费留学项目,大力推进高等教育出口产业化。政府立志要将澳大利亚打造成国际学生首选留学目的国,并且制定了到 2025 年招收 100 万国际学生、占全球国际学生总数八分之一的目标,同时为此制定了配套的宽松留学政策。①澳洲移民法新政规定:在澳完成 2 年或者 2 年以上全日制课程并获得本科、研究生、博士学位的学生,毕业后可以获得 2—4 年不等的工作签证,从而使留学澳洲可获得海外学历和海外工作经验。其次,澳大利亚有宽松的移民政策。2001 年,澳大利亚政府颁布新的留学政策,规定在澳大利亚的外国留学生毕业后可以申请独立类技术移民,但前提是要符合澳大利亚技术移民政策的标准。2013 年以后澳大利亚政府推出的留学新政进一步加强了政策拉力力度,如最新的 SVP(Stream - lined Visa Processing,快速签证处理)简化了签证申请,规定符合条件的学生在签证时不需要提供担保金证明和语言成绩,直接由申请的学校进行申请人资金和语言能力的审核;为获得学士、硕士和博士学位的留学生提供 2—4 年不等的不限方向和专业的工作签证(Post Study Worker,PSW)。②2013 年度的澳大利亚留学研究报告显示,虽然中国学生留学澳大利亚的主观因素是为了自身的发展以及追求高质量的教学环境,但有 20.9% 的受访者称,移民便利是他们选择留学澳大利亚的主要原因之一。③澳大利亚通过移民政策的改革使

① 旷群、戚业国:《赴澳"留学热"探源——基于推拉因素理论的分析》,载《高教探索》,2016(1),20 - 26 页。

② 旷群、戚业国:《赴澳"留学热"探源——基于推拉因素理论的分析》,载《高教探索》,2016(1),20 - 26 页。

③ 于明波:《当代澳大利亚技术移民政策调整与中国新移民》,载《八桂侨刊》,2016(4),19 - 26、47 页。

留学生教育与技术移民计划形成紧密联系,澳大利亚的"留学—移民"模式吸引了大量国际学生前往澳洲留学和移民。最后,留学生相关法律的完善,保证了留学生权益。澳大利亚于2000年推出《2000年海外学生教育服务法》及补充条例,保障留学生的利益,包括学费补偿、转学等保障制度,要求为留学生教育提供服务的机构必须在授课、设备和服务上符合国家统一标准,保证教学质量,从而维持"澳大利亚对于留学生来说是一个安全的、不断发展的、有活力的学习地点"这一声誉。

3. 澳大利亚学校优势

澳大利亚高校拥有世界领先的教育质量。澳大利亚共拥有39所大学及230多所专业技术学院。其中有37所大学为政府公立学校,受政府统一管理和监督,各院校的教育质量平衡发展,学历证书质量高,被世界各国广泛承认。2013年的QS世界大学排名显示,39所澳大利亚大学中有16所进入前300强,其中7所进入百强,进入百强的数量仅次于美国和英国。久负盛名的澳洲八大名校悉尼大学、新南威尔士大学、莫纳什大学、澳洲国立大学、墨尔本大学、阿德莱德大学、昆士兰大学、西澳大学均为排名前100的世界级名校,在教学和学术研究领域更是在全球享有盛名,具有较强的学术竞争力。在20世纪90年代,澳大利亚国内所有大学均升级为综合性院校,拥有许多特色且具有实力的学科,如生命科学、国际贸易、农业科学等,其拥有的资深教授和经验丰富的讲师是教育质量的保证,也是澳大利亚国际教育贸易发展的最大推动力。澳大利亚政府向来注重保证和提高国际教育质量,他们认为尽管其教育服务质量在全球范围内拥有良好的声誉,但要居安思危,任何领域的一个失误都可能危及整个澳大利亚教育的声誉,必须高度重视质量保障体系建设。2003年澳大利亚联邦政府公布了2003—2004年度财政预算,决定在未来四年投资1.13亿澳元用于支持国际教育的可持续性发展,其中把提高国际教育质量作为政策重点。[1] 澳大利亚学校的课程设置贴合国际学生的需求。长期以来,澳大利亚国内大学针对外国留学生的专业需求、课程进度、硬件设施等相关教学方面进行国际化调整,以适应广大留学生的需求。

课程质量方面,澳大利亚政府有关部门针对国际教育服务,设立与国际接轨的课程。2000年,在墨尔本举行的澳大利亚课程组织第七届全国大会上,代表们提出了一个全新的课程概念——"全球化课程"(World Class,World Class Curriculum 或 World Class Education),这种课程设计理念在于,这不是一门具体的课程,

---

① 张若琼:《澳大利亚国际教育服务贸易发展模式研究》,载《高教发展与评估》,2009(3),70－74、122－123页。

而是一种教育和课程相结合的新理念。在全球化的背景下,要求增进各民族和全国人民的相互认识和理解。随着"全球化课程"新理念的提出,澳大利亚开始注重该类在全球化国际大背景下构建的课程体系设置。澳大利亚的"全球化课程"主要通过在课程中增加国际化内容、创办联合学位课程、开设交叉学科科目、引进语言学习和地域研究、强调跨文化的研究方法和海外实习经历、聘请外国访问学者教授相关课程等方式,提高课程的国际竞争力。①

(四)澳大利亚国际教育的主要发展手段

澳大利亚政府主要通过对产业、学校、立法的支持与改革来发展国际教育市场。

首先,澳大利亚政府为在全球范围内推销其国际教育,制定了多种不同的营销战略。一是澳大利亚政府成立专门机构以促进国际教育的推广。澳大利亚国际教育司是澳大利亚政府为促进澳大利亚教育国际化、推广澳大利亚教育与培训而设立的专门机构。它支持教育出口产业和政府展开合作,保证各州的教育与培训质量,制定与国际教育相关的规章制度,对各培训教育机构的资格认可作出评价,保护国际学生的权益。二是先后设立国际教育开发署、高等教育国际开发计划组织和国际教育基金会等专门机构,以推进国际教育服务贸易的发展。其中,国际教育基金会在海外建立了 38 个分支机构,共有 15 名政府特批教育咨询人员及 100 多名员工,广泛收集留学信息并推广澳大利亚国际教育,他们同其他国际教育团体一起在世界范围内推销澳大利亚的教育;澳大利亚国际教育开发署非常重视分析和研究地区和国别教育市场,为国家国际教育市场的推进提供了相关信息依据;澳大利亚的大学校长委员会也以为高校提供教育研究和信息、行业规范管理、政策协调和政府沟通、国际合作、项目引进和输出为己任,在推进澳大利亚国际教育战略方面也起了举足轻重的作用;澳大利亚政府还有专门的官方网站"留学澳大利亚"(www. StudyinAustralia. gov. au),为全球有意向到澳大利亚留学的国际学生提供全面而准确的留学信息。该网站提供 12 种语言版本,涵盖了所有课程和教育机构以及不同学习领域和层次的奖学金信息,以便不同语言的潜在国际学生查阅。这些国家层面的国际教育机构为推进国际教育提供了极好的指导,既有利于学校国际市场的开拓,又从另一个角度保证了国家国际教育政策的实施。

---

① 张若琼:《澳大利亚国际教育服务贸易发展模式研究》,载《高教发展与评估》,2009(3),70 -74、122 - 123 页。

其次,作为教育出口大国,保护留学生利益一直是澳大利亚政府工作的重中之重。为了规范市场、规范国际教育从业者行为、保护国际学生利益,《2000 年海外学生教育服务法》(Education Service for Overseas Students Act 2000)及其相关法律组成了世界上首个面对留学生利益保护的立法框架。根据《2000 年海外学生服务法案》,该立法框架主要有三项职能。一是保护海外学生的经济利益。提供者必须加入一个"学费保障计划"和"海外学生服务保障基金",并缴纳年度款项。在海外学生或教育提供者违约的情况下,如果教育提供者无法按规定退还相应学费或者提供替代性课程,那么该责任将由"学费保障计划"或"海外学生服务保障基金"承担。二是严格管制教育提供者的注册和经注册教育提供者的行为。为严把国际教育市场进入标准,澳大利亚政府要求教育提供者及课程必须在"面向外学生的机构和课程联邦注册系统"(The Common wealth Register of Institutions and Courses for Overseas Students,简称 CRICOS)上注册,并对注册资格做出了严格要求:营销或提供课程时一定不能掺杂误导性或欺骗性行为,不用不诚信的代理等。三是制止学生签证滥用现象,要求经注册教育提供者必须使用"提供者注册和国际学生管理系统"(Provider Registration and International Students Management System,简称 PRIMS)对海外学生注册进行电子确认。借助于此系统,移民当局可以迅速得到签证评估所需的详细学生信息。① 由于随着教育产业的扩张和国际政治、经济形势的不断变化,《2000 年海外学生教育服务法》已无法再发挥应有的作用,澳大利亚政府组织修订通过了《2012 年海外学生教育服务法》。该服务法同样具有两大主题,即"通过改革学费保护服务体系,确保学生收到他们的学费退款;在多个管辖区内推行教育提供者国家注册系统。"核心为单独设立了海外学生学费保护服务体系(Tuition Protection Service,TPS),以取代旧法中的学费保障计划和保障金制度。《2012 年海外学生教育服务法》还要求所有教育提供者都对相关义务做出承诺,如有违背将被处以程度不等的处罚,包括罚款。上述规定对于安置倒闭学校的学生,进行精确的退款计算和学分转换而言是十分重要的。②该服务法重新定位澳大利亚为"优质教育的目的地,而非仅仅是一个学习时的居住地"。

再次,为保障各学校与培训机构的教学质量及提高国际信誉与竞争力,澳大利亚政府积极探索,并于 2000 年 3 月成立了澳大利亚大学质量保证署(Australian

---

① 赵强:《澳大利亚国际教育产业发展探究》,载《外国教育研究》,2011(2),85 - 90 页。
② 陶阳:《在共赢中谋求发展——澳大利亚〈2012 年海外学生教育服务法〉述评》,载《世界教育信息》,2013(23),19 - 23 页。

Universities Quality Agency,简称 AUQA）。该机构是一个独立于政府和学校与培训机构之外的、非营利性的教育质量保障机构,负责保证并提高澳大利亚各大学和其他高等教育机构的公共质量和学术科研力量。从 2001 年起,该组织每 5 年都会对各高校及教育机构的教学质量、科研力量和管理水平进行考核,这种外部质量审计制度是大学内部的教育质量保障机制,有力地保障了澳大利亚教学质量与科研水平。此外,由于澳大利亚的离岸教育于近期发展迅速,澳大利亚于 2005 年启动了"跨国教育质量战略",以保障跨国教育质量并对跨国教育计划进行管理,以确保教育提供者所提供的教育服务与国内标准相一致,保证其国际教育质量处于世界领先水平。在院校层面,凡是招收国际学生的学校都必须设立内部申诉机构,接受并处理留学生对课程质量或其他方面不满的投诉,为留学生提供及时便捷的服务。

最后,澳大利亚采取了许多具有吸引力的政策,主要包括提供丰厚奖学金、放宽签证、允许工学结合、完善医疗保险制度、推行技术移民政策等措施,吸引更多国际学生选择澳大利亚作为留学目的国。目前澳大利亚是世界上为数不多的将移民政策与国际教育政策挂钩的国家,其技术移民政策对国际学生有极大地吸引力,极大的促进了国际教育服务出口产业的发展。澳大利亚政府规定自 2001 年 6 月起,其全额付费的国际学生无须离岸申请永久居留权。此外,由于澳大利亚国内就业更倾向于选择拥有本地学位的应聘者而不是拥有国外学位的应聘者,澳大利亚政府改变其技术移民得分测试,不仅赋予澳大利亚的大学的留学生额外加分,还提高了对申请者的英语要求。仅 2001 年 6 月到 2004 年 1 月,便有 23000 名国际学生成功获得永久居住权。澳大利亚为国际学生提供了涉及各教育领域的丰厚奖学金,并通过海外学生教育服务法案提供学费、退款及基金三方面的资金保障。学费保障即若教学机构无法给国际学生提供相应课程且无法退还学费,则会通过学费保障计划为学生安排替代课程;退款保障即规定所有学生都有权获得退款,并判定过失方为学生还是教育机构;保障基金即若学生无法通过退款保障获得退款或无法通过学费保障计划获得替代课程,则可通过保障基金获得退款或寻得替代课程。作为一个移民国家,澳大利亚一直以来对留学生打工持开放态度,同时也是对外国毕业生就业政策最为宽松的国家。积极鼓励留学生大学毕业后直接申请独立技术移民,根据其在澳学习年限、专业和工作经验给予不同程度加分。尽管最新的移民政策趋紧,增加了工作年限的要求,但 PSW 签证为愿意移民的高校毕业生提供了寻找工作的便利,总体而言仍然具有其他国家无可比拟的开放、快捷、简便的优势。如此宽松的移民政策为澳大利亚吸引了大批国际学生,其政府也承认"近年留学生的人数增长大多可归因于澳大利亚永久居住权的魅力"。①

第二节　存在问题

《贝尔德报告》指出,澳大利亚国际教育产业发展迅速。仅在2008—2009财年,澳大利亚国际教育出口产业的总产值便高达172亿美元,成为第四大出口产业。然而,随着该产业的急剧扩张,相关问题也随之出现。澳大利亚国际教育市场迅速扩张,使得相关部门、教学机构在保障教育质量、履行监管能力和基础设施建设等方面倍感压力,这些压力对澳大利亚的国际学生和澳大利亚国际教育的声誉有极为不利的影响,急剧扩增的市场也出现了市场不规范的情况。贝尔德通过征询国际学生以及相关部门、教育机构的负责人等利益相关者的意见,收集到了目前澳大利亚国际教育领域中存在的一系列问题。问题主要包括以下几点:留学中介提供不规范甚至错误的留学信息;培训机构所提供的培训及教育课程质量低,学校及培训机构招生人数过多,造成教育设备缺乏;教育提供者需要向教育中介支付高昂的佣金,对教育提供者的财务审查不足;对投诉和争端处理不充分,联邦政府、州政府、地方政府之间的职权重叠和不必要的监管负荷等②。近年来,由于政府政策的改变和学校资金不足而形成的问题愈发严重。

1. 留学生安全问题得不到保障

首先,由于多数留学生涉世未深,甚至部分学生尚未成年,无法在校内住宿使得他们的安全得不到充分保障。虽然部分大学如堪培拉的澳大利亚国立大学、新南威尔士州的新英格兰大学等,已向所有的大一学生承诺提供校内住宿,但是由于受到空间限制,多数大学无法做出同样的承诺。

其次,澳大利亚政府对留学生安全问题讳莫如深,种族歧视问题愈发严重。据当地媒体报道,澳大利亚政府透露,在2007年11月至2008年11月之间共有51名外国留学生死亡,其中34人死因不明。但一份调查却显示,留学生死亡人数实际上达54人,莫纳什大学的商业教授克利斯·尼兰德表示,刻意隐瞒留学生受害

---

① 旷群、戚业国:《赴澳"留学热"探源——基于推拉因素理论的分析》,载《高教探索》,2016(1),20-26页。

② 陶阳:《在共赢中谋求发展——澳大利亚〈2012年海外学生教育服务法〉述评》,载《世界教育信息》,2013(23),19-23页。

是为了保护155亿澳元的海外高等教育市场。随着澳洲国际教育的不断推进，私人教育产业蓬勃兴起，但对海外学生的安全管理却无法同步。美发烹饪等职业院校因其学位获得简单、易于找工作的特点，吸引了大量海外学生，其学生资历较差且大部分来自东南亚。这部分学生的大量涌入引发了在墨尔本和其他地区反东南亚人的歧视活动。近年来，歧视来澳留学生的现象愈发严重。据有关报道，尽管印度学生只占在澳留学生总数的五分之一，但近一半的留学生死亡人数来自印度。死亡人数第二多的是来自中国和韩国的学生。根据澳大利亚人权委员会的调查，亚洲人是澳大利亚最受歧视的族群，排在第二位的是土著人。事实上，亚洲族群已经连续4次在同类调查中占据"榜首"。2002年，全澳发生大大小小的"排亚"事件近300起；2003年，这一数字翻了近一番；2004年7月，珀斯曾发生一夜之间3家中餐馆被焚烧事件；而2005年发生在悉尼克罗纳拉海滩的种族骚乱是澳历史上最为严重的种族冲突，当时上千名白人青年对中东相貌的人发动了攻击，骚乱持续了近半个月。如澳大利亚政府和社会不能直面如今的种族歧视倾向，任其发展，则不利于澳大利亚国际教育产业的发展，甚至带来致命打击。

2. 部分学校无法保证其教学质量和基础设施

澳大利亚部分公立大学在海外投入大量资金设立海外分校，却最终停办，这种现象引发人们的思考：澳大利亚国际教育的道德伦理和发展手段是否正确？2009年，澳大利亚大学在南非开设的莫纳什大学分校和在新加坡开办的新南威尔士大学，投入了几百万美元，却招不到合适的学生，最终停办；同年12月7日，澳大利亚勒令关闭设在维多利亚首府墨尔本的2所不合格私立教育院校。这次被关闭的澳洲职业教育学院不能为学习餐旅业的学生提供完备的厨房设施，也未能妥善保存学生的档案记录；澳洲国际商业学院没有足够的教学资料，甚至没有足够的师资力量。维州技能和劳动力参与部部长贾辛塔·阿伦表示，这些关闭举动都是为了"涤清这个部门"。① 整治毫无疑问将有助于提高澳大利亚教育的名声，增强其在国际留学市场上的竞争力，但也将使一批留学生不得不面临被重新安置的不确定命运，且更将牵动当地一批人的就业，特别是利益集团收入减少的问题。

由于缺乏相应的法律监管，私立院校蓬勃发展。通常，这些私立院校付给中介的佣金为学费的15%，有的甚至高达40%。为获得足够的钱用于支付教师薪水和教室租金，很多学校需要招募越来越多的新学生来为现有学生的教育买单。由于这些私立院校的主要人群目标为想通过技术移民政策获取移民资格的国际学生，课程多涉及美发、烹饪等职业技术，它们靠留学移民维系生存并赚取高额利

---

① 《澳大利亚整治国际教育产业面临两难》，载《光明日报》，2009－12－9。

润,不仅教育质量难以保证,其生存也主要取决于留学生的数量。在此情况下,此类私立院校实为"移民产业",扰乱了国际教育市场,对澳大利亚国际教育的声誉造成不良影响。

此外,部分学校在发展过程中出现管理不严、教育质量下降的情况。皇家墨尔本理工学院(The Royal Melbourne Institute of Technology)是澳大利亚最活跃的国际大学之一,然而该大学被指控鼓励学生在考试中作弊。有学校将试卷题目泄露给国际学生,甚至有一些国际学生醉酒后参加考试,但最终也获得了学位。这种现象的出现与政府资助的减少密不可分。《高等教育一览》(Educationata Glance)中 2007 年的数据显示,1995 年至 2004 年,OECD 成员国中政府对高等教育的资助平均增长了 49%,而在澳大利亚却是下降了 4%,澳大利亚是唯一一个政府资助比例下降的成员国。①此外,由于部分私立学校存在教学设备短缺、师资力量缺乏等现象,被勒令关闭,使得一批留学生不得不面对重新分配的局面。面对可能被重新安置的留学生数量的增加,澳海外学生学费保障基金组织决定对私营教育产业多征 500 万澳元税金并追征一项特别税,以保证基金在未来 6 个月内保持学费退还能力。海外学生学费保障基金负责人表示,基金已经面临严峻的压力。截至 2009 年,共有 900 名留学生须被退还学费,退费总额达 420 万澳元,学费保障基金已无法负担退还更多学生的学费。受此影响,赴澳大利亚求学的外国留学生人数明显下降,澳国际教育产业出现近年来少有的困难局面。

3. 技术移民政策导致的留学热

技术移民政策对澳大利亚国际教育产业的发展来说是把双刃剑,它是澳大利亚国际教育的巨大吸引力,也造成了非法移民数量过多、市场不规范的现象。自 1985 年起,澳大利亚海外学生注册人数增长迅猛的现象,在极大程度上是受到了技术移民政策的推动。该政策规定有特殊技能的留学生可在毕业后较容易地申请移民到澳大利亚。但同时,这种将国际教育与移民政策挂钩的做法也存在很大风险。以移民为最终目标的学生试图进入那些需要最少的学术进入条件、最小的努力程度及最少的出勤率,而最容易获得结业证书的专业。这种企图推动了部分私立院校的发展,在这个过程中,大批受利益驱动的私立院校迅速建立。为满足海外学生的移民需求,它们提供大量受移民驱动的课程,如美容美发、烹饪等职业课程,这些课程又会被遍布各地的教育代理大肆兜售,吸引大量学生来澳学习。此时的澳大利亚似乎是以出口永久居住权为目标,而不是出口国际教育。这种现

① 王义:《职业教育国际化路径比较及其启示》,载《宁波职业技术学院学报》,2015(6),6 - 8、27 页。

象违背了教育援助的初衷,澳大利亚政府也意识到了该问题的严重性,并已对此做出反应。从 2010 年 1 月 1 日起,澳大利亚引入一个范围更小的关键技术清单,提高了对英语语言的要求,并降低对"移民职业需求清单"(Migration Occupations in Demand List,简称 MODL)上所列职业的评审优先地位等。尽管这些举措会起到一定的作用,但从长期来看,如何平衡填补技术与劳动力空缺同健康发展国际教育间的关系仍是澳大利亚政府不得不认真对待的一个重要问题。[①]

由于国际教育产业的利益相关者数量众多,澳大利亚政府对国际教育产业的整治可能会陷入两难境地,达不到预计目标。尽管澳大利亚政府在对国际教育提供者进入市场前有严格的筛选并对国际教育提供者的行为进行了严格管制,但是仍有不诚信的国际教育提供者存在。2009 年,海外学生安全问题连续爆发,引发社会的广泛关注。自此,澳大利亚国际教育产业中诸如黑中介、不合格私立院校为海外学生移民出具伪证、中介提供模棱两可甚至错误的留学信息等问题纷纷曝光。随后澳大利亚政府加大了对国际教育产业的整治力度,出台了一系列强化管理的措施。如何在维护国家长远利益的同时有效协调各方关系,也是澳大利亚政府目前面临的一个重点问题。

4. 政府支持减少导致产业发展减缓

近年来,澳大利亚国际学生的数目呈逐渐减少的趋势,国际教育产业发展速度减缓。

首先,由于政府为国际教育产业提供了政策援助、资金援助等方面的支持,学校和教育机构可能会形成对政府援助的过度依赖,降低其创新能力和自主发展能力。就像政府对其他产业的支持一样,政府对国际教育产业的支持是有限度的。由于澳大利亚国际教育产业已成规模,教育服务提供者越成功,对政府支持的依赖就会越少,因此当该产业的参与者在克服进入新出口市场的最初阻碍后,政府便会选择将对教育出口的援助限制在一定范围内。但通过其他已成熟产业的发展过程可知,政府给予的支持会加速产业的发展,但一旦给予支持,后续再想收回这些支持是非常困难的。由于国际教育产业初期发展时期,政府给予了大量支持,在之后的发展中学校与教育机构默认了支持的长期存在,缺失创新发展的思维,一旦政府资助减少,学校发展便会受到阻碍。

其次,近年来澳大利亚政府对大学的资助严重不足,这很可能会削弱澳大利亚国际教育在国际市场上的竞争力,影响其作为教育输出大国的地位。近 20 年来,澳大利亚通过国际教育产业的出口赚取了巨额外汇,使该国经济成功转向知

---

① 赵强:《澳大利亚国际教育产业发展探究》,载《外国教育研究》,2011(2),85 – 90 页。

识与服务产业。但同时政府对大学及教育机构的资助水平却在逐年下降。仅1995—2003 年间，澳大利亚政府对大学生的人均公共拨款数额就下降了 30%，平均每年对大学及教育机构的拨款下降 4%，是人均公共拨款额度下降最多的教育出口国，也是唯一减少对大学及教育机构科研拨款的教育出口国。自 1990 年起，澳大利亚政府颁布新政策，取消其原有的学费资助计划，改为由学校征收全额学费。表面看，澳大利亚的新政策给予了学校更多自主权，使其获得更多学费充当经费，但实际上，由于取消了原有的学费资助计划，一定程度上减少了国际学生的数量，使存在经济问题的国际学生选择其他教育出口国，且由于该部分收入大多用于国际教育的宣传和维系，在一定程度上减少了对国际教育产业的支持。现在由于联邦政府提供的教育经费资助只占受资助高等教育院校总收入的 41%，仅靠教育经费资助无法维持高等院校的日常支出，向海外学生提供国际教育服务现在已经成为澳大利亚的大学和职业学校快速获取收入的唯一手段。由于高质量的教育水平和高评价的国际声誉是留学出口国吸引国际留学生的主要手段之一，为保持高质量的教育水平、维持国际声誉，多数学校选择投入大额资金到学术科研上。但由于政府的支持资金减少，向海外学生提供国际教育服务所获得的收入成为院校进行科研创新及维持基本运行的主要和最关键的经济来源。但矛盾的是，来向海外学生提供国际教育服务所获得的大部分收入又不得不重新投入此项活动中去，通过在海外办公点的宣传，吸引更多国际留学生来此学习。近年来，不断下降的高等教育人均经费对教学质量和基础科研能力产生了很大的影响，而教学质量与院校基础科研能力是澳大利亚得以长期维持其国际教育声誉的关键。目前，澳大利亚的大学陷入由于财力匮乏而无法为大量高层次学历海外学生提供奖学金的状况。如果大学的财政困境情况始终得不到缓解，澳大利亚的院校科研能力将会继续降低，其国际教育声誉无疑将会受到损害，最终影响该产业的健康持续发展。

最后，由于澳大利亚的大学对高、精、尖人才的吸引力不如美国、英国等传统优质大学的吸引力强，进而在招收海外博士生方面与美国和英国相比还相差甚远。2003 年澳大利亚所有海外学生中博士生只占 4.7%，同期英国为 9.4%，2004—2005 年度，美国则为 18.1%。澳大利亚的顶尖人才培养现状若无法改变，则会造成学生比例分配不均，科研水平发展不一的局面，最终可能导致澳大利亚各大学的科研向基础学科转移，影响其国际竞争力和科研创新水平。

5. 新型教育模式对传统国际教育的冲击

澳大利亚作为国际教育的传统大国，在全球国际教育舞台上扮演着重要的角色，但是面对日趋激烈的全球竞争，以及 MOOCs 等新型教育模式的冲击，澳大利亚国际教育呈现出留学生人数结构性下降、学生单向流动、跨境教育稳步发展、与发达国家之间的国际科研密切合作的发展态势。

慕课的发展无疑会对传统教育输出造成冲击。慕课(Massive open online courses,MOOCs)是随着教育技术的发展而形成的一个全新教育生态环境。由于使用者可免费注册慕课并通过支付少量金钱便可获得学位证书,部分学者认为慕课可能提供低水平的教育,对声望较低的教育机构有害,并且会增加州立学校进一步减少财政资助的危险。

留学生数量的单向移动是指留学生群体中存在发展中国家向发达国家流动、发达国家留学生向发达国家流动的单一方向流动性,其中国际学生由发展中国家向发达国家流动的现象更为显著。澳大利亚国际学生的主要来源国从东南亚为主向中亚、南亚为主偏移。据 HESA2013 年公布的数据,中国、印度、韩国、泰国和尼泊尔为世界五大留学生输出国,美国、英国、加拿大、法国和德国为世界五大留学生目的地。仅 1986—1990 年短短四年间,澳大利亚国际学生就从 2000 人增长到 40000 人,2002 年超过 200000 人,2009 年达到 631935 人。

来澳的国际学生,89%选择高等教育,其中27%攻读硕士学位,7%攻读博士学位,55%选择攻读学士学位,另有11%的学生参加职业教育培训课程。在来澳国际学生中有 56.8%参加短期课程(一个学期以内),36.7%参加一个学期的课程,仅 6.5%参加一年以上的课程。从专业选择来看,根据澳大利亚教育咨询委员会 2013 年报告显示,来澳留学生就读人数最多的 4 个专业分别是管理和商科(50%)、工程类专业(10%)、社会和文化类专业(8%)和医学健康类专业(8%)。这说明大多数学生来澳大利亚学习是以长期学习获得学位证书为目的,更有部分学生以取得澳大利亚永久居留权为最终目标。这种现象的出现,与留学生输出国高等教育的匮乏有关,也与在思想观念、文化和语言方面的冲突有关。这种留学生、教育资源、文化观念的单向流动性可能会带来以下问题:对留学生输出国而言,其适应全球化的能力相对较低,留学生的单向输出可能会导致该国接受异质文化的能力、获取分析其他国家信息的能力降低,逐渐拉开在全球化过程中与发达国家的差距;对教育输出国而言,文化、教育、科技的进步离不开不同主体间的交流与合作,长期的教育输出使得澳大利亚忽视国外文化、教育、科技的发展,很容易被其他国家赶超,降低其在国际教育市场中的竞争力,而这是不能够仅通过其丰富的教育输出经验弥补的。

第三节　澳大利亚与英国国际教育比较

伴随着经济全球化与信息社会的到来,教育国际化成为一种新的教育发展形势,是现代教育发展的主要趋势之一。教育国际化是指不同国家和地区的教育资源,跨越国界,在不同的文化社会中进行双边、多边交流、援助与合作,致力于文化的传播发展以及文明的交流进步。澳大利亚与英国,作为传统的"教育出口大国",拥有丰富的国际教育发展经验。本节将首先简述两国国际教育发展历程,然后从留学生管理、留学生培养两个方面比较两国国际教育体制的异同,并从战略定位、存在问题两个方面分析两国的国际教育服务贸易。

(一)国际教育发展历程

1.澳大利亚国际教育发展历程

自20世纪50年代大力发展国际教育以来,澳大利亚国际教育经过近70年的发展,已经成为澳大利亚高等教育的重要组成部分。从政治导向到贸易导向,最后到多层面国际化战略,澳大利亚国际教育的发展历程大致可以划分为以下三个阶段。

(1)"教育援助"阶段(1950—1985年)

①背景:白色澳大利亚政策逐渐退出历史舞台。

1901年,澳大利亚的六个殖民区改为州,并统一组建为联邦,即澳大利亚联邦。时任澳大利亚工党领袖克里斯·沃森(Chris Watson)宣称"我反对将有色人种与白色人种混杂,当然我承认它跟工业化有关,主要是由于种族污染的可能性"。在克里斯·沃森上台前后,为了稳定国内的政治社会秩序,维持欧洲人在澳大利亚的政治经济利益,澳大利亚实施白色澳大利亚政策(White Australia Policy),其本质是种族歧视与民族利己主义政策。

白色澳大利亚政策,是对新成立的澳大利亚联邦,排斥主要来自亚洲的有色人种的一系列种族主义政策的通称。它通过限制和禁止以亚洲人为主的有色人种移民澳大利亚,驱逐男性劳工,以及歧视定居于澳大利亚的有色人种,企图建立一个纯白种人澳大利亚,并且维持白种人在澳大利亚的绝对优势。① 在该政策实

---

① E. M. Andrews, *Australia and China*: *The Ambiguous Relationship*. Melbourne University Press, 1985, p. 46.

施的数十年内,大量亚裔,尤其是华人,由于无法忍受欺压、歧视,被迫离开澳大利亚。

二战后,尤其是 20 世纪 50 年代中期以来,亚洲进入工业经济蓬勃发展的黄金时期。为了推进澳大利亚与亚洲国家的贸易经济合作,必须重新审视长期实行的白色澳大利亚政策。此外,澳大利亚面临着劳动力短缺的困境,这迫使澳大利亚政府和社会考虑放宽对移民的限制,以保持国内经济的正常发展。60 年代之后,由于国际交往的逐渐扩大,澳大利亚国内的种族主义观念得到很大程度的淡化。不仅如此,巴基斯坦、印度尼西亚、马来西亚等南亚、东南亚国家纷纷谴责并抵制澳大利亚的种族歧视政策。这一系列因素,引发了白色澳大利亚政策的逐渐松动。

1972 年,工党获得国内选举的胜利。新上台的总理爱德华·高夫·惠特兰(Edward Gough Whitlam)开始着手取消白人移民优待,放宽有色人种移民限制,推行多元文化政策。与此同时,澳大利亚移民部部长埃尔·格莱斯声明澳大利亚的移民政策"全球一致,无人种、肤色或国籍之歧视"①,这标志着澳大利亚正式废除实行了 71 年的白色澳大利亚政策。

二战以来,白色澳大利亚政策的逐渐松动到最终废除,为澳大利亚接纳移民,开展国际教育提供了契机。

②内容:科伦坡计划。

第二次世界大战给南亚、东南亚国家带来了重创。战争结束后,南亚、东南亚国家在致力于恢复被战争破坏的经济的同时,也在努力争取去殖民化和国家独立。为了保持在该地区的传统影响力和战略利益,英联邦国家希望通过援助的形式,抗衡美国在该地区酝酿的"第四点计划"。

1950 年 1 月,英联邦国家外交部部长在锡兰(现斯里兰卡)科伦坡举行会议。会议的主要目的是讨论如何协助南亚、东南亚国家恢复和发展经济。该会议最终通过了一项英联邦发达国家援助南亚、东南亚国家的计划,称为"科伦坡计划"。

按照"科伦坡计划",澳大利亚等英联邦国家通过放宽签证、资金支持等方式,资助鼓励南亚、东南亚国家学生来英联邦国家留学、培训,为南亚、东南亚国家培养人才资源,并将其培养为文化输出与价值传播的重要对象,以增强对该地区的影响力和控制力。这是一种不计经济效益的,政治导向的国际教育发展计划。

从 1951 计划正式实施,到 1957 年的六年间,约有四千名来自被"教育援助"国家的学生,完成了在澳大利亚的留学教育与培训。到 1985 年,澳大利亚通过

---

① 杨启光:《教育国际化:进程与发展模式》,245 页,北京:社会科学文献出版社,2011。

"科伦坡计划"接受了超过四万名留学生。①

（2）"贸易导向"阶段（1985—2009 年）

①背景：经济困境。

20 世纪 70 年代国际石油危机爆发，澳大利亚国家经济遭受重创。经济的低迷一直持续到 80 年代初期，并且在 1982 年前后陷入最困难的境地。当时的澳大利亚是一个出口导向型国家，高度依赖矿产品和农牧产品的出口。而整个资本主义世界都在经历严重的经济危机，资本主义国家对矿产品和农牧产品需求疲软。更为雪上加霜的是澳大利亚正在经历糟糕的旱灾，农牧产品减产严重。

当时的澳大利亚财政部部长霍华德在 1981 年表示，在 1981—1982 财政年度内，澳大利亚不可能达到预期的国内生产总值增长 3.5% 的水平。总理弗雷泽（John Malcolm Fraser）在 1982 年初的国情咨文中证实了霍华德的预见：澳大利亚的失业人数达到 48.3 万人，占劳动力人口的 7%，通货膨胀率高达 14%。经济的困难加剧了财政的压力。1982—1983 年度财政预算中，预算赤字为 16.7 亿澳元，比上一财政年度增加了 11.25 亿澳元。②

严重的经济危机与财政压力，使得不计成本的"教育援助"政策难以为继。

此外，80 年代初英国政府已经开始重新审视"科伦坡计划"，并开始了对海外学生收取全额学费的尝试。面对这样的形势，澳大利亚政府开始将终结这一实施逾 30 年的"教育援助"政策提上日程。

②过程。

从 1980 年开始，澳大利亚政府已经开始对留学生收费。但是，不同于英国的收取全额学费，澳大利亚一开始只是向部分留学生收取较少一部分学费，然后逐渐提高收取的比例，以及增加自费留学生的人数（如表 3 - 1 所示）。到 1988 年，赴澳大利亚留学的学生需要自己缴纳的学费已经占到总学费额的 55%。

表 3 - 1　1990 年至 2000 年澳大利亚留学生数量与自费留学生数量及其所占比例

年份	留学生人数（人）	自费留学生人数（人）	自费留学生占留学生比例(%)
1990	24998	14664	58.7
1991	29630	21202	71.6

---

① Mark T. Berger, The Battle for Asia: From Decolonization to Globalization, Routledge Curzon, 2004, p.31.

② 朱梦魁:《困难重重的澳大利亚经济》，载《世界经济》，1983(1)。

续表

年份	留学生人数 （人）	自费留学生人数 （人）	自费留学生占留 学生比例（%）
1992	34076	27230	79.9
1993	37152	27939	75.2
1994	40494	33667	83.1
1995	46187	38872	84.2
1996	53188	51250	96.4
1997	62996	60487	96.0
1998	72183	68342	94.7
1999	83111	78072	93.9
2000	95607	—	—

　　1984 年,新成立的杰克逊委员会全面考察澳大利亚的留学生市场,发表杰克逊报告。该报告指出,澳大利亚应该彻底废除"教育援助"政策,从经济理性出发,用市场经济的原理发展国际教育服务贸易,使得国际教育成为对外贸易的手段,成为经济发展的重要组成部分。

　　杰克逊报告引起了澳大利亚社会的广泛讨论与澳大利亚政府的关注,并促进了政府国际教育政策的转变。澳大利亚教育部于 1987 年公布《高等教育:政策讨论书》,于 1988 年公布《高等教育:一个政策陈述》,这两份报告中强调了"国际教育对社会、文化,尤其是经济负责"的原则,指明了澳大利亚国际教育改革的方向。

　　澳大利亚在这一时期的国际教育改革主要体现在以下方面。

　　①政府逐渐减少对国际教育的财政投入。减少财政投入与增加留学生收费比例两个过程相辅相成,完成了国际教育费用支付主体从政府向留学生的成功转变。

　　②赋予学校更多国际教育事务自主权。学校有更多自主权决定招收留学生的规模、学费与奖学金额度、留学生管理培养方案等事项,并被鼓励自主参加国际教育市场的竞争。

　　③经济理性主义与使用者付费。使用者付费(User Pays),核心内容是学生付费上学,一次交清可享受 25% 的优惠。与之配套的是高等教育供款计划,即学生延迟支付学费按个人收入比例还款的贷款支付,通过收入支撑的免息贷款使学生

分担他们的学习成本。①

20世纪90年代之后,经济全球化深入推进,澳大利亚以更加积极的姿态推进本国教育的国际化。

1997年,罗德里克·威斯特(Roderick West)发表报告,强调通过对参与国际教育的各院校进行质量认证与绩效评估,并扩大留学生的自主择校空间,提升留学生对于澳大利亚国际教育的满意度,提高澳大利亚国际教育的国际竞争力。

2002年,澳大利亚教育、科学和培训部部长尼尔松(Brendan Nelson)发表一系列报告,对澳大利亚国际教育发展的情况进行回顾,并对现状及问题进行分析,对改革的方向进行阐述,强调高等教育私有化,赋予高等院校在制定费用标准、确定招生规模等事项上的充分自主权。此外,尼尔松报告还支持来自任何国家的私立大学在澳大利亚提供教育课程,参与国内公立大学的竞争。②

随着"教育援助"政策的废除与国际教育市场化的推进,海外学生自费留学澳大利亚的渠道放开,澳大利亚的留学生招收人数增长明显。"贸易导向"阶段初期的1985年,澳大利亚留学生招收人数约为2000人。如图3-1所示,"贸易导向"阶段进入中期的1994年,这一数字已经近10万,20年间增长近50倍。整个中后期,留学生招收人数略有起伏但总体增加,增幅明显;到2009年已达631,935人。这样数量的留学生,2009年在教育、交通、旅游等行业为澳大利亚创造了超过186亿澳元的经济收入。国际教育成为当时澳大利亚的第四大出口产业。

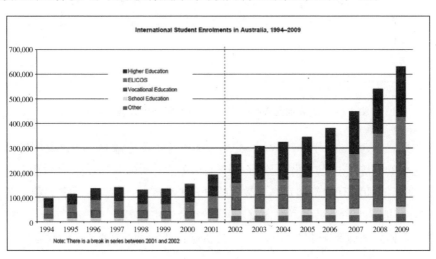

图3-1 澳大利亚1994—2009年招收留学生人数变化图

---

① 杨启光:《教育国际化:进程与发展模式》,252页,北京:社会科学文献出版社,2011。
② 杨启光:《教育国际化:进程与发展模式》,252页,北京:社会科学文献出版社,2011。

（3）"多层面国际教育"阶段（2009 年至今）

①背景。

长期以来,尤其是进入 21 世纪以后,澳大利亚国际教育面临来自诸多国家和地区愈加激烈的竞争。首先,是像澳大利亚一样的传统国际教育出口国,如英国、美国等;其次,是后起的国际教育出口国,如加拿大和新西兰等;最后,还有传统的国际教育进口国,如马来西亚、韩国等,这些国家由于国内教育体系的完善与教育水平的提升,吸引了更多学生留在国内接受教育,并致力于吸引更多留学生。图 3-2 显示,从 2009 年到 2013 年的五年间,澳大利亚的留学生招收人数呈现总体下降的态势,下降人数超过 10 万。其中,2012 年的留学生招收人数跌至最低值,约为 51 万。

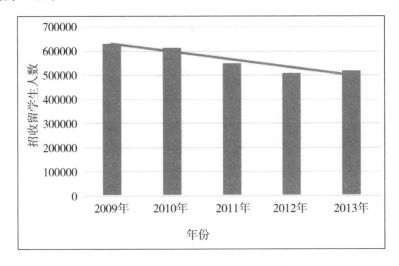

图 3-2　澳大利亚 2009—2013 年招收留学生人数变化图①

除此之外,在"贸易导向"阶段,澳大利亚将国际教育视为一项重要的国家产业与主要的经济增长点。为了盈利,一方面,政府不断削减国际教育预算。1995年至 2004 年,OECD 成员国对高等教育的投入平均增长了 49%,而澳大利亚却下降了 4%,是唯一一个对高等教育投入下降的 OECD 成员国。② 另一方面,高校由于掌握对国际教育事务的充分自主权,在制定收费标准与招生标准、决定招生规

---

① 澳大利亚国际教育处（AEI）官方网站,https://internationaleducation. gov. au/research/International - Student - Data/Pages/InternationalStudentData2013. aspx。

② 焦阳:《澳大利亚:国际教育商业味太重,政府亟需整顿》,载《比较教育研究》,2010(11)。

模、确定培养管理方案等方面较少受到政府的干预管制。这就导致澳大利亚的国际教育市场长期处于"无政府"状态的不统一与教育管理水平的参差不齐。

从单一的经济导向发展国际教育带来的严重后果是,澳大利亚国际教育商业化色彩太重,出现生源质量下降、教育伦理问题突出、教学质量下滑、校园种族歧视和暴力现象猖獗等问题,严重影响了澳大利亚国际教育的声誉。

②过程。

"多层面国际教育"直至目前处于起步阶段,其改革思想源自澳大利亚外交部于 2005 年 9 月发表的《教育无国界:教育领域的国际贸易》,与澳大利亚教育、科学与训练部(DEST)于 2006 年发表的《博洛尼亚进程与澳大利益:下一步骤》。

《教育无国界:教育领域的国际贸易》在承认经济导向的国际教育发展模式经济成就的同时,也承认其浓重的经济功利主义色彩正在为澳大利亚国际教育的持续发展带来困境。报告指出,全球尤其是亚洲国家经济的发展,在创造了对澳大利亚不断扩大的教育需求的同时,也对澳大利亚国际教育服务提出了更高的要求和期望。顺应需求,澳大利亚的国际教育不仅要实现经济目标,也要追求政治、文化、道德目标。因此,澳大利亚的国际化必须在近年内实现改革与转型。

《博洛尼亚进程与澳大利益:下一步骤》则让澳大利亚感受到了欧盟国家与美国国际教育后来居上的压力,提出澳大利亚国际教育应该抛弃狭隘的国内视角,将发展前景置于广阔的国际情境,先实现追赶欧美国际教育,再实现引导全球国际教育。

2. 英国国际教育发展历程

拥有悠久的高等教育历史与完善的教育服务体系,英国国际教育一直受到中国、印度等发展中国家,甚至其他欧盟国家的青睐。二战之后,尤其是 20 世纪 60 年代以来,英国的国际教育几经调整,从发展国际教育的导向、教育服务输出战略演变特点等角度,可以将英国国际教育的发展历程大致划分为以下三个阶段。

(1)"后殖民化"阶段(1960—1978 年)

英国的这一阶段与澳大利亚的"教育援助"阶段十分相似,其出发点都是为了保持或者增强在教育输出国或地区的政治影响力,通过"教育扩张"的方式实现"政治扩张"。因此,英国与澳大利亚第一阶段的国际教育都带有为政治服务的色彩。

在二战后的相当长一段时期内,由于世界各国都致力于恢复被战争重创的经济,国际教育一度低迷,英国的留学生数量增长缓慢。而冷战的国际格局初现端倪,美苏都在加紧扩张其在世界各地的势力范围。为了保持英国在传统的殖民地区的控制力与影响力,英国参与并主导了 1950 年"科伦坡计划"。该计划的主要内容是,要求英联邦中的发达国家向英联邦中的欠发达国家以及南亚、东南亚的发展中国家,提供以教育为主的援助。此外,英国还在20世纪60年代初期,通过各种优惠政策,积极吸引英联邦国家中的学生来英国留学。

一直到20世纪70年代,英国的国际教育政策仍然体现着"教育援助"与技术培训的特点。但是,其国际教育在这一时期的目的,并不是为了"当地人民的需要",而是为了对当地进行"再殖民"。①

(2)"全额收费"阶段(1979—1998年)

与澳大利亚类似,受到20世纪70年代石油危机冲击的英国,失业率与通货膨胀率居高不下,国家经济面临严重的困境与危机。国家财政面临的赤字负担直接导致了这一时期英国国际教育政策的转变。

1979年,撒切尔夫人上台,开始对国家经济进行大刀阔斧的私有化改革,以减少公共财政支出。首当其冲的高等院校的私有化改革,其措施与澳大利亚贸易导向阶段的国际教育政策相似,即给予高校更多自主权,并减少对教育尤其是国际教育的财政投入。

作为国际教育商业化的配套政策,1980年英国各高校放弃原有的差别性收费政策,对本国的留学生收取全额学费。这是英国国际教育市场化的重要标志。该政策不仅缓解了政府的财政负担,而且有利于高校盈利。但是,随之而来的是留学生数量的锐减与国内留学市场的冷淡。根据英国高等教育统计局在1986年公布的年度数据,在实行"全额学费"之后的五年内,英国留学生数量下降了超过35%。

但即便是面临留学生数量的锐减,英国政府也没有放弃"全额学费"这一政策,而是通过资助政策重新吸引留学生。从1980年开始,英国政府以奖学金的形式,相继出台一系列留学生资助计划(如表3-2)。

表3-2　20世纪80年代英国政府出台的主要留学生资助计划②

奖学金项目	年份	资助部门
海外研究学生奖学金计划	1980	英国教育与技能部
FCO奖学金资助计划*	1983	外交与联邦事务部
国家/地区支持计划**	1983	外交与联邦事务部

① 宋懿琛:《英国留学生政策的演进及发展趋势》,载《域外视界》,2010(7)。
② Lynn Williams. Overseas Students in the United Kingdom:Some Recent Development[J]. Higher Education Quarterly,1987,41(2),pp. 107 - 118.

续表

奖学金项目	年份	资助部门
ODA 奖学金共享计划	1986	英国海外发展管理局
中英友谊奖学金计划	1987	英国海外发展管理局
英联邦拿骚奖学金计划	1987	英国海外发展管理局
英国本科奖学金计划	1987	英国海外发展管理局

注：＊于1984年更名为志奋领奖学金(Chevening Scholarship)。＊＊指马来西亚、香港地区、塞浦路斯等。

受益于这一系列奖学金资助计划，从20世纪90年代开始，赴英留学的学生数量开始明显增加。

(3)"全面市场化"阶段(1999年至今)

在即将进入21世纪的历史时期，为了保持英国国际教育在全球的领导地位，英国政府实施了一系列推进本国国际教育完善发展的政策、计划，其中最主要的是由工党首相布莱尔(Tony Blair)于1999年开始实施的国际教育"首相倡议计划"(Prime Minister's Initiative for International Education)。

①背景。

随着经济全球化的推进与冷战结束后国际格局的调整，国际交流与国际交往空前密切。认识到国际教育对文化价值传播、知识技术交流、经济政治战略的价值，各国纷纷重视并开展国际教育。此时，在信息技术革命的推动下，美国高校崛起迅速，美国教育对留学生的吸引力已经超过英国教育。而另一个传统的竞争对手澳大利亚，也正在争夺英国在东南亚、东亚等地的留学生市场。除此之外，德国、法国、加拿大等后起之秀，凭借语言、移民政策、历史文化等方面的优势，纷纷加入国际教育市场的竞争当中。

激烈的市场竞争，以及自身国际教育体系存在的问题，都要求英国对国际教育进行一场强力度的改革。

②目标。

"首相倡议计划"总共实施了两期，其总体目标是提升本国国际教育吸引力，保持并巩固本国国际教育在全球的领导地位。

第一期"首相倡议计划"于1999年6月，由工党首相布莱尔主导。其目标包括在五年内吸引非欧盟国家的留学生7.5万人，每年获取7亿英镑的收入。[1] 除

---

[1]　易红郡：《英国高等教育国际化策略：留学生视角》，载《湖南师范大学教育科学学报》，2012 - 1 - 25。

了追求经济利益之外,第一期"首相倡议计划"还致力于实现丰厚的政治效益、文化效益与社会效益。

第二期"首相倡议计划"于2006年,由工党首相布朗(James Gordon Brown)主导。除了延续第一期的目标之外,第二期还尤其关注留学生的就业问题。具体目标包括:在五年内增加10万的留学生招收数量;使每年前往英国留学超过1万名学生的国家数量翻倍;提高留学生对本国国际教育服务的满意度;与其他国家和地区的教育机构组织建立密切的合作伙伴关系等。①

③内容。

"首相倡议计划"的主要内容如下。

一是重新审视国际市场,调整本国国际教育的区域定位与目标定位,注重品牌效应。在区域定位中,英国将中国、印度、巴西、马来西亚、俄罗斯、新加坡、中国香港这七个国家和地区视为重点发展市场。在目标定位中,仍然将经济效益放在首位,但同时强调发挥国际教育对国家形象宣传、文化价值传播等的作用。

二是提供就业支持,优化签证渠道。"首相倡议计划"认识到,留学生在选择留学目的国时,除了青睐该国的学习经历与学术学历,还有一部分的考量来自对在该国就业的期待。因此,"首相倡议计划"加强对留学生就业能力的培养,并放宽对留学生留在英国国内就业的限制。此外,还对出入境和签证的工作人员进行培训,提升其服务能力。

三是开展交流活动,新增伙伴关系项目。英国政府开展"真正英国运动",通过音乐会、体育赛事、展览等多种形式,开展对外交流活动,以加深海外学生对英国以及英国教育的了解和喜爱。此外,英国政府还与其他国家的教育部展开合作,包括学生互派交流、项目研究合作、政策对话等,发展与各国教育部门与组织的战略伙伴关系。

(二) 留学生管理

1. 签证与入境

澳大利亚的"教育援助"阶段与英国的"后殖民化"阶段有相似的特点,即申请入境留学学生规模较小,且主要来自英联邦国家。因此,在该阶段,澳英两国对留学生的签证门槛相对较低。

但是,随着两国的国际教育发展到第二阶段,即澳大利亚的贸易导向阶段与

---

① 翁立霞:《招收留学生的国家战略——聚焦英国"国际教育'首相倡议计划'"》,载《比较教育研究》,2013(7)。

英国的全额收费阶段,两国接收留学生的对象国由原来的英联邦国家扩散至所有国家。凭借高度繁荣的经济以及高质量的教育质量,一方面,许多追求深造学业的学生希望能够入境留学,另一方面,假借学生身份入境打工和骗取居留权的人也屡禁不绝。因此,制定合适的签证门槛以及简化而有效的入境资格和条件审查制度,以扩大留学生数量并保证留学生质量,并杜绝漏洞将投机分子拒于国门之外,就成了澳英政府面临的一大难题。但总的来说,由于 20 世纪 80 年代到 90 年代正值两国国际教育规模大举扩张之际,且出于吸引海外学子入境求学,增加国际教育经济效益的考虑,这一时期的签证与入境政策相对宽松。

自 20 世纪 90 年代中期以来,国际局势长期处在恐怖主义的阴影笼罩之下,恐怖主义袭击事件与难民偷渡问题愈演愈烈。为了维持国内政治、社会秩序的稳定,保障国家和公民的安全,针对留学生的签证与入境审查变得更加严格。

近年以来,申请澳大利亚留学签证大体需要提交以下材料。

(1)需要公证的材料

①申请人出生证明;

②本人及父母身份证明;

③毕业证书与成绩单:申请本科留学签证需要高中毕业证书,每学期期中、期末考试成绩单;申请研究生留学签证需要高中毕业证书,本科或大专毕业证书及所有科目成绩单,学士学位;

④家庭户口簿复印件(若是集体户口则提供户籍证明原件);

⑤父母结婚证(若离婚则提供离婚判决书、调解书、离婚证或离婚协议)。

需要说明的是,为了吸引更多留学生选择澳大利亚国际教育,在澳大利亚完成学业的留学生,只要英语水平达到标准①,就可以申请 PSW(Post Study Worker)签证。

(2)不需要公证的材料

①父母收入证明与工资单;

②银行存款证明原件、存单复印件;

③雅思成绩单原件。

近年以来,申请英国留学签证大体需要提交以下材料:

①签证申请表打印版;

②有效护照;

③学校录取确认函(CAS);

---

① 雅思成绩的听、说、读、写每项达到 6 分。

④毕业证书、学位证与成绩单：申请本科留学签证需要高中毕业证书，每学期期中、期末考试成绩单；申请研究生留学签证需要高中毕业证书，本科或大专毕业证书及所有科目成绩单，学士学位；

⑤肺结核体检结果；

⑥银行存款证明原件；

⑦雅思成绩单原件。

经过两期"首相倡议计划"对国际教育政策的调整，到第二期"首相倡议计划"结束时，即 2011 年，海外学生申请英国留学签证的成功率大幅上升。其中，相比于倡议计划实施之前，印度学生的留学签证通过率提高了 47%，中国学生的留学签证通过率提高了 40%，沙特阿拉伯学生的留学签证通过率提高了 26%。①

2. 就业与移民

在澳大利亚的"教育援助"阶段与英国的"后殖民化"阶段，由于当时两国国际教育的出发点是为英联邦国家及南亚、东南亚发展中国家培养知识技术人才，以保持在该国家和地区的政治影响力，因此，在这一时期的留澳、留英学生大多在完成学业后，回国就业。

但是，随着澳英国际教育市场向更多国家的学生开放，赴澳、英留学的学生不再只为了学业深造，还希望能够在完成学业之后留在澳、英就业与长期居住。

澳大利亚作为一个移民国家，适时正面临着人口老龄化与劳动力尤其是技术人才短缺的困境。为了保持澳大利亚经济的稳定发展，政府提出"将总人口每年递增 2%，其中 1% 来自移民，1% 来自人口的自然增长"②的目标。因此，长期以来，澳大利亚对于留学生留澳就业与居住的政策较为宽松。

然而，英国不同于澳大利亚、加拿大等移民国家，其国内面临着高人口密度与高就业压力的状况，接纳留学生就业移民的空间有限。因此，一般而言，完成学业的留学生很难在英国得到就业与定居的机会。同时，这也成了降低英国国际教育市场吸引力的一个重要因素。为了提高英国国际教育的吸引力与竞争力，英国政府长期注重修改与完善本国的留学生就业政策。一是逐渐放宽对留学生兼职的限制，允许留学生通过兼职积累工作经验，以提高就业竞争力；二是允许留英硕士毕业生完成学业后在得到雇用的情况下，在英国工作两年以内；三是在课程设置上，增加对就业问题的探究，以提高留英学生在全球劳动力市场上的竞争力。

---

① ［英］皮特·斯科特：《高等教育全球化：理论与政策》，62、57 页，北京：北京大学出版社，2009。

② ［澳］戈登·福斯著，赵曙明译：《当代澳大利亚社会》，34 页，南京：南京大学出版社，1993。

目前,澳英两国实行不同的留学生就业移民政策。

(1)澳大利亚技术移民政策

近年来,澳大利亚政府一直在处理留学与移民的联系,即海外学生在留学澳大利亚并完成学业后,是否能留在澳大利亚就业甚至移民。

2001年,澳大利亚开始实行技术移民政策,将留学与移民紧密联系起来。2001年6月到2004年1月,共有2.3万名海外学生在结束学业之后获得了澳大利亚的就业机会和永久居住权。[1] 适时澳大利亚国内在土木工程、水利等专业领域紧缺技术人才。该政策为在这些领域学习,并完成学业的海外学生提供技术移民的机会。该政策实行不久,在吸引海外学生、补充国内劳动力市场的同时,也逐渐显现出漏洞。一方面,留学生为了获得移民资格,纷纷选择国内劳动力紧缺的专业,造成原本紧缺劳动力的行业过热而其他行业冷淡的再失衡。另一方面,许多获得绿卡的留学生投机钻漏洞,在就业不久即转行到别的行业。

2009年,澳大利亚对留学生就业与移民政策再次进行调整。这一次,政府更为审慎地处理留学与移民的关系。一方面,强化留学对就业与移民的重要性:在留学生技术移民评分系统(the Skill Select System)中,将"获得澳大利亚国际教育学位"的分值由原来的5分上调至10分。另一方面,淡化留学对就业与移民的确定性:在澳大利亚完成学业的留学生,只要英语水平达到标准,就可以申请PSW(Post Study Worker)工作签证。但是,政府允许其在澳大利亚贡献劳动力,却并不承诺给予其绿卡。

经过调整的技术移民政策,不仅保持了澳大利亚国际教育对留学生的吸引力与在全球市场上的竞争力,而且通过赋予政府在处理已就业留学生的移民申请事务上更大的裁量空间,既弥补了国内劳动力的不足,解决了劳动力在各行业的不均衡分布,又严格控制了留学生移民的数量与质量。

(2)英国限期居留政策

前面已经提到,由于英国国内的人口压力和就业形势严峻,英国容纳留学生就业与移民的能力相当有限。由于近年来,奖学金已经不再是吸引留学生的关键因素,而是工作和移民的机会。因此,为了吸引留学生赴英留学,保持在国际教育市场中的竞争优势,英国政府在能力范围之内,尝试最大限度地、有选择地为留学生提供工作甚至移民的机会。

2004年10月,英国政府推出"理工毕业生计划"(the Science and Engineering

---

[1]　Megarrity L. A Highly – regulated "free market": Commonwealth policies on private overseas students from 1974 to 2005 [J]. Australian Journal of Education. 2007,51(1).

Graduates Scheme）。该计划的实施对象是留英的理工科毕业生,允许其毕业后在英国居留一年。

2005 年,苏格兰政府推行"新英才计划"（Fresh Talent Scheme）。该计划的实施对象是留学苏格兰的毕业生,允许其毕业后在苏格兰居留 2 年。

2006 年 5 月,英国政府允许获得硕士学位的留学生,毕业后在英国居留一年。

2007 年 5 月,"国际毕业生计划"（International Graduates Scheme）取代"理工毕业生计划",进一步放宽留学生居留英国的资格限制,允许本科及以上学历的任何专业的留学生,在毕业后可以居留英国一年。[①]

2008 年 6 月,英国边境署制定了一项新的留学生签证与就业制度——记点积分制（Points - Based System）。该制度对申请者的录取信息、财产信息、学历、年龄等项目进行评分,各项目得分汇总,按得分来确定获得留学签证、工作签证的资格。此外,记点积分制还将能在英国工作的对象,由毕业留学生扩张到在读留学生。记点积分制下,学生持学生签证在学期内可每周工作达 20 个小时,而在假期内则可以全职工作。此外,他们还可以参加与课程相关的实习活动。相比于此前的留学生签证与就业政策,记点积分制更为简化与透明化。

但是,相对于留学生签证与就业居留政策的逐渐放宽,英国政府对留学生移民申请却始终审慎而严格。

3. 奖学金

（1）澳大利亚

在澳大利亚国际教育发展的第一阶段,由于其"教育援助"的出发点,政府对英联邦与其他发展中国家的留学生采取了广泛的、普遍的资助计划。在这一时期,几乎所有留学生都能获得包括奖学金、助学金、补贴等资助。

鉴于英国全额收费政策导致赴英留学生数量锐减的教训,进入"贸易导向"阶段之后,如何在稳定留学生市场的前提下,最大程度降低对国际教育的投入与成本,成为澳政府首先考虑的问题。因此,这一阶段的留学生奖学金在适度收紧的同时,也更具有针对性与竞争性。针对性是指,根据不同国家的情况,为赴澳留学生制定差别性的奖学金项目;竞争性是指,缩减奖学金名额,提高奖学金门槛,优秀者得。

在全面市场化阶段,面对日益激烈的市场竞争,澳大利亚陆续新增了一系列奖学金项目,并不断提高对奖学金的资助额度,以维持澳大利亚国际教育的吸引力。澳大利亚政府计划在 2017—2018 年度投入 3.2 亿美元,以资助针对留学生的

---

① 宋懿琛:《英国留学生政策的演进及发展趋势》,载《域外视界》,2010(7)。

奖学金项目。这些奖学金项目,主要如表3-3所示。以"澳大利亚发展奖学金"为例。"澳大利亚发展奖学金"是澳大利亚政府海外援助计划和澳大利亚奖学金计划的重要组成部分。澳政府每年投入其双边援助项目总金额的8%至10%,即1.5亿澳元,用于资助2500位主要来自亚太地区的学生和相关人员到澳大利亚的大学或职业与技术教育学院进行深造。此项奖学金的设立旨在根据澳大利亚合作伙伴国长期发展的需要,帮助这些国家的人员获得推动他们各自国家发展所必需的知识和技能,从而促进这些国家的经济增长,提高政府的执政能力,改善人民生活水平及扩大人力资源储备。[1]

表3-3 澳大利亚主要的留学生奖学金项目及其资助部门[2]

项目名称	资助部门
澳大利亚奖学金 Australia Awards Scholarships	外务贸易部 Department of Foreign Affairs and Trade
澳大利亚奖励金 Australia Awards Fellowships	外务贸易部 Department of Foreign Affairs and Trade
澳大利亚太平洋奖学金 Australia Awards Pacific Scholarships	外务贸易部 Department of Foreign Affairs and Trade
澳大利亚奋进奖学金 Australia Awards – Endeavour Scholarships	教育与培训部 Department of Education and Training
约翰·奥尔莱特奖学金 Australia Awards John Allwright Fellows	澳大利亚国际农业研究中心 Australian Centre for International Agricultural Research
澳大利亚发展奖学金 Australia Development Scholarship	澳大利亚国际开发署 Australian Agency for International Development
澳大利亚领导力奖学金 Australia Leadership Awards	澳大利亚国际开发署 Australian Agency for International Development

[1] 澳大利亚驻广州总领事馆官方网站,http://guangzhou.china.embassy.gov.au/gzhochinese/Dest7.html。
[2] 澳大利亚奖学金官方网站——Australia Awards, http://australiaawards.gov.au/Pages/default.aspx。

（2）英国

英国在奖学金制度的建立与完善方面具有较为丰富的经验，并且在英国的境外留学生教育发展历程中，其奖学金制度对扩大留学生教育规模、提高留学生教育质量等方面发挥着极为重要的作用。

在国际教育发展的"后殖民化"阶段，英国就已经开始为英联邦及其他发展中国家的留学生提供奖学金。由于当时英国国际教育是政治导向，不注重对经济利益的考虑，因此此时的奖学金主要是出于道义的援助以及对优秀留学生的鼓励与奖励，规模较小，总量较少。

进入"全额收费"阶段后，由于对海外学生收取全额学费，赴英留学的学生数量一度锐减。在这个外国留学生教育低谷期，政府通过有效实施奖学金政策，以提高本国留学生教育在国际上的竞争力，使外国留学生人数激增。例如为了挽留留学生的青睐，保持英国国际教育市场的稳定以维持其经济效益，英国从1980年开始先后推出一系列奖学金计划。

在全面市场化阶段，面对新的竞争者不断进入、传统竞争者实力趋强的国际教育市场形势，英国继续推出奖学金项目以吸引留学生。例如，2007年英国政府推出"旗舰计划"，为事业处于中期且具有领导潜质的专业人士提供一年在英国攻读硕士学位的机会，且具有全额奖学金、自由择校和全方位服务等三个优势。[①]现今英国的奖学金主要有政府奖学金、学术团体奖学金与高校奖学金三种，其主要资助主体分别为政府、英国文化委员会及各高校[②]。此外，目前英国还有许多由城市、企业、公共组织、基金会资助的奖学金项目。这些奖学金虽然名目繁多，但总量相当有限，主要目的是宣传与推广。在奖学金资助主体上，虽然以政府资助为主，但民间团体、企业和高校的大力支持和密切配合也必不可少。由此可见，一个国家留学生教育的发展不仅需要政府、高校大力支持相互配合，同时也需要社会各界的理解与资助。[③]

4. 法律规范

作为国际教育"出口大国"，澳大利亚是最早为国际教育出台正式法律的国家。《海外学生教育服务法》（The Education Services for Overseas Students Act 2000）颁布于2000年，分别在2002年和2005年经历了两次修订，并在2004年进

---

① 蒙格、方彤：《英国对海外学生的招生情况简介》，载《世界教育信息》，2005（9），24页。

② 虽然政府奖学金的资助主体为政府，但是具体负责工作由社会组织或高校完成，以避免政府对高校事务的干预。

③ 刘慧、曹步峰：《澳英两国扩大外国留学生教育规模的经验及启示》，载《辽宁教育研究》，2007（3），78－81页。

行了全面的评估,提出了41条修改建议。该法律对招收留学生的学校注册设置准入门槛,并制定对其教学活动的监督机制,规定所有招收留学生的学校,必须向政府缴付一定数额的保证金。这些保证金由政府统筹运用,为留学生提供经济权益的保障:在学生或学校违约的情况下,学校需要退还学生相应的学费,或者提供可替代性的课程。但是,如果学校既不能退还学费,又无法提供替代性的课程,那么学生可以通过投诉和上诉以争取补偿,这一部分补偿,即由政府向学校预收的保证金提供。① 此外,《海外学生教育服务法》还规定,学校有义务与责任,监督并报告留学生遵守相关要求的情况,如出勤率、学业成绩等。

除了正式的法律,澳大利亚政府还注重通过制定办法、条例、规范等为国际教育构建一个完整的制度性框架。1979年,澳大利亚政府制定了《海外学生收费办法》(Overseas Student Charge),取消了留学生招收数额为一万的限制,并向留学生收取三分之一的学费。同时,该办法规定,完成学业的留学生如果想要申请澳大利亚移民,必须先回其祖国工作两年。2000年,教育就业训练及青年事务委员会(Ministerial Council on Education, Employment, Training and Youth Affairs)制定了《高等教育机构地位核定程序的全国规范》,再次对高校的留学生招生资格进行规范。2001年,联邦政府出台《海外学生教育服务实施条例》,为《2000年海外学生教育服务法》提供具体的实施办法。

相比之下,英国国际教育长期倡导市场化、私有化路线,政府对国际教育产业的干预并不及澳大利亚政府全面与强力。但是,英国政府致力于通过自身干预,遏制或者解决国际教育行业中的种族歧视、教育不公、滥发签证等乱象。1976年,英国政府制定了《种族关系法》(Race Relations Act)。该法认定,学校与其他教育机构对本国学生与海外学生、本国不同种族的学生、不同国籍的海外学生,在课程要求、成绩判定、社会管理等方面进行差别性对待,属于种族、国籍歧视的范畴,为非法行为。政府有权利与义务对这些行为进行惩罚与阻止。《种族关系法》不仅维护了海外学生的权益,也为增进本国少数民族学生的权益提供了法律保障。1983年政府推出新的奖学金制度,从而使英国的外国留学生教育兴盛起来,为了保证外国留学生教育质量,英国高等教育委员会于1995年10月颁布《高等教育境外合作办学实施准则》,这些政策法规的宏观指导和各类机构的完善服务为扩大外国留学生规模奠定了坚实的基础。1992年,英国政府出台了《高等教育改革法》,是英国向外国出口国际教育产业的指导性规范。该法进一步强调,英国国际教育完全面向市场化的路线,是延续撒切尔夫人推行国际教育市场化、私有化政

---

① 赵强:《澳大利亚国际教育产业发展中的政府干预探究》,载《中国高教研究》,2011(4)。

策的体现。

除了政府层面的干预,英国主要的文化教育组织也对国际教育进行规范。1995年,英国文化委员会制定了《教育机构与留学生工作规范》,对诸如留学生的期望、学术事务、市场交易、信息提供、入学程序、福利供应和投诉处理等方面做出了详细的规定。可以看出,政府等主体致力于制定有关法律法规,健全组织机构,为扩大外国留学生教育规模提供指导,从而保证留学生数量与质量。

(三)留学生培养

1. 知名学府

全球权威高校排行机构泰晤士报高等教育特刊(Times Higher Education)在2017年9月发布了2018年世界大学排名结果。在全球排名前五十的大学中,英国占据七席,澳大利亚拥有两席(如表3-4所示)。

表3-4　英国与澳大利亚进入2018年世界大学排名前五十的大学①

World University Rank 2018	University	Country/Region
1	University of Oxford	United Kingdom
2	University of Cambridge	United Kingdom
8	Imperial College London	United Kingdom
16	University College London	United Kingdom
25	London School of Economics and Political Science	United Kingdom
27	University of Edinburgh	United Kingdom
32	University of Melbourne	Australia
36	King's College London	United Kingdom
48	Australian National University	Australia

在本文的第二章第二节,已经介绍了澳大利亚主要的知名学府。本节将简要介绍英国的牛津大学与剑桥大学。

(1)牛津大学

牛津大学(University of Oxford)位于英国牛津。在地理位置方面,牛津是英国

---

① Times Higher Education 官方网站,https://www.timeshighereducation.com/student/best-universities/best-universities-world。

的一座文化名城,素有"英伦雅典"之称。在这个只有中等规模的城市中,学生人口有 3 万多人,包括牛津大学和牛津布鲁克斯大学的学生,到处充满着年轻活力。30 多所学院分布在大学城的各个方位,古朴、庄重、典雅的学院建筑是牛津城的瑰宝,被列入文物保护的就有 600 多座。随处可见的像石笋般挺秀的塔尖布满城市天际,为牛津赢得了"塔城"的雅号。牛津还拥有大片绿地面积,包括优美的河畔小道、全国最古老的植物园和大学公园。在基础设施方面,大多数学院都分布在市中心,住宿区也通常在主校区,或者只要走一小段路便可到达。学院的主要功能为提供膳宿及导师,由于各学院师资设备参差不齐,招收学生人数互异,住宿年限规定也不相同。比如社会科学学院每年仅招收 25 名研究生,但每位研究生一旦获准入学,即配有研究室,图书设备亦相当齐全。艺术学院 Ruskin 则给每位学生提供工作室,学院有自己的画廊博物馆,也可使用牛津大学的所有设施。本科生必须住在离 Carfax(牛津市中心)6 公里范围以内,研究生是 25 公里以内。每个学院都会在本科生攻读学位的第一年提供住宿,之后很多学生会搬到 Cowley 或者 Jericho 的公寓,还有学院的附属建筑里居住,具体的情况各个学院均不同。

牛津大学是英国一所著名的公立研究型大学,与剑桥大学并称牛剑,与剑桥大学、伦敦大学学院、帝国理工学院、伦敦政治经济学院同属"G5 超级精英大学"。牛津大学成立的确切年份已不可考,最早的授课记录是 1096 年。牛津大学是现存世界上第二古老的高等学府,仅次于意大利的博洛尼亚大学,自 1167 年英王亨利二世禁止英格兰学生前往巴黎大学求学以来便获得了长足的发展。牛津大学的校训是:Dominus illuminatio mea(拉丁文),意思是"上帝乃知识之神"(The Lord is my light),出自《圣经》中诗篇第 27 篇。这表现出中世纪宗教对大学的影响,强调"启示"是知识和真理的源泉,校徽上的王冠则昭示着大学教育的高贵与荣耀,这与英国大学培养绅士的大学理念是息息相关的。

牛津大学实行书院联邦制。共有 39 个学院,6 个准学院(称为"永久性私人学堂"——Permanent Private Halls,为各宗教教派所办),至今还保留着它们的宗教特许状,此外还有一个继续教育学院。在这些学院中,众灵学院没有学生,只有院士(包括访问院士)。各学院规模不等,但都在 500 人以下,学生、教师(院士)来自不同的专业学科。每个书院都有很大的自主权,包括招生、课程设置、住宿、迎新及毕业活动等,但学校的课程、实验室、设备、资源、图书馆等都是共享的。实行书院联邦制的学校还有剑桥大学、哈佛大学、耶鲁大学、加州大学圣地亚哥分校等,几乎都是源自牛津大学。牛津大学共有 16 个学部:人类学和地理学学部,生物科学学部,临床医学学部,英语和文学学部,法学学部,经典、哲学和古代历史学部,数学学部,中世纪和现代语言学部,现代历史学部,音乐学部,东方学学部,物理科学学部,生理科学学部,心理学学部,社会学学部,神学学部。文科学部下一般不再分系,理科学部下又分成 30 多个系,有的学部还设一些中心和研究所。

牛津大学的研究力量雄厚,在其教师队伍中,就有 83 位皇家学会会员,125 位英国科学院院士。牛津大学的传统优势专业有:政治学、商业研究、人类学、数学、音乐、医学、中东及非洲研究、法律等。不仅如此,在数学、计算机科学、物理、生物学、医学等领域,它都名列英国乃至世界前茅。享有蜚声世界的国际声誉,在近 800 年的历史中,牛津大学培养了 5 位国王、26 位英国首相(其中包括格莱斯顿、艾德礼、撒切尔夫人和布莱尔)、多位外国政府首脑(如美国前总统克林顿)、近 40 位诺贝尔奖获得者以及一大批著名科学家。20 世纪中期以来,牛津大学不仅在文理基础科学而且在应用科学研究中都取得了举世瞩目的成绩。譬如,在生物医学领域,自从弗雷明发现青霉素后,20 世纪 40 年代牛津大学的科学家弗洛里和蔡恩就将它投入临床应用,结果 3 人共享诺贝尔奖;在环境科学领域,牛津大学的研究涉及森林史、气候变化、遥感、野生动物保护、家畜管理、污染、沙漠侵蚀等众多方面;在地球内部动力学、陆界变形研究和古生物学等领域,牛津大学也很有成就;数学研究所在许多数学分支学科研究中居于世界前列;计算机科学研究在国内外亦有很高地位;在蛋白质、新型无机材料合成、分子的计算机辅助设计等方面都有重大研究成果问世,并在化工、医药、微电子工业等领域推广应用。因此,当今的牛津大学在人文、自然、历史乃至哲学等方面都处于全国和国际领先地位,继续为国家和世界发挥着重要的作用。①

(2)剑桥大学

剑桥大学(University of Cambridge)是英国一所大型公立综合性大学,成立于 1209 年,位于英格兰剑桥郡剑桥市区,是罗素大学集团的一员。剑桥大学历史悠久,其前身是一所在 1209 年建立的学者协会,协会的创办者是一批为躲避与当地居民发生进一步冲突而从牛津大学逃离的学者。后来,国王亨利二世于 1231 年向有关机构颁发了敕令,赋予其教导机构成员的权利,故正式确立了其作为大学的地位。剑桥大学校训是:"Here light and sacred draughts"——求知学习的理想之地。Here 指的是剑桥,light and sacred draughts 隐喻知识和智慧,代表着我与世界相遇,我自与世界相蚀,我自不辱使命,使我与众生相聚的意思。

剑桥位于英格兰东部的一个城市,距伦敦以北 50 公里。剑桥的公路和铁路都十分健全,到伦敦主要机场也很近。市中心到处都是骑自行车的学生,距剑河

---

① 别敦荣、蒋馨岚:《牛津大学的发展历程、教育理念及其启示》,载《复旦教育论坛》,2011(2),72－77 页。

不远就是英格兰的乡村,别具一番风味。剑桥虽然不大,但充满活力,为到此工作和学习的人们提供广泛的设施和服务。

剑桥大学最大的特色是学院制。剑桥大学有 35 个学院,3 个女子学院,2 个专门的研究生院,各学院历史背景不同,实行独特的学院制。学院制下,上至行政财务,下至招生教学,各学院享有很大的自治权。大学中央不过担当一个像邦联政府的角色,掌管一些宏观的事情。在毕业礼上,最能看到剑桥如何重视学院。学生要由学院院长牵手引到校长面前跪下,接受祝福,象征他是由学院教导成材。和大家预期的一样,剑桥大学的毕业生深受公司欢迎,很好找工作,毕业生的平均起薪很高,远远超过了国家平均水平。理所当然,剑桥大学的文凭就是职业成功的通行证。剑桥大学的学生课程负担很重,需要刻苦。不过,大多数千辛万苦才被录取的学生都做好了吃苦的准备,同时老师常常一对一地教学,很多老师也都尽可能地帮助学生。不同于其他英国大学,剑桥的住宿由学生所在的学院提供。这就使得学院很有社区氛围,大多数学生都能在这里交到一生的朋友。

剑桥大学以其高素质的教学和研究水准而闻名。航空和制造工程学、化学工程、土木工程、计算机科学、电气及电子工程、一般工程是其传统的强势专业。不仅如此,其人类学、建筑学、英语、化学、地理、法律及电脑科学还在全英教学品质评估中荣获优级。①

2. 教学科研质量

澳大利亚与英国主要从生源质量、师资质量、课程质量、制度质量四个方面着手,以保持甚至提升本国国际教育的教学科研质量。

首先是生源质量方面。由于两国都将国际教育视为一项获取经济效益、扩大对外交往、提升国际影响力重要产业,强调生源质量与经济目标似乎背道而驰。但是,由于两国具有全球领先的教育资源与声誉且推出了一系列奖学金、就业与移民计划,在国际教育发展的第一阶段之后,尤其是 20 世纪 90 年代以来,得到数量庞大的海外学生的青睐和选择。因此,即使在国际教育市场竞争最为激烈的时期,澳大利亚与英国仍然保持着优势。这使得两国有足够的空间,对申请留学的海外学生进行择优录取,以保证生源质量。而择优录取的筛选有两个过程:首先是成绩审核与对包括学习能力、创新能力等能力的综合评估,这个过程由学生所申请的大学完成;然后是对其身份真实性、留学承担能力、身体状况等方面的评估,这个过程由政府通过留学签证审核完成。例如,澳大利亚与英国在本国的留学签证申请条件中,都明确提出了对提供真实身份证件、本人拥有财产证明、身体

① 智课选校帝官方网站,https://xxd.smartstudy.com/school/3/introduction.html。

健康检查等的要求。

其次是师资质量方面。保证师资质量是保持教学科研质量的关键。首先,建立对教师的培训、评估和考核机制。澳大利亚与英国注重对教师的教学能力、科研能力、师德素养等任职资格进行考察,采取优晋次降的激励机制。其次,聘用外籍教师。外籍教师不仅带来海外先进的教学成果与教学经验,还为本国提供了了解海外文化、教育发展形势的窗口,以避免本国故步自封。最后,保持合适的师生比例。英国与澳大利亚排名靠前的大学,保持着一名教师对应 10 ~ 15 名学生的比例。例如,墨尔本大学(University of Melbourne)2017 年的师生比为 1∶12.6。

再其次是课程质量方面。澳大利亚与英国都注重提供与国际接轨的课程,这种课程设置理念在两国分别表述为"全球化课程"(World Class Curriculum)与"课程国际化"(International Curriculum)。这种课程设置理念的内涵就是,在全球化的国际大背景下,构建课程体系和课程目标。澳大利亚在 2000 年提出"全球化课程"的概念,其目标是增进各民族和各国人民的相互了解与理解。澳大利亚的"全球化课程"主要通过以下几种方式实现:增加在课程中的国际内容;创办联合学位课程;开设涉及多国的交叉学科科目;引进语言学习和地区研究;采用比较和跨文化的研究方法;规定部分国外学习课程或国外学习经历;安排在海外实习或者教学旅游;聘请外国访问学者授课。另外,澳大利亚还特派教师去海外实习或者教学旅游,以使课程和教学方法更具有国际竞争力。①

英国的"课程国际化"主要从以下三个方面实现:关注本课程的最新国际研究成果,并将其加入本课程的教学设计中;增设国际教育课程,即在国际框架下用全球视角、人类视角讲授课程;开设注重国际主题的新课程,如国际关系、全球反恐等,或者地区性或国别研究的课程,如亚太研究、俄罗斯研究等。② 在这种课程设置理念的指导下,20 世纪 80 年代后期之后,英国许多高校都开始了开设与国际事务相关和与国际时事接轨的专业和课程的尝试,比如国际关系、外交、国际政治、异质文化比较等。

最后是制度质量方面。英国政府于 1990 年制定《高等教育:新框架》,于 1992年制定《继续和高等教育法》等一系列法律法规,以提升本国教育质量。此外,英国高等教育委员会在 1995 年 10 月,颁布了《高等教育境外合作办学实施准则》,规定境外办学的学生入学资格、课程设置、学制等都必须与国内的相应规定保持

---

① 孔江榕、周涛、王晖:《澳大利亚国际教育及其对中国的启示》,载《现代大学教育》,2012(6)。

② 张静:《英美留学生政策研究》,载《观察,科教文汇》,2010(3)。

一致,本土的大学必须完全控制考试和考核评估标准等,以保证境外办学的教育水平和教育质量。根据英国高等教育委员会的建议,从 2001 年起,英国开展的合作办学项目(包含境内与境外两类),必须经过质量保证署(1997 年前为高等教育质量委员会)检查达标后,方可实施。① 英国政府还于 1995 年开始实行教学研究评估机制,评估分为研究评估与教学评估两个方面,满分各为 5 分,每年评估两次,并且通过互联网、办公文件等公布。英国所有高校的所有院系都必须接受评估。如果达到满分,则意味着该校的某个专业或某个系的教学研究水平已经达到了世界领先,或已经在某个领域处于领先地位。②

澳大利亚同样注重本国国际教育的制度质量。澳大利亚政府在 1995 年建立了一个全国统一的教学科研质量评估框架——澳大利亚学历资格框架(Australia Qualifications Framework)。这个框架的评估范围包括了中学、职业教育与培训机构、高等教育机构等部门,其学历评估结果能够得到整个澳大利亚甚至其他国家的认可和接受,是澳大利亚对教育机构的教学科研能力进行评估的政策工具和国家标准。2000 年 3 月,澳大利亚政府建立了一个独立的、专门负责大学质量评估的国家机构——澳大利亚大学质量机构(Australia University Quality Agency)。该机构每五年,对国内各大学、州与地方的相关认证机构进行一次审计、评估,并根据评估机构,对大学以及非大学高等教育的认证标准进行修改,报告澳大利亚大学在国际中的地位以及澳大利亚教育质量保证的程序和标准。同年,澳大利亚还成立了大学教学委员会(Australia Universities Teaching Committee),旨在促进大学提升教学质量、督促学生改善学习质量。③ 2005 年,澳大利亚政府正式启动"澳大利亚跨国教育与培训国家质量战略"(Australia Transnational Education and Training Quality Strategy),通过加强对澳大利亚跨国教育机构与项目的管理,保证跨国教育提供与国内教育标准一致的服务,以达到开拓国际市场份额的目标。

(四)国际教育服务贸易

1. 战略定位

(1)区域定位

根据英国大学数据权威机构 University UK 公布的数据,2014 年全球最受留学生欢迎的五个国家中,英国与澳大利亚分别位于第二名与第三名(如图 3 - 3 所示)。

---

① 孙钰:《英国高等教育国际化政策研究》,载《淮南师范学院学报》,2009(3)。
② 雅戈:《采访英国驻华领事馆文化参赞》,载《二十一世纪》,2002(1)。
③ 陈小方:《澳大利亚大学改革忙》,载《光明日报》,2011 - 01 - 22。

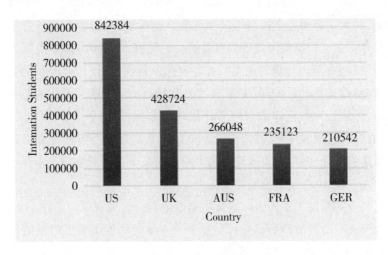

图 3 - 3　2014 年全球最受留学生欢迎的前五个国家

　　作为国际教育出口大国,澳大利亚与英国国际教育市场的区域定位具有一个相同点,即两国国际教育的市场都集中在东亚、南亚、东南亚地区。正如表 3 - 5 所示,中国与印度是澳大利亚的主要生源地;而马来西亚与中国,则是英国的主要生源地。分析其原因,第一,东亚、南亚、东南亚地区人口众多,巴基斯坦、印度尼西亚等国的人口都超过一亿,中国、印度更是十亿级人口的大国。规模庞大的人口为澳大利亚与英国提供了稳定的生源市场。第二,东亚、南亚、东南亚地区大多国家都为发展中国家,科技教育事业起步晚并有待提升,而国家的发展建设需要具有高学历的人才,同时当地学生有追求更高质量教育的需求,这些因素促使这些地区的国家成了"教育进口大国"。第三,澳大利亚与英国早在 20 世纪 50 年代,就通过"科伦坡计划",开始在这些地区的发展中国家开展国际教育输出。两国在这些地区具有发展国际教育的经验优势、声誉优势等。

表 3 - 5　2016 年澳大利亚与英国最大的五个生源地①

Rank	Australia		United Kingdom	
	Country/Region	Enrolments	Country/Region	Enrolments
1	China	196315	Malaysia	78850
2	India	78424	China	65200

①　英国高等教育统计局 HESA 官方网站,https://www. hesa. ac. uk/data - and analysis/students/international - study;澳大利亚教育与培训部 DET 官方网站,https://internationaleducation. gov. au/Pages/default. aspx。

续表

Rank	Australia		United Kingdom	
	Country/Region	Enrolments	Country/Region	Enrolments
3	Republic of Korea	30395	Singapore	49970
4	Thailand	30451	Pakistan	46640
5	Vietnam	29766	Nigeria	35015

同时,由于地理位置、教育资源等方面原因,澳大利亚与英国国际教育市场的区域定位略有差异。英国高等教育起步早,名校众多(根据泰晤士报高等教育特刊在 2017 年 9 月发布的 2018 年世界大学排名结果显示,英国牛津大学、剑桥大学、帝国理工学院等七所高校进入 2018 年世界大学前五十排行榜),已经形成了较为完善的教育服务体系;而且英国地处欧洲西缘,隔大西洋与美洲、非洲相望。因此,英国的国际教育除了在亚洲地区拥有大量的市场份额之外,还吸引着法国、德国、美国、加拿大等发达国家的学生,以及非洲发展中国家的学生。而澳大利亚相比于英国,高等教育起步于殖民时代,到了近代才得到大发展,具有领先的科研能力与教学能力的大学数量不及英国。此外,澳大利亚地处大洋洲,距离亚洲地区距离较近,而与欧美等国相距甚远。因此,澳大利亚教育的市场偏重于亚洲地区。而在其他地区,占有的市场份额并不高。

(2)目标定位

在目标定位方面,澳大利亚与英国的国际教育具有相似的演变过程。

在 20 世纪 60 年代到 80 年代,两国的国际教育是政治导向下的"援助式"教育。两国在这一时期的国际教育主要为政治目标服务。而这个政治目标,即通过向英联邦国家与其他发展中国家的留学生提供文化教育、技术培训等,兼以输出本国价值观念、政治文化等,以教育进行"再殖民",进而实现在教育输出国增强政治影响力的目标。

经过 20 世纪 70 年代两次石油危机的打击,澳大利亚与英国经济陷入较长时期的停滞甚至衰退,国内要求对留学生进行收费的呼声越来越高。而这一时期,捉襟见肘的财政也使得"援助式"国际教育难以为继。因此,两国逐渐开始了国际教育学校与机构私有化、市场化的改革。面向市场的国际教育产业各主体自负盈亏,因而逐渐取消对留学生的优惠政策,并且从渐进提高留学生收费比例,到提高留学生收费标准。目前,两国的主要大学对留学生收取的学费都远高于本国学生,英国部分高校更是达到了向留学生收取高于本国学生五倍学费的程度。经济导向下,两国在国际教育中获利颇丰。以英国为例,海外学生为英国带来的直接经济效益(包括学费、生活费、交通费等)年均为37.4亿英镑,超过了文化传媒(37亿)、饮料(28亿)、纺织(28亿)、服装(25亿)和出版(23亿)等行业。①

但是20世纪90年代以来,尤其是进入21世纪之后,经济导向下国际教育服务质量下降的弊端愈加显现。而这一时期,正是以日本、中国等国家为代表的新的国际教育出口国争取市场的关键时期,国际教育市场竞争加剧,要求澳大利亚与英国重新审视并改进本国的国际教育产业。不仅如此,从政府官员到学者,两国逐渐意识到了国际教育除了应该追求经济效益,还应该兼有政治效益、社会效益、文化科技效益的功能——我们称这种国际教育理念为"多层面国际教育"。正是在这种理念下,两国政府开始尝试——在继续保持国际教育为本国带来经济收入的同时,将国际教育转变为实施国家人才战略、维护国家形象、建立外交关系、提高本国国民素质、增加对外了解理解等多方面发展的理性工具。②

2. 存在问题

目前澳大利亚与英国面临着教育单向流动性的问题,其表现在两个方面。

第一,留学生数量的单向流动。主要体现在发展中国家的留学生大规模流向发达国家,而发达国家或者内部小规模相互流动,或者与发展中国家小规模流动。根据HESA在2013年公布的结果,世界五大留学生输出国为中国、印度、韩国、泰国和尼泊尔,五大留学生输入国为美国、英国、加拿大、法国和德国。发展中国家留学生向发达国家的单向流动性显著。以澳大利亚为例。据统计,2007年共有10,718名澳大利亚学生出国进行学习或培训(其中相当部分是去发达国家),2009年增长到15,058人,2010年为18,340人,2011年达到20,906人。③而仅在2009年,就有631,935名留学生在澳大利亚接受教育;仅在2011年,就有554,539名留学生在澳大利亚接受教育。

第二,课程层次的单向流动性。在来澳大利亚留学的学生当中,55%攻读学士学位,27%攻读硕士学位,7%攻读博士学位,11%参加其他各种培训课程。但是,澳大利亚在海外的留学生当中,56.8%参加短期课程(一个学期以内),36%参加一个学期的课程,仅有6.5%参加一年以上的课程。这说明绝大部分来澳留学的学生是以长期学习并取得学位为目的的,而澳大利亚赴海外的留学生多数是以短时间的体验和培训为主,并不是为了在所在国取得学位。

---

① 蒙格、方彤:《英国吸引外国留学生新举措述评》,载《大学(学术版)》,2010(7),86－87页。
② 岳芸:《澳大利亚国际教育现状及发展趋势》,载《高教探索》,2014(5)。
③ AEI. 2009 annual international student statistics［M］. Canberra：Australia Government－Australian Education International,2012.

这种单向流动性的原因不难理解,既与其他国家与澳大利亚和英国之间教育水平,尤其是高等教育水平的差距有关,也与两国对其他国家在语言、生活方式方面的恐惧,在思想观念方面的隔阂有关。

但是,这种国际教育作用下的留学生、教育资源、文化观念等的单向流行性,却很可能或者正在带来问题。这些问题主要体现在以下方面。

第一,教育输出国的学生适应全球化的能力相对降低。适应全球化的能力应该包含接受异质文化的能力、对其他国家的认识与了解、及时获取并分析国外信息的能力等。单向性的流动正在培养教育进口国的学生在这些方面的能力,而教育输出国的学生也正在这些方面与教育输入国的学生形成并拉大差距。

第二,教育输出国的国际教育质量降低。文化、教育、科技的进步有赖于不同主体间长期的交流与合作,澳大利亚与英国忽视关注国外文化、教育、科技方面的进步并汲取其营养,将很容易被教育输入国实现赶超,在国际教育市场的角逐中处于下风,而这并不是能够通过全球化课程与课程国际化能够弥补的。

第四节　澳大利亚与美国国际教育比较

(一)澳大利亚教育

澳大利亚是一个种族宽容、由许多来自不同民族背景的人组成的国家。1989年制定的《关于多元文化的澳大利亚国际议程》是澳大利亚政府实行多元文化的基础,得到了历届政府的支持和鼓励。政府还指定了有关政策确保这种多元性成为澳大利亚社会的一种积极力量,从而使澳大利亚人继续拥有共同的价值观、目标和愿望而联合在一起。

自2002年以来,澳大利亚的大学海外留学生数量急剧增长,此举既扩大了其国际影响力,也为学校带来了丰厚的办学收入。澳大利亚总人口虽仅占全球的0.3%,但其国际学生比例却占全球的9%,占全澳学生的24.2%,远高于英国的11.33%和美国的3.5%。2011年,澳大利亚海外留学生带来的学费收入高达180亿澳元。如新南威尔士大学有来自175个国家的0.9万名留学生;卧龙岗大学学生总数为2.1万名,其海外学生达0.5万名(3.5%来自中国);麦考瑞大学全校学生为3万名,留学生占28%;昆士兰大学全校3.8万名学生中33.3%是海外学生。近年来,澳大利亚大学把招收留学生的重点越来越放在研究生特别是博士生的培养上,使留学生培养层次渐趋提高。澳大利亚副总理兼教育部部长朱莉娅·吉拉德明确指出:"需要研究进一步吸引更多攻读高学位学生和科研型学生来澳,这些学生对于推动澳大利亚科研发展、提高澳大利亚教育体系国际地位等具有重要意义,同时满足了澳大利亚因人口基数小而导致的基础科研后继乏人的现状。"

1. 毕业生优势

首先,澳大利亚国立大学在其官网称:"毕业生就业率居澳大利亚第一位、世界第22位。"较高的就业率一定程度上说明该校留学生在澳洲工作的可能性较大。

其次,澳大利亚国立大学拥有众多杰出校友和知名教职工。知名教职工和较强的科研能力为留学生打下较为牢固的学术基础,增加其在就业市场的竞争力。而遍布全球的杰出校友则为留学生提供较为丰厚的资源。

最后,在2016年就任新校长的布莱恩·施密特的带领下,澳大利亚国立大学正逐步强调并加强在校生与校友的联系,加强与澳大利亚及世界研究机构的交流,这为留学生毕业之后提供了更为广阔的资源。

2. 学校支持

澳大利亚国立大学为海外学生提供预科学院(ANU College),其目的在于使海外留学生更好地适应在澳大利亚的留学生活,海外学生如能成功通过其预科课程,就可被澳大利亚国立大学的本科部录取。与此同时,该校本科阶段国际学生奖学金有10个,研究生阶段相应奖学金有5个。此外,特别值得一提的是,针对中国留学生,澳大利亚国立大学和中国国家留学基金委设立了博士奖学金。

与此同时,澳大利亚国立大学还是东南亚高等教育协会(ASAIHL)、澳大利亚八大名校(Go8)、国际研究型大学联盟(IARU)、大学天文研究协会(AURA)和环太平洋大学联盟(APRU)的联盟学校之一,它还和全球上百所大学签订了学术合作协议,积极参与国际学术交流。

3. 国际水准

在2016年度QS世界大学排名中,澳大利亚国立大学位居世界第19名,澳大利亚第1名;在2016年度QS世界大学学科排名中,该校有4门学科位居世界前10,15门学科位居澳大利亚第1名;在2016年泰晤士高等教育大学国际化程度排行榜上,其世界排名第7,澳大利亚排名第1。以上排名均说明其在国际社会上学术水平较强,认可程度较高。

而且众所周知,澳大利亚的大学大部分实行的是"双轨制",而且大都对海外教育非常重视。以墨尔本大学为例。墨尔本大学积极与世界上30多个国家的120多所大学签订了交换协议,同时它还是世界21所名校组织的倡导者,与国际社会的知名高校进行过多次多方面、多层次的交流与合作,吸引了来自100多个国家的学生、教职工在此学习、生活。它还倡导建立"国际化联盟"模式,即摒弃传统英联邦国家的教育年制,而采取与国际社会上大多数国家接轨的教育模式——本科3年,硕士2年,博士3年。这种模式有利于墨尔本大学的学生更快融入国外留学生活,也加大了海外学生申请墨尔本大学的接轨性。

在如何使留学生更好地融入澳大利亚当地及墨尔本大学的问题上,墨尔本大学十分重视,其专门为留学生设置的新生培训和过渡课程曾被颁发澳大利亚杰出教育奖(1998年)。

在教学方面,该校始终坚持"'全球化课程'不是一门具体课程,而是一种教育和课程的新理念,强调的是课程的全球观"。同时,其引进大量来自海内外各界的教师,对于该校吸引留学生就读、引导留学生适应留学生活、拓展本校学生视野等方面有较高的影响。此外,墨尔本大学提倡"合作教育"——留学生和本地学生进行交叉分组完成课上及课后作业,营造国际化的班级学习、生活环境。

在奖学金方面,墨尔本大学为留学生设置的奖学金虽然丰厚但数量较少。每年,该校只有20名海外学生可以获得其"国际本科生奖学金",亚洲地区的数量虽有10个,但相比于墨尔本大学将近1.3万的留学生数量,中国学生要想在该校申请到该奖学金的可能性较小。

尽管在澳大利亚八大名校中,除墨尔本大学以外均已承认中国学生的高考成绩,但墨尔本大学仍然拒绝承认中国的高考成绩。同时,墨尔本大学对于海外学生成绩的审查在澳大利亚八大名校中属于较为严格的,常常长达5个月之久。在此基础之上,中国高中毕业生申请墨尔本大学的难度大大增加。但是,这并不意味着墨尔本大学放弃中国学生的潜在实力,它注重自身的品牌效应和知名度,在微博和微信上均建立了社交账号以提高在中国学生中的影响力。

即便是拥有这样优良的国际水准,来澳留学的学生数量还是有所下降。虽然澳大利亚作为国际教育的传统大国,在全球国际教育舞台上扮演着重要的角色,但是面对日趋激烈的全球竞争,以及MOOCs等新型教育模式的冲击,澳大利亚国际教育还是呈现出留学生人数结构性下降、学生的单向流动性、跨境教育稳步发展、与发达国家之间的国际科研密切合作的发展态势。针对上述发展现状特征,澳大利亚政府采取了建立国家层面的协调机制、理性地推动留学生数量的持续增长、控制跨境高等教育质量、提升本国学生的跨文化交际能力等一系列措施和政策,从"留学生教育的单一经济发展"模式向"多层面的高等教育国际化理性发展"模式转变,以保证澳大利亚国际教育的可持续发展。①

---

①　岳芸:《澳大利亚国际教育现状及发展趋势》,载《高教探索》,2014(5),62-67页。

究其原因,自 2009 年后随着职业教育毕业生移民计划的取消,留学生的人数就开始骤降。留学生的结构数量下降指的是热门专业人数逐渐增加,但其增加的比例不如之前年份增加的比例高,而冷门专业的留学生人数还是有所下降的。而数量上的单项流动性是指:澳大利亚本国学生向外流动的人数远远低于来澳留学生,其原因是发展中国家流向发达国家的单向流动性。流入学生的五大来源国是:中国、印度、韩国、泰国、尼泊尔,其中来自中国和印度的留学生占到将近一半多的比例;流出学生的五大目的地是:美国、英国、加拿大、法国、德国,其中去往美国、英国、加拿大三国的学生也占到了将近一半。这种向发达国家的单向流动性,一方面说明了优质教育资源多集中在发达国家,另一方面也可以从侧面反映出发达国家的学生对陌生文化和语言障碍的恐惧。

以上就是澳大利亚国际教育的特点、历史、现状。

(二)美国教育

在介绍了澳大利亚国际教育的特点之后,将首先举例三所美国著名的大学,包括哈佛大学、普林斯顿大学和麻省理工学院,而后对美国在学生入学时候的情况等进行考察。

1. 哈佛大学(Harvard University)

(1)学校简介

①地理位置与基础设施。

哈佛大学(Harvard University),简称哈佛,坐落于美国马萨诸塞州剑桥市,是一所享誉世界的私立研究型大学,是著名的常春藤盟校成员。其因历史、学术影响力、财富等因素而获评为世上最享负盛名的学府之一。

2017—2018 年,哈佛大学位列世界大学学术排名(ARWU)第一①、US News 世界大学排名第一②、QS 世界大学排名第三③、泰晤士高等教育世界大学排名第六④。2017 年 6 月,《泰晤士高等教育》公布世界大学声誉排名,哈佛大学排名

---

① 《世界大学学术排名》,http://www. shanghairanking. com/ARWU2017. html。

② US News Best Global Universities,https://www. usnews. com/education/best – global – universities/rankings? int = a27a09.

③ 《QS 世界大学排名》,https://www. topuniversities. com/university – rankings/world – university – rankings/2018。

④ 《THE 世界大学排名》,https://www. timeshighereducation. com/world – university – rankings/2018/world – ranking#! /page/0/length/25/sort_by/rank/sort_order/asc/cols/stats。

第一①。

哈佛大学的设施分布在 20 多个地方,总面积有 4882 英亩,建筑面积 21,565,000 平方英尺。其中位于坎布里奇的主校区面积为 224 英亩,建筑面积 13,202,000 平方英尺。

哈佛大学坐落于美国马萨诸塞州剑桥市,占地 85 公顷的本部坐落于剑桥市的哈佛庭院上,庭院位于波士顿商业区西北方约 5.5 公里处。里面包括了中央行政办公署及大学中央图书馆,另有数栋学术大楼,如大学学堂、纪念教堂和新生宿舍等。共有 12 所住宿大楼给本科生,9 所位于哈佛庭院的南部,靠近查尔斯河;剩余的则在庭院的西北方,那里原本是以前拉德克利夫学院的学生宿舍,直到两者合并使用同一住宿政策为止。校园附近有公交车及铁路等交通运输服务,供学生教员们穿梭校园。

哈佛大学的商学院及大多数体育设施均处于波士顿的西边,占地 145 公顷。市区的行人天桥——约翰韦特桥横跨查尔斯河,并将两处校区相连。哈佛的医学院、牙科学院及公共卫生学院则在长木医学区,占地约 8.9 公顷,在波士顿商业区的西南约 5.3 公里处,距离本部同样 5.3 公里远。医学区附近有巴士到达本部,中途站还包括后湾及麻省理工学院。

每个宿舍都包括了学生及管理员的房间,另有饭堂、图书馆及其他学生娱乐设施,这些大多数都由耶鲁大学慈善家埃德华·哈克尼斯捐赠。

原本为拉德克利夫学院本部的拉德克利夫庭院,现则成了哈佛大学拉德克利夫高等研究院的所在地,邻近其他哈佛大学研究院。

②学院架构。

截至 2014 年,哈佛大学下设 13 个学院,分别为哈佛大学文理学院、哈佛商学院、哈佛大学设计学院、牙科医学、哈佛大学神学院、教育学院、哈佛法学院、哈佛医学院、哈佛大学公共卫生学院、哈佛大学肯尼迪政治学院、工程与应用科学院、哈佛大学研究生院、哈佛学院,另设有拉德克利夫高等研究学院,总共有 46 个本科专业②、134 个研究生专业;其中本科生教育主体由哈佛学院承担。

③知名校友。

在政治方面,不少国内外国家元首均毕业于哈佛。其中包括 8 名美国总统,他们分别是:约翰·亚当斯、约翰·昆西·亚当斯、拉瑟福德·伯查德·海斯、西

---

① World Reputation Ranking, https://www.timeshighereducation.com/world - university - rankings/2017/reputation - ranking#!/page/0/length/25/sort_by/rank/sort_order/asc/cols/stats.

② Harvard at a Glance, https://www.harvard.edu/about - harvard/harvard - glance.

奥多·罗斯福、富兰克林·德拉诺·罗斯福、约翰·肯尼迪、乔治·沃克·布什及巴拉克·奥巴马①。除此，其他国家元首则有智利总统塞巴斯蒂安·皮涅拉，哥伦比亚总统胡安·曼努埃尔·桑托斯，哥斯达黎加总统何塞·玛丽亚·菲格雷斯，墨西哥总统费利佩·卡尔德龙、卡洛斯·萨利纳斯·戈塔里、米格尔·德拉马德里，联合国秘书长潘基文等。

在体育方面，则有 NBA 球星林书豪、索尔·马利亚斯辛、艾德·史密斯，不过后面两位皆只在 NBA 效力过一个赛季，且已经是 20 世纪的事情。文艺方面，有奥斯卡最佳女主角得主娜塔莉·波特曼，奥斯卡最佳导演得主达米恩·查泽雷等。

在武术方面，亦有咏春拳名师郭威贤。

其也是 62 名富豪企业家及 335 位罗德学者的母校，人数均位列美国教育机构之首②。除此共有 152 名诺贝尔奖得主现在或曾经在哈佛学习或工作。

此外，还出了一大批知名学术创始人、世界级学术带头人、文学家、思想家，如诺伯特·德纳、拉尔夫·爱默生、亨利·梭罗、亨利·詹姆斯、查尔斯·皮尔士、罗伯特·弗罗斯特、威廉·詹姆斯、杰罗姆·布鲁纳、乔治·梅奥等。著名外交家、美国前国务卿亨利·基辛格也出自哈佛。我国近代也有许多科学家、作家和学者曾就读于哈佛大学，如胡刚复、竺可桢、杨杏佛、赵元任、陈寅恪、林语堂、梁实秋、梁思成、江泽涵、胡秀英、余英时、李欧梵等。

哈佛的杰出成就，还表现在校史上和今天还在校任教的教师中，曾出过许多诺贝尔奖获得者。以下仅列出部分名单：

理查兹，因确定化学元素中原子重量的研究成果，于 1914 年获诺贝尔化学奖；

乔治·明诺特，因致力于对贫血病的肝治疗法取得成功，于 1934 年获诺贝尔生理学或医学奖；

珀西·布里奇曼，因研究各种物质在极高强度的压力下，其内产生的变化，于 1946 年获诺贝尔物理学奖；

爱德华·珀西尔，因发现测量原子核中磁场的核共振法，于 1952 年获诺贝尔

---

① Obama joins list of seven presidents with Harvard degrees. Harvard University. 2008 [2013 - 12 - 15]. https://news. harvard. edu/gazette/story/2008/11/obama - joins - list - of - seven - presidents - with - harvard - degrees/

② Janhavi Kumar Sapra. Billionaire Universities. Forbes. 2010 - 08 - 11 [2010 - 08 - 31]. https://www. forbes. com/2010/08/11/harvard - stanford - columbia - business - billionaires - universities. html［US Rhodes Scholarship Winners by institution (1904 - 2013) (PDF). The Rhodes Trust. [2013 - 09 - 09]. http://www. rhodesscholar. org/assets/uploads/2013_Insitutions_Winner%20Count_8_8_13. pdf

物理学奖;

弗里兹·李普曼,因证实了一种蛋白质"辅酶 A"以及发现认识蛋白质的基本方法,于 1953 年获得诺贝尔生理学或医学奖;

约翰·恩德思,因应用组织培养法,培养出骨髓灰质炎疫苗,于 1954 年获得诺贝尔生理学或医学奖;

弗雷得里克·罗宾斯、托马斯·韦勒,因将组织培养法用于研究病毒性疾病,于 1954 年,与约翰·恩德思共同获得诺贝尔生理学或医学奖;

乔格·贝克西,因在研究耳朵对声波的反应时,发现了行波,于 1961 年获得诺贝尔生理学或医学奖;

詹姆斯·华生,因写出了 DNA 即所谓脱氧核糖核酸的分子结构,于 1962 年获诺贝尔生理学或医学奖;

康拉德·布洛奇,因研究有关胆固醇与脂肪酸的生化合成反应模型的成果,于 1964 年获诺贝尔生理学或医学奖。

④海外教育。

哈佛大学作为一所在世界上享有顶尖大学声誉、财富和影响力的学校,被誉为美国政府的思想库。面对全球化浪潮迅速做出了相应的应对策略,在高等教育国际化中赢得了市场。

进入 21 世纪之后,哈佛大学致力于培养"世界公民",将"世界融入课堂",而在其招生政策上,哈佛一直坚持本国居民与国际学生一视同仁。其国际办公室建立于 1944 年,目的是为了满足不断增长的外国留学生的需要。在当时有 250 名来自海外的学生,20 年中增加至 800 名。在 1940 年末和 1950 年初通过的创造交流参观计划的立法,吸引了成千上万名外国留学生涌向美国,同时美国也把学生送到国外去。截止到 2011 年哈佛共有来自世界 100 多个国家和地区的 4388 名国际留学生,拥有 50 多个国际教育研究计划,开设了涉及世界上多个国家的课程,哈佛的学生几乎都可以选择自己感兴趣国家的相关课程。仅以亚洲和中国为例,哈佛开设了 300 多门课程涉及亚洲研究,包括中国历史、汉语、粤语、文学等课程。

在招生方面,因有独立的公司管理哈佛的财政与捐赠,其运转资金极为充足,保证了哈佛校长、教师可以自主决定自己负责的事务,而不受任何干涉。在招生政策上最明显的体现即哈佛录取和入学实行"双轨制",哈佛有专门的人员和机构负责对申请人进行综合考察,以决定是否录取;而对申请人家庭的经济情况则由另外的人员和机构负责。所以说,申请人的经济状况绝不会成为能否录取的唯一标准。哈佛大学商学院院长基姆·克拉克教授在上海参加论坛时,谈到哈佛商学院的招生标准包括三个方面:超常的学术水平、领导才能、个人素质。哈佛大学荣誉校长陆登庭教授介绍要想成为哈佛的学生,仅有知识是不够的,有没有探索未知的好奇心,是一流学生必备的素质,其次,除了关心自身专业的领域,还要看他关不关心其他领域的东西,有没有广泛的兴趣。如果一名学生会拉小提琴,这将为他自己加分。与此同时,哈佛在招生时注意学生来源的多元化,看他们是否来自不同的地区。

长期以来,哈佛的录取率始终保持在 10%—20% 之间,是美国大学中录取率最低的大学。即使近年来哈佛每一年的申请人数都保持着高增长率,但是哈佛始终保持着极低的录取率,因为哈佛坚持招收最优秀的学生。2011 年 3 月 30 日,哈佛邮递出 2158 封录取通知书,在 34590 个申请者中,录取率 6.2%,在被录取的学生中超过 60% 获得了平均 40000 美元的奖学金。[1]

(2)学校优势

①概述。

哈佛大学在生命科学、自然科学、法学、医学、商学、社会科学等多个学科领域拥有世界级的学术影响力。世界大学学术排名从 2003 年创办起至 2013 年,始终将哈佛大学列为世界第一学府;QS 世界大学排名于 2013—2014 最新排名中,将其评为世界第二,全美第二;泰晤士高等教育世界大学排名(2013—2014)将其列为世界第二,全美第二;泰晤士高等教育世界声誉排名则自 2011 年首度发表至 2013 年,一直将它列作全球第一;2004—2009 年泰晤士与 QS 联合发表《泰晤士高等教育 - QS 世界大学排名》期间,哈佛居首;《美国新闻与世界报道》全美大学(本科)排名(2014)将哈佛列为全美第二;福布斯排名为全美第八,而《华盛顿月刊》亦为第八;哈佛在《世界大学学术排名》中,除了学术领域中的"工程与电子计算机科学"及个别专门科目中的"数学""电子计算机科学"之外,其他全部科目均位列第一;《QS 世界大学排名》(2015)中哈佛大学排名第二。

②教育特色。

哈佛大学的教育特色在于广度与深度并举的学业方案。

哈佛大学学业体制中对于知识在广度方面的拓展主要体现于"通识教育"。1978 年,哈佛大学推出"核心课程计划"(core courses)。强调指引学生探索知识的途径,培养学生的智能和思维方式,提出要将学生培养成"有能力有理性的人",于是建立了一套涵盖"外国文化、历史研究、文学与艺术、道德推理、量化推理、科学、社会分析"等七大领域的核心课程。在这些核心课程的学习过程中,学生可以充分体验并认知人类组织、运用和分析知识的过程、方式以及手段,并从相应的学

---

① 龚云峰:《美国哈佛大学国际招生政策研究》,东北师范大学硕士论文,2013。

术实践活动中获得充分的创造性思维训练①。2002年10月,哈佛大学在核心课程基础上又启动了全面的本科生课程改革,将11类核心课程分为三大领域,各院系课程都可以作为分类必修科目;在原有核心课程之外增设新的通识教育课程。具体到各院系,对于思维活跃、创造力十足的潜在拔尖人才,系里从不会给他们施加有可能削弱其学习选择自由度的约束,相反,院系会尽力为他们的兴趣服务,提供所有能提供的一切资源以满足其旺盛的知识需求。反映在政策方面,就是哈佛大学允许他们从任何相应种类的课程中获取学生毕业计划所规定的学分值,唯一的要求只是填写一份由院系制订的申请表格。不仅如此,哈佛大学的交叉课程计划还延伸到了本市(Boston,MA)以及周边丰富的大学资源之上,所有在哈佛大学就读的学生都可以在它的合作学校自由选修用以完成学业的学分。

　　另一方面,在上述"后通识教育"的"广度"的基础上,哈佛大学为所有拔尖学生提供了深入探索知识以及发掘思维创造性的肥沃土壤。建立在选择自由上的"深度"教育策略,使学生在追逐前沿领域的相关艰深知识以及由此展开有效创造性思维的过程中,由传统的以被动汲取为主导转化为以高度自我认知为前提的积极诉求。哈佛大学拔尖人才培养体系中与此方面相关的内容,一是积极推进高层次的学术交流并鼓励学生参与;二是配给专业学术方面发展的学生大都在选修或旁听MIT(麻省理工学院,与哈佛大学仅一墙之隔)的相关课程,因为MIT的工程类专业教学比本校更为出色②。为所有拥有清晰的学习计划的准拔尖人才提供如此宽松的课业环境和学习途径的做法,既保证了学生学分的获得,又能使他们充分自由地进行知识建构。更为重要的是,这种协调状态下的知识建构会提升学生自我认知,有助于他们深化对自身优势与弱势的理解,并明确努力的方向。

　　同时,上述两方面也并非各自独立,而是相互依托互为呼应的。③

　　③智库。④

　　雄厚的学术积淀、扎实的基础理论研究、学术背景多样的研究队伍、覆盖广泛的学科分布是哈佛大学智库发展所拥有的独特优势。基于这些学术优势,哈佛大学智库在实践中形成了侧重基础性、长期性、综合性和战略性研究的发展方向,这

---

①　冯惠敏:《哈佛大学核心课程改革最新动向及启示》,载《教育科学文摘》,2008(6),46 - 47页。

②　How to cross register [EB/OL],http://crossreg. harvard. edu/ich/icb. do.

③　张杨、张立彬、马志远:《哈佛大学拔尖人才培养模式探讨》,载《学位与研究生教育》,2012 (4)。

④　田山俊、何振海:《一流大学"智库群"的崛起——哈佛大学的智库建设路径》,载《教育研究》,2016(37),140 - 145页。

一发展方向实际上成为促成哈佛大学智库在公共政策研究领域赢得一席之地的关键因素,为哈佛大学打造智库品牌、扩大智库影响力奠定了成果基石。

哈佛大学"智库群"的建设路径:以满足公共政策需求为导向,发展特色智库;积极开拓资金渠道,为智库提供充足的经费保障;注重发挥学术优势,以高水平战略研究提升智库的品牌和影响力。

④学术资源。

馆藏资源。哈佛大学拥有美国最大的学术图书馆,规模为全球第五(仅次于美国国会图书馆、大英图书馆、法国国家图书馆、纽约公共图书馆)。哈佛大学图书馆的中央系统位于哈佛庭院的怀德纳图书馆内,整个系统覆盖80所不同的图书馆,整体馆藏量超过1600万册,使其成为全美最大的学术图书馆网络,同时位居全美第三(仅次于美国国会图书馆和波士顿公共图书馆)①。不同的图书馆适合不同类型的读者进入:位处于剑桥市本部的加博科学图书馆(Cabot Science Library)、拉蒙特图书馆(Lamont Library)及怀德纳图书馆为本科生最常去的图书馆;霍顿图书馆(Houghton Library)及亚瑟·伊丽莎白施莱辛格图书馆(Arthur and Elizabeth Schlesinger Library)专门收藏有关美国女性地位发展的历史参考;哈佛大学数据库搜罗了各种珍贵的书籍及手抄搞;美国一些最古老的地图、地名册等能在哈佛的蒲赛图书馆(Pusey Library)内找到;而哈佛燕京图书馆内则保管与东亚古老语言相涉的文献。

博物馆资源。卡本特视觉艺术中心(Carpenter Center for the Visual Arts),由著名建筑师勒·柯布西耶设计,为大学电影及艺术部的数据库;哈佛艺术博物馆(Harvard ArtMuseums)、亚瑟·M·萨克勒画廊(Arthur M. Sackler Museum),内藏亚洲艺术品;布什雷辛格博物馆(Busch – Reisinger Museum),内藏中欧及北欧艺术品;佛格艺术馆(Fogg Museum of Art),内藏西方中世纪艺术品;哈佛艺术博物馆在线展览馆(Harvard Art Museums Online Collections);斯特劳斯保存中心(Straus Center for Conservation);哈佛自然历史博物馆(Harvard Museum of Natural History);哈佛大学植物标本馆(Harvard University Herbaria);矿物与地理博物馆(Mineralogical & Geological Museum);比较动物学博物馆(Museum of Comparative Zoology);阿诺德植物园(Arnold Arboretum);科学仪器(历史)典藏馆(Collection of Historical Scientific Instruments);哈佛林之费雪博物馆(Fisher Museum at the Harvard Forest);毕巴底考古与民族博物馆(Peabody Museum of Archaeology and Ethnolo-

---

① The Nation's Largest Libraries: A Listing By Volumes Held. American Library Association. http://www.ala.org/tools/libfactsheets/alalibraryfactsheet22

gy);闪族博物馆(Semitic Museum);华伦解剖学博物馆(Warren Anatomical Muse-um);动物标本数据库(Database of Zoological Collections);数字哈佛(Digital Har-vard);皮博迪数字博物馆(Peabody Museum Online);哈佛科学文化博物馆(Har-vard Museums of Science and Culture)。

2.普林斯顿大学

(1)学校简介

普林斯顿大学(Princeton University),简称普林斯顿(Princeton),是世界著名私立研究型大学,是八所常春藤盟校①之一。培养了2位美国总统、12位美国最高法院大法官和众多美国国会议员。2017—2018年,普林斯顿大学在世界大学学术排名(ARWU)中位列世界第6②,在2017—2018年US News美国大学本科排名中,蝉联全美大学第一。

①地理位置与基础设施。

普林斯顿大学位于美国新泽西州的普林斯顿市,地处纽约和费城之间,是一座别具特色的乡村都市。东濒卡内基湖,西临特拉华河,景色幽雅,四周绿树成荫、绿草丛丛,清澈的河水环绕着小城静静流淌,校址方圆2.4平方公里。

普林斯顿校图书馆目前有1100百万册藏书。主要馆址燧石图书馆(Firestone Library)拥有超过600万册藏书。在燧石图书馆之外,许多独立的学科(包括建筑学、美术历史、东亚研究、工程、地质学、国际关系和公共政策,以及近东研究)也都有自己的图书馆。传统上,每个有历史的学科都在图书馆有自己单独的研究室,可供本系学生参考专业书籍和研究资料。

普林斯顿大学的等离子实验室(PPPL)是美国唯一一个研究核聚变的国家实验室,拥有近400名世界一流研究人员和近4000万美元固定经费,预计2040年建成生产能源的核聚变反应堆。普林斯顿大学计算机与信息技术部为信息技术的使用和大学学术管理的需要提供支持。普林斯顿大学校园内有5个戏院、多个戏剧团体;38个体育代表队;200多个学生组织,一份学生报纸,一个WPRB学生无限电台。③

普林斯顿大学的美术博物馆大约有六万件藏品,从古代到现代的艺术品都有收集,主要集中于地中海、西欧、中国、美国和拉丁美洲的作品。博物馆有专门的

---

① 美国常春藤联盟详解,2014 - 12 - 26。

② 世界大学学术排名,世界大学学术排名官网,2017 - 09 - 10。

③ 徐美娜、王光荣:《什么是世界一流"大学"——普林斯顿大学的诠释》,载《中国高教研究》,2009(11)。

古希腊、古罗马的文化遗产收藏,包括陶器、大理石、青铜以及罗马的镶嵌工艺收藏。博物馆还收藏了一些中世纪欧洲的雕塑、金属制品和彩色玻璃;西欧的油画收藏包括了从早期文艺复兴一直到 19 世纪,20 世纪以及现代美术作品的收藏还在扩展之中。中国美术作品是博物馆的重要收藏之一,包括重要的青铜、坟墓雕像、绘画作品以及书法。博物馆还有前哥伦布时期美术,包括来自玛雅文明的美术作品。

普林斯顿大学的本科住宿学院是包含食宿功能的一系列建筑,由一二年级以及一些住宿顾问(resident advisers)居住。每个学院都包括一系列宿舍,一间食堂,其他设施(包括自习室、图书馆、舞台、暗室等),以及管理人员和有关教师。目前有五所住宿学院。

②学院架构。

普林斯顿大学以严谨之学风、求实之精神,坚持依据需要、立足现实、抓住优势、重点建设的原则;坚持"小而精"的办学方针,以"小"为美、以"本"为念;不贪大求全,不盲目跟风。① 普林斯顿大学目前分为大学生部和研究生部,下设 4 个学院,32 个系:新泽西学院、工程和应用科学院、建筑和城市设计学院、威尔逊公共和国际事务学院;以及 32 个学系,分别为人类学系、艺术与考古学系、天文学系、生物化学系、生物学系、化学系、古典文化系、比较文学系、东亚研究系、经济学系、英语系、地理学系、德国语言与文学系、历史学系、数学系、分子生物学系、音乐系、近东系、物理系、哲学系、政治系、心理系、宗教系、罗马语系和语言与文学系、斯拉夫语系的语言与文学、社会学系、统计学系、化学工程系,民用工程系、计算机科学系、电机工程系、机械与航空系。

与许多世界一流大学相比,普林斯顿是一所学生规模较小,学科门类并不齐全的袖珍型大学,始终维持着较小的教育规模。现任校长雪莉·蒂尔曼曾指出:"小就是美! 正因为我们不需要什么都做,我们才能够集中精力和资源来干两件事情,一是非常严格的本科生教育,二是非常学术化的研究生教育。我们把这两件事情做到了极致。"②

③海外教育。

奖学金方面,普林斯顿大学助学项目是为鼓励各种达到学术要求的学生——

---

① 徐美娜、王光荣:《什么是世界一流"大学"——普林斯顿大学的诠释》,载《中国高教研究》,2009(11)。

② 董泽芳、王晓辉:《普林斯顿大学本科人才培养模式的特点及启示》,载《高教探索》,2014(2),77 - 81 页。

无论经济条件如何——申请普林斯顿大学而设立。无论学生家庭收入如何,只要申请人的家庭认为自己需要经济帮助,就可以申请普林斯顿大学助学金。奖学金的发放仅以学生需求为依据,没有优秀奖学金。普利斯顿大学仅在录取时才考虑申请人的才能和学术成就。申请助学金时,优秀的学术和体育成绩不是普利斯顿大学的考虑因素。每位被录取的学生需求都可以通过学校财政资助和大学兼职得到满足,学生们不必依靠助学贷款来付大学学费,财政资助和奖学金占到了一般新生助学金的95%,剩下的5%以大学兼职的方式来提供资助。

④知名校友。

建校以来,普林斯顿大学在人才培养上成就斐然,从这里走出了2位美国总统和44位州长,1000多名毕业生先后担任过美国国会参众两院议员、联邦政府及州政府的高级官员,31位校友荣获诺贝尔奖。普林斯顿因此被誉为"学者和政治家的摇篮""社会精英的国家俱乐部",为美国社会乃至世界文明做出了卓越贡献。[1] 以下为普林斯顿大学不完全知名校友名单:

约翰·F·肯尼迪,1939届(第一学期之后因为健康原因退学),第35任美国总统;

詹姆斯·麦迪逊,1771年届,第4任美国总统;

伍德罗·威尔逊,1879届,第28任美国总统,曾任普林斯顿大学校长及新泽西州州长;

盖瑞·贝克,1951届,诺贝尔奖得主(经济1992年);

艾伦·图灵博士,1938届,计算器科学家、密码学家;

皮特·康拉德,1953届,宇航员,第三个踏上月球的人;

田长霖,加州大学伯克利分校(UC Berkeley)第7任校长;

罗伯特·文丘里,国际著名建筑师,"后现代主义建筑之父",1991年第十三届普利兹克奖获得者;

Tod Williams,国际著名建筑师,2013年美国国家艺术勋章获得者;

乔治·凯南,美国外交家和历史学家,普利策新闻奖获得者,遏制政策创始人;

胡应湘,香港合和实业主席;

温特沃斯·米勒,越狱,《越狱》男主角;

陶哲轩,菲尔兹奖、沃尔夫奖、数学突破奖得主;

---

① 董泽芳、王晓辉:《普林斯顿大学本科人才培养模式的特点及启示》,载《高教探索》,2014(2),77–81页。

约翰·纳什,1994年获得诺贝尔奖经济学奖;

米歇尔·拉沃恩·奥巴马,美国第一夫人;

杰夫·贝佐斯(Jeff Bezos),Amazon(亚马逊)网站创始人;

本·伯南克,经济学和公共关系教授,前任美国联邦储备局主席;

托妮·莫里森,英文教授,黑人女作家;

安德鲁·怀尔斯,数学教授,费马大定理证明人;

约翰·福布斯·纳什,数学教授,主要工作领域为博弈论和微分几何学,并提出了纳什均衡;

姚期智,世界著名计算机科学家,2000年图灵奖得主;

余英时,著名历史学家,2006年获得素有"人文社会科学领域的诺贝尔奖"之称的"约翰·克鲁格终身成就奖";

埃德温·麦克米兰,1933届物理博士,获1951年化学奖;

里查德·斯莫里(Richard Smalley),1974届博士,获1996年化学奖;

加里·贝克(Gary Becker),1951届,获1992年经济学奖;

约翰·福布斯·纳什,数学教授,1950届博士,获1994年经济学奖;

尤金·奥尼尔(Eugene O'Neill),1910届,获1936年文学奖;

托妮·莫里森(Toni Morrison),英文教授,黑人女作家,获1993年文学奖;

伍德罗·威尔逊,1879届,获1919年和平奖;

理查德·费曼,1942届博士,获1965年物理学奖;

阿诺·彭齐亚斯,教授级访问学者,获1978年物理学奖;

崔琦,电子工程教授,获1998年物理学奖;

戴维·格娄斯,物理教授,与其学生弗朗克·韦尔切克共同获得2004年物理学奖;

艾瑞克·威斯乔斯,分子生物学教授,获1995年生理学或医学奖。

普林斯顿大学为世界培养了众多精英。中国著名科学家华罗庚、施一公、姜伯驹,中国科学院外籍院士陈省身、李政道、杨振宁都曾担任过普林斯顿大学的高级研究院研究员。著名历史学家余英时、经济学家邹至庄等在这里任教。北京大学光华管理学院院长助理周春生教授,在普林斯顿大学获得当年最优博士生荣誉。

国际上享有盛誉的数学家华罗庚生于江苏金坛。1936年,作为访问学者去英国剑桥大学工作。1938年回国,受聘为西南联合大学教授。1946年,应苏联科学院邀请去苏联访问3个月。同年应美国普林斯顿高等研究所邀请任研究员,并在普林斯顿大学执教。1950年回国,先后任清华大学教授、中国科学院数学研究所所长等职。

杨振宁,1945年留学美国,在著名物理学家费米的指导下研究理论物理,1948年获博士学位。1948—1949年在芝加哥大学工作,1949—1965年在普林斯顿高级研究院工作。1955年起任教授,与李政道一起获得了1957年诺贝尔物理学奖。1971年夏回国后,杨振宁对促进中美建交、中美科学技术教育交流做了大量工作。

(2)学校优势

在学科建设和学术研究方面,普林斯顿大学是世界著名私立研究型大学,是八所常春藤盟校之一。以重质量、重研究、重理论的传统享誉世界,普林斯顿坚持学术至上原则,至今,学校没有开设社会上最热门的学科:法学、商学、医学,这与习俗追求以及社会时尚完全不同。普林斯顿的任何一个专业在全美大学都是名列前茅,很难找出有哪个系不够好,其数学、哲学和物理系尤其知名,历史、英语、政治、经济系和建筑学也在学术界备受推崇。规模巨大的普林斯顿等离子体物理研究中心,自20世纪50年代以来一直得到联邦政府的资助,拥有近400名世界一流的研究人员和近4000万美元的固定经费。

尤为值得一提的是普林斯顿大学的跨学科培养计划。工程与应用科学学院对本科生很好地开展了工程教育跨学科培养,在强调数学/物理和工程科学基本原理的同时,通过在社会科学、生命科学和人类学方面的学习扩展学生的知识面。工程类专业的基础和其他学科知识学习的灵活性可使学生在工程、科学、商学、法律、医学等方面发展。[1]

在资金方面,普林斯顿大学以雄厚的经济实力为依托,其发展基金金额在全美大学中排名第三,"如果以每个学生的平均所有值来衡量大学发展基金的实力的话,其大学学生人均发展基金为328000美元。"雄厚的资金实力和以学术研究为导向的办学理念下,普林斯顿很爽快地用收到的捐款把贫困学生无法支付的学费都减免而不像其他大学强加给学生沉重的贷款包袱,故普林斯顿在2001年成为了全美第一所"无贷款"的学校;雄厚的资金实力还保证了大学各项设备的配备走在时代的前列,"如学校拥有和维持一个全美一流的图书馆,380万册图书管理全部计算机化,学校计算机中心能够迅速地提供新型计算机语言的软硬件服务。"这些又为学校的教育科研提供了强有力的物质保障。[2]

---

[1] 胡燕海、叶飞帆:《普林斯顿大学工程教育跨学科培养模式及其启示》,载《宁波大学学报(教育科学版)》,2006(6)。

[2] 曾雄军:《试论国外高校吸引人才策略及其启示——以普林斯顿大学和多伦多大学为例证的考察》,载《高等师范教育研究》,2000(5)。

在办学方向方面,普林斯顿大学历来坚持独立自主的办学思想,走自己的道路。正如1907年6月,当时的校长、后来的美国第28任总统伍德罗·威尔逊先生在哈佛校园的一次讲话中说:"普林斯顿不像哈佛,也不希望变成哈佛那样,反之,也不希望哈佛变成普林斯顿。我们相信民主的活力在于多样化,在于各种思想的相互补充、相互竞争。"在教学上,它也具有特色。第一,明确规定了在校学生的学习规范,头两年从事不分科的文化背景教育,后两年进行集中于一门专业及其相邻专业的专门教育,同时开设一些所谓"荣誉课程",以便对一些优秀生进行深入教育。第二,建立导师制,这种导师制源于牛津,但又不尽相同,其核心是将高年级学生分成小组,每一小组同一名导师建立密切关系。第三,从1924年开始实施著名的"四课程"计划,每个学生只修四门课程,省下来的时间和精力用于一项由学生自己选择、自己独立进行的研究工作,在毕业前提交一篇论文;同时,在毕业前,对所有学生进行一次关于专业及相邻专业内容的全面考试,其成绩与论文质量一起决定荣誉学位的授予。第四,普林斯顿大学的专业学院在结构上也不同于其他著名大学的专业学院,不以培养高级专业人才为中心,大多数学生是本科生。①

3. 麻省理工学院

(1)学校简介

麻省理工学院(Massachusetts Institute of Technology),简称麻省理工(MIT),坐落于美国马萨诸塞州剑桥市(大波士顿地区),是世界著名私立研究型大学。麻省理工学院创立于1861年,在第二次世界大战后,麻省理工学院借由美国国防科技研究需要而迅速崛起;在二战和冷战期间,麻省理工学院的研究人员对计算机、雷达以及惯性导航系统等科技发展做出了重要贡献。

2017—2018年度,MIT位列QS世界大学排名第一、USNews世界大学排名第二、世界大学学术排名(ARWU)第四、泰晤士高等教育世界大学排名第五。2017年6月,《泰晤士高等教育》公布世界大学声誉排名,麻省理工学院排名第二,仅次于哈佛大学。

①地理位置与基础设施。

麻省理工学院占地168英亩,校园位于查尔斯河(Charles River)靠剑桥市(Cambridge)一侧,蔓延约1英里。

中央校区由一组互相连通的大楼组成,设计者为建筑家维尔斯·波斯维斯

---

① 曾雄军:《试论国外高校吸引人才策略及其启示——以普林斯顿大学和多伦多大学为例证的考察》,载《高等师范教育研究》,2000(5)。

（Welles Bosworth），互相连通的设计是为了方便人们往来于各个院系之间，完成于
2005 年。麻省理工学院的宽带无线网络遍布校园各个角落，共有 3000 个收讯点
（就是出了校外一公里内，收讯率还是 95% 以上），是全美无线化做得最好的
大学。

全校共有 50 台高速激光打印机，不但可以自动印正反两面，而且打印速度为
每分钟 90 张；这些高速激光打印机分布在校园各个角落，学生和教授可以通过
Pharos 系统向校内内任何一台高速激光打印机无线发送待打印内容，这对于学习
及研究有极大帮助。此外，包括学生、教职工、校友在内的麻省理工学院相关人员
享有每年免费打印 3000 页的福利。①

麻省理工学院图书馆由五个主要图书馆和几个所属分馆组成。所藏图书
1800 万册、杂志 19000 种。此外，还有缩微资料、地图、乐谱等资料。图书馆共有
工作人员 200 人。图书馆建于 1916 年，建筑比较老式。因校内不能再扩建图书
馆，故临时在市郊租用仓库作为书库。该校也与哈佛大学和波士顿大学商定，共
同在离波士顿市区 25 公里的地方建造藏书楼。

与此同时，麻省理工学院已正式启动新型多媒体数字图书馆系统，该系统成
为世界其他高校搜集、保存和利用电子化科研成果的样板。名为"DSpace"的新系
统，由麻省理工学院和美国惠普公司联合开发，前期开发历时 4 年之久。麻省理
工学院发布的新闻公报介绍说，按照设计，此系统具备处理该校教师和研究人员
每年完成的总计 1 万多份数字化科研成果的能力。这些成果包括期刊论文、技术
报告和会议论文等，囊括了文本、音频、视频和图片等各类媒体格式。

②学院架构。

麻省理工学院的工程系是最知名、申请人最多和最"难读"的学系，曾连续七
届获得美国工科研究生课程冠军，其中以电子工程专业名气最强，紧跟其后的是
机械工程。美国工程教育学会执行主任 Karl Willenbrock 曾经说过："如果麻省理
工学院忽然消失，国家安全堪忧。他们是工程的 IBM。"

其余的学科如物理学、化学、经济学、哲学、政治学、建筑学也都非常优秀。近
数十年兴起的供应链管理专业（Supply Chain Management）也是麻省理工的强项，
MIT 的 MLOG（Master of Engineering in Logistics）项目已多年在全美排名第一，借助
MIT 在制造业和交通领域的优势，MLOG 汇集了供应链和物流领域最权威的师资
力量，并和世界五百强公司建立了良好的合作关系。此外，MIT 斯隆商学院的
MBA 项目在世界范围内享有盛誉，是美国极负盛名的"魔术七大"（M7）顶级商学

---

① Is there a print quota or charge for printing. kb. mit. edu. 2011.

院成员之一,尤以创业课程和创业文化著称。

根据专业的分类,MIT被分成了如下六个学院:

建筑及城市规划学院(School of Architecture + Planning):建筑学、城市研究与规划、媒体实验室、不动产、艺术、文化、科技;

工程学院(School of Engineering):航空太空工程、生物医学工程、化学工程、土木工程、环境工程、电机工程、计算机科学与工程、资讯科学、核子工程、机械工程、材料科学与工程、交通物流研究所(供应链管理硕士和博士项目);

人文及社会科学学院(School of Humanities, Arts, and Social Sciences):人类学、比较媒体研究、经济学、文学、历史学、语言学、哲学、音乐与戏剧艺术、政治学、女性研究、写作计划组;

阿尔佛雷德·P·斯隆管理学院(Alfred P. Sloan School of Management):金融博士、会计博士、管理学硕士、MBA和金融学硕士;

理学院(School of Science):数学、物理学、化学、生物学、脑与认知科学、地球科学(包括大气科学和行星科学);

维泰克健康科学技术学院(Whitaker College of Health Sciences and Technology);

研究生院共有六所:建筑及城市规划研究生院、工科研究生院、人文社会学研究生院、斯隆管理研究生院、自然科学研究生院、健康科学研究生院。

由于对工程、科学和艺术的侧重,麻省理工学院既没有法学院,也没有神学院。

自1970年起,与哈佛系学院合作创建了哈佛-麻省理工卫生科学与技术部(Harvard-MIT Division of Health)。

③知名校友。

麻省理工学院素以顶尖的工程学和计算机科学而著名,拥有林肯实验室(MIT Lincoln Lab)和麻省理工学院媒体实验室(MIT Media Lab),位列2016—2017年世界大学学术排名(ARWU)工程学界第一、计算机科学第二,与斯坦福大学、加州大学伯克利分校一同被称为工程科技界的学术领袖。截止至2017年,麻省理工学院的校友、教职工及研究人员中,共产生了88位诺贝尔奖得主(世界第6)、6位菲尔兹奖得主(世界第10)以及21位图灵奖得主(世界第2)。以下仅列出部分获得诺贝尔奖的校友名单。

奥利弗·威廉姆森,获得2009年诺贝尔经济学奖,1955年获得麻省理工学院管理学士学位。

阿达·约纳特,获得2009年诺贝尔化学奖,1970年在麻省理工学院做博士后研究。

保罗·克鲁格曼,获得2008年诺贝尔经济学奖,1977年获得麻省理工学院经济博士学位。

郝慰民,获得2007年诺贝尔和平奖,1983年获得麻省理工学院生物硕士学位。

埃克里·马斯金,获得2007年诺贝尔经济学奖,前麻省理工学院经济学教授。

乔治·斯穆特,获得2006年诺贝尔物理学奖,1966年获得麻省理工学院双学士学位(数学和物理),1970年获得麻省理工学院物理博士学位。

安德鲁·法厄,获得2006年诺贝尔生理学或医学奖,1983年获得麻省理工学院生物博士学位。

理查德·施罗克,获得2005年诺贝尔化学奖,现任麻省理工学院化学系教授。

罗伯特·约翰·奥曼,获得2005年诺贝尔经济学奖,1955年获得麻省理工学院纯数学博士学位。

弗朗克·韦尔切克,获得2004年诺贝尔物理学奖,现任麻省理工学院物理系教授。

罗伯特·F·恩格尔,获得2003年诺贝尔经济学奖,前麻省理工学院经济学教授。

罗伯·霍维兹,获得2002年诺贝尔生理学或医学奖,1968年获得麻省理工学院生物硕士学位,现任麻省理工学院生物系教授。

科菲·安南,获得了2001年诺贝尔和平奖,联合国秘书长(1997—2006),1972年获得麻省理工学院管理学院硕士学位。

沃夫冈·凯特利,获得2001年诺贝尔物理学奖,现任麻省理工学院物理系教授。

百瑞·夏普雷斯,获得2001年诺贝尔化学奖,前麻省理工学院化学系教授。

④海外教育。

麻省理工学院录取条件如下。

学习成绩方面。

本科:正规大学本科毕业,并取得学士学位;托福不低于90,无单项要求;雅思不低于7.0,部分专业仅要求6.5,部分专业要求7.5以上,无单项要求;新生SAT成绩平均2240分;GPA不低于3.5,新生平均GPA为3.7。

研究生:国内985高校一批本科毕业;大学成绩,GPA3.8左右;托福110,GRE

要接近满分(写作至少5),GMAT 750以上;推荐信(这个至关重要,一定要是国内国际知名学者或人士);自荐信,要明确突出自己的与众不同和潜力及明确的未来规划;学术成就,比如国内的科技发明专利奖之类的。

综合素质方面。

专注力强,不会轻易被打断或分心。

持之以恒,始终坚持到底,即使失败也会收拾残局,从头再来。

动机十足,要有不达目的誓不罢休的决心。

其实把自己最感兴趣的部分做好、做出色也是进入麻省理工学院的正确方法之一。

(2)学校优势

麻省理工学院与哈佛大学、斯坦福大学与加州大学伯克利分校并称为"美国社会不朽的学术脊梁",在工程技术方面的排名时常位列世界第一。麻省理工学院不仅综合实力稳居世界前列,还研发高科技武器,并且拥有美国最高机密的林肯实验室、领先世界一流的计算机科学及人工智能实验室、汇集世界各类顶尖科技的麻省理工学院媒体实验室。麻省理工斯隆管理学院在管理界赫赫有名,培养了许多全球顶尖首席执行官。在人才的培养和保障上,麻省理工学院有着巨大的优势。

在奖学金方面,麻省理工学院在科技和理科创新领域的领导地位让其拥有大量捐赠资金,仅以2011年一年为例,其收到捐赠基金数为9,712,628,000美元,其2011年秋季在校学生是10,894人,故平均算来,每位学生的资金拥有量可达891,558美元。因而在学生的奖学金方面,91%大学生会获得某种类型的金融援助,包括奖学金、贷款和就业机会,以保障其学业的进行。

在人才培养方面,麻省理工学院极为注重培养具有综合素质的整合型人才。20世纪90年代初,MIT校长韦斯特(Vest)首次提出了"工程整合教育"的概念,他认为研究型大学不仅要加强各技术性学科的联系和整合,而且要使学生更多地接触复杂系统的分析和管理,加深对经济、社会、政治和技术系统的理解。[1] 故而在对学生的培养教育中,麻省理工学院提供了超越学科分野,实施文理结合的通识教育。

在MIT,通识教育与专业教育相结合,为本科生提供了一种平衡的教育。MIT虽然是一所著名的理工学院,但它并不忽视对学生人文素养的培养。罗杰斯院长

---

[1] 顾建民:《整合教育:美国研究型大学重建本科教育的新范式》,载《外国教育研究》,2002(5),57页。

在 1865 年建校之初,为学院规定的宗旨之一便是"提供一般的教育,使其在数学、物理、自然科学、英语和其他现代语言以及心理学和政治学的基础上,为学生在毕业后能适应任何领域的工作做好准备"。① 文理兼修在 MIT 的教学和科研工作中得到了明显体现。二战以后,以培养工程技术人才为主的 MIT,越来越重视文科教育。MIT 认为,仅发展熟练的技术是不够的,高等教育应使个体有能力和有效地参与集体文化。因而他们仍把整合的教育计划作为 MIT 本科教育的原则,用"越少反而越多"的理念指导本科生的课程设置,通过基础课程的开设帮助学生进行终身的自我教育。随着国际化社会和全球化经济的形成和发展,MIT 的本科教育也悄然变化。一方面,MIT 继续重视定量研究的严谨性,继续坚持以科学技术为基础的教育教学;另一方面,逐渐重视本科学生的人文素养和领导才能。MIT 研究报告指出,不论 MIT 的毕业生将来从事何种职业,社会都将期待他们具有更高的领导才能。② 为适应这一形势,MIT 实行了文理结合课程设置,要求理科学生必须修完科学、数学、人文和社会科学同等比例的核心课程。在人文、艺术和社会科学方面,则要求学生在文学和原著研究、语言思想和价值、艺术、文化和社会以及历史研究这五类课程中选修三门,学生必须完成至少由两部分组成的写作任务。③ 与此同时,学校还提供了大量让学生实现其自己制定的学习目标的机会,这为复合型人才的培养营造了良好的教育氛围。

在发展模式方面,麻省理工学院的发展模式与哈佛大学等传统名校有所区别,它非常注重在知识资本化的过程中积累学校发展的动能,因而是所谓创业型大学的代表:校企密切合作、注重知识创新和成果转化,直接参与经济社会发展的咨询服务。根据美国学者亨利·埃兹科维茨的说法,"在大学将教学和科研与知识资本化相结合的过程中,诞生了一种新的大学模式——创业型大学。""通过产出社会资本、智力资本和人力资本,大学加大了其在经济发展中的基础性作用,正在成为现代社会的轴心机构。"④对于麻省理工学院而言,创业型大学的办学理念不仅促进了大学的内在建设发展,也为学校赢得了更多政府支持与企业合作,使得美国部分研究型大学纷纷主动走向市场,把自身的高科技成果直接运用到企

---

① 郜承远、刘宁:《麻省理工学院》,98 页,长沙:湖南教育出版社,1995。

② Bulletin Undergraduate Education[EB/OL],http :// web. mit. edu/ catalogue.

③ 吴晓郁:《网上信息:美国麻省理工学院本科教育新特色》,载《上海高教研究》,1997(8),67 页。

④ 张鹏,施技文:《知识型创业的区域环境支撑要素——以麻省理工学院为例》,载《现代物业(中旬刊)》,2012(11)。

业,通过科技创新和人力资本生产推动区域经济的发展,不断拓展其社会服务职能。①

4.入学情况的考察

（1）SAT 或 ACT 的成绩

SAT(The Scholastic Assessment Tests)是由美国教育测验服务社(Education Testing Service,简称 ETS)定期举办的世界性测验,其分为 SAT I 和 SAT II 两种。SAT I 主要测验考生的英文程度及数学推论能力,每种能力的最高得分为 800 分（总分1600 分）。SAT II 主要测验考生某一学科的知识和运用这些知识的能力,包括文学、数学、英文写作、生物、化学、语言与听力测验等 23 种学科,考生每次最多可报考三科。SAT 一年有七次,考生可自由选择适合的考试时间,如果成绩不理想,可以重考。ACT 考试(American College Testing Assessment)分为四大部分——英语、数学、科学和解答,每一部分分数独立,满分均为 36 分,也可给出平均分数。ACT 可以一年考五次。在选择方面,学生选择考 SAT 还是 ACT 主要看学生想要上的大学,但大多数学校都要求 SAT 成绩,美国中部的一些大学也会要求 ACT 成绩。SAT 和 ACT 都是能力考试,所以其成绩是衡量学生能力的重要标准,但不是大学录取学生的唯一条件。

（2）高中的 GPA(Grade Point Average)

美国大学在录取学生时,要考虑学生高中时的成绩,主要是通过 GPA 来进行比较。高中时每学期末每位老师都会对学生的平时作业以及课堂表现进行评估,进而进行计分。该分数会决定学生的 GPA。在中国来说,应该是学生在大学时期的绩点,绩点也是通过学生的出勤率、课堂表现、作业完成情况、考试成绩组成的。通过绩点的高低就能看出该学生的学习能力。

（3）学生的其他能力

一所美国的大学同时也会审核学生的申请表。该申请表应该包括学生毕业的学校、参加的各类活动、获奖记录等。其中参加的各类活动包括是否到医院、养老院等地方做义工;打工情况,参加社团情况（能够看到学生的独立情况、领导能力、沟通口才、社会责任等方面的能力）以及获奖情况等,这些方面受到美国大学的重视。

（4）老师的推荐

一般而言,一名学生需有三个或三个以上老师的推荐。因为考试成绩不能完

---

① 李普华、薛宏丽、徐崇波、李志潇、范琦:《对欧美创业型大学的比较及反思——以麻省理工学院和沃里克大学为例》,载《高校教育管理》,2014(1)。

全说明一个学生的能力,有的时候学生可能很有天赋,但是情商不够不能得到老师的喜爱或者曾经冒犯过老师。所以需要和学生相处的老师对学生有一个多方面能力的评价。在数量上要求三个以上也是有原因的,太少的老师评价会存在主观性,所以要求有一定数量的老师评价,以保证其客观性。即老师会不会因为和学生的关系不错,或者一些物质上的收益而夸大学生的能力与品质以帮助学生进入好的大学。所以说美国大学在老师推荐这方面监管比较严格。在推荐的时候,老师是能够自行进行的,推荐信封口之后要签老师的名字,学生并不知道老师写了什么内容。而老师对待这件事是比较客观的,一旦自己推荐的学生在大学出现了重大问题,老师的名誉和诚信会受到很大影响,美国又是一个比较注重诚信的国家,所以老师的推荐基本上可以客观地反映学生各方面的能力,而大学也就将老师对学生的推荐作为录取时重点考虑的内容之一。如果推荐的老师是名师,那么大学对他极力推荐的学生会给予优先考虑,而且该学生有入学以及获得奖学金的资格。

(5)面试

部分大学在录取学生的时候要求学生参加面试。通过面试,对学生的口才和应变能力进行衡量从而决定是否录取以及录取之后是否给学生奖学金。从上述入学条件可以看出,美国大学在选择学生时并不使用单一的衡量标准。而是通过对学生多方面的考察尽量做到全面合理。美国大学教育或者说美国教育要努力给每个人创造成功的机会,美国的全面教育更强调公平性和合理性。社会分层对教育公平性的影响是不能避免的,所以做不到完全绝对的公平,每个国家的教育制度都不能摆脱这种影响,所以背景优良的人,在被录取时有更多优势。该优势是指由良好背景创造出的更多受培养的机会,所以在老师评价、面试等方面有更多优势,并非由于物质、金钱、地位上学校收到了一些好处。所以其毕业生参加的活动和所取得的奖励明显多于普通高中毕业生。而且这样的高中常常有声望比较高的老师给学生做推荐,如果是普通高中,这类机会则很少。当 GPA 以及 SAT 成绩相当时,拥有名师推荐和有各种社团集体活动经历的学生一定比没有的学生有更多优势,这说明美国也客观存在教育不平等问题。美国大学录取机制特别注重学生的能力和发展潜质,注重学生在中学阶段各方面成绩和经验,有一整套较为完善的综合评价标准。

5. 大学制度

当学生通过大学的入学审查之后,美国大学制度如下。

(1)专业选择是美国大学教育最具特色的地方之一。美国大学生在开始上大学时尚未选定专业,是一种很普遍的情况。我们可以看到这种教育方式的先进之处:让学生了解一些专业之后进行选择,体现了"以人为本"的教育理念,尊重学生的选择,重视学生的需要,使教育体制服务于学生;其次,鼓励学生的个性发展,使学生能够真正从兴趣和自身实际情况出发来决定自己的学习和发展。俗话说:好的兴趣是成功的一半,学生有兴趣的时候才能更好地为自己的利益奋斗,为国家创造更多 GDP,同时还能激发学生的学习热情,更有利于发挥其潜能,做出更多更优秀的成绩;最后专业选择使学生的大学生活更有意义,也促进了大学教育目的的实现。从反面考虑,选择热门专业也存在缺点:热门专业的人才会快速趋于饱和,而一些基础学科可能人才缺乏,从而有可能造成教育资源和人才资源的较大浪费,增大了高等教育成本的同时也给某些专业的学生就业带来很大压力;第二,在选择专业的过程中,有的学生没有计划性和确定性,大学的时间是有限的,学生花费时间去了解其他学科意味着学习自己专业的时间就减少了,因而会造成时间的浪费。

(2)在美国,大学的教学方法是多种多样的,课堂讲课仍然是最主要的教学方法,但是教师常常会根据课程需要以及自己的教学风格辅之以其他教学方法。例如讨论、读书报告、小组工作、社会调查、实习、实验等。小组工作是大多数课程都采用的一种主要教学方法。教师常常将一个班分为三到四个小组,让学生以小组为单位展开学习活动,有时候也会根据课程的具体要求临时分组。教师常常在课堂讲授之后,给小组布置一些课后学习和研究任务,专门安排一些课时让小组汇报他们的成果。在汇报时,学生是课堂的主角,他们介绍自己的研究心得,讲述自己的看法,同时也解答老师和其他同学提出的问题,但是这种学生过多会出现搭便车的现象。在美国,学生的参与通常都非常积极,课堂气氛也特别活跃,提问和答疑是美国大学课堂中最常见、最普通的情景。学生可以随时举手提出问题或者发表自己的看法。教师对学生提问持鼓励和欢迎态度,并且会认真地解答学生提出的问题,有时候老师还鼓励其他学生参与讨论,还可以展开师生辩论等行为,鼓励学生的高度关注、积极参与和独立思考。高年级常常开设一些讨论课,老师不再讲课,课堂时间都用于展开讨论。学生自己独立完成一些阅读和调查研究,在此基础上得出自己的观点和见解,在课堂上与别人一起分享和讨论。因为多是高年级学生,所以要求学生的发言和报告反映其几年来所学的各类知识,体现其综合能力。

(3)美国大学课外活动十分的丰富多彩,这与教育强调人本主义有着密切关系。人本主义教育思想的目标是发展学生的潜能,培养具有创造性、独立自主性和责任感的学生。所以美国的大学教育理念认为大学教育不只是传授知识与培训谋生技能,还包括德育、美育、体能与人际交往能力等综合素质的培养。大学生的课外活动被认为是培养学生综合能力的重要方式之一。美国大学的学生课外活动形式多样，总结起来，主要有以下几个方面。

①体育运动队。美国大学生体育运动的丰富多彩是其他国家无法相比的。在大学里有各种各样的运动队，从最常见的橄榄球队、篮球队到技术要求很高的体操队、跳水队等。这些运动队的等级也是不同的，有学生自娱自乐型组织，也有代表学校参加比赛的队伍。美国有各种各样的比赛来激励大学生的体育运动，有学校之间的，城市之间的，州与州之间的，还有全国性的各种体育赛事，甚至一些代表美国参加世界大赛的运动员就是从大学生中选拔出来的。

②学生社团。美国大学里社团种类繁多，数目常常上百，主要有以下几种。由共同的兴趣爱好而组成的社团，文艺方面的社团如文学社、摄影协会、乐队等；和专业密切相关的社团，有些社团是同一专业的学生或者对这一专业有兴趣的学生组成的，其活动常常和专业有关，有时是所学知识的实践；一些基督教的社团组织，可以在圣诞时候唱圣歌等一系列基督教的行为；服务性质的社团，这类社团常常组织大学生参加各种社会福利活动，如捐赠、在各种福利机构（如养老院、孤儿院等）做义工等，这类社团固定的成员并不多，但其组织的活动在校园里的影响力是特别强的，参加的人数常常特别多。在入学条件时，我们谈到是否参加一些社会福利活动是一条标准，这说明美国学生从小就有这方面的社会化意识，有爱心并受到社会责任感的教育。

③兼职工作。美国是一个竞争十分激烈的社会，人们靠自己的能力生存，而且崇尚竞争和自立。大多数美国孩子从小就培养什么事都要靠自己的观念，读大学同样也很自立，靠自己打工、贷款，尽量少依靠甚至不依靠父母的经济支持。因此兼职工作是美国大学生最主要的课外活动之一。兼职工作也有很多类型，一般在大学三四年级，学生常常找和自己专业有联系的兼职，以积累工作经验，有的人甚至因此找到了后来的工作。

④学生的自学情况。学生如果想跟上教师课堂的讲课进度，每天必须坚持阅读。阅读内容往往是教师指定的阅读材料和参考书，阅读量是比较大的。课堂上的讨论和小组工作也需要在课下准备，如查阅资料、进行调查、小组成员一起开会等，这都需要大量时间和精力。此外，常常有书面作业、论文和课程设计要在规定的时限内完成，而且经常会有一些课堂测验，这也需要学生课下复习准备。在美国大学里，学生每门课的成绩是各方面综合衡量的结果，主要包括考试的成绩，平时测验的成绩，课后作业和论文的完成情况，课上讨论和小组工作时学生的表现等，所以顺利通过每门科目并非易事。美国大学里逃课现象极少，课上做与课程无关的事（隐性逃课）的人也极少。原因至少有三：其一，课程是学生按兴趣和自

己的学业计划选定的;其二是由于美国大学的教学方式能够有效地调动学生的兴趣和热情,使学生融入课堂之中;其三是与美国大学里通行的综合性考核方式有很大关系。学生的课堂表现本身即是一种考核,而且其他考核方面也要求学生与教师的讲授同步才能顺利通过,所以美国学生一般都会在课堂上积极表现。

每个国家都以考试作为最主要的手段来检验学生的成绩与能力。美国大学对学生的考试很多,常常让学生吃不消。一门课程必定有期中、期末考试,有的课程甚至还要定期考试。前些年"闭卷考试"的形式还被广泛采用,但现在越来越多的老师采用"开卷考试"的形式和"带回家"的形式(学生可以将题目带回家,在规定的期限完成)。由于考题常常没有标准答案,所以考生可以将该试卷带回家。考试内容往往更重视学生的独立思考能力以及思想的广度,更强调学生分析问题和解决问题的能力,而不是死记硬背的能力,这也是美国大学考试时没有人监考的原因之一。考试虽然没有人监考,学生在考试时作弊的现象却很少。这一方面是由于上述美国大学重在考查学生创新能力,考试题目往往没有标准答案;另一方面是由于美国学生群体一定程度上形成了对"考试必须诚实"的整体认同,绝大多数大学生对考试作弊行为都十分反感,如果有人有考试作弊行为,常常被同学们认为品质有问题,所以大家都将考试时的诚实看得很重,由此形成了很强的自律性。此外,美国大学对考试作弊和作业抄袭的惩罚极其严重,这成为学生遵守考试纪律的重要外因之一。大学里,学生的学习成绩是很重要的,它关系到一个学生能否得到奖学金,毕业后能否找到满意的工作,能否被研究生院录取继续深造等一系列重要内容,所以美国的大学生对自己的成绩十分重视。留学生在美国大学学习期间,都感到学习压力很大,很多学生常常学习到半夜一两点钟。美国各大学也有一定措施来激励学生的努力学习,许多大学在毕业时授予大学期间学习始终优异的学生以特殊荣誉,这种荣誉成为他们毕业后找到理想工作和继续申请读研究生时的重要资本。

以上就是美国大学教育录取新生的制度与方法,制度与方法全都一视同仁,不分本地学生还是国际学生,都是本着公平、客观的目的进行的。

(三)两者比较

1. 生活起居方面

(1)与美国等许多发达国家相比,澳大利亚的生活费用较低。在澳大利亚一年的生活费大致在4万~5万人民币,其中包括住宿、用餐、日常消费和学习用品等。留学生每周可以合法打工20小时(周末和假期可全天打工),每小时平均收入10~15澳元,可以解决自己大部分的生活费,尽管学费因学校和专业的不同而不同。

（2）与美国相比,澳大利亚是个更安全的地方。澳大利亚的低犯罪率和严格的枪支管理法可以确保海外学生享有一个安全的学习和生活环境。澳大利亚的生活大多是轻松而友善的,独立性比较强的学生大都喜欢这里充满机会的生活。他们可以自由且安全地乘公共交通工具往来于海滩、旅游胜地和参与多姿多彩的文化活动。澳大利亚的城市都给人开阔的感觉,有很多公园和绿地点缀其间。便利的交通也可以毫不费力地将您带入城市近郊的国家公园。澳大利亚社会安定,国民富足,各民族、种族和平相处,因此澳大利亚一直是世界上犯罪率最低和最适合人类居住的国家之一。澳大利亚有多姿多彩的现代化都市,也有充满大自然气息的天然旷野及海滨。留学澳大利亚,学生可尽享繁华都市与大自然各自精彩的风情。澳大利亚环境舒适、安宁,学生可以安心学习,并可自由旅行。

（3）与美国相比,澳大利亚同样是一个将社会福利做得非常好的国家,能够为国际教育提供优良的社会环境。澳大利亚全民医保堪称世界第一,澳大利亚鼓励居民购买商业保险来减少政府的负担,如果收入达到一定程度不购买保险就需要缴纳大量的税收。澳大利亚的人均寿命是世界第二,仅次于日本。据说,澳大利亚公民有类似于中国的医保卡,去看病只要刷一下卡,自己不用付出任何钱。买药一年超过200澳元的话,基本上就不用再出钱了,政府全包。知情人士认为医保不会让大家变得懒惰,反而会让大家没有后顾之忧,工作起来更加轻松,也有更高的效率。所以人们的生活安逸又安全,国际教育的安全性能够得到很好的保证。澳大利亚严格的移民政策使得澳大利亚的人口并非很多。而且澳大利亚的经济水平是相对较高的,故平均到个人身上的人均GDP就相对较高。而相对美国,澳大利亚是比较平等的,在餐厅工作的服务生与在办公室工作的白领拿同样的工资。没有区域性的歧视,也没有很强的种族歧视,所以人们生活相对安逸安全。这也就保证了澳大利亚国际教育的安全性。反观美国,有比较强的种族歧视,所以学生会尽量避免在黑人区出现,从而保证自己的安全。

2.学习与研究方面

（1）相比美国,澳大利亚门槛较低,更容易实现留学梦想。

澳大利亚是这些英语国家中最灵活的,第一,学生可以选择到澳大利亚只读英语。比如有些人工作几年了,工作很紧张,想提升一下自己的英语能力,不管是高中毕业生,还是大专生,在澳大利亚一般不要求学术背景,只要这人想到澳大利亚申请语言课程,只要这个语言课程是经过澳大利亚部门认可的就可以获得签证。第二,澳大利亚的移民教育体系非常多样化,给各种各样背景的中国留学生提供了相应的渠道,中国任何一个学历层的学生都可以找到一个渠道去澳大利亚留学。比如中专毕业生、职高毕业生和大专生，这些人去美国留学比较麻烦，因为美国不认职业教育，很难申请一些好学校。澳大利亚用 TAFE 吸引中高职的学生，TAFE 一年 10 万元包括学费和生活费，申请人的雅思只需要达到 5.5 分。如果雅思不够 5.5 分、甚至 5 分，TAFE 4.5 分也可以去。对于一些大龄的申请人，澳大利亚是一个比较容易实现留学梦想的国家。

值得一提的是，在有的澳大利亚大学"国际班"中，中国学生占 70%—80%。如果学生家长考虑留学是为了一段经历，或者说为了更高的学历，澳大利亚可能会与其意愿相悖。因为学生下课之后全部讲中文，而且在悉尼、墨尔本这样的城市，华人数量庞大，除了气候等方面的差异，其他条件都和中国本土相似。但如果是为了移民，这则是一种优势。

以下对于几个教育输出大国的教育体制进行简单的对比介绍。

英国是典型的专才教育，本科中专业课部分会占到很大的比例，通常读完三年本科（苏格兰地区的某些大学是四年），个人所需的专业知识基本足以掌握。此时如果想继续在英国体系内深造、做研究，可以选择直接入读博士；博士一般需要花费三到四年时间。英国模式走的是速成路线，优点是这样学出来的学生专业扎实、量产速度快，三年毕业后既可工作也可以研究，缺点是知识不够全面。

而美国的教育制度走的是另外一条道路，即通才教育。四年制本科，专业知识的比例相对较少，更多时间都在学习一些基础学科，力求个人全面发展。这样读完本科的人思维会宽广很多，学科交互性很强。缺点是可能有些时候会觉得在自己的专业领域学得不够精深，所以很多人读完本科会选择去读硕士学位，通过 2 年的课程来补充专业知识。真正想做研究的优秀学生会进入博士阶段，同样需经过专业知识的补充后，才能开始正式做研究（博士读一半也会获得硕士学位）。所以用功利一点的眼光来看待美国模式，其对于研究型人才的培养速度相对较慢，但是这样培养出来的人才更加全面。

澳大利亚的教育制度非常特殊，大体上还是英国的专才教育。三年本科的大量专业知识灌输，不同的是读博士之前还需要多读一年的 honor 去补充研究方面的知识。传统的西方教育制度中本身是没有硕士这个学位设置的，它的研究人才路线是本科之后即为博士。而硕士这个课程最初是为那些未读完博士的人设立的。意味着这个人相对于其他本科生而言有着更多知识，足以进入研究阶段。所以我认为，英美的研究型硕士和澳大利亚的 honor degree 的地位大体相当。而澳大利亚的研究型硕士，则是一个针对不同体系或者还不够资历的学生进入博士前的预备课程，大体内容和博士是相似的。所以就不存在澳大利亚比美国的大学含金量低这一说法。即使澳大利亚的大学没有美国的多，但是澳大利亚大学的排名还是非常靠前的。

（2）美国的大学为有志于做研究的留学生提供了广阔的空间和平台。

美国有公私立高校 4000 多所，且美国科技比较发达，在金融、MBA、管理、电子技术、生物化学等领域处于高精尖的地位。此外，美国是世界上科研经费投入最多的一个国家，它的公立大学由州政府统一拨款，建立各种各样的实验室和研究设备，私立大学由校董事会以及校友捐款，很多私立大学都会把绝大部分收入投入到科研中。从美国的奖学金制度来看，美国的大学奖学金种类多且金额较大，为学生提供了很大的支持和帮助。因此对于想做研究的学生而言，美国的学校可以作为好的参考推荐。

3. 美国国际教育与澳大利亚国际教育在理念上的异同

美国在国际教育上强调"以人为本"，即强调教育对于个人的公平性。美国大学会在全方位对学生进行评估后做出客观的录取学生的决定。在谈及理念上"以人为本"的观念时，需先叙述"教育机会均等"这一概念。

在国际社会中不得不追溯《世界人权宣言》，1948 年联合国大会中采用的两项基本原则：（1）废除种族歧视；（2）人人具有均等受教育的权利。

这里的"歧视"是指："基于种族、民族、肤色、性别、语言、宗教、政治、社会出身、家庭背景等之上的任何差别，排斥、限制他人或给予某些人以优先权，其目的在于取消或减弱教育中的均等对待。"它表现在：（1）剥夺某个体或某团体进入各级各类教育的机会；（2）把某个体或某团体限于接受低标准的教育；（3）为了某些人及团体的利益，坚持分流教育制度；（4）使某些人及团体处于与人的尊严不相容的处境。

教育机会均等的原则是指：（1）提供免费教育到一定水平，提供进入劳动力市场的机会，为此必须消除机会不均等的经济原因；（2）必须提供不同的教育机会以适合不同学生的能力和态度；（3）在学生无法维持学习生活时，由国家提供奖学金或赞助。

"教育民主化是全世界所有国家和所有与教育有关的人最关心的问题"。①民主问题，本质上是政治权利在不同阶级之间的分配问题。政治民主在今天已被延伸、扩展至经济、文化、教育领域。所以教育民主是从属于政治民主并体现政治民主的。但是教育民主化又并非是政治民主化的简单演绎。教育民主化实际上包含两个方面："教育民主"和"民主教育"。"教育民主"是把政治的民主扩展到教育领域，使受教育成为公民的权利与义务。它不仅包括平等的受教育权利，也包

---

① 《国际教育会议第 35 届会议总报告书》，1977。

括个体在教育领域中的人身自由和思想自由的权利,以及在"民主"体制下的个人政治社会化、社会意识同化问题。所以,教育民主的内涵有别于教育平等。"民主教育"则是把专制的、不民主的、不充分民主的教育改造成为适合公平和民主原则的教育,它特别包括教育的民主决策和管理、教育过程中师生关系的民主这两个方面。教育平等是教育民主化的一个重要的方面,也是它的核心内容。① 作为学生,希望得到"教育民主"。但在日本有一部分实行的是"民主教育",而美国致力于"教育民主",举例来说:日本否认日本侵华并不让日本的后辈知道这段历史,但是在美国是不是受限制的。所以日本是实行的"教育民主",而美国要在这些方面相对自由一些。但是美国也并非是绝对的"民主教育"。由于美国的种族歧视,政府会相对给白人或黑人一些名额。早先,美国歧视黑人的时候,黑人进入大学的机会是微乎其微。但是今天,政府为了强调平等、公平,在进入大学的比例中为黑人保留了一些名额。所以尽管有可能黑人的第一名比白人录取的最后一名成绩还要低,但是最后还是会录取一定比例的黑人。

从这个方面看,不论美国的国际教育还是美国的本土教育,还是应该在追求平等的道路上继续奋斗前行。

当然美国除了制度上、思维上为平等制定了办法,还在社会保障方面提供了办法,为此政府出台了文化困境儿童的补偿教育,如黑人学生补偿教育计划,经济困境学生的补偿教育计划等。这也看出美国政府为国际教育做出了很大贡献。

但是反观澳大利亚,澳大利亚的国际教育不仅强调平等问题,而且更加强调文化的包容性,进行全方位多层次的国家交流与合作。虽然,平等问题并不是主要强调的问题,但是澳大利亚的社会保障和国家政策都让教育和国际教育变得更加平等。正所谓缺什么才真正需要什么,因为澳大利亚虽然没有接近完全的平等,但是在这方面的确比美国做得好。

说到教育的多样性,也就是全方位多层次的国际交流与合作,澳大利亚是移民国家,文化多元性已经成为一项国家特性,是英语国家中第三大国际学生留学目的地国。1980 年以来,澳大利亚掀起了大规模的国际教育产业化浪潮,高等教育成为最成功的出口服务业和最大规模的出口产业之一。进入 21 世纪,霍华德政府的"创新计划"加快了澳大利亚高等教育的国际化步伐。2005 年 11 月 17 日,澳大利亚教育、职业、青年部长委员会发表了题为《输送一流的国际教育和培训》的宣言,表明要以质量为突破口,加快高等教育的国际化进程,重点发展跨境高等

---

① 马和民、许小平:《西方关于教育平等的理论》,载《杭州师范大学学报(社会科学版)》,1999(1),75－80 页。

教育国际合作项目和教育服务。2015 年 4 月 2 日,澳大利亚联邦教育部长柏恩公布《国际教育国家战略草案》,这是澳大利亚政府首份国际教育国家战略,建议从三个方面进一步发展国际教育产业。第一,设立正确的基石。对教育、培训和科研实施更强硬的国家政策,确保澳大利亚能保持世界领先的教育培训及国家声誉。第二,向世界出发。国际教育包括在全球教育和研究行为的参与,意味着澳大利亚学生出国留学以及学习外语等,也包括在科研层面的合作。第三,保持竞争力。通过多方合作给国际留学生提供更高价值的回报。

在澳大利亚联邦政策的刺激下,经济上的贡献、跨文化的交流甚至外交的增进等多方面的政策支持,促使澳大利亚高校将国际化策略作为重要办学理念之一,实施了全方位、多层次的国际交流与合作。1999 年 9 月,澳大利亚国立大学、墨尔本大学、悉尼大学、新南威尔士大学、昆士兰大学、西澳大学、莫纳什大学、阿得雷德大学正式组成了“澳大利亚八校联盟”,以“国际公认的、处于引领地位的精英大学”为目标,积极推行国际化战略,扩大对世界知识保存的贡献,加强澳大利亚参与全球发展的能力,扩展教育机会,使澳大利亚学生能够参与世界级的高等教育。

澳大利亚大学的国际化主要体现在以下方面。第一,国际化的师生结构。2014 年,墨尔本大学拥有 1.614 万名海外留学生,占其所有学生人数的 29%;澳大利亚国立大学海外留学生占所有学生人数的 27%;昆士兰大学、新南威尔士大学等校拥有 25% 的国际学生人数;澳大利亚高校从校长到教授都是全球选聘,教职工的外籍人员约占 25%。第二,增加本土学生的国际学习经历。昆士兰大学要求 25% 的学生要有海外学习经历,并作为学生攻读学位、完成学业的一部分。第三,建设国际化的在线课程。墨尔本大学、新南威尔士大学与英国诺丁汉大学、伯明翰大学、美国弗吉尼亚大学紧密合作,组成“Universitas 21(U21)高教在线”,成为目前世界上综合实力最强的在线研究生学院,供学生在线学习国际化课程。第四,构建国际学生服务体系。迪肯大学将国际化战略作为自己的重要支柱,强调培养地球村公民,营造大学的国际化环境,让更多学生参与国际交流。学校设有专门针对国际学生的支持计划,从机场接机到住宿安排,从新生导览服务到学业咨询、同学互助计划,从宗教服务到财务应急支持等,构建了全方位的国际学生服务体系。第五,构建双边或多边的国际合作研究网络。除 U21 联盟外,悉尼大学、西澳大学则加入了“世界大学联盟(Worldwide Universities Network,简称 WUN)”,通过设立国际项目发展基金、支持学者互访、合作开展研究等,促进科学研究的国际化。第六,开设海外分校,输送优质高等教育资源。1993 年,伍伦贡大学在迪拜设立分校,成为阿联酋第一所外国大学;1998 年和 2001 年,莫纳什大学分别在马来西亚吉隆坡和南非约翰内斯堡建立海外分校;2000年,墨尔本皇家理工大学在越南建立分校,设有胡志明市和河内两个校区;2013年,该校在西班牙巴塞罗那建立了欧洲研发中心。由此可以看到,澳大利亚在国际教育多样性上做了很大的努力。

4.美国国际教育与澳大利亚国际教育在政治上的异同

教育的问题不仅仅涉及政治问题,当然还有文化、经济问题。但是国际教育体现国家与国家之间的关系,与政治是紧密联系不能分开的。所以两个国家的国际教育比较,是理念上的比较也是政治上的比较。

政治教育,对美国内部来说是指伦理精神和自由主义信仰贯穿于美国文化的始终。在传统思想中,美国一直把自己树立成自由民主的典范。"衡量大学生学习质量的标准,是大学生是否愿意为社会和公民服务。"美国是一个高度移民化并且包容性极强的国家,这是因为在美国的社会文化中,自由民主的理念贯穿其中,只有这样才能一直保持高度有序的社会秩序,这也是美国意识形态教育的基础。对大学生进行政治制度教育,引导大学生充分了解和熟悉美国的社会制度,以此来提高大学生对国家的忠诚度是非常必要的。资产阶级的自由民主代表的是美国资产阶级的核心利益,同时也是美国意识形态的核心。美国之所以能够成为一个高度移民化的国家,并且还能够将移民同化,随时保持社会秩序的高度稳定,究其根本原因就是因为美国自由民主的理念深入到社会文化的每一个层次。美国政治教育中另一个不可忽视的内容就是爱国主义教育。众所周知,一个高度移民的国家是非常容易出现社会制度混乱的,但是美国自由爱国主义责任感、使命感的教育深入到每一个移民到美国的民众心中。美国人特别重视自己国家的历史,尤其是在美国历史发展进程中的关键人物,例如林肯、马丁·路德·金、华盛顿等重要人物,他们的精神和成就是让每一个美国人骄傲和自豪的。同时,美国还十分重视历史博物馆的建设,使大学生可以深刻体验美国的历史和文化,使其产生民族自豪感和历史责任感,作为美利坚合众国的一分子,为自己的历史及文化感到幸福和骄傲。所以,在面对国际教育的时候,美国一定会尽可能地将优秀人才留在美国。而且美国高校思想政治教育实施方法侧重隐性教育。隐性教育主要强调通过间接渗透的方式对国民进行思想政治教育,使受教育者在一定情景交流中潜移默化地受到教育。美国对人的培养崇尚创新精神和个性化发展,美国高校对学生进行思想政治教育比较侧重运用间接的教育方法,将思想政治教育内容渗透到教学和学生生活的方方面面,隐蔽性比较高。美国高校非常重视通过专业课教学向学生渗透思想政治教育。美国高校"对于任何一门充实的专业课程的学习都要对三个问题做出回答:这个领域的历史和传统是什么?它所涉及的社会和经济的问题是什么？要面对哪些伦理和道德问题"。这种教育方式开阔了学生的视野，提高了学生的能力，使学生主动去关心与专业有关的一些伦理道德问题，使自身的文化素质和道德素质不断得到提高。美国高校对教师提出了严格道德和政治标准，教师如果有不道德的行为将被解职，通过教师的示范表率作用向学生渗透思想政治教育。美国高校的校园文化对学生的教育影响非常大，一些高校在校园里竖起科学家或爱国人士的雕像，潜移默化地对学生进行创新和爱国主义等教育。丰富多彩的社会实践活动也对学生起到潜移默化的作用。当然，由于美国强调教师价值中立，教师不能明确表明自己的态度，不带有明显肯定或否定，使美国教育处于松散状态，思想政治教育权威性大打折扣，造成一些学生道德素质低下，以至于违法犯罪行为时有发生。

但是出于国际关系上考虑，国家 A 如若不与国家 B 交好，那么国家 A 就会限制本国的学生到国家 B 进行留学。如果 A 国家的学生执意要到 B 国家留学，那么该学生就会在 A 国家受到歧视或者政府的打压。其实，国际教育就像国际贸易一样。留学生来到该国家衣食行都需要在该国家花钱，其实他们的出现带动了贸易，为该国家增加了 GDP。但是当一国政府与另一国之间存在冲突时，国家对于留学生的限制从本质上来讲，是另一国家的损失（从人才、经济等方面）。但是，国家的角色身份一旦遭到蔑视，将引发国家比较激烈的应对。在国际关系中，国家的角色身份与国家在国际社会中所处的地位密切相关。而无论大国还是小国对地位的追求均是一个非常重要的行为动机。所以当两国国家发生冲突和一个国家受到歧视时，该国家从政治、经济文化、教育、军事等方面对另一国家形成壁垒，政策上限制两国之间各种资本的流动。美国作为大国有时的确会歧视一些小的国家，当然这也是美国国际教育的弊端。

澳大利亚政府在国际教育上也做了很大的贡献：近年来，澳大利亚政府瞄准了亚太地区庞大的教育市场，对高等教育进行了大刀阔斧的改革，相继出台了旨在增强大学自主权、提高大学国际竞争力和推动高等教育服务国际化、产业化的一揽子改革计划。以提高大学国际竞争力为例，自 2002 年以来，澳大利亚大学海外留学生数量急剧增长，此举既扩大了其国际影响力，也为学校带来了丰厚的办学收入。

澳大利亚政府对教育以及国际教育的要求包括以下几点。

（1）把高等教育发展视为国家头等重要的产业

①视高等教育为第一国防，主张培养有技能的民族。

②坚持大学公立，主张政府主办高等教育事业。

③坚持社会效益和经济效益并举，高等教育成为国家第二大支柱产业。

（2）高等教育发展呈现出鲜明的国际化特征

①办学标准国际化，向世界一流大学看齐。

②人才引进国际化，在全球范围网罗优秀师资。

③学术研究国际化，瞄准世界前沿。

（3）人才培养模式凸显对学生创新精神的培养

①教育理念中把培养学生创新精神置于突出位置。

②人才培养模式彰显对学生个性发展的培养。

③教学过程中强化教学实践环节。

（4）大学办学模式多样化并呈现高度自治

①推崇企业模式，坚持特色发展。

②重在激发潜能，实行客观评估。

③坚持大学自治，崇尚与时俱进。

（5）大学内部管理高度的科学化和精细化

①管理层级清晰，责任分工明确。

②管理职能面宽，服务功能齐全。

③管理人员素养高，专业化程度强。[1]

对于上述第三点来说，澳大利亚的国际教育是为了培养学生们的独立思考能力、创新思维能力、实践动手能力和团队协作精神。在学习过程中，强调对学生创新精神的激发和创造力的培养，即使常规的课堂教学，也是以探究性、研究性、创新性的自主学习为主。人才培养模式彰显学生对个性发展的培养。学生的个性会决定学生喜欢什么或者对什么感兴趣。而好的兴趣是成功的一半，符合学生个性和兴趣的专业或活动才能推动学生进行深入的研究。教学过程中强化教学实践环节。众所周知，实践能够让学生更好地明白理论，最终得到对学生研究领域有用的数或结论。

对于第四点是指将学校的管理系统变成企业式的，这样有利于增强员工的竞争性，有助于学校拥有自己独特的教学风格。而且员工间的竞争有助于老师付出辛苦教导学生，老师能够花费更多的时间在教研、研究上面。而非老师的员工，即一些服务人员、后教务处老师等，这样的岗位像中国公务员拥有铁饭碗，但当学校变成企业制的时候，竞争和评估的效果就可以发挥出来了。这些都是有利于学校更好地发展培养学生能力的。重在激发潜能，实行客观评估。其对象还是学校员工,客观评估就是该员工的上级、同级、下级对其进行评估。即"问责制"。如若想要更好地实行这套制度,就必须清楚自己的上级、下级、同级都做了什么事,该事项的目的是什么,最后有没有很好地达到目标等一系列的问题。实行"问责制"的好处在于每个人都清楚自己和他人的职责,以防有的人就"会动嘴不会动手"以及出了问题应该知道是谁的责任。坚持大学自治,崇尚与时俱进。是指政府在一定情况下会限制一所大学的一些事项,而有一部分是不限制的。在剩下的不限制的事项中实行自治,从而可以使得学校更具特色。

第五点的对象是管理人员,要求大学内部高度的科学化和精细化。要求管理层级清晰,责任分工明确。管理服务功能齐全。最后要求管理人员的专业化程度强。

以上政策是对学校的全体员工进行要求的,当然对于老师,联邦政府也有更明确的要求:《联邦政府教师质量行动》(简称《行动》)提出在三年内要为各州和地区的教师教育活动提供7400万澳元的资金支持,通过各种有针对性的教师专业发展措施发展教师的基本素质,同时提高教师职业的地位,从而促进整个教师队伍质量的提高。

首先,澳大利亚政府的政策中包含重视新教师的入职辅导正是建立在对教师专业发展深刻理解的基础上,联邦政府对新教师的入职过渡进行了深入的调查研究,发现澳大利亚在这方面确实存在一些问题。对澳大利亚总体的教师质量产生了严重的影响。因此,《行动》把新教师的入职辅导也作为重要的关注领域。经过全面的调查研究,之后,联邦政府发布了关于新教师入职辅导的重要文件《一种值得关注的道德——对新教师的有效计划》(简称《计划》),提出了以大学为基础的理论培养和以学校为基础的具体实践相结合的入职辅导模式。其次,政府还关注在职教师的专业发展。在职教师的专业发展主要针对那些已完成初始教师教育10年以上的教师,担任语言、计算、数学、科学、信息技术等重要领域课程的教师,重新进入教师队伍的教师,以及弱势群体如土著学生的教师,在农村及偏远地区或城市薄弱学校中工作的教师等进行的持续的专业发展。具体而言,《行动》把在职教师的专业发展放在首位,这主要是因为澳大利亚教师队伍的老龄化趋势一定程度上影响了教育的发展。尽管大多数教师已有一定教育经验,但他们对教育改革与发展却反应较为缓慢。新的教育目标相应地要求教师更新和提高教学知识与技能,并能持续不断地对课程和评估系统的改革做出积极反应。改革的成败有赖于教师素质的提高,有赖于他们对改革的理解及采取的行动。因此,《行动》把在职教师的专业发展作为提高教师质量的重要策略。然后,政府建立全国统一的教师职业标准。各州、地区之间的教师职业标准并不通用,这给地区之间的教师流动带来了很大的不便,成为澳大利亚长期以来一直存在的一个重大问题,也成为教育职业不能吸引和留住高质量教师的原因之一。而且,教师职业在整个社会中的地位相对来说较低。因此,通过确定一致的教师职业标准也可以增强教师的地位和公众对教师职业的信心。另外,从教师职业自身来说,也需要一个明确的标准对教师的各种专业发展活动进行评估,作为教师专业发展的动力。由此可见,建立一致的、较高水平的教师职业标准对于解决澳大利亚教师职业现存的各种问题都有重要的意义。而且,《阿德莱德宣言》中,国家统一学校教育目标的提出也为统一的教师职业标准的建立提供了新契机,因此《行动》把确定全国统一的教师职业标准作为重要目标。从历史的角度看,鉴于教师的流动性和教师地位等问题,联邦教育部自以来就致力于发展全国统一的教师职业资格标准。之后,澳大利亚教师教育协会就提出了"教师职业国家标准"的报告,之后的几年里,整个国家对统一的国家教师职业标准的建设进行了很多努力,但在直接管辖教师的各州、教师职业本身、有关教育的各种团体和协会间总是达不成一致意见,因此这个目标虽取得了一些进步,但始终没能实现。由此我们知道澳大利亚政府的确在内部政治上为教育和国际教育做出了很多贡献。在外部政治上,澳大利亚的政策是不希望各个国家的人们大量涌入澳大利亚,所以澳大利亚不支持留学生毕业后移民澳大利亚。主要由于澳大利亚本身的福利就很好,但是国家公共设施的建设和国家给予人们的福利来源于税收。虽然,至今澳大利亚政府不鼓励留学生移民澳大利亚,但是学生还是可以到澳大利亚学习先进知识然后回国报效祖国。

　　以上对两国的国际教育进行比较,但是由于两国在各种方面的不同,很难比较出哪个国家更好。如若真要得出个优劣,就只能因人而异了。

第四章

"教育援助"阶段的澳大利亚国际教育

第二次世界大战之后,澳大利亚的对外政策发生了许多改变。联邦政府积极地援助亚太地区的发展中国家,首先是帮助他们改善社会环境与经济状况,其次扩大澳大利亚在该片区域的国际影响力,最后是通过该种措施来促进国家与国家之间的文化交流、发展国际"友谊"。在这个时期发表了三篇重要报告,这一时期也是澳大利亚高等教育国际化的第一个重要阶段,被起名为"教育援助阶段"。

20 世纪 70 年代末,西方世界经济的下滑重挫了澳大利亚的经济,这一现象造成了 1979 年,澳大利亚开始显著地减少其在高等教育方面投入的资金,同时开始实行海外留学生收费政策,该项政策规定了留学生必须承担所有教育花费的三分之一,所有非教育援助计划之内的留学生自 1980 年开始都必须承担这一部分费用。因此,留学生的学费变成了澳大利亚大学资金的一个组成部分,这一部分的收入至今为止每年都在增加,对于澳大利亚的大学来说,无疑已经成了相当重要的一部分收入。

但是,当时的联邦政府仍然十分重视教育援助以及教育资源的交换,严格控制自费留学生的数量导致了大学无法通过招收更多留学生来获得大量收入。因此虽然来自留学生的学费收入在增加,国际教育的发展在 20 世纪 80 年代中期之前仍面临较大困境。这一时期可以被视为澳大利亚的国际教育从教育援助阶段向单一经济阶段转变的时期。在这段时间内,澳大利亚面临由金融危机带来的经济困境和由免费高等教育制度带来的巨大经济负担。对此,澳大利亚联邦政府进行了系列改革来加强其国内经济建设。在高等教育领域,1988 年进行的道金斯改革与之后的系列报告标志着澳大利亚国际教育市场化开始进入"单一经济阶段"。

第一节 二战后澳大利亚高等教育的重建工作

纵观澳大利亚的高等教育历史,早在 1902 年的殖民时期以及 1902—1931 年的联邦统治时期,澳大利亚联邦政府并没有非常重视国内的高等教育。在1935年以前,国内的大学也鲜少接受到来自联邦政府的教育基金,大学的所有收入基本来源于各个州的教育拨款、私人捐款或者是进行投资获得利润。与此同时,值得一提的是,在当时的社会,大学被认作是社会精英,尤其是男性精英们进行学习的地方。在这样的普遍认知影响下,进入大学接受高等教育的人数也非常少,尽管澳大利亚的每一个州都有一所大学,但总计在大学接受教育的人在当时只有5000余名。相比较当时澳大利亚的总人口来看,这个比例是非常小了。

二战结束后,在战争带来剧变的影响下,澳大利亚联邦政府才开始将大学教育这一环节纳入国家政策的考虑范围之内。在二战的影响下,澳大利亚出现了工人短缺的情况,这促使科廷工党政府(Curtin Labour Government)开始设立大学(高等教育)工作委员会以及相关的改造方案。随着澳大利亚进入改造发展阶段,社会上各个领域对职业技术工人的需求都开始扩大,政府和社会期望通过加强大学教育来弥补此劳动力缺口。值得一提的是,人力资本说与凯恩斯主义风靡澳大利亚,这也在很大程度上敦促了澳大利亚政府不得不认真地对待高等教育的改革与发展。联邦政府因此制定了有关重建高等教育的方案,其中包括了为高等教育机构提供教育基金。在这一系列方针政策切实得到实施后,在它们的影响下,以国立大学为代表的许多大学自1946年起相继成立,自此,高等教育真正地重新被重视起来。

高等教育重建工作在战后的澳大利亚如火如荼地进行着,与此同时,澳大利亚社会的其他方面也发生着改变。受第二次世界大战的影响,大量移民人口的迁入,使澳大利亚的人口数量随之急速上升,国家经济在这一时期亦增长势头强劲。劳动力缺口,尤其是拥有高等教育学历的专业人才(例如拥有学士学位人才)的缺口愈来愈大,这一现象的出现从更长远的发展角度来看,推动了澳大利亚高等教育的发展。城市居民数量的不断上升,导致城市对高等教育的需求愈发强烈,因此,在1946—1975年间成立的13所大学出于对这一现象的考虑,无一例外将学校建立在了城市区域。

(一)《沃克报告》:拉开改革大幕

1. 背景

1931年,澳大利亚受到经济危机的影响,国内经济开始衰退,国家财政收入锐减,大学办学资金非常紧张,澳大利亚社会各界纷纷呼吁联邦政府出资资助大学办学。依据当时的国内国际情况,政府最终决定通过联邦政府科学工业研究组织向国内大学拨款三万元,用于学术科学研究。虽然这笔经费数额非常小,但是这是国家联邦政府第一次给予国内大学的正式拨款,这对日后联邦政府给予大学资金资助有着重要的影响。

在第二次世界大战期间,①随着战争的持续进行,澳大利亚大学的在校学生数量不断下降,校园内来往的人寥寥无几,一些学者意识到未来的某一天战争结束时,大量服役于战争的人们会回到国内,培训他们需要大量的经费,而仅仅依靠各州的经济实力是很难较好地做到这一点的,需要联邦政府的帮助,因此社会各界再次呼吁联邦政府对大学提供资助。

1942 年,澳大利亚大学的副校长委员会与联邦政府进行了谈判协商,双方讨论了大学办学规模、条件等问题。次年初,联邦政府开始着手实施"联邦经济援助计划",这个计划向在大学攻读医学、工程学、科学等专业的学生提供全部学费和生活费。二战结束之后,该项援助计划涉及的范围扩大至大学中所有的专业。但是在具体的实施过程中却出现了问题,澳大利亚联邦宪法规定各州在教育问题上拥有管理权限,因而亟待联邦政府解决的问题是如何使大学的资助合法化。②

1943 年 10 月③,战争工业组织部部长丹德曼提议建立教育调查委员会,他提到"我看到在教育方面,澳大利亚的管理情况十分混乱,当然各个州对这一情况的发生有着相当大的责任,但联邦政府在先前已经采取了多种措施,在战后的教育部门重建过程中,联邦政府的作用将愈发重要。"澳大利亚总理采纳了他的建议,同意成立委员会专门负责战后的教育重建相关工作。委员会主席是战争工业组织部沃克,成员中包括有大学委员会主席、工业培训与国家服务部主任、战后重建部门有关领导、财政部领导等。委员会在成立之后立即召开了会议,至最终报告形成,委员会共组织了 9 次会议④,每次会上都会针对 1~2 个主题进行讨论。

1943 年 10 月 29 日,在墨尔本战争工业组织办公室组织召开了第一次会员会议,此次会议由沃克主席主持展开,议题包括两个方面:一是回顾总结联邦政府在教育方面的责任、措施;二是讨论制定一种机制,为联邦政府战后的教育责任承担提供方案。经过一番回顾,委员会成员发现联邦政府在过去其实较大的介入了教育领域,例如一战期间向退役军人提供职业培训计划,1928 年于悉尼大学建立公共健康和医学院,1937 年对悉尼大学与墨尔本大学若干学科发展进行资助(航空

---

① 王斌华:《澳大利亚教育》,57 页,上海:华东师范大学出版社,1996。
② 王斌华:《澳大利亚教育》,60 页,上海:华东师范大学出版社,1996。
③ P. D. Tannock. *The Government of Education in Australia: the Origins of Federal Policy*[M]. Nedlands: University of Western Australia Press,1975,p. 4.
④ P. D. Tannock. *The Government of Education in Australia: the Origins of Federal Policy*[M]. Nedlands: University of Western Australia Press,1975,p. 6.

学、气象学等)。从以上的例子中可以看出联邦政府过去向国内大学提供了较多资助，但这些资助并不长久，没有长期规划，大多是面对突发事件做出的紧急措施。

第二次委员会会议讨论了联邦对教育进行资助的行为与宪法赋予联邦的权力之间的关系。澳大利亚的宪法规定各州对大学教育负责①，但通过上文的例子我们不难看出联邦已经通过很多方式对大学教育进行了资助，按照宪法规定，这些行为是不被允许的，那为了更好地让联邦在战后大学教育重建中发挥作用，这一矛盾又该如何解决呢？委员会提出了两点建议：一是联邦政府继续依照之前的方式为大学教育提供资助，进而满足社会的需要；二是着手修改宪法相关规定，赋予联邦政府干预教育的合法权力。

在之后进行的第四次会议上，于堪培拉建立国立大学的建议被提出，除此之外，委员会还提议要成立联邦教育委员会。会上大多数委员会成员同意成立国立大学的建议，但是在第二个议题上产生了较大的分歧。部分委员支持成立联邦教育委员会，在他们看来，这一委员会的成立有助于联邦政府更好地行使相关教育职权。但有人持相反意见，他们认为该委员会的建立会对各州在教育领域的权力构成冲击，最终第四次会议没有达成任何协议。即使到了第五次会议，成员依旧没有在这两个问题上达成共识，争论依旧十分激烈。

1944 年 5 月②，委员会组织召开了第 6 次会议，为了在建立联邦教育委员会的问题上更快地达成共识，库姆斯提出了他的想法。在他看来，建立教育机构对于联邦来说是十分必要的，但是该机构最好以联邦秘书处的名义存在，秘书处既可以帮助各州从事教育方面的活动，与此同时也可以将联邦的相关精神意见贯穿落实到各州的具体活动中去。这样做的目的是为了在不违背宪法的基础上，既使联邦可以资助教育，又很巧妙地避免了与州发生冲突。

1944 年 6 月，委员会组织召开了第七次会议，会上讨论了库姆斯的该项建议，大家在这次会议上基本达成了一致意见，同意成立联邦教育办公室，澳大利亚教育委员会提供一秘书处。联邦在教育方面的活动主要由秘书处负责，其成员由联邦政府的各界代表组成，他们为联邦和州的教育服务、研究工作提供支持。

在 1944 年 12 月举行的第九次会议上，委员会对所有提案进行审议，最终形

---

① Alan Barcan, *A History of Australian Education* [M], London: Oxford University Press, 1980, p. 288.

② P. D. Tannock. *The Government of Education in Australia: the Origins of Federal Policy* [M]. Nedlands: University of Western Australia Press, 1975, p. 12.

成了报告《沃克报告》,负责人将该报告提交至联邦内阁,并向国会详细解释了联邦政府的相关教育政策。

1945 年 1 月①,《沃克报告》正式颁布。

2. 主要内容

《沃克报告》中首先提出的是委员会成立的任务和目标,报告回顾了联邦、州在教育方面的相互关系以及联邦之前进行的相关教育资助活动,提出了未来(战后)联邦政府在教育领域进行活动的计划以及教育部门的管理机制。

(1)回顾联邦政府之前进行的相关教育资助活动

澳大利亚联邦政府于 1901 年正式成立,澳大利亚联邦宪法于同年颁布,宪法明文规定了联邦对国家方方面面的管理权限,给予联邦政府在外贸、外交、防御等领域的权力,同时规定教育、公有地、道路、水资源、采矿等领域的权力由州政府所有。时间推移至 20 世纪 40 年代,澳大利亚经济进入持续低迷时期,但与之相反,高等教育的入学率却飞速上升,这样一来导致了大学陷入学生变多而州政府拨款变少的窘境,州政府纷纷表示希望联邦政府可以为其提供资金支持。报告指出,因为各个州的资源占有情况、对教育的资助态度和力度、发展教育的兴趣、教育部门管理梯次都有着不同程度的区别,这使得各州的教育发展出现了较大的不平衡。面对这种情况,联邦政府在教育问题上责无旁贷,其有责任同各州政府一道为了国家教育的发展制定特定计划。

同时报告指出②,宪法规定了各州政府是教育的管理者与投资者且联邦政府对与大学教育没有直接的控制权和法定权力,但是宪法 96 条规定,如果有一个具体的目的,则联邦政府可以因此向州进行拨款。正是据此条款规定,一战期间联邦政府才落实了一系列面向退役军人及其子女的职业培训计划,并在之后资助了墨尔本大学和悉尼大学。在 20 世纪 40 年代期间,致力于战后教育恢复重建的联邦政府相继出台了多个计划,举例如下:财政资助计划,这是日后联邦资助奖学金计划的原型;职业培训计划,这是澳大利亚史上规模最大的职业培训工程,其主要任务是培训战后的军人和妇女群体;战后重建培训计划,其为澳大利亚军人和妇女群体提供了正式教育课程,满足了国家对相关人才的紧急需求。在提供教育资

① P. D. Tannock. *The Government of Education in Australia: the Origins of Federal Policy* [M]. Nedlands: University of Western Australia Press, 1975, p. 22.

② P. D. Tannock. *The Government of Education in Australia: the Origins of Federal Policy* [M]. Nedlands: University of Western Australia Press, 1975, p. 20.

助的过程中,联邦政府秉持三项理念①:一是为具体的教育目的资助州政府,最终弥补州政府在资金上的缺口;二是资助具体的教育机构,例如大学、澳大利亚教育研究委员会等;三是对具体的领域展开资助活动,诸如军队教育、广播教育、大学奖学金等②。

(2)设想未来联邦政府在教育领域进行的活动

《沃克报告》指出在未来的发展阶段,联邦对教育的关注点应该集中在以下若干方面。

促进工业的良好发展。战前澳大利亚国内缺乏熟练工,战争工业受到了较大的破坏,战后教育重建培训计划将着重于解决该问题。联邦产业委员会已经在考虑建立高级纺织学校用来满足纺织工业战后发展的需求,联邦也将从宏观的角度综合考虑澳大利亚工业的发展变化,并尽快制定系列政策来应对各种国内国外变化。

培训军队人员。军人在战后从事国内各种职业之前需要进行大量专业培训,这是战后教育重建的重要组成部分。这些培训包括向被培训人员提供各种费用、安排前往大学或者专业机构进行技能学习、资助教育机构扩展相关教育设施以更好地容纳大量的学员。在这一问题上,各州政府和联邦政府达成了一致意见,即在联邦实施该项计划的同时,州政府亦提供有关的教育设施用来更好地支持培训的进行,在该项计划实施过程中产生的附加费用皆由联邦政府来承担。

教育及研究人员的培训。③报告指出与一些大量投入研究教育的国家相比较而言,澳大利亚已经落后许多。联邦政府和州政府在促进教育机构更好地配合方面要通力合作,与联邦科学学会共同促进大学和技术学院教学活动质量水平的提高,对科研人员、技术专家进行重点培训,对工匠、工艺师进行高标准的技能培训。④

成人教育。《沃克报告》中指出,成人教育涉及了政治、经济、文化和社会的全面需求,多年以来,各州对成人教育的需求量普遍呈现高速增长趋势。在战争进行的过程中,联邦政府已经落实了许多成人教育计划,但即使联邦政府在大力支

---

① Bruce Williams. *Systems of Higher Education*:*Australia*,*International Council for Educational Development*[M]. London:Oxford University Press,1980,p. 288.

② Alan Barcan,*A History of Australian Education*[M],London:Oxford University Press,1980, p. 230.

③ Alan Barcan,*A History of Australian Education*[M],London:Oxford University Press,1980, p. 270.

④ P. D. Tannock. *The Government of Education in Australia*:*the Origins of Federal Policy*[M]. Nedlands:University of Western Australia Press,1975,p. 17.

持各州建立、发展成人教育方面做出了重要贡献,但是依旧有许多问题存在。

教育机会的平等。报告指出,纵观澳大利亚的历史,国家一直以来都大力倡导教育平等。1941 年"家庭资助计划"、面向多所大学的财政资助计划,都是联邦政府为了减少因为家庭收入存在差别而导致教育不平等现象而做出的不懈努力。除了联邦政府,各州也采取了许多措施来资助儿童学龄期接受正规教育,但是家庭经济状况差异、地区发展差异使得澳大利亚儿童在接受正规教育的机会方面存在巨大差异。1943 年 2 月,澳大利亚工党会议上教育部长提议无论每个家庭的具体经济情况如何,全体澳大利亚人民都有接受平等教育机会的权利,日后联邦政府和州政府都应该致力于为儿童入学、接受高等教育提供相应的奖学金支持。①

(3)为联邦政府政策"保驾护航"的保障机制

《沃克报告》中指出,在第二次世界大战期间,澳大利亚在诸多领域都存在大学生缺乏的情况,联邦政府出台的培训计划不仅要满足退役军人以及政府部门工作人员的需求,更需要加强劳动力的技能进而满足不断高速发展的国家经济的需求。因此,联邦政府在教育领域进行的资助行为不仅需要继续进行更需要不断加强。但是如果联邦政府仍采取以往的资助模式对大学进行资助,势必将带来一些问题。

针对这个情况,报告提到"一直以来,国家宪法规定各州拥有对教育的绝对管理权力,联邦政府不得干涉对教育的直接管理。但是在战争期间,随着特殊需要的不断出现,联邦政府的培训和教育以各种各样的形式提供了资助,虽然联邦政府可以继续以各种方式参与到教育的培训和投资中去,但是在法律层面将受到很大限制。所以如果不对现行国家宪法进行修改的话,联邦政府的该种行为完全有理由被认定为非法,这将会引发非常大的社会争议②。"

出于为联邦政府教育资助政策"保驾护航"的考虑,报告提议修改宪法相关条文,以从法律层面保障联邦政府参与各州教育管理的合法性,并同各州一道更好地促进教育的进步和发展,提升国家整体教育水平。除此之外,报告还建议联邦政府设立一个永久性的教育咨询机构,该机构可以附设在教育委员会之下,主要负责相关教育政策的咨询、各项教育计划的具体实施以及更为重要的协调各州关系等,通过以上种种方式来确保联邦政府投入在教育领域的资金可以发挥最大效用。

---

① P. D. Tannock. *The Government of Education in Australia: the Origins of Federal Policy* [M]. Nedlands: University of Western Australia Press,1975,p. 34.

② P. D. Tannock. *The Government of Education in Australia: the Origins of Federal Policy* [M]. Nedlands: University of Western Australia Press,1975,p. 46

1946 年,《沃克报告》提出的修改宪法相关条文的建议被正式采纳,宪法中"社会服务条款"中增添了"为学生提供利益"①,如此一来就从法律层面赋予了联邦政府资助学生的权力,这为以后联邦政府资助大学相关措施的全面推开奠定了坚实的法律基础。

(4)《沃克报告》的具体落实及社会制度基础

《沃克报告》拉开了澳大利亚高等教育改革的大幕,自此澳大利亚联邦开始正式参与高等教育的管理,对国家教育的各个方面产生了重大而深远的影响。随后,联邦政府开始陆陆续续组建各个委员会对国内大学的经济状况展开全面调查。1951 年,联邦正式任命密尔委员会(the Mill Commission)着手调查各所州立大学的经济状况,并在调查结果出来之后,依据委员会提出的相关建议,联邦政府有针对性地调整了给予各州用于大学发展的经常性拨款。同年在联邦政府的主导下成立了大学委员会(Australian Universities Commission),次年 11 月,在联邦政府会议上正式通过了国家拨款法(States Grants Act),开始向大学拨付各种各样的特殊款项。

澳大利亚国立大学 1946 年在堪培拉正式建立,该大学不进行任何本科生教育,只专注于进行研究生培养。国立大学得到了来自联邦政府的全力资助,它配备有最优秀的师资队伍,其办学标准之高、硬件条件之优良远远胜过同时期澳大利亚国内所有大学,国立大学的成立标志着澳大利亚政府加快了其研究生教育的步伐。

1945 年,位于墨尔本大学的博士生教育工程正式启动。1949 年,新南威尔士州正式建立了新南威尔士职业技术大学,这是澳大利亚国内历史上第一所专门实施技术教育的大学院校,亦是二战后澳大利亚开始加快工业化进程的重要标志之一。

《沃克报告》的影响力如此之大的原因②,一方面是由于第二次世界大战之后,大量的军人需要进行专业技能培训,国内的系列战后重建工作也急需大量专业领域的高级人才,同时也与战争前后联邦政府采取的财政政策有密切联系。

二战期间为适应战争需求,许多原属于州政府的权力逐渐集中到联邦政府,联邦大力强化了其对物价、金融、商品分配、外农产品销售等领域的集中管理强

①　William Lowe Boyd and Don Smart, *Educational Policy in Australia and America：Comparative Pwespectives*[M],Philadelphia and London：The Falmer Press,1987,p. xii.

②　C. Turney. *Sources in the History of Australian Education*,1788 – 1970[M],Sydney：Angus and Robertson publishers,1975,p. 433.

度。例如,对服装、茶、糖、油等重要的生活用品按照人口数量进行配给;严格执行控制进口及配给制政策;汽油实行供给制,联邦政府规定汽油只能供应军队、出租车以及公共交通汽车;严格控制进口商品的数量及种类,停止国内进口酒类和其他饮料,而煤作为主要能源也被严格控制。

除此之外,二战时期大量青壮年服各种军役,使得澳大利亚大量家庭的收入急剧缩减,同时由于战时物品供给减少使得物价不断上升,这些家庭生活困难,这迫使孟席斯政府与柯亭政府不得不于战时推行了系列福利政策。1941 年,孟席斯政府通过了"儿童补助金法案",该法案规定每周给 16 岁及以下孩子一定补助金。1943 年,联邦政府正式成立了大学委员会,该委员会决定给予优秀大学生奖学金鼓励,与此同时亦向家境贫寒的大学生提供生活补助,以帮助他们顺利完成学业。

第二次世界大战期间,澳大利亚联邦政府还实行了战时税收政策,孟席斯政府与柯亭政府相继颁布了新的税收政策,该项政策的颁布与实施对政府权力的集中有非常重要的意义。二战前各个州政府征收的所得税大多超过联邦政府。用直观的数字来看,1938—1939 年间,联邦政府税收收入共计 7400 万英镑,其中所得税总额不到 1200 万英镑,反观同年州政府税收收入为 5000 万英镑,而其中所得税总额达到了 3000 万英镑,是联邦政府所得税收入的两倍有余。

孟席斯政府的财政部部长法登为了使联邦政府可以负担起国家军事支出的重担,曾两次与各州政府讨论所得税征收的相关问题。1941 年 7 月,法登向各州政府提议,各州政府于战时和战后一年时间内自动停止向公民征收所得税,转而由联邦政府进行统一征收,作为补偿,联邦政府将用一笔固定津贴来补助各州财政。在该项意见提出之后,除了南澳大利亚之外其他各州均表示同意。在这次商谈之后,财政部部长齐夫利为了彻底贯彻联邦出面征收所得税政策,果断采取措施,在 1942 年连续通过实施了 4 个所得税法案,分别是所得税补偿法案(1942 年第 20 号,亦称作"州津贴法案")、所得税征法案(1942 年第 21 号,也称"战时措施法案")、所得税征收法案(1942 年第 22 号)和第 23 号所得税法案(1942 年颁布)。1946 年,联邦政府通知各州政府,决定正式开始实行全国统一征收所得税制度,联邦政府每年给各州一定数额的财政补贴。于战时通过并实行的若干所得税法案在战后仍然被采用,并逐渐开始形成一种全新的税制,这种税制的产生极大地增强了联邦政府权力的集中。

(二)《默里报告》:助力高校发展进入全新纪元

1. 背景

澳大利亚联邦政府在 1950 年成立了一个调查委员会,该委员会委任联邦教育办公司主任密尔(Mill)教授担任主席,他曾是悉尼大学经济学教授。该委员会成立的主要任务是对大学财政及其他需要开展调查,并在进行充分的调研之后向联邦政府提出接下来的具体行动建议。在向国会解释为什么要成立这个委员会时,当时的澳大利亚总理孟席斯(R G Menzies)说道:"自1939年以来,国内大学的花费急剧增长,在大学注册入学的学生数量成倍增加,然而大学教师的工资却普遍很低。在战争结束之后,国内有很多青年非常希望可以进入大学接受高等教育,这无疑给大学造成了巨大的经济压力。他们需要进一步发展来满足社会需求,但是联邦政府用于重建资助计划的资金在急剧减少,没有了经济资助来源使得大学进入了财政严重亏空时期。虽然帮助大学脱离这个困境不是联邦政府的义务,但是在我看来,如果我说这是我们的部分义务在座的各位亦不会有反对意见。我们需要向大学提供他们所需的资金支持,但是这里值得一提的是,接受联邦资助的大学不会因此成为联邦的大学,他们仍然保有他们的大学特色及地方特征。"①

总理进一步提出了委员会的具体目标:调查国内大学在教学研究方面的财政情况,包括涉及教师、建筑以及设备的所有财政;调查大学及其现阶段承担的具体工作之间的联系以及大学未来发展的需要;委员会需要在翔实的调查之后提出联邦政府资助大学的最有效方式和机制。②

在委员会正式成立之后,密尔调查委员会开展了广泛而深入的调查,并最终形成了《密尔报告》。该报告没有向大众公开发布,但是报告中提出的向大学定期拨款以支持其发展的建议最终被政府采纳,总理基于报告数据,颁布了财政支持计划,并建立了一种未来资助类型。自1951年起,为响应大学需求,联邦议会通过了《各州(大学)拨款法》,该项法案规定了1951年至1953年由联邦政府向大学提供专项资助资金,联邦于州的资助比例为1:3。③

在密尔委员会调查的结果基础上,1956年12月,联邦政府在澳大利亚建立了大学委员会,同时邀请时任英国大学拨款委员会主席的莫瑞(Keith Murray)爵士,来担任委员会的主席,委员会主席主要负责调查国家高等教育现状以及探寻澳大利亚大学教育未来发展的出路。当时的澳大利亚总理Robert Menzies先生在邀请函中说道:"正如我们之前在英国讨论时说到的,我十分希望可以邀请您来担任委

① C. Turney. *Sources in the History of Australian Education*,1788 – 1970[M],Sydney:Angus and Robertson publishers,1975,p. 389.

② C. Turney. *Sources in the History of Australian Education*,1788 – 1970[M],Sydney:Angus and Robertson publishers,1975,p. 391.

③ 王斌华:《澳大利亚教育》,32 页,上海:华东师范大学出版社,1996。

员会的领导者,十分希望可以在您的指导和领导下,探索澳大利亚高等教育的未来发展模式与前景。我希望委员会在您的带领下可以在更大范围内展开调查,并且通过这广泛且深入的调查研究,从中探索出一条可以使大学教育满足社会需求、服务经济发展的有效途径。同时,委员会应该对大学的组织模式进行研究,以确保大学的长期发展同时使其更好地体现国家的最高利益。"

总理强调①,他不会限制委员会如何进行调查工作,但是因为时间只有短短的三个月,委员会势必要集中考虑调查研究范围以及相关的具体题目,因此他向委员会提议:"委员会应当关注澳大利亚国内大学的发展,围绕大学这一主体展开详细的调查,提出具体详细的建议以及未来展望,例如大学未来的责任是什么?如何恰当地组织他们落实责任?联邦应当用何种方式来资助大学进行各种活动?筹备建立一所新大学需要具备哪些条件?每所大学教职工的人数以及教授数量定为多少最为合适?现有的国内外大学资源应该如何使用?这里我只是列举了其中的几项,我希望委员会用相对自由的方式来决定在这个大方向中,哪些问题应该被具体研究,并最终向联邦政府提出合理有效的提议。"

在历时三个月的调研之后,默里委员会(Murray commission)起草了一份调研报告,它被人们称为《默里报告》(Murray Report)。②

2. 主要内容

(1)战后澳大利亚社会对大学的需求会出现较大增长

该报告首先回顾了澳大利亚的高等教育历史。澳大利亚的第一所大学——悉尼大学成立于 1850 年,紧接着墨尔本大学(University of Melbourne,1953)、阿德莱德大学(University of Adelaide,1874)、塔斯马尼亚大学(University of Tasmania,1890)、昆士兰大学(University of Queensland,1909)等诸多大学相继成立。

在第二次世界大战之前,大学的发展非常缓慢,澳大利亚的人口数量相对较小,国家的各层级教育基础也比较薄弱,所以不难理解为什么澳大利亚的高等教育发展速度亦十分缓慢——既无需求亦无条件。联邦政府因此也不重视高等教育的发展,同时国家政府即使有心也无力,因为缺乏足够的资金来支持大学的建设与发展。顶层设计并没有将高等教育纳入工作考虑之中,基层社会亦没有对此有多大的怨言和反对,因为当时的澳大利亚社会对更高层次教育的需求也相对较

---

① C. Turney. *Sources in the History of Australian Education*,1788 – 1970[M],Sydney:Angus and Robertson publishers,1975,p. 237.

② C. Turney. *Sources in the History of Australian Education*,1788 – 1970[M],Sydney:Angus and Robertson publishers,1975,p. 137.

少。当时澳大利亚的居民几乎都从职业学校获取知识和专业技能。大多出身于普通家庭的孩子在高中毕业之后选择直接去社会上寻求一份工作，即使是出身于上层社会家庭的孩子们在高中毕业后，也大多选择去英国接受更进一步的教育而非在澳大利亚国内接受大学教育。

然而在二战后的澳大利亚，高等教育早已不是此般光景。重建高等教育的呼声在战后的澳大利亚与日俱增的最主要原因是：战后的经济恢复急需高等教育的支持。各种工业的恢复与发展（例如汽车工业、汽车零件以及其他的金属产品），诸如炼油工业的兴起等都迫切地需要接受过特殊教育与训练的专业人才。另外，从20世纪50年代开始，澳大利亚各州政府大力发展中学教育，而这一环节教育的增长意味着需要更多的师资力量，而这些中学教师必须通过进入大学，接受高等教育方能达到社会的需求。委员会认为不久之后，国内社会对大学的需求增长会大幅增加。[①]

（2）联邦政府需进一步大力资助大学发展

在第二次世界大战期间，澳大利亚参战的最大特点为全民参与抗战，据统计，仅仅直接在陆海空以及辅助部队服役的军人数量就高达100万人，这个数字是澳大利亚总人口的1/8，这还不包括其他以各种形式参与战争的人们。所以在战争结束后，如何安排军队人员复员工作是澳大利亚联邦政府工作的重中之重，除此之外，还有一系列与之息息相关的诸如抚恤、救济、培训等工作。

为了回应国家发展提出的迫切需求，联邦政府有针对性地开始了高等教育的重建工作，其中就包括面向大学的国家资金拨款。正如上文所说，在这一行动的影响下，大学教育不断受到重视，大学数量也不断增加；澳大利亚各领域的工业诸如制纸、化工产品、炼油工业以迅猛之势蓬勃发展。在报告中默里委员会指出，他们坚信在不远的将来，澳大利亚社会对高等教育的需求将极大地增加，同时他们提出，如果澳大利亚想跟上世界大国的发展脚步，那么则需要政府不遗余力地大力发展教育建设工作。

在1942至1948年间，联邦政府开始出台联邦重建教育计划。1942年，联邦政府资助曾为战争工业保留的相关专业的注册学生；1943年初，为了让优秀学生们可以进入大学攻读国家重点建设的专业学科，联邦政府为就读于医学、工程学、科学等专业的学生提供了全额学费和生活费；1944年，联邦政府开始正式实行"联邦重建培训计划"，在该计划中，联邦政府为在校就读的全日制学生提供全额学费

① C. Turney. *Sources in the History of Australian Education*, 1788 – 1970[M], Sydney: Angus and Robertson publishers, 1975, p. 237.

和生活费,为大学运转提供投资基金与经常性拨款,这两项计划相加,联邦政府在计划实行过程中总计为大约50%接受高等教育的学生提供了学费与生活费。

虽然联邦政府持续为大学进行投资,但是无论如何大学对这部分资金的使用是有限的①,其主要用于和国家发展进程有直接联系的培训服务,涉及防御、健康、公共服务培训、工业发展等领域。依据战后奖学金方案,联邦政府奖学金奖励范围扩大到成千上万的青年,尤其奖励因为家境贫寒而没能最终完成学业的学生,如果他们想要结束学业并最终获得学位,则可以获得来自联邦政府的免费教育和生活补助。

但是从1948年起,由于联邦战后重建计划逐渐完成,国内大学收到的办学经费每年都在减少,但与此同时,进入大学接受高等教育的学生数量却与年俱增,所以当时各所大学普遍都对该情况表示出强烈不满,他们要求澳大利亚联邦政府继续对国内大学进行资金支持。1951年联邦出台了《各州(大学)拨款法》,该规定提到,联邦政府在1951—1953年期间持续向大学提供专项资金援助。这一规定的出台很大程度上缓解了国内大学办学资金短缺的问题。

好景不长,1954年澳大利亚国内大学的在校学生数量迅猛增加,办学经费紧张的情况再次"轰轰烈烈"上演,大学普遍出现了教学科研硬件设备不足、教职工工资过低等一系列问题。联邦政府需再次为大学运转注入资金。就此问题,默里委员会指出应立即成立澳大利亚拨款委员会,旨在促使联邦政府在1958年、1959年和1960年三年持续为大学教育提供资金,进而最大限度地缓解高等教育资金缺乏的严重问题。

(3)澳大利亚大学的学生入学率与合格率普遍偏低

1956年,澳大利亚国内大学新生入学人数较20世纪50年代初期同比上升了11.7%,总人数达到了34406人。在此之后的20年间,这个数字始终保持增长态势。其中最为热门的若干专业由于就读学生过多,软件、硬件学习条件均难以满足学生们的要求。1956年墨尔本大学首次开始限制其热门学院——医学院的招生规模,紧接着悉尼大学也开始效仿该做法,将限制招生规模的专业进一步扩大到了科学和其他专业领域。②次年澳大利亚委员会提交了一份新的调查报告,在报告中委员会提出,以新南威尔之州为例,1957年在该州17—18岁大学适龄青年中,仅仅4.4%的人进入大学进一步接受教育,但是根据科学的调查,该年龄段中

---

① 张天:《澳洲史》,325页,北京:社会科学文献出版社,1996.

② C. Turney. *Sources in the History of Australian Education*,1788 – 1970[M],Sydney:Angus and Robertson publishers,1975,p. 404.

至少有 16% 的人可以胜任大学的学习任务。大学规模的限制使得很多有才之人没有办法得到进一步的学习深造,长此以往,这将对青年个体,甚至是澳大利亚社会都是莫大的损失。

同时报告指出,即使限制了招生规模,但是学生质量并没有因此而增强,反而当时澳大利亚大学学生的合格率普遍偏低。许多大学将其归咎于生源质量偏差、大学新生的基础训练不足,普遍存在学科基础薄弱的情况,而且当时的澳大利亚社会氛围是学生们为了应对升学考试,大多选择过度偏重某些学科,这导致当时大学生的知识面相当狭窄。1951 年,联邦政府第一次对国内 6 所大学的注册学生进行了学业情况调查,调查结果显示平均每 100 个学生中只有 61 名通过了考试,甚至情况最差的时候只有 35 人通过了考试,并只有 58 人①可以顺利毕业拿到文凭。报告指出造成这种情况的原因有很多,总结而言大致有以下一些:当时国内的大学大多仍然采取传统的教学方式,即许多大学依然把讲座作为主要授课方式,极个别的大学会采取个别辅导以及小组讨论等较为先进的授课方式;课堂上极少使用现代较为先进的视听设备,这在很大程度上降低了教学质量;大学在聘用新教师的时候主要考察的内容是应聘者的学历层次,相对忽视老师的实际教学技能,因此在正式授课过程中,教学结果大打折扣。面对上述诸多问题,当时的大学在读生普遍对这种教学状况非常不满,当时出现最多的抱怨就是学习压力过大,学生课外时间总是被各种事情挤占压缩,学生自我活动的时间极为有限。大学生们热切希望大学可以增加个别辅导以及小组讨论的次数。但是各所大学对以上情况有着自己的见解,在他们看来,大学招生数量在政策的号召下逐年上升,生源质量不可避免地随之存在不同程度的下降。为了使学校的教学质量始终保持在优秀的水平,使大学拥有的高等教育始终维持在高标准水平,学生淘汰率上升是非常正常的情况,这也是一种必要的措施。《默里报告》也对这个现象进行了分析,认为造成这种现象的原因绝不单一,对该问题进行分析必须建立在总结各种因素并对其进行大量调查研究的基础上。

3. 影响

《默里报告》发布之后,很大程度上调整了联邦政府和大学之间的关系。联邦政府接受了报告提出的由联邦直接向国内大学进行教育拨款的提议,并且于 1959 年正式筹备建立了澳大利亚大学委员会。当时的总理认为该委员会的最主要任务不该仅仅局限于关于大学运作经费资助的问题讨论,更要为联邦政府提供有关

---

① Alan Barcan, *A History of Australian Education* [M], London: Oxford University Press, 1980, p. 126.

如何资助大学的相关信息与建议,其中包括向大学提供教育援助的必要性及其条件、资助资金的数额以及分配方式,同时提供促进国内各所大学间平衡发展的建议。这就要求该委员会必须与各州政府以及大学保持密切的联系,进而确保委员会提出的建议更具有针对性。

在该委员会成立之后,联邦政府随之加快了资助国内大学的步伐,并且依据委员会的建议,政府制定了资助国内大学的 3 年规划,规划中要求政府于 1958、1959、1960 三年间每年向大学提供拨款(拨款数额在报告中进行了明确规定),从此以后,澳大利亚大学委员会成了联邦政府就大学相关政策进行基本咨询的政治实体,其主要作用是建立与维持国家政府与高校之间的常态联系机制,为联邦政府提供教育资金信息与建议(其中包括所需的资金数额以及资金的分配方式、使用途径),同时促进协调各所大学之间的平衡发展。仅仅从资金的角度出发来看,在 20 世纪 60 年代末,当时澳大利亚大学 80% 的资金都来自联邦政府和澳大利亚当局政府,这其中联邦政府提供的资金占到了 44% 的比重。①

在联邦政府对高等教育工作强有力的资金支持下,登记在册的高校大学生数量取得突破性进展,澳大利亚的高等教育工作也飞快地发展着。在 1960 年,澳大利亚拥有最多学生数量的大学分别是:悉尼大学(11869 名)、墨尔本大学(11157 名)、昆士兰大学(8700 名)。发展至 1964 年,澳大利亚拥有了 12 所大学,它们都是公立大学,依赖联邦政府提供的教育基金运转。

同时,报告也对大学本身提出了要求。它要求大学转变其传统的教育方式,进而使高等教育变得更为专业化。举例而言,新南威尔士大学(the University of New South Wales)不断地调整校内课程,增设了文科、法律、医学等学科,同时将其从技术学院引进的系列毕业文凭课程全都改为六年制的部分时间制学位课程,目的是让在学校内接受教育的大学生们接触到更为专业和更具实践意义的知识,进而更好地与社会经济发展脚步相契合;1962 年,新南威尔士大学将其设在沃伦贡的分校改造成为沃伦贡大学;1958 年成立了莫纳什大学,学校设立了政治学院、医学院、文学院与理学院,其在校全日制人数于 1967 年达到了 5999 人,其中包括 369 名研究生;1964 年,麦夸里大学在悉尼创立;同年拉特罗布大学在墨尔本正式建立。更甚者完全改变了它们的教育理念,迅速地调整课程设置使其直指专业化

---

① Alan Barcan, *A History of Australian Education* [M], London: Oxford University Press, 1980, p. 298.

和尖端课程。①在成立了一系列新大学之后,澳大利亚各州大学的学生数量不断上升,截至 1960 年,当时澳大利亚国内人数最多的三所大学依次为悉尼大学(11869 人)、墨尔本大学(11157 人)、昆士兰大学(8700 人),创历史新高。截至 1964 年,澳大利亚国内共有 12 所大学,且他们均为公立大学②,其主要运转经费来源于联邦政府的资助。③

在 20 世纪 50 年代,澳大利亚的大学发展在很大程度上受到了社会新涌现的职业培训需求的影响,社会上许多职业人员需要通过学习得到大学学位进而来巩固与提高自身的职业地位与职业技能。举例而言,律师、房地产商、医院管理人员、记者等职业从业人员,需要进入大学学习一些与自己职业有关的实用职业知识与技能,与此同时,新生代的大学生也具有较强的职业意识与动机。④

《默里报告》中指出:"伴随着澳大利亚工业的不断发展,澳大利亚将比同时期的任何国家都更多地依赖大学教育,⑤依赖大学的人力资源以及相关研究。"因为大学在一定程度上依然依赖各州政府的支持,势必会对各州的不同行政重点做出相应的反应。新英格兰大学(University of New England)副校长,马格威特博士曾说:"新的社会需求要求大学教育必须职业化,澳大利亚国内新的社会环境也需要大学进一步技术化。伴随着大学对来自州政府与联邦政府的公共资金的依赖逐渐增强,国内大学在进行管理的时候必须考虑社会发展产生的现实需求。"无论如何,这样的社会需求以及发展状况却让大学的发展蓝图与学术研究之间产生了巨大冲突。⑥

在 1954 年,新独立的新英格兰大学(它经过不懈努力从悉尼大学中争取到了自治的权力)之所以费如此大的力气来争取独立,是因为新英格兰大学预备开始设立函授课程,面向国内的教育部门为乡村机构招聘乡村教师,他们可以通过函授课程来获得学位及相应文凭,这一课程的开设可以使得学生(即未来老师们)避

---

① Alan Barcan, *A History of Australian Education* [M], London: Oxford University Press, 1980, p. 303.

② Alan Barcan, *A History of Australian Education* [M], London: Oxford University Press, 1980, p. 303.

③ 王斌华:《澳大利亚教育》,57 页,上海:华东师范大学出版社,1996。

④ Alan Barcan, *A History of Australian Education* [M], London: Oxford University Press, 1980, p. 304.

⑤ C. Turney. *Sources in the History of Australian Education*, 1788 – 1970[M], Sydney: Angus and Robertson publishers, 1975, p. 428.

⑥ Alan Barcan, *A History of Australian Education* [M], London: Oxford University Press, 1980, p. 245.

免之前起早贪黑前往悉尼或者阿米尔代听课的疲劳。但是在独立之前,悉尼大学一直拒绝开设此类课程的请求,在他们看来,函授课程的开设与大学办学传统不匹配,甚至课程中教授的许多技术教育类课程与悉尼大学的传统教授理念、教授课程相冲突。

在《默里报告》对外发布之后,大学的快速发展使得澳大利亚国内大学的学科逐渐变得专业化,在第二次世界大战之后成立的大学中,这种变化尤为明显。比如上文中提到的新南威尔士大学、莫纳什大学,以及格里菲斯大学都是在第二次世界大战后成立。因为这些大学建校之初的根本目的就是为了更好更快地适应战后澳大利亚国内社会发展的新形势,为战后澳大利亚社会输送各行各业的专业顶尖人才,所以这几所大学在学科课程设置上比较灵活,并且与当时澳大利亚国内的工业发展进程有着千丝万缕的联系。

在新英格兰大学首次开设函授课程之后,全澳大利亚的大学界开始流行函授课程,这一课程日后也成了澳大利亚教育国际化的一个典型象征。

总而言之,自《默里报告》出台之后,联邦政府开始重视高等教育的发展,并持续为大学的发展投入资金,这很大程度上改善了澳大利亚大学的软件和硬件设施,也为澳大利亚日后的国际教育发展打下了坚实的基础。

(三)《马丁报告》:建设二元系统

1. 背景

(1)大学办学规模与日益增长学生数量之间的矛盾

第二次世界大战之后,澳大利亚国内工业生产的不断发展导致其对劳动力的需求不断增加,但是与之矛盾的是当时澳大利亚国内劳动力较为稀缺,仅有 730 万人口,无法满足工业发展的需要,更无法满足社会发展的切实需要。因此在 1945 年 8 月,针对这一矛盾,澳大利亚总理福特第一次系统阐述了澳大利亚二战后相关移民政策的观点,他提道:"我们澳大利亚有着方圆 300 多万平方公里的广袤土地,但是却仅仅有 730 万人口。在战争前的一段时间内,国内出生率的锐减暗示着在今后 30 年的时间内,澳大利亚的人口总体将呈现下降趋势,我们在尽一切可能提高国内人口出生率的同时,必须清楚地意识到一个科学的移民政策对国家发展的重大作用。"在福特总理之后,继任联邦总理齐夫利走马上任,在担任总理后不久,他就立即成立了联邦移民部,并在一次议会中阐明了战后移民的重要作用与深远意义,他说道:"我们在世界舞台上占据一定的地位、使我们的国家安全得到切实保障的重要而迫切的方法就是通过移民,使得我们国家的人口在短时间内快速上升①。"自此以后,澳大利亚就加快了移民的步伐,表4-1用数字向我们展示了1947年至1991年期间澳大利亚人口移民情况。

表4-1 澳大利亚人口:迁入、迁出、净增②

年份	迁入	迁出	净增	每年净增百分比
1947—1959	1448.8	—	—	—
1960—1966	808.4	112.1	696.3	99.5
1967—1971	807.0	170.8	636.2	127.2
1972—1976	494.7	188.0	306.7	61.3
1977—1981	402.7	114.6	288.1	57.6
1982—1986	450.0	108.5	341.5	68.3
1987—1991	645.3	212.0	534.3	104.9

澳大利亚的新鼓励移民政策出台并切实落实之后,澳大利亚各年龄段人口数量都显著上升:4~5岁人口于1947年至1954年间增加了40%,1954年至1961年间增加了30%;大学生人数(受到联邦针对复员军人出台的联邦重建计划影响)开始不断上升,1945—1948年人数由15586人显著上升至32453人;1955年之后的20年间,澳大利亚的总人口数共计增加了51%,其中学校人数增加了100%,社会总劳动力增加了62%,国内大学入学的人数增加近9倍,社会对大学的需求与日俱增。但是当时澳大利亚国内只有十所大学,它们分别是墨尔本大学、塔斯马尼亚大学、昆士兰大学、悉尼大学、阿德莱德大学、西澳大利亚大学、新南威尔士大学、莫纳什大学、新英格兰大学、澳大利亚国立大学,当时这仅有的十所大学招生人数十分有限,远不能满足战后澳大利亚工业不断发展的需要,它们无法承受如此重大的社会重压。③至此联邦政府方意识到,国家的当务之急就是扩大国内教育系统全方位的承受能力,全面提高学校的注册率。

(2)澳大利亚各个州政府提供的办学经费短缺

正如前文所说,根据澳大利亚的宪法规定,国内教育主要由各州政府进行统一管理,各个州政府需要对其管辖范围内的所有大学、师范学院和技术学院进行资金资助。第二次世界大战之后,在战后重建计划的影响下,联邦政府开始对国内的大学投入资助经费,当时仅限于大学,所有师范学院与技术学院依然需要各州对其进行经费资助。在当时的澳大利亚,公立中小学的师资力量主要由州立师

---

① 王宇博:《澳大利亚——在移植中再造》,230页,成都:四川人民出版社,2000。
② 王德华:《澳大利亚:从移民社会到现代社会》,28页,上海:上海社会科学出版社,1997。
③ 王斌华:《澳大利亚教育》,67页,上海:华东师范大学出版社,1996。

范院校进行培养与人才输送。

在 20 世纪 60 年代,澳大利亚大力发展中学教育,自此国内的中学教育进入了一个迅速发展的黄金时期,但是快速发展带来的问题是,中学普遍出现了师资力量严重供不应求的情况,各州境内的许多大学开始出现经费不足、教学设备十分简陋急需更新的情况,而当时的各州政府对该现象却力不从心,事实就是当时的澳大利州政府已经没有能力来承担中小学师资力量的提供,因此各州政府大力呼吁澳大利亚国内的大学要承担起师范教育的重担。但是在当时的澳大利亚,针对这个问题出现了许多不同的声音。有的支持者认为,伴随着澳大利亚各层次教育的快速发展,中小学师资队伍的建设对于澳大利亚基础教育的水平甚至大学教育的水平、大学生的素质影响非常之大,各所大学理应承担起向社会培训、输送优质教师资源的重任。但是反对者则认为,大学是用来进行精英教育的场所,若过多地承担师范教育会在很大程度上影响大学的整体发展方向。此外,长久以来,大学教育中的课程理论性均非常强,当前情况下许多师范类院校的学生们没办法理解、接受大学课程所传授的知识。

在当时的澳大利亚,技术类院校主要进行的是职业技术教育与培训。1971 年成立的巴拉腊特矿业学校是澳大利亚历史上第一所职业技术院校。技术学院的设立实践性很强,重视具体使用的功能,可以很好地适应社会的劳动力需求,因此战后的澳大利亚联邦政府十分重视职业技术教育与培训。1948 年,在澳大利亚联邦政府战后重建计划范围内的全日制大学生数量为 11580 人,此外部分时间制的学生数量共计为 7317 人,但是与此同时,接受全日制职业技术教育的学生数量为 101495,远远超过大学生数量。在当时的维多利亚州,职业技术学院的全日制学生数量与部分时间制学生数量自 1953 年至 1962 年上升了 23.3%,西澳大利亚上升 108.8%,昆士兰上升 41.8%,塔斯马尼亚州上升 17.1%。①

虽然一直以来,各州政府与联邦政府都会定期对职业技术学院进行资助,但是因为一直以来职业技术学院的办学条件都非常的恶劣,教师薪水低、教学设备陈旧,这些情况很难在短时间内实现全国范围内的改变。并且在第二次世界大战结束之后,澳大利亚的工业化进程不断加快,职业技术学院也随之进入了迅猛发展时期,战后就读于职业技术学院的学生数迅猛上升,可与之不相匹配的是州政府对于该种类院校的投资逐渐疲软,根本无法满足职业技术学院发展的切实需要。

---

① 王斌华:《澳大利亚教育》,79 页,上海:华东师范大学出版,1996。

（3）英国教育体制建设的影响

在遥远的英国，自第二次世界大战结束之后，英国政府也开始高度重视高等科技教育的发展，这在 1945 年政府颁布的《帕西报告》《巴洛报告》《技术白皮书》可以很明显地发现。

英国政府在 1945 年颁布了《教育部长为人高等技术教育特别委员会报告》，成立的委员会任命帕西勋爵担任主席，因此后来该委员会发布的调查报告亦被称作《帕西报告》。该委员会成立的根本目的是，在充分考虑到战后英国工业界需求的基础之上，调查研究英格兰与威尔士两地发展高等职业技术教育的切实需求，同时委员会需要调查大学与职业技术学院在高等技术教育领域各自做出了哪些贡献，并探讨摸索出在这个领域如何使大学与职业技术学院之间良好地配合并取得有效的成果。①

经过一番调查研究，《帕西报告》最终向英国政府提议，政府应该严格挑选几所职业技术学院，对他们进行改革，并将它们打造成可以开设与大学学位水平相比较的全日制技术课程的高等职业技术教育中心，当然这些学员还是由当地的教育管理部门来进行具体的管理，但是与之前不同的是，它们应该拥有较大的自主权。

在 1946 年，英国政府又再次发表了以巴洛爵士担任委员会主席的委员会调查报告《枢密院议长委任的"科学人力"委员会报告》，在该份报告中，巴洛主席提议扩大大学的招生规模，使大学培养的人才数量在短时间内翻一番。巴洛主席支持在帕西报告中首次提出的有关加强高等职业技术教育的相关设想，他建议创设几所层次较高的职业技术学院，同时在学院内开设全日制的学位课程，与此同时不断加强大学工科专业的教学研究工作。②

《帕西报告》与《巴洛报告》这两份报告对于英国的科技教育发展起到了举足轻重的作用，因此到了 20 世纪 50 年代，英国的科学技术教育发展进入了一个全新的阶段。

时间推移至 1956 年，当时的首相艾登进行了一次非常有名的演讲。在那次演讲中，他提道："真正的胜利绝对不属于人口数量最大的国家，这胜利属于所有拥有最完善的教育制度的国家。如今科学与技术可以让十几名当代人拥有本世纪前数千人一起才可以拥有的力量。我们国家的科学家现在正从事的是卓越的工作，我们应该意识到，我们需要充分运用我们所学习掌握的知识，我们需要更多

---

① 徐辉、郑继伟：《英国教育史》，323 页，长春：吉林人民出版社，1993。
② 倪学德：《战后初期英国工党政府的教育政策辨析》，载《湖南师范大学教育科学学报》，2005(5)，57 页。

卓越的科学家、工程与技术员,我们有必要下定决心尽全力补偿这种不足。"

同年,英国政府公开发布了《职业技术教育》白皮书,此次发表的白皮书中提出了一个耗资高达一亿英镑的职业技术学院五年战略规划,报告建议尽快成立职业技术学院。次年,教育部发布重大通知,决定将国内现有的职业技术院校划分成地方学院、地区学院、区域学院以及高级技术学院四大层次,在这四大层次中,职业技术学院尤其是高级职业技术学院的创立大大促进了二战后英国高等教育的飞速发展,它们为英国 20 世纪 60 年代之后的高等级教育蓬勃发展奠定了坚实的基础。

在 20 世纪 60 年代初《罗宾斯》报告正式发布之后,英国政府就开始着手考虑国内高等教育发展的体制问题。1965 年 4 月 27 日,克洛斯兰在伦敦的伍立齐多科科学技术学院公开发表了一次著名演讲,在这次演讲中,他概括了有关建立英国高等级教育双充制的有关构想。他在那次演讲中谈道:"目前英国国内对于高等教育中的职业性、工业性和专业性课程的需求不断增加,这体现在多个层次上,包括全日制学位水平、部分时间制高级水平、全日制准学位水平等层次。仅仅以此大学不可能满足这种巨大的需求,所以我们认为非常有必要设立一个全新的单独的教育系统,这一新系统在高等教育体系中应该享有独立的传统与世界观。"①

也是自 1965 年开始,英国的高等教育就被正式划分为大学与多科技术学院、教育学院两部分,英国的二元制高等教育系统也从此正式确立。

英国二元教育系统的建设对澳大利亚的高等教育产生了直接的影响。在 1961 年的秋季,总理 Robert Menzies 牵头成立了澳大利亚未来高等教育委员会,这个委员会成立的部分原因也是受到了英国科技专科学校的影响。该委员会在调查了多个领域之后发现,为了更好地解决劳动力短缺的问题,移民数量需要大幅增加。二战后生育高峰出现,随之带来的是高校注册学生数量的成倍增长,逐渐的国内大学也无法承受学生数量增多带来的压力,因此他们继续扩大学校容量。与此同时,澳大利亚的工业发展亦十分迅猛,职业学校也同大学一样,十分渴望收到来自联邦政府与国家政府的教育补贴,但是事实却是,他们可以接收到的教育资金补贴通常非常少,和大学相比根本不足为谈。在 1964 年和 1965 年的秋季,委员会提交了长篇报告,报告中的部分内容为联邦政府所采纳并在后来成了《马丁报告》(Martin Report)。②

2. 主要内容

报告指出,随着澳大利亚国际经济的发展,生活中大部分工作都偏好聘用那

---

① 徐辉、郑继伟:《英国教育史》,339 页,长春:吉林人民出版社,1993。
② 王斌华:《澳大利亚教育》,196 页,上海:华东师范大学出版社,1996。

些通过教育而具备专业技能的人才。在 20 世纪 60 年代,澳大利亚的人们开始对教育产生更高的期待。Marginson 对这一现象评论道,公众对高等教育的兴趣在过去的十年间变得更加突出,与此同时政府也对这一社会热点给予了强有力的支持。人们对高等教育的态度逐渐发生改变,他们渐渐开始相信接受高等教育可以帮助他们在生活中收获更多收入并因此让他们过上安逸的生活。因为这些原因,渴望接受大学教育的人数越来越多,这其中也包括期待在职业技术学校获得专业教育和训练的人。

《马丁报告》提议建立一个包含三个不同教学种类的教育系统:大学、高等教育学院和教师培训机构。但是澳大利亚的高等教育面临的事实是——发展非常不平衡,换言之,澳大利亚的教育体系过多关注了大学教育,而其他高等教育往往被政府和社会所忽视。自 20 世纪 50 年代以来,非大学的高等教育机构大幅增加,但它们所获得资金支持却远远无法和大学相比。很多职业技术学校希望通过《马丁报告》带来的机会来获得更多联邦政府资金援助。因此,在思考如何扩大发展三级教育系统的同时,联邦政府的政策制定者们需要将高等教育视为一个整体来进行政策制定。报告建议联邦政府改进高等教育系统,为整个澳大利亚社会提供广泛多样的高等教育,联邦政府和国家政府需要协同努力,肩负为三种类型的教育提供资金的责任。

3.《马丁报告》的实施

《马丁报告》的落地实施推动了澳大利亚高等教育的改革。在 1965 年 3 月 24 日,澳大利亚总理 Robert Menzies 代表联邦议会宣布建立高等教育学院(Colleges of Advanced Education,CAEs)。它的建立使得许多大学愿意扩大所能教授的课程,但是它们却不能提供澳大利亚贸易和工业所要求的各种各样的职业技能训练。CAEs 代表了高等教育众多种类中的一种,并导致诸如科技协会、农业与技术学会等众多正式协会开始出现。自此,澳大利亚的高等教育开始形成了一个包括大学和高等教育学院在内的二元教育系统。① 自 1989 年开始,澳大利亚二元教育系统囊括了共计 19 所大学和 47 所高等教育学院。大学教育偏重学位教育、学士学位及以上所要求的科学研究,而高等教育学院偏重学士学位以下的教育,就如同职业技术学校和技术教育。虽然澳大利亚二元教育系统的建立很大程度上受到了英国二元系统的影响,但是二者还是存在比较显著的区别。在英国,大学和高等教育学院在地位、任务与资金方面有很大的区别。相反,在澳大利亚,政府秉

---

① Alan Barcan,*A History of Australian Education*[M],London:Oxford University Press,1980,p. 434.

持"平等但不同"的原则。1965年8月,澳大利亚高等教育联邦咨询委员会成立,在委员会的指导下,大学的资金资助政策区别与高等教育学院。在经过磋商之后,联邦政府和国家政府决定每三年对CAEs与教师培训机构进行资金资助,与此同时,联邦政府扩大了对接受高等教育的学生们的资金支持。

第二节 科伦坡计划:亚太国家的发展援助

(一)对亚洲外交政策的改变

20世纪40年代和50年代,在第二次世界大战的影响下,国际格局发生了巨大的改变。二战后美国和苏联的对峙最终导致在全世界范围内形成了冷战格局。两个国家竭尽全力扩大他们的势力,不断介入其他国家的国内事务与外交关系。在那个时期,南亚的国家在民族独立与社会发展的进程中苦苦挣扎,面临艰难的困境。具体来说,虽然其中的部分地区经过斗争已经取得了国家独立,但是在经济和军事领域仍然受制于西方资本主义国家。在这样的情况下,他们不可能完全摆脱这些资本主义国家的干涉与介入。

在国家独立的早期,大多发生了多次危机,比如国内政治动荡与经济动荡,因此这些南亚国家极其迫切地需要外部力量的援助来巩固来之不易的独立、发展国家岌岌可危的经济、捍卫国家主权。在20世纪40年代末,随着冷战的局势蔓延至亚洲,南亚及东南亚国家在意识形态的选择上面临艰难选择,换言之,为了使自己年幼的国家可以有更好的发展而在美国与苏联之间苦苦徘徊。

值此关键时刻,英国、澳大利亚及其他联邦共和国意识到他们必须推行一个全新的发展战略,进而更好地在该地区改善经济情况和政治环境并最终有效地牵制共产主义。

地理位置因素很大程度上决定了一个国家生存和发展的命运,它在某种程度上决定了一个国家的国土安全。[1]斯皮克曼(Nicholas John Spykman),著名地缘政治学家,他曾经说道"地理虽不是决定性因素,但是却是构成条件,它为人类提供可能性,人的唯一自由仅仅是对这种可能性的好与坏的利用,把这一因素变得更好或者更坏"。对于二战后的澳大利亚来说,它所独有的地理位置对于本国以及其他国家的国家安全各个方面有着重大而深远的影响。

对于澳大利亚来说,独特的地理位置特征给它带来的不仅是优势,劣势亦十

---

[1] 张天:《澳洲史》,201页,北京:社会科学文献出版社,1996。

分突出。它四面环海,东西两侧分别是广阔的太平洋、印度洋;南面与新西兰、南极毗邻;北侧与东南亚、印度尼西亚隔海相望。四面环海的地理位置让澳大利亚"自成一体",这给予了其很大的安全保障,但是与此同时,也使得澳大利亚与其他国家有了一定"距离",若在外交上处理不当,极易变得孤立无援。澳大利亚虽然在文化方面与美国和英国同宗同源,但是从地理位置角度来看,它与美洲大陆和欧洲大陆都有着相当大的距离,在综合实力方面,它又无法单独与这两者间的任何一个相抗衡,若没有一定的"盟友",它无法登上更加广阔的世界舞台,没有办法在国际上获得更多发言权,国家的进一步发展也会受到限制。

因此,为了巩固联邦国家在南亚和东南亚的资本投资、防止美国在该区域成为霸主,以澳大利亚为代表的一些国家十分支持该计划的实施。对于澳大利亚来说,计划对提高它在国际舞台上的地位、维护国家安全、扩大它在南亚东南亚的势力均有力而无害。

1950年1月,联邦共和国外交部部长会议在锡兰(今斯里兰卡)举行。本着本次会议的精神,外交部部长提出实行科伦坡计划的建议,该计划意在实现该地区的政治稳定和经济发展。该项计划得到了来自所有成员国的所有与会代表的支持。与澳大利亚的科伦坡计划一致,会议同时决定制定一个计划和咨询委员会(由会议参与国家组成),主要负责具体计划的制定与实行。

1950年5月,在悉尼举行了第二次会议,除了一次会议上的国家,许多其他国家也参与到了会议中,最终此次会议共计24个会员国。1950年9月,联邦咨询委员会宣布了发展印度、巴基斯坦、斯里兰卡、马来半岛和英属婆罗洲的科伦坡六年计划。该项计划旨在促进南亚、东南亚地区的经济合作与发展。科伦坡计划的成功施行离不开美国经济及其他方面的援助,因此在英国和澳大利亚的不懈努力下,美国、菲律宾和日本分别于1951年、1954年相继加入了科伦坡计划。

(二)科伦坡计划的主要内容

科伦坡计划是亚洲地区首个国家间互助计划。该计划对亚洲国家在资金、技术、教育和军队等多个方面提供了援助。具体来说,该计划为南亚和东南亚国家提供了可促进经济、文化和社会发展的他国帮助。

首先是经济援助方面。自1950年开始,在接下来的三年间,澳大利亚总共捐赠800万英镑用于培训该区域的各项人事,与此同时向亚洲输送了大量教师、专家和技术。在科伦坡计划的金融投资方面,除美国占0.43%之外,澳大利亚的贡献金额占其国家总收入的0.52%,这个资金总额远超其他国家,举例而言,英国占比0.43%,德国占比0.23%,加拿大占比0.20%。

其次是计划中对东南亚国家的技术支持。在这方面,澳大利亚提供了培训设备、技术指导,同时也捐赠了大量设备。20世纪60年代中期,在科伦坡计划的指导下,大约500名澳大利亚专家完成了大约650项任务,在这些专家中,40%的人去了马来半岛,116名专家前往新加坡工作,105名任职于泰国,64名在印度,65名在锡兰,58名在巴基斯坦,33名在柬埔寨。直至1968年,澳大利亚在技术援助方面大约支出了5200万英镑,派遣1297名专家前往亚洲相关地区进行技术指导,为高中、大学提供了价值1000多万英镑的设备。除此之外,澳大利亚提供了大量设施设备用于帮助泰国、马来半岛的公路建设、柬埔寨的灌溉项目、印度尼西亚的通信设备建设,总而言之,澳大利亚在科伦坡计划受助国家的基础设施建设方面进行了大量的援助。在1953年后的十年间,澳大利亚在教育、培训和设施设备方面的支出由1954—1955年的20%逐渐上升至1963—1964年间的46%,与此同时,在主要项目和技术上的投资亦与之均衡。

接下来是军事援助。自第二次世界大战以来,澳大利亚深刻意识到亚太地区的安全直接影响到澳大利亚本国的利益,因此,澳大利亚加强了对邻国的军事支持。举例而言,出于增强亚洲国家公共管理能力的目的,澳大利亚在培训这些国家的地方警察和保安部队上倾注了大量心血。

最后是本章内容的重点——计划中的教育援助部分。科伦坡计划是澳大利亚联邦政府官方首次接受国际学生就读于澳大利亚国内大学。根据计划的相关内容,澳大利亚政府为来自发展中国家的学生提供大量奖学金,但是海外学生的数量还是非常严格地被控制在一定数量之内。通过科伦坡计划去往澳大利亚大学、职业技术学校和教师学院进行学习的海外学生,按照计划可以收到来自联邦政府的教育资金资助,或者在导师费用上有一定的削减,这项政策在1970年之前一直持续实施着。根据科伦坡计划的实施计划,在1954年,600余名来自东南亚国家的学生收到了教育援助金并前往澳大利亚的大学接受教育,澳大利亚政府派遣了79名专家前往东南亚国家进行教育指导帮助。1955年至1968年,澳大利亚派遣了1500名教育专家前往东南亚,同时接收了来自15个国家约5500名学生和培训师在澳大利亚境内接受教育。为了给这些政府资助学生提供更好的服务,帮助其更快地适应澳大利亚当地的生活,澳大利亚居民成立了许多非政府组织,比如"轮换俱乐部(Rotary Club)""澳大利亚之尖(Apex Australia)",这些组织承担起了接送抵达澳大利亚的海外学生、安排住宿、提供解决私人问题援助等工作。

1973年[①],在回顾了针对国际学生的相关政策之后,澳大利亚政府决定将因

---

① 李辉:《二战后澳大利亚高等教育国际化政策的研究》,华东师范大学博士论文,2016。

个人原因在澳大利亚求学的海外学生数量控制在一万名之内。1974 年,惠特拉姆(Whitlam)政府决定废除大专学生的学费。这项决定的结果是国外学生和澳大利亚本土学生都无须支付学费。与此同时,联邦政府宣布州政府再也无须负责大学和学院的支出,联邦政府将独自为这些机构提供资金援助。然而在 1979 年,因为西方经济衰退波及了澳大利亚国内经济,高等教育基金被削减,澳大利亚开始实行"海外留学生费用规则",该项规则规定来澳留学的学生需要自行支付所有费用的三分之一。具体而言,该项规定包含了三项要素。首先,该项规定废除了先前对海外留学生总数的限制(即不能超过 10000 名),相反,在该项规定下,澳大利亚将根据国家来进行留学生数量配额,此配额取决于该国家与澳大利亚关系的紧密程度;其次,澳大利亚决定收取留学生"签证费用(visa fees)",该项费用又被称为"海外留学生费用(overseas student fees)",这项费用占大学所有费用的 10% 。这些费用自 1982 年开始逐渐上升,至 1988 年该项费用占比增加至 55% ;最后,该项规定限制了留学生的移民数量,规定所有的在澳留学生在毕业后两年间不得申请移民。

(三)科伦坡计划的重要性

科伦坡计划是澳大利亚战后教育工业化的高潮。在 20 世纪 50 年代早期至 70 年代中期的这段时间内,澳大利亚高等教育国际化的最根本目的是通过国际教育扩大其在发展中国家的政治影响力,而非出于与不发达国家共享先进教育资源或者通过教育出口获得经济收益的目的。①撇开其动机不谈,澳大利亚积极地向发展中国家提供各方面的援助并起到了重要作用,援助其他国家对于澳大利亚本国的高等教育来说,有以下两个方面的显著影响。

一方面,科伦坡计划帮助改善了澳大利亚国内的学习环境。该计划及其影响很大程度上挑战了种族主义与白澳政策。因为计划的原因,来自亚洲国家的学生和学者得以与澳大利亚当地的学生生活在一起,这为双方国家增进相互了解、消除种族偏见、营造和谐学习生存环境提供了良好的环境。1966 年,自由党(Liberal Party)与澳大利亚国民党(National Party of Australia)的联合有力地终结了白澳政策,同时放宽了非欧洲移民入澳的政策。②这一举措的结果是从他国进入澳大利

① Lyndon Megarrity. Regional goodwill, sensibly priced: Commonwealth policies towards Colombo plan scholars and private overseas students,1945 – 72[J]. Australian Historical Studies,2007, 38(129),pp. 88 – 105.

② Alex Auletta. A Retrospective View of the Colombo Plan: Government policy,departmental administration and overseas students[J]. Journal of Higher Education Policy & Management, 2000,22(1),pp. 47 – 58.

亚接受教育的自费留学生显著增加,与此同时,这些学生有更大的安全感。截至1962年,澳大利亚的外国留学生数量超过了12000,这个数字在1980年达到了20000(包括在大学和中学就读的所有学生)。1973年,在重新评估针对国际留学生的政策之后,澳大利亚政府决定出台规定将非国家资助留学生(individual foreign students)数量控制在10000名以下。因为政府在1974年1月取消了学院和大学的学费,所以澳大利亚在读留学生同样无须支付任何学费。在接下来的一年,澳大利亚留学生的人数大量增加。

另一方面,在科伦坡计划实施的过程中,澳大利亚政府改善了其与亚洲国家的政治关系,提升了其国际形象,促进了国家自身的经济政治发展。这些收益的取得都是通过向南亚和东南亚国家提供金融和技术援助。通过科伦坡计划前往澳大利亚求学的学生在毕业之后,大多返回他们的祖国成了国内精英,他们可以通过他们在澳大利亚的经历无意间向周围的人们宣传澳大利亚,从而吸引更多学生选择前往澳大利亚进行学习,这为澳大利亚国际教育产业奠定了坚实的市场基础。

第三节 市场定位的转变

(一)杰克逊报告与古德林报告

澳大利亚政府在二战至20世纪80年代间推行的外交援助政策极大地增强了其在南亚与东南亚地区的政治、经济与文化影响,与此同时,这也使澳大利亚高等教育国际化以蓬勃之势进一步发展。在20世纪80年代初,受到英国、美国及其他西方国家的经济下行和国家自身在石油危机中巨大损失的严重影响,澳大利亚决定调整在国际教育方面的相关政策。这次调整的核心是减少在高等教育方面的公共资金支出,同时调整国家原有的国际教育援助战略。

在这段时期,联邦政府收到了两份对高等教育国际化持截然不同态度的报告。其中一份是1984年由R. G Jackson提出的"审查澳大利亚对外教育援助项目的报告(the Report of the Committee to Review the Australian Overseas Aids Program)"。Jackson在报告中申明,国际教育作为一个新兴产业,应该被视作一个具有巨大潜力的出口产业,更长远来看,政府应该收取留学生全额学费,与此同时,各所大学也应该被鼓励招收更多学生进而来积累资金。同年,J. Goldring发表了一篇名为"对私人海外留学生政策的反思(the Review of Private Overseas Students

Policy)"的文章,提出了完全不同的观点。在以他为代表的一些人看来,留学生不应该被定位成一个广大的市场,因为这与正式教育紧密相关。显而易见,杰克逊认为国际教育过程中涉及的相关贸易是一个重要而潜力巨大的新兴产业,而古德林则全然反对这种将教育贸易化的观点。在澳大利亚各个等级都经历了一场激烈的讨论之后,杰克逊的观点最终被澳大利亚政府采纳,当局政府开始为海外学生项目设计全新的政策。举例而言,联邦政府公开宣布自 1986 年起澳大利亚将对留学生收取全额学费,这是由传统的援助政策向贸易政策转变的重要举措。与此同时,澳大利亚政府简化了进入澳大利亚的诸多流程,这极大地鼓励了大学提升其课程设置进而吸引更多国际留学生。

1. 道金斯改革(Dawkin's Reforms)

(1)改革背景

20 世纪 70 年代,澳大利亚的产业结构开始发生变化,制造业部门数量开始减少,相反服务业的规模不断扩大,这为国家的就业政策营造了不同的社会背景。不断扩大的服务业及其他新兴产业对职业人员的巨大需求使得澳大利亚当局政府不得不重视职业技术教育和培训问题。20 世纪 70 年代中叶,联邦教育部设立了澳大利亚科技与继续教育学院委员会,并逐渐开始成立科技与继续教育学院,这一新教育部门之后成了澳大利亚教育系统中重要的一部分。因此,当时澳大利亚高等教育就由三部分组成:大学、高等教育学院(CAEs)、科技与继续教育学院(TAFE)。这个教育系统在 20 世纪 80 年代起到了莫大的作用。在澳大利亚国内高等教育的快速发展过程中,CAEs 与 TAFE 在本科教育建设以及和大学联合培养高端人才方面起到了至关重要的作用,且随着三者的默契度与日俱增,它们产生的积极作用远大于任何一个机构单独的影响。即便如此,在教育基金方面,CAEs 与 TAFE 两者获得的资金数额远少于大学,因而在前两者进行授课的老师们声讨政府的不公平待遇,同时向政府要求更多资金支持以用于学术科学研究。

在 1987 年早期,澳大利亚高等教育委员会下设了一个工作委员会,专门用来调查研究澳大利亚高等教育二元系统的发展与改革路径情况。工党政府与就业、教育和培训部部长约翰·道金斯(John Dawkins)坚持认为高等教育制度改革势在必行。在 1988 年,道金斯在白皮书《高等教育:政策说明》中指出,澳大利亚的产业结构正在发生由制造业和农产品出口为主转向高附加值工业带动发展的转变,这个转变对社会劳动力在数量与质量上都提出了更多要求,而主要负责人才培养的高等教育在回应这一需求上责无旁贷。因此对于当时的联邦政府来说,高等教育改革的最终目标就是促进教育的效率与质量,进而加强高等教育机构与工业部门、贸易部门之间的联系,最终为市场输送更多可用之才。

（2）全国统一系统的建立（UNS）

道金斯改革的革新是澳大利亚教育系统的重建，用一个全国统一的系统（UNS）来代替之前实行的二元并行机制。自1982年开始，联邦政府给予各个学院和大学资金拨款从91%跌至60%，所以它们不得不寻求非政府资金资助。在1987年发布的《高等教育——政策说明》绿皮书中，政府提出了以下建议意见：通过鼓励大学与高科技公司的合作来加强教育与产业工业之间的联系；通过合并、专业化管理与企业化改革等方式使得教育机构逐渐现代化；实行"使用者付费"系统，向国内学生收取一定的教学费用；留学生需要支付在澳全部的教学费用。

随后，1988年发布的高等教育政策说明白皮书规定，全国统一系统内的所有学校都必须招收至少2000名学生；拥有5000名学生以上的教育机构可以开展更加广泛的教育与研究活动；而拥有8000名学生以上的学校则可以建设更为全面的课程安排，开展更多的活动。联邦政府鼓励小型高等教育机构进行合并，并要求所有合并在1988年前完成。在此之后，联邦政府将仅向统一系统内的高等教育机构提供资金支持，资金数额取决于教育标准以及每个机构在教学活动中达到的等级（如上文所述）。

白皮书同时提到，要致力于澳大利亚国内教育机构的现代化建设。道金斯建议高等教育机构与各个产业领域的企业家、领导者们建立紧密的联系，专注于项目研究以及技术转移，注重课堂理论与社会实践的结合，尽力为毕业生与企业家搭建良好桥梁。

（3）市场化的开端

道金斯改革在澳大利亚高等教育历史上是一个转折点，它开启了教育市场化的历史新进程。在这个阶段，联邦政府发布了一系列颇具影响力的政策，例如《高等教育：政策文件（绿皮书，1987）》《高等教育：政策说明（白皮书，1988）》

通过这次改革，澳大利亚告别了二元系统的时代，步入了全国统一系统的新时期，在这个时期，联邦政府直接管理教育机构的相关事宜。在这次改革中，参考经济学中的"规模经济"理论，道金斯提出规模较大的大学可以更进行全面的学术研究，拥有更完善的教学设施，为老师们提供更广阔的职业生涯发展机遇，在人才培养上，可以更加充分地提高效率与质量。规模相对较小的大学则恰好与之相反，它们开设数量、种类相对更少的课程，在学生容量上弹性也相对小，回应人才市场多种类的人才需求能力亦相对较弱，因此，许多规模较小的学院甚至大学就合并在一起组成一个更大规模的大学，这样就可以受到来自联邦政府更多的资金支持，有利于学校的自身长远发展。如此看来，"更大、更好"的主张在澳大利亚高等教育改革过程中产生了非常大的影响。道金斯在提出以上改革之外还进一步加强了大学与各个产业之间的联系,推进了高等教育机构的市场化进程,一些大学采取了商业管理模式,根据市场需求有针对性地培养在校学生。

在 20 世纪 80 年代,联邦政府投入高等教育的资金逐年减少,但与此同时进入大学接受高等教育的学生却逐年增加,因此高校资金不足成了高校运作中最主要的困难,因为资金的缺乏使得高校无法雇佣优秀教师或者安排课程,最终也没办法为学生提供高质量的师资力量与教学条件。尽管政府呼吁大学多与社会上的企业合作,并从中获得资金支持,但是这并未从根本上解决问题,因此政府开始从国际教育角度寻求解决方法——政府鼓励大学根据市场运行机制来进行大学管理运作,通过招收更多国际留学生来解决资金短缺的问题。在 1985 年,澳大利亚政府发布名为"关于实行留学生全费学习的指导"文件,正式开始由官方收取国际留学生的全额学费。

即使每年联邦政府给予高校的教育扶助资金都在减少,但是国际学生支付的全额学费和非政府组织资助的资金却逐渐增加。因为政府没有对高校收取留学生的数量比例做出规定,所以留学生的数量在 1997 年达到了 72183 名,而 1987 年仅有 17248 名留学生。

全额自费留学生们支付的学费是大学一个主要的资金来源。在 1988 年发布的白皮书中,再次重点强调了这一资金来源的重要作用:由于国内经济、政治行政环境都发生了改变,澳大利亚应该转变帮助其他发展中国家满足其培训、教育需求的赞助者角色,进而转换为伙伴、合作者的角色,这样就可以更好地追求个体和国家之间的共同利益。

总而言之,通过扩大大学全额自费留学生规模来增加大学收入的方式或多或少推动了澳大利亚高等教育的市场化和国际化。

(二)在"单一经济"阶段的国际教育政策(HECS)

1."单一经济政策"实行背景

高等教育学费政策除了面向赴澳留学生,对澳大利亚本国学生亦同样适用。在 1987 年,澳大利亚政府开始向每位大学生收取 250 澳元的教育行政费用,在该年 12 月,澳大利亚官方承诺提高高等教育部门的能力与效率,但是考虑当时的预算情况,他们认为有必要从高等教育的直接受益者身上收取部分教育资金。澳大利亚的学者们认为高等教育的直接受益者有如下三类:社会(这是很重要的一个直接受益者);各大产业(他们雇佣大学毕业生作为企业劳动力);学生,作为高等教育的直接对象,毫无疑问是直接受益者——学生们在接受高等教育时收获了经济收益和非经济收益,他们理所应当承担自己的部分学费。在进行了一番讨论之后,政府成立了高等教育资金委员会,旨在为可能的资金方提供更多选择与建议。

1988 年 6 月,联邦政府官方废除了免除学费政策,同时开始实行由委员会提出的高等教育学费分担政策。1989 年联邦政府基于利益原则,官方发布高等教育贡献计划(HECS),其内容正如计划名称所言——受惠于高等教育的个体、组织应该为高等教育资金做出贡献。高等教育所需的花费由大学学生、学生家庭、工业产业以及纳税人(通过政府的途径)共同承担,值得一提的是,不仅是国内的学生,留学生也应该承担他们的部分学费。这样一来,一个新的学费政策就这样开始具体落地实行。

2.学费政策的改革

"单一经济政策"(HECS)由教育部、澳大利亚税务局与高等教育机构共同管理,它是澳大利亚于 1989 年提出的贷款计划。根据该政策要求,符合 HECS 政策条件并接受来自联邦政府的经济援助的学生,需要支付部分学费,但是他们可以在一定程度内延迟支付这些费用。换言之,HECS 政策的本质就是以学费的名义向大学学生收取 20% 高等教育所需资金,并向在经济上存在困难的同学提供贷款。根据该计划,学生将支付额外 2% 税费,直到他们全额支付高等教育的费用,当然只有当学生的个人所得税收入超过所有工作的澳大利亚人的平均收入时才需要支付。

澳大利亚联邦政府在该次改革中为大学生提供了三种支付学费的方式,并依据学生们支付的数额,规定了学费折扣的百分比。

第一种方式:大学生们在刚入学时一次性支付所有学费的,可以获得 15% 的学费折扣,在 1993 年,委员会提议预先支付学费的学生可享受的折扣增加到 25%。

第二种方式:学生在刚入学时一次性预先支付不少于 500 澳元,剩下的学费可以通过申请助学贷款来得到解决,并且在毕业后按照不同工作的收入比例来归还贷款,预先支付的部分学费可以享受折扣优惠。

第三种方式:如若学生在刚入学时所有的学费都申请助学贷款,那么其教育成本就可以延迟到该大学生毕业后收入达到一个历史最低值之后,通过国家统一的税收系统来按固定比例支付。

此外,联邦政府还出台了一系列具体规定,例如学生申请第二学位,则将会被收取双倍费用;如果学生重修了一个学期的课程还是没有结束所修课程,那就会被收取 1.5 倍费用。

第五章

"单一经济"阶段澳大利亚国际教育
（1985—2009）

第一节　发展状况

（一）"对外贸易"阶段（20 世纪 80 年代）

1. 政策概况

（1）政策出台背景

受 20 世纪 70 年代石油危机的影响，80 年代澳大利亚经济呈下行趋势，同时福利社会制度导致巨额的财政压力，影响政府对国外留学生的教育经济资助。为此联邦政府开展了一系列改革推动经济恢复。1984 年 R. G. Jackson（杰克逊委员会）在向联邦政府提交《杰克逊委员会关于澳大利亚海外援助项目的考察报告》中提出"教育应该被视为一种出口产业，要鼓励学校相互竞争，争取更多的生源和资金"，"澳大利亚教育服务中的国际贸易有可能成为本国一种重要的新兴产业，具有很大的潜力"，应对大部分外国留学生收取"全额学费"。政府采纳杰克逊委员会的建议，澳大利亚新的海外留学生政策由此产生。1985 年联邦政府发布了对留学生收取全额费用的通知。人口的大量增长，政府对高等教育的鼓励与优惠政策，经济结构转型使得该时期澳大利亚的高等教育获得了快速发展，高等研究性学校、职业技术学校等各种类型的学校数量增加。

1988 年道金斯改革，在高等教育领域颁布总体政策，推动澳大利亚国际教育市场化进程。道金斯改革期间发布的绿皮书《关于高等教育的政策讨论稿》提出，澳大利亚关于高等教育的评估一直是需求大于供给的，尽管在 1988 年以前的 5年时间里，联邦政府已经增加 67000 个升学名额，但调查表明仍有大概一半的中学毕业生不能接受高等教育。由于毕业生的数量难以满足劳动力市场的需求，因此首次提出教育是一种产业的观点，"联邦政府不能再把自己的角色定位在高等教育和培训服务的主要资助者,而应该作为高等教育经费资助的合作伙伴"①,扩大资金来源途径,政府必须扩大教育规模,供应经济、科学、技术、工程等领域的毕业生,扩大招收全额收费的海外留学生数量,以满足经济发展的需要。

(2)政策制定情况

道金斯高等教育改革的核心内容是合并高等教育学院和大学,建立统一的国家高等教育体系。高等教育白皮书《关于高等教育的政策声明书》将高等教育体制从"二元体制"改为"一元体制"。政府采取自愿原则,鼓励学生人数在2000～5000人之间的高等教育机构和某些发展受限的机构合并。政府发布《高等教育贡献计划》(HECS),制定了新的高等教育收费标准的费用,引入私人投资使澳大利亚高等教育进入市场化阶段。

澳大利亚实行"高等教育贡献方案"(HECS),向大学生收取高等教育成本20%的学费,同时为困难学生提供助学贷款,承认在高等教育领域的"谁受益,谁付账"的成本分担、利益分享原则。1985年,联邦政府宣布澳大利亚院校可以招收国际收费学生,自行设定费用水平,并决定如何投资营销和招生。引导综合型大学和各种性质的学院开发宣传性商品和市场化战略。全额收费制度的实施标志着澳大利亚国际教育从"教育援助"阶段向"对外贸易"阶段转变。

1987年,教育绿皮书《高等教育:政策讨论书》(Higher Education:A Policy Paper)指出,全额付费的海外学生是增加大学收入的重要来源;1988年教育白皮书《高等教育:政策声明》(Higher Education:A Policy Statement)强调,由于外部经济环境、政策和行政环境的改变,澳大利亚与其继续赞助发展中国家之教育及培训需求,不如担任伙伴的角色,以便追求个人和国家的共同利益。同年,政府公布了"高等教育经费法",规定所有海外留学生必须缴纳全部培养成本,所有高校均不得收取低于政府确定的收费标准的费用。只有经过澳大利亚就业、教育与培训部(DEET)特批的学校可以不在此范围内。此外,澳大利亚政府解除了对海外学生市场的管制,允许各大学直接招收海外学生,可自定并保留外国学生所缴的学费和学杂费,这并不影响各大学原先享有的政府经费。②

澳大利亚政府采取的教育商贸化政策,也促使澳大利亚国际组织发生了转变。1988年大学校长委员会改建"澳大利亚大学国际发展项目"组织,使其在提

---

① V. Lynn Meek and Fiona Q. Wood. Managing Higher Education Diversity in a Climate of Public Sector Reform[EB/OL]. May,1998:10. http://www. dest. gov. au/archive/highered/eippubs/ eip98 – 5/eip98 – 5. pdf. 2010 – 11 – 9.

② 王晓霞:《澳大利亚高等教育国际化功能分析》,载《华南师范大学》,2005(5),62页。

供教育咨询、举办教育博览会和英语测试之外,成为各大学招募外国学生的跨校组织,对外援助的性质逐渐转变了。①

2.发展情况

20世纪70年代,澳大利亚产业结构发生变化,制造业比重下降,服务业比重上升,引起国家就业政策的改变。由于新兴服务业高技能人员的市场需求不断上升,政府开始着力发展职业教育和职业培训。70年代中期,联邦教育部成立澳大利亚技术与继续教育学院委员会并逐渐兴建一批技术与继续教育学院(TAFA),该新兴的教育部门成为澳大利亚教育体系的重要组成部分。到80年代,由研究性大学、高等教育学院及技术(CAEs)与继续教育学院组成的高等教育体系仍然发挥着重要作用。1987年,联邦高等教育委员会(CTEC)建立。

该时期,政府为了减轻经济压力,由选择向国际学生征收学费的方式,演变为对外贸易的教育出口方式。80年代初,澳大利亚某些院校针对留学生开设了国际政治、国家贸易等课程。80年代中期,澳大利亚政府将国际教育出口贸易作为首要考虑。据有关统计资料显示,澳大利亚外国留学生从1970—1980年的平均增长率2%,上升到1980—1990年的12%。教育出口贸易带来的外汇收入1988年为1亿澳元,1989年增至1.74亿澳元,1990—1991学年更增至3.92亿澳元。随着澳大利亚政府对海外学生市场的开放,自费留学生的数量快速增加。

20世纪80年代后期以来,澳大利亚政府开始大力培育国际教育产业,积极支持教育服务出口。1989年在澳大利亚的自费生达到7902人,占澳大利亚境内全部学生的37.4%。②在此背景下,澳大利亚的国际教育产业发展迅速,持学生签证的全额付费海外学生从1986年的2330人增长到2008年的543898人。

(二)国际化阶段(20世纪90年代至21世纪初)

1.政策概况

(1)政策出台背景

人口不断增长、积极的政府政策以及经济转型形势下,澳大利亚的国际教育进入一个新的阶段。联邦政府以设立分校、和当地院校合办双联学位、远距离教学等方式吸引学生。但由于国际学生的利益在商业性质的教育体制下得不到保障,使得澳大利亚国际教育的竞争压力增大。因此,澳政府开始从多角度来提升国际教育的层次,从而实现了高等教育向国际化方向发展,政府开始调整战略,利

---

① 王晓霞:《澳大利亚高等教育国际化功能分析》,载《华南师范大学》,2005(5),62页。
② 戴晓霞:《高等教育国际化:外国学生政策之比较分析》,载《复旦教育论坛》,2004(5)。

用优惠政策吸引留学生。在新的形势下,澳大利亚政府奉行"从教育服务贸易期到国家化时期"的政策。澳大利亚由此进入以"经济利益为导向的产业高速发展期",国家贸易成为第四大出口产业。

(2)政策制定情况

政府重视对留学生的利益保护,健全了相关法律法规。1991年制定《高等教育:90年代的质量与多样化》政策,强调要重点考察高等教育质量与多样化的特征、高教机构发展和促进高等教育质量的策略、影响质量的主要相关因素以及管理和评价质量变化的方式等。

1991年制定《海外学生教育服务法》,该法案的核心内容是对海外留学生课程的登记,规定高等教育机构开设相关课程的条件。"当所开设课程的标准与相关领域开设的课程标准一致,开设课程的设备和服务标准适当,并提供了足够财政和其他资源保证时,有关权威机构才可以对课程给予认可","在入学之前,要为学生设置出很明确的专业课程;教学设施要满足开设课程的要求;如果通过代理授课,那么教学人员必须具有足够的资格,能够正确执行有效的质量保证措施。"[1]

1992年,联邦政府教育部长Kim Beazley指出:"政府意识到国际教育是澳大利亚国际关系中日益重要的一部分。它独一无二地跨越了国际关系文化、经济和人际的范围。它帮助所涉及团体相互间的文化理解,它通过拓展一个更为国际化的视野,丰富了澳大利亚的教育和培训体系,并拓宽了澳大利亚的社会体制。"[2]在该观点的支持下,澳政府重新定位了国际教育政策的重点。主要表现在以下几个方面:一是"外国留学生"的概念已经不再出现于职业招聘中,取而代之的是"国际学生";二是国际办公室和其线性管理的重组;三是接受课程国际化等关键问题的重要性;四是加强国外资格认证,认可高等学位。12月,确定新政策的关键点集中在教育价值和教育质量,以亚太为中心进一步开拓澳大利亚国际教育活动。除国际学生的流动外,高等教育国际化的其他四个方面在当前政策中也受到重视,如教职员的国际流动,课程的国际化,政府、机构间的国际联结。

1994年,澳大利亚就业、教育和培训部部长总结澳大利亚国际化的背景如下:"国际化已经通过提供广泛的课程为国内学生增加了学习机会,在阐述该政策时,提出将把重点放在教育国际化上,认为国际教育是澳大利亚国际关系的一个重要

---

① 张慧君:《澳大利亚海外学生教育服务法体系构建研究》,首都师范大学硕士学位论文,2008。

② Grant Harman. Australia as a Major Higher Education Exporter[M]. 2002,p. 7.

组成部分,它有利于拓展国际间文化、经济和人民之间的交往,促进相互了解,同时从国际发展的角度来充实本国教育和培训体系及社会体制。"① 1997 年在《海外学生教育服务(教育服务提供方登记和财务规章)法》的基础上制定了《海外学生教育服务(注册收费)法》,对教育提供方的具体收费标准做出规定,对以往的教育服务法规做了必要的补充,以适应国际教育发展的现状。为进一步推动教育的国际化发展趋向,1994 年联邦政府和各州政府成立了澳大利亚国际教育基金会(Australian International Education Foundation,简称 AIEF),以达到宣传国际留学的目的并掌握国际人才市场的现状。

随着国际教育政策的推进,留学生人数不断增加,国际教育的质量和国际学生的权益成为关注焦点。2000 年以来,澳大利亚政府逐步构建了一个完整的立法框架,即海外学生服务立法框架。该立法框架主要有三项职能。一是对面向海外学生的教育机构进行规范管理。把控国际教育市场准入标准,澳大利亚政府规定教育机构必须在"面向国际学生的机构和课程联邦注册系统"(The Commonwealth Register of Institutions and Courses for Overseas Students ,简称 CRICOS)注册,并对注册资格进行严格规定。招收海外学生的高等教育机构在该系统上为学生签发"电子注册确认书(ECOE)",这个系统透明度高,面向社会公众,便于联邦政府对国际留学生进行管理。②③

第二是保护海外学生的经济利益。《2000 年海外学生服务法案》(Education Services for Overseas Students Act 2000)规定:"国家运用法律手段监督国际教育服务提供者的权力","建立国家的国际教育服务机构的认可和注册制度","强制所有招收海外学生的机构设立学费保障基金,以保障学生的课程学习权益"等。法案规定,教育提供者必须加入"学费保障计划"(Tuition Assurance Scheme)和"海外学生服务保障基金"(The ESOS Assurance Fund),如果学生或教育机构违约,则责任由"学费保障计划"和"海外学生服务保障基金"承担。所有学生有权退款,退款数额根据具体情况而定,若教育机构违约但不履行退款义务时,学生可以通过法律途径来维护自身合法权利。

第三是抑制学生签证滥用现象。该规定要求教育机构必须使用"机构注册和国际学生管理系统"(Provider Registration and International Students Management

---

① 杨尊伟:《澳大利亚高等教育国际化探析》,东北师范大学学位论文,2004。

② The Parliament of Australia enacts. Education Services for Overseas Students Act 2000 [R] 2000,pp. 18 – 20.

③ The Parliament of Australia enacts. Education Services for Overseas Students Act 2000 [R] 2000,p. 25.

System ,简称 PRISMS),对学生身份进行确认。移民局由此获得签证评估的学生细节。教育机构有义务监督并上报学生对签证相关要求的遵守情况,规范国际学生的管理秩序。

推进保障海外学生权益立法的同时,澳政府关注高等教育质量的提高。1990年,政府颁布《澳大利亚高等教育机构对海外学生提供教育的道德行为准则》(Code of Ethical Practice in the Provision of Education to Overseas Students by Australian Higher Education Institutions),1995 年颁布《澳大利亚高等教育机构提供海外(非本土)教育和教育服务的道德行为准则》(Code of Ethical Practice in the Provision of Offshore Education and Educational Services by Australian Higher Education Institutions),使在澳留学生获得正规化、高质量的教育服务。

由于国际形势的变化,澳大利亚政府与亚洲大学加强了教学与科学研究合作,同时实施互惠的师生交换政策。政府拨出资金支持"大学面向国外流动计划"。澳大利亚大学校长委员会设立亚太地区大学交流项目,以促进高等教育系统中师生的互动,促进各个国家经济、社会和文化各方面的交流,提升教育体系水平。20 世纪 90 年代后期,全球化浪潮推进,1995 年 WTO 服务贸易总协定公布,澳大利亚政府和大学顺应潮流,大力拓宽国际教育服务机构,开设国际课程,招收海外学生。同年,由澳大利亚各级政府通过教育、就业、培训和青年事务部长协商会议建立并资助"澳大利亚学历资格框架"(Australian Qualification Framework,简称 AQF),保护澳大利亚教育与培训的质量。该框架下的学历资格在澳大利亚国家和其他国家具备有效性,促进了各部门教育与培训的灵活衔接与合作,为澳大利亚在全球教育市场上营销课程提供便利。

2002 年《海外学生教育服务法》修订,从资金保障、学生信息与管理三点为招收海外学生的教育机构制定准入标准。2003 年,联邦政府进行高等教育改革,颁布《我们的大学——支撑澳大利亚的未来》报告,推动澳大利亚国家教育的深入发展。2003 年澳大利亚的教育财政预算为 1.13 亿澳元,财政预算的重点包括:实施质量保障措施,确保招收海外学生的澳大利亚教育机构的教学质量,杜绝违法行为;发展自我防范体系,确保澳大利亚的境外办学质量;优化学生签证管理,杜绝舞弊和作假行为;推出新的签证类别,即专业发展签证(Professional Development Visa)和学生监护人签证(Student Guardian Visa);向四个从事教育、科学创新和旅游领域研究的国际知名研究中心提供拨款;建立研究项目奖学金,吸引海外优秀学生赴澳深造;同时向澳大利亚语言教学人员的短期海外培训项目提供资助等措施。政府划拨资金,专门设立四个"卓越国际教育研究中心",研究高等教育质量问题。

2004 年出台《全国的质量策略——澳大利亚跨国教育与培训》。报告涉及国内高等教育,境外教育的各种层次、类型和模式,提出跨国教育项目的质量保障及认证事宜。接着 2005 年,联邦政府出台《输出一流的国际教育和培训》和《澳大利亚跨国教育和培训国家质量战略》(A National Quality Strategy for Australian Transnational Education and Training),管理跨国教育,确保国际教育质量与国内教育质量相统一。2007 年再次进行修订,颁布《2007 年招收海外学生的教育与培训机构及注册审批机构的国际行业标准》。到 2007 年,澳大利亚高等教育部门的国际学生占全球份额的 7.0%,美国为 19.7%,英国为 11.6%,德国为 8.6%,法国为 8.2%。① 2008 年以后,澳大利亚政府开始向全方位、多层次教育体系方向发展。

21 世纪初,留学生数量剧增,澳联邦政府为加强管理规范,在 2007 年出台《2007 年招收海外学生的教育与培训机构及注册审批机构的国际行业规范》(National Code 2007),在以下多方面对国际学生做出规定:海外学生转学事项;关于未满 18 周岁的学生社会福利制度;课程进度和学生出勤标准。教育机构负责对每位学生的出勤率做出统计,若未达到最低出勤标准则采取相关措施,取消其学生签证。该项法规的出台进一步具体规定了国际学生的留学事务,更好地保障了海外学生的权益。

澳大利亚国际教育的突出特点之一体现在移民政策。为有利于海外学生的技术移民,澳政府规定从 2001 年起以往全额付费海外学生不需要离岸申请永久居住权。政府改变技术移民得分测试(points test),为澳大利亚大学的毕业生增加额外得分。1997 年至 2003 年,海外学生注册人数每年上升 15%;2001 年 6 月至 2004 年 1 月,共有 2.3 万名海外学生在学业结束后成功获得了永久居住权。②

之后澳大利亚政府对技术移民政策做出了新的调整。2003 年,澳大利亚移民局宣布,从 7 月 1 日起变更海外学生申请技术移民的加分规定,根据此规定,一个海外学生若在澳大利亚全日制学习两年或以上,获得文凭或学士学位,那么可获 5 分;在澳大利亚全日制学习两年或以上,获得硕士学位或荣誉学士学位,可获 10 分;同理,获得博士学位可加 15 分。随后,2007 年 9 月 1 日,澳大利亚移民修正案将硕士学位和博士学位的分数提高至 15 分和 20 分,同时,为了鼓励海外学生到澳大利亚偏远地区和低人口地区就读,规定凡在澳大利亚指定偏远地区或低人口

①　OECD. Education at a Glance 2009 – OECD Indicators [R]. Paris : OECD ,2009.314.

②　Megarrity L. A Highly – regulated ' free market ' :Commonwealth policies on private overseas students from 1974 to 2005 [J]. Australian Journal of Education.2007,51(1).

地区留学的申请人可获得 5 分的加分。①

(3)成立专门机构

1984 年澳大利亚教育国际开发署(IDP)正式从 1969 年成立的下属于澳大利亚大学委员会(AVCC)的第一个海外教育质量保障机构转变为独立组织。1993年更名为澳大利亚国际教育协会(AIE),该协会在 1994 年设立澳大利亚国际教育基金会(AIEF)。"基金会主要职能是在国际上宣传推广澳大利亚的各类教育项目,吸引更多外国学生到澳大利亚留学,从而通过教育输出引进更多资金。理事会还定期派出代表参加国际教育活动,了解各国的海外教育市场动态,对澳大利亚海外校友会开展的各类活动进行资助,国际教育基金会每年都要总结各国海外教育的经验,在此基础上分析国内的情况,并向联邦教育部部长提出具体建议。"②

2000 年建立澳大利亚大学质量保证署(Australian Universities Quality Agency,简称 AUQA),该机构是一个负责大学和其他高等教育机构的公共质量保证,并提高这些院校的学术质量。澳大利亚本国大学在校生中海外留学生人数达到112029 万,大学海外分校在校生人数达到 45175 万。2003 年,联邦政府在预算中安排了加强审计澳大利亚跨国办学活动的专项,并建议大学质量署加强对跨国办学项目的监督和管理。2005 年,联邦政府颁布了"跨国教育质量框架",该框架包括四个方面的内容:加强对澳大利亚跨国教育与培训质量的宣传和推广;扩大开放有关跨国教育活动的数据和信息;强化质量保证机制的有效性;跨国教育项目在教学标准和项目实施上必须与国内教育项目具有相同的水准。大学质量署对各个高校机构的海外办学情况进行调查并开展审计工作,考察内容主要包括:每个海外办学点的教师和学生数;海外办学活动出现问题的可能性及其后果;高校如何保障海外学生的利益;办学所在国家是否有相应的质量保证措施;海外办学点的数量与位置等。③

2.发展情况

(1)合作协议

21 世纪初,澳大利亚国际教育的结构逐步走向完善。澳大利亚境内各大学与国外机构签订了包括留学项目、教师职员交流、交换生项目和学术研究合作等各

---

① 王曦:《西方国家留学生消费者权益保障研究——以美国、澳大利亚和新西兰为例》,湖南师范大学学位论文,2012。
② 崔爱林:《二战后澳大利亚高等教育政策研究》,河北大学学位论文,2011。
③ 全球大学创新联盟编,汪利兵、阚阅译:《2007 世界高等教育报告》,250 页,杭州:浙江大学出版社,2009。

种形式的协议。其中,在协议合作国家方面,协议数量前十位如表5-1所示。据表5-1可知,中国(包括香港地区)与澳大利亚境内大学合作协议签订数最多,其次是美国和日本。

表5-1 2003年至2009年澳大利亚境内大学国际协议签订情况

	2003	2007	2009
China* Exc. Hong Kong and Macau	457	488	628
USA	690	759	777
Japan	368	386	383
Germany	256	325	326
UK	233	295	320
France	189	262	279
India	50	98	135
Canada	175	233	258
Indonesia	158	118	126
Korea	193	212	218
TOTAL for Top Ten	2769	3176	3450
TOTAL for all countries	4485	5168	5555
Top Ten proportion of total	62%	61%	62%

(图表来源:International Links of Australian Universities, Formal agreements between Australian universities and overseas higher education institutions, September 2016.)

在具体的协议合作内容上,包括教师的国际流动、交换生项目、留学生项目等。教师的国际流动是促进教育国际化进程的一个重要方面。学生的国际交流和教师的流动一样,可以扩大其在智力方面和文化方面的眼界,也可以找到通向最好或最专门化机构的道路。以2003年为例,澳大利亚国际教育正式协议签订情况如表5-2所示。其中交换生项目数量最多,占总协议数的72%。其次,学术合作和研究合作的协议占总数的68%,次之是教师交换协议项目,占总数的62%,而出国留学协议项目则相对最少,占总协议数的19%。

表 5 - 2　2003 年澳大利亚国际教育正式协议签订类型情况

	2003	
	Number of agreements	Proportion of Total
Study Abroad	854	19%
Staff Exchange	2,771	62%
Student Exchange	3,231	72%
Academic/Research Collaboration	3,054	68%

（图表来源：International Links of Australian Universities,Formal agreements between Australian universities and overseas higher education institutions,September 2016. ）

（2）留学生人数

高等教育在该时期已经不限于对外经济贸易方面的交往,同时也注重学术、文化等层面的国际交流。20 世纪 90 年代,各个院校响应政府的政策,积极开设国家性课程,以吸引外国学生留学。"另一方面,澳大利亚为了满足澳大利亚劳动力市场的需求,增强其自身的经济竞争力,也开始积极派遣本国学生去国外学习,通过与国外各国高校签订交换协议,建立合作关系,为学生的交流学习打下基础,除此之外,通过设立奖学金、助学金或者贷款项目帮助学生解决国外学习的资金问题,鼓励学生采取自费方式去国外进行一定时间的学习或实习以开阔视野。"[1]

20 世纪 90 年代以来,澳大利亚教育输入市场仍主要以欧美国家为对象,但政府有意识地将政策向亚太地区倾斜,专门拨款实施科伦坡计划,输入学生进行国际交流学习。1990 年,国际学生为 4.7 万人。澳大利亚的海外学生人数增长迅速,到 1995 年,国际留学生人数超过 8 万人,其中大约 5 万人在大学留学,为澳大利亚的经济收入贡献了 19 亿澳元。到 20 世纪末,澳大利亚海外学生占全校学生的 10%—20%,成为世界第五大留学生接收国,达到国际化大学的标准,并在全球高等教育国际化市场上占据了重要地位,成为名副其实的教育出口大国。[2] 2000 年增长到 18.8 万人,到 2009 年增长到接近 50 万人,留学生来自全球 190 个国家。高等教育阶段留学生从 1997—1998 年度的 10.8 万人增加到 2009—2010 年度的 26.98 万人。[3]

澳大利亚教育国际开发署的统计资料表明,在本土外即联合办学机构学习的

① 杨启光:《教育国际化进程与发展模式》,260 - 261 页,北京:社会科学文献出版社,2011。
② International Students Strategy for Australia[EB/OL]. http://Australia. gov. au/
③ 李晓东:《澳大利亚留学生教育政策研究——以高等教育为研究对象》,中央民族大学学位论文,2013。

"在地留学生"(offshore),2001年,澳大利亚38所大学在世界各国开设的"离岸教育服务"项目达1009个,学生超过349056人。1994年至2002年,在地留学生人数以及占外国留学生人数情况如表5-3所示。到2002年,在澳大利亚全国各大学注册的海外留学生比上年增加了18%,达到14.5万人,而同期澳大利亚国内的学生招生数为61.9万人,仅比上年增加了3.8%。增长最快的是中央昆士兰大学,增幅为20.6%;其次是澳大利亚国立大学,增幅为18.6%。①

表5-3 1994年至2002年澳大利亚在地留学生与本土留学生人数情况

年份	在地留学生 (人)	本土留学生 (人)	在地留学生人数/外国学生总数(%)
1994	8432	35290	19
1995	11026	39685	22
1996	12563	46773	21
1997	16309	52847	24
1998	22538	56810	28
1999	29481	60914	33
2000	34905	72717	32
2001	52508	91852	36
2002	52772	97751	35
增长率	526%	177%	

(图表来源:Selected Higher Education Student Statistics 2000, DEST and International Students in Australian Universities, IDP, 2002)

(3)院校情况

澳大利亚"优秀大学指南"(The Good University Guide)将大学分为五个等级,分别是五星、四星、三星、二星和一星,星级越高则大学的知名度越高,每个星级组一般有8所大学。据澳大利亚教育、科学与培训部的资料显示,截至2000年,澳大利亚38所大学全部参与了在海外的跨国高等教育活动。截至2003年5月,澳大利亚38所大学在海外的跨国高等教育项目总数达1569个,比2001年增长了560个,涉及五大洲的43个国家或地区,其中375个在新加坡、321个在马来西亚、

① 安钰峰:《澳大利亚启动新一轮高教改革》,载《中国教育报》,2002-12-14。

227 个在中国香港、200 个在中国内地,25 个在印尼,另外包括泰国、印度、越南等国家共计 421 个。

五星大学在全世界范围内共开展了 128 个跨国教育合作项目,与其他几种类型相比数量最少,平均每所大学 16 个项目,而且在选择合作伙伴时非常慎重。其中莫纳什大学共有 53 个国际合作项目,是五星大学中最活跃的一所。从数量上看,二星级大学开展的合作项目最多,平均每所大学近 80 个。在四星大学中,科廷科技大学共有 127 个国际合作项目,占到同组总数的 43%。这些数据基本体现了威望低的大学反而国际合作办学活跃的规律,这主要因为威望高的大学以其自身的品牌能吸引学生到本校学习,威望低的学校则希望通过开展跨国高等教育提高自身的知名度,以便于扩大生源,同时合作办学的内容多为教学合作,教学型的大学也更容易投入。[1]

2003 年,澳大利亚大学与海外高等教育机构建立了 1569 个境外合作办学项目,其中中国(包括香港地区)、新加坡和马来西亚三者之和达 70% 以上。2005 年,澳大利亚的教育出口额高达 72 亿 8 千万美元,比 2004 年增长了 6 亿 5200 万美元,增幅为 9.8%。到 2007 年,高等教育学校跨国教育项目情况如下:科廷科技大学 129 个、莫纳什大学 90 个、南澳大利亚大学 87 个、南昆士兰大学 83 个、中央昆士兰大学 60 个、皇家墨尔本理工大学 57 个、拉筹伯大学 41 个、伊迪斯科文大学 40 个、维多利亚大学 30 个、卧龙岗大学 27 个。[2]

(4)专业分布

澳大利亚跨国高等教育的专业分布主要集中在商课,包括工商管理、会计、经贸、国际商务领域,占全部跨国高等教育项目的 42.8%,其中学士和硕士层次居多,其他教育层次(包括预科及其他非学历课程等)只占 0.4%;信息技术专业学士层次占到 6.9%,硕士层次达到 2.9%,其他教育层次只占 0.1%,总体比例为 10%;包括医疗保健、教育学、建筑学、社会和文化学等其他跨国高等教育专业中 20.0% 是学士层次,23.3% 是硕士层次,3.9% 是其他教育层次,总体比例占 47.2%。[3]

2004 年以来,商务与管理类是留学生最青睐的专业,学习该专业的留学生占留学生总数的 46.2%;信息技术类次之,占 14.6%;社会文化类排行第三,约占

---

① 龚思怡:《我国与澳大利亚高校合作办学现状分析》,载《教育发展研究》,2005(2),48 页。

② http://www. universitiesaustralia. edu. au/documents/policies _ programs/international/activi-ties/Offshore – Programs – 2007. xls,2007 – 11.

③ 刘娜:《关于澳大利亚跨国高等教育的初步研究》,福建师范大学学位论文,2016。

8.1%；学习农学类的海外学生比例仅为 0.6%；教育学为 2.8%。①赴澳大利亚留学的学生大部分是学士和硕士层次，其他教育层次比例小；专业方面集中学习经济类和技术类专业，而人文类专业则比例很小。

（5）课程设置

高等教育国际化要求高等教育机构设置国际化的课程，以提高现阶段国际教育的水平。课程国际化，即将国际或跨文化内容引入高等教育教学、研究、社会服务将是 21 世纪高等教育的最根本趋势之一，其目的是培养适应全球化、急剧变化、联系紧密的世界所要求的人才。1990 年 4 月，澳大利亚共有 845 所高等学校被授权为外国留学生提供各类国际性课程。澳大利亚实施课程国际化的途径主要有：增加课程中的国际性内容；创办联合学位课程，包括专业课程和国际研究/语言课程；开设涉及多国的交叉项目；引进语言学习和地区研究；采用比较和跨文化的研究方法；规定部分国外学习课程或外国学习经历；安排在海外学习或教学旅游。其目的是使课程和教学方法更具国际竞争力，使教学内容和教学质量进一步提高。1995 年，由澳大利亚教育国际开发计划进行的一项大学情况调查显示，澳大利亚已经有 1000 多门课程开始朝着国际化方向发展。这些课程中 25% 是包含国际内容的课程，18% 是交叉学科项目。②

（6）教育服务产业

澳大利亚的教育服务产业由高等教育、海外学生英语语言集中课程（ELI-COS）、职业教育与培训（VET）、中小学、其他部门等 5 部分组成。2008 年，职业教育与培训和英语语言部门的国际学生注册人数增长飞速，相比 2007 年分别增长了 46.4% 和 23.4%。2009 年 9 月，职业教育与培训部门的国际学生注册人数首次超过高等教育部门，分别为 212538 人和 200593 人。澳大利亚国际教育服务出口的方式主要有 4 种，分别是跨境交付（cross – border supply）、境外消费（consumption abroad）、商业存在（commercial presence）、自然人流动（movement of natural persons），其中境外消费占据主导地位，但其他方式增长也较快。澳大利亚国际教育服务出口主要市场在亚洲，2008 年国际学生来源国和地区前十名分别是中国内地、印度、韩国、泰国、马来西亚、尼泊尔、中国香港、印度尼西亚、巴西、越南，在其所有国际学生来源国和地区中，仅中国和印度所占比例就超过 40%。③ 2009 年 10 月，澳大利亚持学生签证的全额付费海外学生注册人数达 610443 人，与

---

① 吴瑕：《澳大利亚海外学生留学教育》，广西师范大学学位论文，2014。
② 杨尊伟：《澳大利亚高等教育国际化探析》，东北师范大学学位论文，2004。
③ 赵强：《澳大利亚国际教育产业发展中的政府干预探究》，载《中国高教研究》，2011（4）。

182

2008 年同期相比增长了 18.2% ;毕业人数 343724 人,与 2008 年同期相比增长 15.3% 。①

第二节　发展特点

(一)国际化教育理念不断深化与发展

在 20 世纪 30 年代之前,澳大利亚国际教育体现在境内学生前往欧洲、美国等地留学的单一模式,在该背景下的国际教育规模小,留学生人数十分有限。随着二战的结束,澳大利亚进行经济恢复和发展,加大教育的投入以培养高素质人才。20 世纪 50 年代,联邦政府调整教育政策,制定了高等教育重建计划。同时,战争的结束导致大量移民现象,澳大利亚人口大幅增加,对教育的需求也日益强烈。随着世界范围内国际教育的兴起,澳大利亚实施了一系列教育改革措施,教育国际化的趋势也愈加明显。

澳大利亚具有发展高等教育的国际化视野,在世界上高等教育国际化程度很高。澳大利亚认为,高等教育国际化是澳大利亚国际关系的一个重要组成部分,它独一无二地跨越了国际关系中文化、经济和人际的范围,增进所涉及的团体相互间的文化理解,拓展一个更为国际的视野,丰富了澳大利亚的教育和培训体系及社会体制,使之在形式和内容上更好地适应国际教育发展的新需求。为本国学生创造了更多机会,使澳大利亚学生和教师有丰富的国际经历,扩大视野,有利于高素质人才的培养。增加了澳大利亚人参加国际教育、培训和学术研究的机会,促进澳大利亚的教育和培训服务出口,提高澳大利亚的国际地位,吸收海外的优秀学生和学者,可提高其高校的知名度。大量的海外研究生成为澳大利亚科研领域的重要力量,其成果是其科技成果的重要组成部分,使澳大利亚获得所需的科学技术,提高本国的国际竞争力。有效拓宽本国教育经费来源渠道,使教育成为赚取外汇的一个重要部门。教育出口消费间接刺激澳大利亚旅游、房产等经济活动,进一步增加就业机会,为本国产业结构升级和国民经济的发展做出重要贡献。

① Department of Education, Employment and Workplace Relationships. Monthly Summary of International Students Enrollment Data – Australia – YTD October 2009[EB/OL]. http://aei. gov. au/AEI/MIP/Statistics/Student Enrolment And Visa Statistis /2009/MonthlySummary_Oct09_pdf. pdf,2009 – 12 – 10.

跨国高等教育实践,有利于澳大利亚长远的政治、经济及战略上的利益。合作对象国大部分来自亚洲,大大加快了澳大利亚同迅速发展中的亚太国家在经济、政治、文化方面的合作进程。接受澳大利亚高等教育的海外学生日后成为亚太地区国家领导人物时,将为澳大利亚社会、政治和文化带来极大益处,增进相互的了解和联系。①

澳大利亚国际化教育理念的树立推动其出台各项政策和法规,划拨大量的财政资金保障各个层次澳大利亚跨国教育合作项目的进程。

(二)国际教育输出与输入发展不平衡

1.国际教育输入概况

教育输入是指澳大利亚本土学生作为主体参与国际教育,前往其他国家或地区接受教育或参加其他交流活动。20 世纪 90 年代以来政府将国际教育的输入重点放在亚太地区,并出台各项政策和规划支持国际教育行动。2003 年,联邦政府颁布《2003 高等教育支持法》,规范联邦对高等教育提供者的拨款和对学生的资助,对其中的条目包括对高等教育提供者的拨款、对学生的贷款项目、贷款的偿还机制以及运作方式都做了详细的说明,并且涵盖联邦拨款计划(Commonwealth Grant Scheme,简称 CGS)、其他拨款和联邦奖学金(Commonwealth Scholarships)等具体规定。

在学生自费出国留学方面,澳大利亚在各个大学设立奖学金,鼓励学生参加出国留学项目。政府规定,学生只需要向国外高校提出申请,并提供相关材料和证明达到院校入学资格就可以出国留学。此外,澳大利亚政府还与国外政府或机构建立合作关系,开发各类交换项目,为学生赴海外交流创造更多条件。如 2007 年,澳大利亚政府与欧盟在悉尼签署联合声明,加强双方人员流动合作。

20 世纪 90 年代以来的澳大利亚国际教育输入承接了之前的发展趋势,英、美等欧美发达国家仍是其教育输入的主要目的地,政府会赞助学生到其他国家尤其是北美和欧洲国家的高校进修,只是这一时期澳大利亚对亚太地区国家表现出了前所未有的关注。政府在制定相关政策时,比如贷款项目,会向亚太地区国家倾斜,以此来引导学生对这一地区的关注。此外还专门拨款成立新科伦坡计划,从国家层面上有计划有组织地向这一地区输出学生进行交流学习。

---

① 周众:《澳、英、美高等教育国际化的基本经验及启示》,载《重庆师院学报(哲学社会科学版)》,2002(4),106 - 107 页。

2.国际教育输出概况

教育输出是国家的教育出口,指本国教育作为服务产业向其他国家输出,包括澳大利亚在本国内及海外以各种形式开展的招收国际学生的项目。澳大利亚作为一个教育贸易大国,教育输出在其国际教育中占主要部分,而国际发展教育最原本的目的在于培养本国人才。这不仅说明澳大利亚教育具有相当的吸引力,同时也表明了政府以教的输出寻求经济发展的决心。20世纪90年代以来,澳大利亚尤其重视教育输出市场,将其视为国家的重要战略。

20世纪80年代初,澳大利亚一些院校已经开设了如国际政治和国际经济、国际金融和国际贸易、国际文化研究、国际史、国际农业发展研究等国际性课程,通过这些课程的学习可以让学生对关于国际社会政治、经济、文化、历史等状况的知识有一定了解。还会规定部分国外学习课程或国外学习经历,安排学生去海外实习或教学旅行等。

20世纪90年代以来,澳大利亚为了满足澳大利亚劳动力市场的需求,增强其自身的经济竞争力,也开始积极派遣本国学生去国外学习,通过与国外各国高校签订交换协议,建立合作关系,为学生的交流打下基础。除此之外,通过设立奖学金、助学金或者贷款项目帮助学生解决国外学习的资金问题,鼓励学生采取自费的方式去国外进行一定时间的学习或实习以开阔视野。澳大利亚政府开始采取各种优惠政策鼓励外国学生前往澳大利亚学习,澳大利亚的院校以及其他机构也积极配合政府的相关政策,用各种营销手段吸引留学生,所以去往澳大利亚留学的国际学生数量大幅增加。

(1)资金投入

2003年澳大利亚联邦政府积极增加教育投入,公布的2003—2004年度财政预算中教育预算计划总额为1.13亿澳元。2007年,澳大利亚教育、科学与培训部(DEST)发布官方消息,政府将拨款4300万澳元用于澳大利亚大学的建设。这些拨款将用于支持反战地域性和边远地区的校园建设,以及完善当地的电子基础设施,使之能够提供高质量而灵活的教学服务。①

(2)法规建设

1991年,澳大利亚颁布《1991年海外学生服务法(教育提供者注册和财务规定)》;1995年颁布《澳大利亚高校在境外向留学生提供教育和教育服务的从业道德准则》;2000年出台新的《海外学生服务法》《海外学生教育服务管理规定》;2001年出台《全国海外学生教育和培训提供者及登记机关工作章程》、《全国高等

---

① 霍枫:《澳大利亚教育输出政策的研究》,上海师范大学学位论文,2005。

教育批准程序议定书》,规范国内高等教育设置,兼顾对涉外办学做出相关规定。2002 年修订了原有的《海外学生服务法》,主要包括资金保障、学生信息与管理三大内容。2004 年对该法案进行了评估,这一举措保护了持学生签证来澳大利亚留学学生的权益,对保障本国教育出口产业的质量以及澳大利亚移民政策的完整性起到了极其重要的作用。2005 年发布《澳大利亚大学从业准则与指南》。

(3)政策建设

教育输出政策是国家为适应教育出口而制定的一系列法律法规。1985 年,推出发展教育服务出口政策;1990 年澳大利亚大学委员会制定《澳大利亚高校在本土向海外学生提供教育的从业道德标准》;1994 年,在教育输出外汇收益 20 亿澳元,位列澳大利亚外汇来源第九的基础上,政府计划到 21 世纪初,教育输出每年创汇 40 亿澳元,2010 年达 60 亿澳元,成为第一创汇产业。澳大利亚政府积极推动与其他国家的贸易自由化,消除教育服务贸易壁垒。澳大利亚已与美国、新加坡、泰国签订了自由贸易协定(FIA)。《新加坡——澳大利亚自由贸易协定》(SA-FIA)为寻求进入新加坡建立分校的澳大利亚教育服务提供者提供了国民待遇和更多的市场进入,从而超越了《服务贸易总协定》(GATS)对市场进入和国民待遇的规定。此外,澳大利亚还与法国、德国、印度、墨西哥等国签署教育领域的教育谅解备忘录,并利用 APEC 等区域多边组织积极宣传其教育服务出口理念。①

3. 教育输出较输入发展水平高

从政府立法和政策层面来看,澳大利亚的国际教育输入与国际教育输出形成鲜明对比,相关政策较少。澳大利亚的国际教育一般被分为起步阶段、对外援助阶段、贸易雏形阶段、教育贸易阶段以及国际化阶段,然而这些阶段的划分都是以其国际教育输出为主体的。澳大利亚的国际教育输出已经发展成为一项国家性的产业,澳大利亚为了加强其在国际高等教育市场的竞争力,不断出台优惠政策吸引海外学生,相关政策法规也相对健全和完善,其中就包括《海外学生教育服务法》,而与此形成对比的是教育输入的相关政策法规却相对较少,缺少专门的关于这一领域的立法,一直处于一种被忽略的地位。但是随着其教育输入的规模越来越大,制定一整套相关政策是必不可少的,就目前的情况来看,有待进一步完善。②

---

① 赵强:《澳大利亚国际教育产业发展中的政府干预探究》,载《中国高教研究》,2011(4),38 页。

② 邓雪:《20 世纪 90 年代以来澳大利亚国际教育输入政策研究》,西北师范大学学位论文,2016。

(三)澳大利亚国际教育内部发展特征

1. 强调经济利益向注重发展效益转变

1979 年以后,澳大利亚海外学生的学费一直呈上升趋势,海外学生也逐渐成为购买澳大利亚教育服务的消费者。珊德勒(Chandler)在一项研究中指出,1979 年以后,在澳大利亚"学生"的概念已经发生了变化,"学生"不是客人,而是"顾客",本国学生和海外学生的学费也有了差异,传统的以教育援助为纽带的关系变成了教育服务买卖双方之间的贸易。①在该种背景下,教育对外援助的性质逐渐改变。加之 20 世纪 80 年代早期,世界范围内看全球化趋势加强,国际市场的经济联系加强,而澳大利亚国内经济发展也面临下行压力,于是政府开始调整国际教育政策,到 1985 年将国际教育服务作为出口产业面向国际市场。

20 世纪 80 年代末,澳大利亚实行的高等教育改革减轻了政府和大学的经济负担,在该项改革中出台了一部"高等教育贡献方案",该方案强调了向本国大学生收取高等教育的成本学费,向海外学生收取全额成本学费,正是这样成本分担、利益共享的原则使澳大利亚高等教育从此走上了"出口服务贸易"和国际化的轨道。为达到培训劳动力,加快澳大利亚经济增长和国际教育转变的目标,澳大利亚采取了一系列措施。1987 年高等教育绿皮书中强调高等教育应该更灵活,应该对商业和公众需求负责,并且在高等教育机构鼓励"创业精神"。随后在政府政策声明白皮书中指出,高等教育是微观经济改革的工具之一,澳大利亚与发展国家应成为伙伴关系,促进双方共同利益的发展,而不应继续承担援助角色。同年,澳大利亚政府颁布了"高等教育经费法",规定所有海外学生必须交纳全部学费。随着自费海外学生人数的急剧增加,1990 年澳大利亚政府颁布了新的政策,即所有在澳学习的海外学生必须支付全额学费。但为吸引海外学生,澳大利亚政府同时颁布了一些奖学金政策。②

进入 20 世纪 90 年代,澳大利亚开始重新定位国际教育服务的作用,不仅仅注重教育服务产业的经济利益,而越来越重视政治效益、社会效益等方面,关注国际服务的质量,国家间通过学生、教师和合作项目的合作与文化交流,即国际教育的重点从经济利益向社会效益过渡。

1994 年澳大利亚就业、教育和培训部部长凯姆贝里阐述了留学生教育新政策,明确提出未来将把留学生教育的重点放在教育国际化上,认为留学生教育是

---

① 舒新城:《近代中国留学史》,56 页,上海:上海文化出版社,1989。
② 吴瑕:《澳大利亚海外学生留学教育》,广西师范大学学位论文,2014。

澳大利亚国际关系的重要组成部分,它有利于拓展国际间文化、经济和人民之间交往,促进相互了解,丰富了澳大利亚社会,为澳大利亚带来了活力,多样化看待事物的新方式,扩大了澳大利亚的全球网络,使其与世界相连,同时也有利于充实本国的教育和培训体系及社会体制。这一阶段,澳大利亚留学生教育政策认可国际化的非商业利益,在招生过程中,市场和商业词汇的使用逐渐减少、接受诸如课程国际化等关键问题的重要性。①

在这一阶段,澳大利亚政府为提高教育质量,制定了《海外学生服务法》《澳大利亚高等教育机构对海外学生提供教育的道德行为准则》等法律法规,建立澳大利亚大学质量保证署等机构,以及各项针对性的措施,提升大学教育质量的同时保障国际学生的各项权益。澳大利亚国际教育计划的调整使其在获得巨大经济收益、满足劳动力市场需求的同时,也体现了国家对外政策的变化,传播了国内优秀文化、塑造了新的国际形象、加强了国际间的对话与合作,与其他国家建立了新的合作关系。

2. 以政府为主导、院校为依托的国际教育模式

澳大利亚国际教育之所以能够快速发展,政府在其中起到了主导作用。自1980年确定对外贸易的教育发展战略以来,为了有效地推动国际教育的输入和输出,拓展海外市场,澳大利亚政府实施了一系列举措,包括制定相关法律法规、成立专门机构、资金支持等方面。

相关法律法规和政策上文已经做了梳理,除此之外,澳大利亚政府还从其他方面吸引国际学生,包括简化签证手续、允许兼职工作、制定针对海外学生的医疗保险制度、实行技术移民政策、提供优厚的奖学金等。尤其在奖学金方面相当丰厚,"澳大利亚奖学金计划"(Australian Scholarships)是其中一个主要组成部分,由"澳大利亚发展奖学金"(Australian Development Scholarships)"澳大利亚领导力奖学金"(Australian Leadership Awards)和"奋进奖学金"(Endeavour Awards)三部分组成。"澳大利亚发展奖学金"年均拨款1.01亿澳元,资助人数为1100人,年均额度为45000澳元;"澳大利亚领导力奖学金"年均拨款1800万澳元,资助人数为150人,最大额度为62000澳元;"奋进奖学金"年均拨款3500万澳元,资助人数为391人,最大额度为52800澳元。奖学金覆盖了学费、生活费、旅行费、创业费等在内的多项费用。②

在官方机构设置方面,有关国际教育的专门机构主要有澳大利亚几十所大学

---

① 吴瑕:《澳大利亚海外学生留学教育》,广西师范大学学位论文,2014。
② 赵强:《澳大利亚国际教育产业发展探究》,《外国教育研究》,2011(2),87页。

联合建立的澳大利亚高等学校国际发展计划组织,后更名为澳大利亚国际开发署(简称IDP),负责制定国家国际教育开发方面的有关重要导向性政策,管理国家级国际教育开发项目,监督全国国际教育开发的进展情况,预测未来国家教育市场的需求变化等,从最初的外援组织发展成为澳大利亚全球教育推广机构。此外,还成立澳大利亚贸易委员会、澳大利亚国际教育司(Australian Education International,简称AEI),澳大利亚国际教育司是专门负责国际教育事宜的重要职能部门,该机构在16个国家的24个地方设有分支机构。澳大利亚国际教育基金会(AIEF,创建于1994年)和澳大利亚国际教育协会(AAIE,创建于1993年),这两个机构都是澳大利亚联邦政府推进教育出口战略的产物,其根本目的都在于推动国际教育的研究和发展,促进国内外教育交流与合作。

政府还积极制定各项规划,来指导和促进高等教育国际化以及教育产业的发展。教育、科学和培训部颁发的高等教育2002—2004年三年规划中,明确提出高等教育的目的和发展目标,为目标的实现增加政府对高等教育的投入,计划对高等教育的投入由2001年的59亿澳元增加到2004年的63亿澳元。澳大利亚校长委员会还制定了2020年高等教育愿景规划,指出澳大利亚教育出口将使澳大利亚在全球教育变革中占据优势地位,高等教育应使其资源和服务进入澳大利亚出口赢利项目的前三名,最后愿景规划还对政府和大学提出了一系列积极参与国际教育市场的要求和实施办法。[1]

另一方面,为顺应国际教育的发展趋势,澳大利亚院校开设各个门类的国际课程以及与国外院校签订协议,促进科研合作及教师和学生间的相互流动。并且本院校内设置服务出国留学的学生以及外国留学生的出国留学教育办公室,以专门解决国际学生的相关问题。在政府政策的鼓励和指导下,澳大利亚各层次的院校自主权扩大。各个院校制定相应的跨国高等教育发展战略,设立相应的机构和组织,将跨国教育纳入整体办学规划之中。加强跨国高等教育实践成为一些大学发展战略目标中不可或缺的重要内容。澳大利亚教育、科学与培训部的资料显示,截至2000年,澳大利亚38所大学全部参与了在海外的跨国高等教育活动。澳大利亚大学校长联合会的统计资料则显示截至2003年5月,澳大利亚38所大学在海外的跨国高等教育项目总数已经达到1569个,2002年"在地留学生"数最多的前十位大学分别是:南十字星大学(共有1404人,占留学生总数的83%)、埃迪科文大学(1647,49%)、卧龙岗大学(2109,32%)、西悉尼大学(4108,55%)、查尔斯特大学(5908,72%)、南澳大学(6587,74%)、中央昆士兰大学(1913,21%)、科

---

[1] 王剑波:《跨国高等教育理论与中国的实践》,华东师范大学学位论文,2004。

廷科技大学（5510,49%）、墨尔本皇家理工大学（6257,47%）、莫纳什大学（2030,14%）。①

　　澳大利亚除了招收外国学生留学外还积极拓展境外教育服务,包括与其他大学合作设立海外分校,派遣澳大利亚本土大学的教师,提供与大学相同的课程计划,并授予本校学位。其二是与境外大学合作,向外国学生输出课程,外国学生可以在本国先修完前几年的学分,再到澳大利亚的大学修完所剩学分,外国学生可同时获得澳大利亚大学和当地大学的双学位。其三是利用现代信息技术,进行远程教学。澳大利亚的大学建立数字学习决策学习小组,由全校各个学科领域的专家与相关人员共同组成。澳大利亚的大学与世界各地的大学或公司、组织密切合作,共同创造全球性在线虚拟大学。

　　20世纪80年代中期以来,在澳政府与各院校的积极推动下,澳大利亚的国际教育经历了市场导向的对外留学贸易服务向效益导向的国际化时期的转变,国际教育的水平进一步得到提高。

（四）澳大利亚国际教育外部拓展特征

1. 内容上侧重于人员交换和科研合作

　　澳大利亚国际教育的内容不断发展和丰富,主要形式是国际间的人员流动。20世纪70年代开始,人员间的国际流动已初具规模,到90年代呈现蓬勃发展的景象。主要包括留学生交换、学者访问、教师交换项目以及本国学生留学等形式。

　　学生的国际交流是高等教育国际化的一个重要因素。相对于欧美发达国家,亚太地区的澳大利亚人员流动近十年来发展较快,20世纪90年代以前,留学澳大利亚的学生只有寥寥数千人,90年代以来,其留学人数剧增,1993年6.1万人,1994年增至7万人,其中86%海外自费留学生来自亚洲,1999年9.34万人进入澳大利亚学习,2000年达到10.8万人。②

　　教师的国际交流是高等教育国际化的一个核心部分,是实现教育国际化的一条捷径。具有国际知识和经验的教师可以直接推动教学、科研的国际化发展。教师可以到外国进行一些跟上时代的高深研究,从事某项特定的研究项目或钻研某种专门的学科。这种方式可以充实教师的训练,提高他们的能力。1995年,澳大利亚高等院校签署的教学人员海外交流协议共有997个交流名额。澳大利亚大

---

① Excess Baggage Australian Staff Involvement in the Delivery of offshore Courses. http://www.nteu. org. au//freestyler/gui/media/Excessbaggage.

② 杨尊伟:《澳大利亚高等教育国际化探析》,东北师范大学学位论文,2004。

学校长理事会也努力扩大大学教师参与理事会国际交流的范围,为此,专门针对主导课程开办了一个季度的项目,吸引国内外学术和行政人员参加。最近开办的课程培训项目中,参加者有来自南非、斐济、新西兰等国的教师。理事会鼓励本国大学在与海外大学的合作协议中包含教师自我提高的项目。当然,在澳大利亚大学校长理事会与其他国家科研机构的合作协议中,也包含了提高教师自身素质的项目。可以看出,教师的国际化在教学、科研与管理方面起着重要作用。①

根据2003年到2009年澳大利亚国际教育正式协议签订类型的图5－1所示,澳大利亚与外国协议签订数量呈递增趋势,师生交换项目和学术研究合作项目占协议的大多数。其中,学术研究合作项目最多,并且呈上升趋势,而学生交换和教职员交换项目变化较为稳定,学生出国项目最少。由此可见,21世纪以来,澳大利亚国际教育内容上侧重于人员交换和学术科研项目的协作。

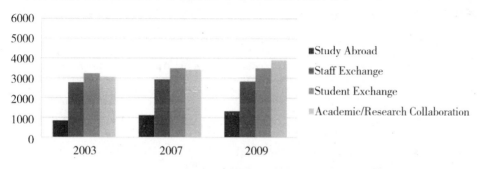

图5－1 2003—2009年澳大利亚国际教育正式协议签订类型情况

(图表来源:International Links of Australian Universities,Formal agreements between Australian universities and overseas higher education institutions,September 2016.)

2.地域上向亚洲市场倾斜

二战后,为了应对国际社会对"白澳政策"的批评,20世纪50年代,澳大利亚实施"科伦坡计划"(Colombo Plan),该计划与东亚及东南亚国家形成协议,向部分发展中国家派遣赴澳留学的留学生提供援助奖学金,同时限制留学人数。到1966年,澳大利亚结束"白澳政策",放宽非欧洲裔学生赴澳留学的限制。80年代以来,亚洲国家留学生人数快速增加,澳大利亚开始将亚洲作为国际教育市场的焦点。

20世纪90年代以来,世界多极政治的形成和亚太地区特别是东北亚地区成了经济增长的热点,而澳大利亚优越的地理位置和有利的国家政策,使其增强了

---

① 杨尊伟:《澳大利亚高等教育国际化探析》,东北师范大学学位论文,2004。

与亚太国家建立密切联系的意识。同时澳大利亚政府也认识到,当今教育国际化的重要市场是经济正在迅速发展中的一些亚洲国家,澳大利亚与亚洲是邻居,同其他英语背景的西方国家相比,有地缘上的优势。因此,澳大利亚的留学生教育始终将"亚太地区"作为其营销重点,将其地域优势发挥到了极致。①

1991年执政的基廷总理在上台仅四个月后于悉尼召开的亚澳学会演说中严肃地指出:"如果我们死抱着历史上与英国的传统关系及其价值观念不放,那将会削弱我们的民族文化、我们的经济前途和我们作为亚洲和太平洋国家的未来。"他指出,"改变我们的政治前途,包括作为一个民族重建我们的精神,汇聚我们的理智——所有这些事情,将是我们90年代的任务。"2005年9月,澳外交部发表了《教育无国界:教育领域的国际贸易》一书,明确表示澳大利亚应该成为东亚地区教育中枢,国家的各项战略目标都应该围绕这一重点来制定。②如表5-4所示,1988年到1996年亚洲留学生数量不断增加,亚洲留学生人数占所有国际留学生的87%左右。

表5-4　Full-Fee Overseas Student Numbers in Australia,1988—1996

Year	Total Student Numbers	Change Previous Year(%)	Numbers Of Asian Students	Asian Students As a Percentage Of Total Overseas Students
1988	21118	n. a.	19840	94.0
1989	32198	52.5	29994	93.2
1990	47065	46.2	43299	92.0
1991	47882	1.7	43695	91.3
1992	52540	9.7	44962	85.6
1993	52540	9.7	44962	85.6
1994	99966	18.1	84479	84.5
1995	120334	20.4	101705	84.5
1996	143067	18.9	121423	84.9

总体上看2004年至2009年留学生情况,国际留学生来源呈现出地域分布的

---

① 李晓东:《澳大利亚留学生教育政策研究——以高等教育为研究对象》,中央民族大学学位论文,2013。

② 孙红雷:《二十世纪九十年代以来澳大利亚海外教育的发展及其对澳亚关系的积极影响》,2005。

特点。其中发展中国家和地区占海外学生的最大比重,如表5-5所示①。从总体比例来看,亚洲地区海外学生数占总体比例80%左右,其他地区海外学生所占比重极其小。从年份变化趋势来看,亚洲地区的赴澳大利亚海外学生逐年增加,而欧洲和美洲地区的学生数量有下降情况,并且所占比例总体呈下降趋势。

表5-5 赴澳海外学生所属地区及其所占比例(2004—2009 年)

	2004	2005	2006	2007	2008	2009
大洋洲和南极洲						
海外学生数	2,868	3,488	3,144	2,541	2,576	2,615
比例(%)	1.3	1.5	1.3	0.9	0.9	0.8
欧洲						
海外学生数	13,868	13,273	12,346	12,756	13,332	14,119
比例(%)	6.1	5.5	4.9	4.7	4.5	4.4
亚洲						
海外学生数	183,316	191,554	202,012	221,166	237,958	258,894
比例(%)	80.2	80.0	80.5	81.0	80.9	80.7
美洲						
海外学生数	14,993	15,557	15,793	16,911	17,667	16,673
比例(%)	6.6	6.5	6.3	6.2	6.0	5.2
北非和中东						
海外学生数	5,493	6,575	7,358	8,609	10,141	12,880
比例(%)	2.4	2.7	3.0	3.2	3.4	4.0
撒哈拉以南非洲						
海外学生数	7,179	7,424	8,104	9,028	10,391	11,682
比例(%)	3.1	3.1	3.2	3.3	3.5	3.6

(图表来源:http://www.innovation.gov.au/Higher Education/Higher Education Statistics Publications/Pages/Students.aspx)

而澳大利亚所有高校在进行科学的市场调查后,也将生源重点放在亚洲。他们认为,近些年来亚洲经济飞速发展,国际性人才需求旺盛,而本国的教育又不能充分满足需求;另外亚洲国家的家庭重视对子女的教育,舍得投资;此外,亚洲学

---

① 吴瑕:《澳大利亚海外学生留学教育》,广西师范大学学位论文,2014。

生刻苦好学,成绩优秀,工作认真。对亚太地区的重视,促进了澳大利亚留学生教育的飞跃发展,《教育一览》显示,2009 年,OECD 国家中接收亚洲留学生最多的国家是澳大利亚、日本和韩国,澳大利亚 79.1% 的留学生来自亚洲。①

第三节　影响机理

(一)国际因素

1. 全球化发展潮流

18 世纪到二战之前,"国家主义"思想占据主导地位,各国高等教育以国家利益为重,教育交流以几个大国向殖民地国家输出教育模式为主。例如美国于 1919 年成立了国际教育研究中心,英国于 1934 年成立了国际教育研究所。二战后,和平与发展成了世界主流,信息技术突飞猛进,全球化时代悄然到来,任何一个国家要想蛇立于世界民族之林中,就必须参与到世界人才市场的竞争中来。20 世纪 90 年代以来,高等教育国际化逐渐成为各国高等教育改革和发展的指向标。其主要特征表现在教学的国际化,包括教学思想、教学手段、课程内容以及教学质量评估的国际化;管理的国际化,即善于利用国际上先进的管理理念、科学的决策程序,实现良好的管理效益;科研的国际化,即科研选题立足国际学术前沿,科研成果具有国际水平,人才培养具有国际竞争力;最后便是教育合作的国际化,这也是高等教育国际化最重要的特征之一,包括师生互换、学者互访、合作办学、合作研究等。②

随着经济全球化和现代科技与信息技术的快速发展,国际教育也开始走向全球化。各个国家开始探索国际化发展方式。澳大利业政府也积极推动教育的国际化,把教育作为一种出口服务贸易,进而开拓世界市场,以实现国家融入全球化的综合效益。

2. 经济形势

20 世纪 80 年代,国际"冷战"格局结束,国家之间开始由政治与军事之间的竞争转为经济领域的竞争。经济全球化是这一时期最显著的特点,推动了商品、

---

① 李晓东:《澳大利亚留学生教育政策研究——以高等教育为研究对象》,中央民族大学学位论文,2013。
② 吴瑕:《澳大利亚海外学生留学教育》,广西师范大学学位论文,2014。

服务、技术、人力、资本和信息等生产要素在全球范围内的流动,促进资源的有效配置。同样,经济全球化也推动了高等教育的国际化,加强了各国之间在教育资源方面的教育市场。高等教育国际化应经济全球化而生,是世界经济一体化进程的必然产物。当经济走向全球一体化时,一方面国际经济联系日益密切,另一方面各国在经济领域的国际竞争也越来越激烈。现代高等教育日益从社会的边缘进入社会的中心,经济发展与高等教育的联系越来越密切。①

20 世纪 90 年代以来,世界各国,尤其是经济合作与发展组织国家,纷纷把教育服务作为一项出口产业,制定了一系列推进战略,积极开拓海外教育市场,为本国创造直接的经济利益和人才、声誉以及文化交流等社会利益。1995 年世界贸易组织通过的服务贸易总协定(GATS)明确规定"除了由各国政府彻底资助的教学活动外,凡收取学费、带有商业性质的教学活动均属于教育贸易服务范畴",教育服务(Education Services)被视作 12 类服务贸易中的第 5 项。这标志着早在 20 世纪 90 年代中期,世贸成员国就达成共识,把教育作为一种服务贸易,可以按照商业的模式运作并带来可观的利润。②

在该形势的推动下,澳大利亚为了参与世界教育市场,开始转变"教育援助"的战略,推动教育产业升级,将教育服务作为出口产业,吸引人才向澳大利亚流动,增加本国的经济利益。并依托现代科技开发远程教育,向国外学生推广,由此为其带来巨大的收入。在 1990—1991 学年澳大利亚国际教育贸易收入来自学费达 3.92 亿澳元,通过向留学生销售各种商品和服务收入有 2.7 亿澳元。在 1998—1999 年度教育出口赚得 32 亿澳元,其出口额在 1998—1999 年度比 1988—1989 年度增加了数倍,是所有出口产业中增长最快的,教育已经成为澳大利亚第 8 大出口创汇产业。

3. 国际形象

20 世纪初,澳大利亚实行"白澳政策",不允许白人以外的人迁居澳大利亚,这种反亚洲移民的种族主义政策给澳大利亚带来了负面的国际形象,也影响了其与亚洲地区的交往。

二战结束后,由于澳大利亚的对外政策以美国外交政策为轴心,它先后两次参加美国发动的侵略战争,对亚洲国家造成了巨大的伤害。美国在朝鲜战场和越南战场失败后,澳大利亚在国际社会上,特别是在亚太地区,长期陷于政治上的尴尬境地,严重损害了其作为独立国家的声誉。澳大利亚的经济依赖出口,过去的

---

① 胡建华:《现代高等教育改革的基本特征》,载《高等教育研究》,2003。
② 刘娜:《关于澳大利亚跨国高等教育的初步研究》,福建师范大学学位论文,2016。

出口经济又主要依赖西方国家和地区,矿石资源和农业、畜牧业初级产品占出口量很大。这种比较单一的经济结构和联系,使澳大利亚在 20 世纪 70 年代发生的国际石油危机中遭受了重创,国家的经济社会发展蒙受了巨大损失。这一切促使澳大利亚开始反思,并渴望新的发展契机,以此改善自身的国际形象。从 20 世纪 70 年代开始,世界经济加快了区域化和集团化的趋势,同时,也打破了由两个超级大国主宰世界的政治格局,和平与发展成了国际社会的主题。尤其是 20 世纪 90 年代以来,亚太经济特别是东亚经济的飞速发展备受瞩目。随着世界经济的相互联系日益紧密,东亚给澳大利亚经济的发展注入了巨大的活力,对澳大利亚今后发展的重要影响日益突出。这一切促使澳大利亚增强了与亚太国家建立密切联系的意识。①

为了改变负面的国际形象,重新塑造国际声誉,澳大利亚政府便利用国际教育作为与其他国家建立协作关系的渠道之一,发展跨国高等教育,与亚洲地区国家建立合作项目。

4. 顺应高等教育发展趋势

高等教育国际化(internationalization of higher education)是 21 世纪世界教育三大趋势(终生教育,以学生为中心,高等教育国际化)之一。②随着经济全球化趋势的加强,各国也开始寻求高等教育的国际化。

据统计,1960 年留学生约 24.5 万,1980 年上升至 97.7 万。20 世纪 80 年代末全世界留学生、研究生和进修人员共达 120 万,在国外接受高等教育的人占全部大学生的比例平均已达 2%,发展中国家更高达 4%。美国取代了 19 世纪德国大学的地位,成为留学生最大的汇集地。1953 年,在美国学习的外国留学生总数是 33647 人,1969 年增加到 121362 人,1976 年为 216000 人,1990 年进一步上升到 407529 人,占美国高校在校学生总数的比例由 1960 年的 1.4% 上升到 2.9%,占同年世界留学生总数的 35%,其次是法国 13.7,德国 10%,英国 6.5%,加拿大 3.1%。③

人才资源成为国际竞争力的重要因素,全世界越来越多的国家重视教育国际化,已经向国际留学生打开大门,制定各项政策和措施吸引国际学生,从而在国际竞争中占据有利地位。

---

① 刘娜:《关于澳大利亚跨国高等教育的初步研究》,福建师范大学学位论文,2016。

② 杨会良、王悦欣:《二战后世界高等教育国际化的演进与发展》,载《河北大学学报(哲学社会科学版)》,2005(2),61 页。

③ 陈学飞:《谈谈美国高等教育国际化的若干基本要素》,载《比较教育研究》,1997(2),6 页。

5. 提高本国院校的国际地位

高等教育是澳大利亚的重要优势之一,国内许多大学院校在国际上具有良好的声誉。为了使本国大学扩大影响力,确立在国际上的优势地位,把高质量教育推向全国市场,从而确立了国际化教育发展方向。

英国《泰晤士报高等教育周刊》评论家约翰·劳尔说:"高等教育现在变得越来越国际化,学生准备到海外留学,学习最好的课程;企业想寻求世界性的研究伙伴;学者比以往更愿意更换岗位,到他们喜欢的大学去工作。一流大学如果只知道他们在自己的国家处于领先地位的话,是远远不够的。"①高等教育国际化是澳大利亚大学日渐明显的特色,各个大学开展跨国高等教育活动是推进高等教育国际化的有力举措,也是各个高校提高其国际地位、塑造其国际形象的重要途径。据有关资料统计,1994年,澳大利亚高校与外国高校已建立联系的项目近1800项(1987年仅为94项),其中与美国的联系项目达343个(占项目总数的19%),中国占有的项目为241个(13%),日本拥有154个(占9%),印度尼西亚为109个(占6%),泰国为104个(5.8%)。②

澳大利亚境内的大学为建设国际领先院校,提升本校的声誉并借鉴他国的办学经验,推动其加强走向教育的国际化发展路径。

(二)国内因素

1. 经济因素

国民经济结构的调整和产业结构的升级,教育出口带来的经济收益缓解了政府的财政压力和国内的经济压力,同时也为旅游等其他产业的发展带来了机遇。经济利益和高等教育机构的财政收益相关,国际教育是澳一个重要的出口产业,它为澳大利亚大学提供了大量费用。在1995年大学总收入的5.9%是国际学生的学费。澳大利亚现在每年从学生中收取的费用不少于12亿澳元,澳大利亚已经悟出了其中的道理,准备将该国的教育作为第一大出口产业推向全世界。③

澳大利亚积极推动高等教育出口的政策也极大地鼓励了本国高校参与国际教育市场的竞争,高等教育经费不足的问题得到很大改善。随着澳大利亚教育出口规模的日益扩大,各个大学在积极招收海外学生的同时,努力拓展跨国高等教

---

① 杨桂晋译:《泰晤士报高等教育周刊》,2004,http://libserver. jsic. edu. cn/jywz/2005/01/23. htm。

② 王留栓、褚骊:《澳大利亚高等教育国际化概述——从发展教育出口产业谈起》,载《教育发展研究》,1999(8)。

③ 杨尊伟:《澳大利亚高等教育国际化探析》,东北师范大学学位论文,2004。

育服务,这不仅开始改变澳大利亚海外学生的比例结构和教育出口收入的比例,同时也将澳大利亚各个大学独有的办学理念、文化底蕴以及价值观念等向外输出,从而实现不同地区高校之间的相互认可和理解。澳大利亚教育出口成绩卓越,各大学从教育出口中也获得很大收益,2000 年至 2001 年收入达 40 亿澳元;学生满意率较高,最近的一项调查显示,90% 的学生表示对澳大利亚高等教育的质量满意或非常满意,学生的毕业率也很高,在就业市场上的表现也很突出。①

2. 社会文化因素

澳大利亚是一个对外开放的国家,但从它的发展趋向来看,最近更多地寻求融入亚太地区。开放是富有哲理意义的,这说明澳大利亚处于多元社会,如澳大利亚发展援助领域,移民计划,推动自由贸易,解除对银行,金融货币,货币流通的控制。教育又是澳大利亚发展援助领域的重要组成部分。在过去的 30 年里,澳通过对亚太地区大学组织发展项目提供技术支持。同样留学生在澳学习,对外提供援助。1995 年,澳通过国际开发署的援助项目为 6052 名高等教育学生提供了奖学金,其中国际学生占 11%。早在 1985 年,澳大利亚政府就承认:"教育成为重要的出口产业,具有很大的潜力。这被澳实施的持续发展的支持项目所证实,到1996 年,澳大学国际学生的数量增加到 53000,占全部学生的 8.4%。澳国际学生价值项目为 30.4 亿美元。作为服务出口产业,教育出口量大大超过了羊毛,和钢铁差不多,接近小麦。澳国际学生项目使劳动力需求增加 0.5%,在雇佣的 800 万人中,额外增加 40000 个工作。②

在 1989 年,Garnaut 教授指出教育国际化的经济动因和教育文化动因之间的联系:澳对外国学生的教育带来了一种出口产业的经济利益。但是,它带来的利益远非如此。它增加了澳经济上可以提供的课程的范围,因此改进了服务。③澳大利亚采取积极推动本国高等教育国际化的许多措施,是伴随它的外交政策和经济政策实施的。澳政府对本国高等教育的国际化所持的观点为:高等教育的国际化与国际交流互为促进,有益于提高本国教育质量和国际竞争实力;有益于丰富教师与学生的国际经历,扩大视野,加快培养国际通用型人才;有益于促进研究合作,技术转让,增强澳科技成果的生长力和扩散力,并能从中不断获得所需的科学技术,以对付全球性的高技术挑战;有益于吸引较多外国留学生来澳学习,增进澳

---

① 燕凌,洪成文:《入世后的澳大利亚高等教育服务贸易》,载《比较教育研究》,2005(2),87 页。

② Issues in Internationalization of Australian Higher Education,DG Blight;IDP Education Australia,1997.

③ Garnaut,R.1998,Australia and the North East Asian Ascendancy,Canberra.

同世界的联系和增进在处理国际事务中的影响力。①国际教育的开展推动不同文化背景下的人相互交流,思维相互碰撞,既有利于推动澳大利亚的文化走向世界,另一方面外国文化的传播也有利于促进澳自身文化的更新。

第四节　典型案例

(一)中国与澳大利亚加强国际教育领域的合作

为进一步加强中国和澳大利亚在教育领域的国际合作,两国教育部于 2008 年 10 月 27—28 日在上海举办"中澳国际学生管理与服务研讨会"。研讨会探讨了在国际学生管理和服务方面的最佳实践。近年来,有越来越多国际学生选择到中国留学,2007 年有来自 188 个国家和地区的超过 19 万国际学生在华留学。同时,澳大利亚已成为提供国际教育的第三大英语国家,目前大约有 40 万国际学生,其中 25% 的学生来自中国。研讨会邀请了 30 位中澳专家,围绕为国际学生学习和生活提供高质量服务等重要议题交流经验。

中国教育部国际合作与交流司沈阳先生说:"本次研讨会为中澳专家提供了一个分享国际学生管理实践经验的绝佳机会。使在两国留学的国际学生对获得最高水准的服务和支持充满信心。"澳大利亚驻华大使馆公使兼教育参赞万胤忠先生说:"澳大利亚和中国都力求吸引海外优秀学生在其教育机构学习,丰富自己的文化。两国都非常重视海外学生,以确保学生获得最好的教育和海外生活体验。"澳大利亚和中国就两国政府关于国际学生的相关政策,法规和举措,教育机构如何有效处理突发事件和危机,教育机构如何制订国际学生管理和服务的政策和措施以及国际学生服务(包括住宿,保险,医疗,生活和就业)等议题展开讨论,交流经验,探讨挑战和机遇。②

(二)高等职业教育国际化

《国际化办学模式的探索》中指出:"国际化办学模式具有先进国家的办学理

---

① 冯军、褚晓丽:《澳大利亚积极推进本国高等教育国际化的启示》,载《吉林教育科学》,1997(9)。

② 澳大利亚驻华大使馆,载《世界教育信息》,2008(11),76 页。

念,致力于培养具有全球视野和国际观念的世界公民。"①高等职业教育国际化是指一个国家高等职业教育以国内化甚至区域化为基础和前提,面向国际发展的、动态的、渐进的过程,是把国际的、跨民族的、跨文化的、全球的观念融合到高等职业教育教学、科研和服务诸功能中的过程。②

　　职业与继续教育体系也就是我们所谓的职业教育体系,从职业教育内部层次上看,依据职业资格证书的等级进行划分,澳大利亚职业教育分为中等和高等职业教育。澳大利亚承担高职教育的机构主要是独立设置的技术与继续教育学院。澳大利亚全国现有 250 所技术与继续教育学院,分公立和私立两种。有 100 所主要集中于大城市和各州首府,有 150 所左右位于各郊区城镇和乡村地区。除技术与继续教育学院以外,还有 4 所澳大利亚大学开设的职业教育区。如维多利亚州斯维本大学的职业教育区有 6 个分校,分别位于克罗敦、赫松、希尔斯威尔、利利德兰、蒲兰、旺特勒等地。③随着澳大利亚高等教育改革,高等职业教育也进入新的发展阶段。澳大利亚的 TAFE 学院成为世界上高等职业教育的典例。澳大利亚的职业院校发展教育出口方式,招募海外赴澳留学生,并探索实施海外设立分校、国外高等院校联合办学和远程教育等国际化办学模式。

　　在招收海外学生方面,印度和中国是最大的两个输出国,其次是马来西亚、泰国等国家。相对来说,澳大利亚的留学费用低于美国和英国等国家,在留学生服务和保障方面具有较高的水平,同时具备丰富、高质量的教育资源和科学的质量认证体系,因而吸引了大量海外留学生。

　　澳大利亚 TAFE 学院积极开展国际合作办学,目前已经与全球 30 多个国家与地区开展合作办学或订有协议。澳大利亚学院董事(TAFE Directors Australia,简称 TDA)与世界理工学院联盟、美国社区学院国际交流开发协会、印度尼西亚人力资源与移民局等都有交流合作办学协议;在教育部长级层面与欧盟国家、东亚教育峰会等国家均有交流合作办学框架或协议。④合作办学主要是澳大利亚与国外高校联合培养学生,合作双方共同制定培养计划,结合双方优势学科和专业要求,制定不同的培养模式。文科类通常在国内学习两年,到澳大利亚学习一年。理工类在国内一年半,其余在国外学习。参加该项目的毕业生可获得合作双方颁发的"双证书"。博士山 TAFE、墨尔本 TAFE、新南威尔士 TAFE 和澳大利亚旅游与酒

---

①　耿殿磊:《国际化办学模式的探索》,载《高教发展与评估》,2007(1),16 页。

②　赵龙祥:《论高等职业教育的国际化》,载《江苏经贸职业技术学院》,2005(4),20 页。

③　职芳芳:《澳大利亚高等职业教育国际化办学模式研究》,河南大学学位论文,2013。

④　Hunter TAFE,Student Handbook2011[DB/OL]. http://www.hunter.tafensw.edu.au,2012
　　－05－03.

店管理学院等均与中国多家职业技术学院开办了双文凭专业课程。比如,安徽中澳科技职业学院,中澳合作"双文凭"项目创办于2001年,2004年正式列入国家计划内招生,是安徽省首家政府中外合作办学项目,已经培养毕业生286名,其中100多位同学在国外继续深造、工作或者已经学成回国发展,目前该项目在校生183人。开设专业为商务管理/会计/物流。学生完成所有课程学习经考核合格者,在毕业时将同时获得由澳大利亚TAFE学院颁发的商务管理/会计/物流文凭和安徽中澳科技职业学院颁发的商务英语、商务管理、会计电算化专业大专文凭。①

开展国际教育的方式还包括在海外开设分校,海外分校由澳大利亚境内的职业院校独立投资,按照所在国的法律招生。海外分校更加接近澳大利亚的国内教育,其文凭也由澳大利亚高校颁发。设立海外分校极大地推动澳大利亚职业教育国际化发展。据澳大利亚移民局统计,TAFE学院在全世界的数十个国家设立了海外校园,招生有逐年增加之势,截止到2010年,澳大利亚TAFE学院境外校园达到28100个。②如新南威尔士TAFE学院在亚洲、中东和太平洋地区的多个国家设立了境外校园,仅在中国就有22个合作校园,开设的专业有电子商务、工商管理、酒店管理、机械与电子技术等。

远程教育方面,澳大利亚TAFE学院利用网络技术开发远程教育课程,目前已达1000余门。以西悉尼TAFE远程学院为例,该学院与马来西亚、新西兰、上海、宁波、中国香港、中国台湾等国家和地区签有远程教育协议,利用互联网技术为境外学生提供大规模的远程教育课程。课程是国家培训包,培训计划符合国家通用技能资格。开设的主要专业有建筑、会计、金融管理、市场营销、人力资源管理、工商管理、电子与通信工程、计算机信息技术等专业。远程教育比传统的学校教育更加关注人力资源市场的需求,远程教育开设的都是社会最需要的热门专业。澳大利亚的远程教育文凭不仅在欧盟的一些国家被认可,随着中国和澳大利亚合作办学的增多,中国也承认澳大利亚的远程教育文凭。③

1. 案例一:澳大利亚国际旅馆学校

澳大利亚国际旅馆学校附属于美国康奈尔大学,是亚太地区颇具影响力的旅游管理专业学校。澳大利亚国际旅馆学校注重培养学生的创造力,除了学习传统的专业知识外还利用各种实践活动,激发学生的创新思维,培养自主思考和实践

①　职芳芳:《澳大利亚高等职业教育国际化办学模式研究》,河南大学学位论文,2013。
②　刘伟:《澳大利亚TAFE学院国际化策略浅析》,载《职业教育研究》,2012(10),172页。
③　职芳芳:《澳大利亚高等职业教育国际化办学模式研究》,河南大学学位论文,2013。

的能力。

澳大利亚国际旅馆学校十分重视学生的实践活动,饭店管理学士学位专业学习三年共九个学期,其中三个学期让学生进行专业实践。该校学生的学习分为校内见习(Hotel Kurrajong Internship)和校外实习(Externship),其中校外实习又包括经营性学习(Operational Externship)和管理性实习(Management Externship)两个部分。校内见习是指第三个学期学生在校全面运作和高华庄酒店实习十三周,获得专业经验。学生必须在饭店的各个部门和岗位轮回工作以便获得饭店经营各方面知识。学生见习期间有学校教师和饭店指派的教员进行指导,学生见习须完成390个小时的工作。在这个学期学生还必须完成与实习相关的一些作业。校内见习使学生了解了饭店的设施、设备和接待服务程序,学习了一些基本操作技能,且接触到了饭店管理全过程。学生一旦进入实习岗位,该实习课程就将与正式的学期课程一样评估。一旦实习中途退出,以不及格论处。经营性实习在第四个学期进行,学生须在服务行业工作520个小时,在实习岗位参加管理性工作,实习后,学生须完成7500字的研究论文。学生通过承担经营性和管理性工作,使专业知识的应用能力显著增强。①

为了提高教学效率,澳大利亚国际旅馆学校将现代化媒体如投影、录像、计算机辅助教学、多媒体技术等运用到课堂教学中,每个教室都配备了固定的投影仪、电视机、放像机等。由于教学的直观性、动态性和较大的信息容量,极大地提高了学生的学习兴趣,促进了教学内容的理解和记忆。多数教师都有一部个人工作电脑,把大量教材资料储存电脑内,可以及时调用、补充、修改、打印。学校有设备齐全的电脑教室,使用教学软件可以进行"同屏显示、双向控制"等教学方式。②

该职业教育学校的教学理念和教学方式、设备走在世界前列,充分培养学生的专业知识应用能力。在国际化办学的基础上,改进教学的形式和质量,从而拥有独特的核心竞争力,吸引世界各地的国际学生学习深造。

2. 案例二:澳大利亚开设海外分校

澳大利亚在世界范围内开设了数量众多的海外分校,其中较为典型的是莫纳什大学和墨尔本皇家科技学院在马来西亚、南非、越南等地设立的海外分校。

20世纪70年代,国际石油危机使澳大利亚经济遭受重创,政府削减了高等教

---

① 陈肖静:《转变旅游观念,培养跨世纪创新人才——澳大利亚国际旅馆学校的启示》,载《旅游科学》,2000(3),41页。

② 陈肖静:《转变旅游观念,培养跨世纪创新人才——澳大利亚国际旅馆学校的启示》,载《旅游科学》,2000(3),42页。

育经费,使得大学不得不从主要依赖政府资助的传统办学模式向自筹经费的模式发展。为缓解经济矛盾,1984 年政府发布了"杰克逊报告",鼓励大学招收自费留学生,把教育服务贸易视为一个重要的新兴产业,鼓励澳大利亚的教育机构占领国际市场。在政府贸易导向的高等教育政策的推动下,澳大利亚大学开始参与到高等教育海外市场的竞争中,建立了海外分校和教育服务项目。20 世纪 90 年代,澳大利亚开启了在海外建立分校的征程。卧龙岗大学(University of Wollongong)于 1993 年在迪拜建立分校,是澳大利亚在中东地区建立最早的一所分校。澳大利亚一直重视自己在亚太地区的地位,强调与亚太地区国家之间的合作是澳外交政策的主要原则。因此,澳大利亚对外开放教育市场的主要地区是东亚和东南亚。20 世纪 90 年代末期和 21 世纪初期,澳大利亚在马来西亚、新加坡和越南共建立了 7 所分校,占其所有分校总数的 50%。近年来,阿联酋国家把"引入国外教育资源"作为满足本国教育需求、增强本国教育机构能力建设、建设区域国际教育中心的重要途径,加大政府对引进外国大学的经费投入。澳大利亚也抓住时机在迪拜大学城和科威特建立了 4 所海外分校。在澳大利亚的努力下,截至 2013 年,在世界范围内共建立了 14 所海外分校。

澳大利亚开办海外分校的大学类型多样,既包括综合性研究型大学、公立理工大学,也包括私立高职院校和私立培训机构。这些海外分校开设的课程主要有三类:证书课程、文凭课程和学位课程。学位课程大部分为本科生课程,也包括部分专业的研究生课程,有的分校还设研究中心。澳大利亚海外分校的办学模式有两种:联合举办和单独创设。除了莫纳什大学南非分校和墨尔本皇家科技学院越南分校是由母校独资设立外,其他的海外分校都是与当地政府或者私营企业合作建立。如斯威本科技大学马来西亚分校由砂拉越州政府(Sarawak)出资 75%,母校出资 25% 共同联合创办。澳大利亚在开办海外分校的过程中,莫什纳大学和墨尔本皇家科技学院(RMIT)都是比较早开办海外分校的一批大学,都是澳大利亚的五星级大学。其中莫什纳大学是澳大利亚规模最大的国立大学,其综合实力在各大学中名列前茅,也是享誉世界的密集研究型大学。它的马来西亚分校是与当地负有盛名的马来西亚双威学院(Sunway College Malaysia)共同建立的,南非分校则是由大学独资运营和管理的。墨尔本皇家科技学院是一所公立的理工大学,并因其毕业生就业率位居全澳榜首而闻名遐迩。它曾在 1996 年与马来西亚阿多诺房地产商在槟榔屿共同建立分校,开设技术专业的双联课程和高级文凭课程。后来因为 1997 年亚洲金融风暴影响了来自阿多诺的资金投入,墨尔本皇家科技学院为此损失了 230 万澳元。接受教训,为避免因合作方资金断裂给分校带来的风险,墨尔本皇家科技学院在越南分校是由母校完全独资设立的。①

　　3. 案例三:澳大利亚远程职业教育

　　澳大利亚基于其地广人稀的特殊地理条件,最先开展远程职业教育,且久负盛名,是世界上远程职业教育的发源地与成功典范。它创建了双重院校模式,即由普通高校提供函授、广播、网络等多元化远程教育,远程教育学生与全日制学生享受同等的入学要求与考核标准、同样的教育质量与授课教师、统一的课程体系与学位,学生甚至可以在远程教育与校内面授教育之间随时自由选择,或同时参加远程教育与校内面授教育,从而出现了混合身份的学生。各校互相认可学分与成绩,社会平等对待远程教育学生与全日制学生,这使得澳大利亚的远程教育与校内面授教育趋同化,社会广泛认可远程职业教育学生。越来越多的大学和职业技术学院(TAFE)开办了远程教育,迅速普及推广,通过远程教育完成职业教育与知识更新的学生也越来越多。在一些传统院校,远程教育的注册学生人数已接近甚至超过了校内全日制学生人数。②

　　1992 年,联邦政府和州政府共同创建了全国统一的职业教育与培训系统,这也是世界上第一个远程教育体系,该体系以低成本高效率备受瞩目,获得了巨大成功,被认为世界上最先进的职业教育体系。它由澳大利亚政府开设的职业技术与继续教育学院(Technical and Further Education,简称 TAFE)负责实施全国通用的职业技术教育与培训,州政府负责管理该系统的具体事务。据统计,澳大利亚接受职业教育与培训的人员中,79% 选择 TAEF 学院,15% 进入社区教育机构。现有 200 所 TAEF 学院,注册职业教育与培训的学生达 146 万人,在校生 185 万人。TAFE 学院与行业合作,设置 1500 种专业,非常精细,并不断与时俱进地调整改变,保障职业教育的适切性,对不同的年龄、职业与需求的人同时开放,免费提供各种职业技术培训,形成了"政府支持、管理完善、学生为本、机制灵活、能力本位、强化实践、双视执教、专兼结合的办学特色",力求实现"毕业即就业""帮助每个学生尽快找到工作"的 TAFE 学院终极教育目标。③

　　澳大利亚依托现代信息与科技,主要发展以 TAFE 学院为特色的远程教育,吸收国际学生,并且平等地对待远程教育学生和全日制学生,形成自身特有的优势,推动着世界范围内新的国际教育革命。

① 赵丽:《澳大利亚发展海外分校的实践与经验》,载《全球教育展望》,2014(8),74 – 82 页。
② 李海娟:《国外远程职业教育开展情况概览——以美、英、澳大利亚为蓝本的考察》,载《教育理论研究》,2014(23),185 页。
③ 李海娟:《国外远程职业教育开展情况概览——以美、英、澳大利亚为蓝本的考察》,载《教育理论研究》,2014(23),185 页。

(三)澳大利亚主要大学的国际化教育战略

1. 澳大利亚国立大学国际化教育

澳大利亚国立大学国际教育起步早,并且具备鲜明的特色。在学校建立之初,就呈现出国际化特点,在全球范围内任用学者任教,注重学生的国际化培养。

作为澳大利亚唯一的国立大学,澳大利亚国立大学(简称"澳国立")国际化发展的理念及参与全球事务的目标非常明确。该校2006年制定的五年战略规划提出:在科研方面,与国际学术界同行密切配合,致力于解决全球性重大课题;在教学方面,通过与世界顶尖大学的合作,为学生提供多样化的国际交流机会,并确保自身的教育水平居世界前列;在社会服务方面,力求对世界范围内的前沿探索、社会纷争、文化繁荣、重大决策和财富创造有所贡献。澳大利亚国立大学能赢得良好的国际声誉,并在多个学科领域居全球高校前列,与其鲜明的国际化定位是分不开的。①

一是大力发展留学生教育。凭借优异的教学质量以及雄厚的科研实力,澳国立吸引着来自全球120多个国家的学生前来深造。根据该校年度统计数据,2009年共招收4271名国际生,占学生总数的24%。澳国立留学生教育的显著特点是注重研究型学生的培养。2009年,全校1800余名博士研究生中就有31%来自海外。为了帮助学生提高研究能力和学术水平,澳国立成立了"研究型学生发展中心",给学生提供有关学术发展的专业咨询和服务。此外,澳国立设立了各种奖学金,以便在全球范围内吸引高质量的学生。例如,2004年与中国国家留学基金委启动了联合奖学金项目,每年接受6~12名中国学生前来攻读博士学位,并负担全额学费。留学生教育给澳国立带来的收益是多方面的,除了不菲的学费收入之外,还促进了课程体系和师资结构的多样化,提升了教育科研水平,并有助于创建一个多元化的学习社区,使得不同文化背景的学生能充分交流思想,致力于解决共同面对的全球性课题。

二是积极推进国际交流。作为澳大利亚首屈一指的研究型大学,澳国立国际学术交流非常广泛,每年吸引着大量国际访问学者,2009年仅医学院就接纳了来自9个国家的18名海外学者前来分享研究成果或开展合作研究。为了拓宽本校师生的国际视野,澳国立与国外110多所大学开展了交流项目,并设立专门的管理办公室来推进这些项目的实施。

---

① 吴军超:《澳大利亚国立大学国际化的理念、实践及启示》,载《中山大学学报》,2012(2),91页。

　　如根据澳国立与北京大学签署的学术交流协议,其学术人员和研究生可申请到中国开展任何领域的研究,由北京大学提供食宿、生活补贴、医疗服务等便利条件。此外,澳国立还为出国交流的学生提供多种形式的资助,如海外研习助学金、海外旅费补贴等。频繁的国际交流提高了师生的全球参与意识,给学校发展不断带来新的活力。

　　三是广泛参与国际合作。加强与世界一流的高校和研究机构合作,并致力于全球科研网络的建立,是澳国立推进国际化的重点工作之一。目前,澳国立已与国外多家研究机构建立了密切的合作关系,参与了多项重大国际科研合作项目。如2009年,澳国立参与了"巨型麦哲伦望远镜项目"(Giant Magellan Telescope),并获得了澳大利亚联邦政府8840万澳元的资助。该国际合作项目把澳国立与美国卡内基天文台、哈佛大学、麻省理工学院、韩国天文与空间科学研究所等世界顶尖科研机构紧密联系在一起。积极参与国际重大科研项目使澳国立在多个研究领域保持了领先地位,提升了学校的国际学术地位,同时也吸引和培养了一大批优秀的科研人员,并给在校学生提供了接触和参与国际前沿研究的机会。

　　四是充分利用国际联盟。为了与世界知名大学保持稳固的合作关系,更好地参与到全球事务的讨论之中,澳国立积极倡导建立大学之间的联盟。2006年1月,由澳国立和新加坡国立大学发起的研究型大学国际联盟(International Alliance of Research Universities,简称IARU)正式成立,时任澳国立校长的伊恩·查伯(Ian Chubb)教授被选为第一任主席。该联盟由世界10所顶尖研究型大学组成,其他成员包括剑桥大学、牛津大学、耶鲁大学、加州大学伯克利分校、北京大学、东京大学、哥本哈根大学和苏黎世联邦工业大学。实践证明,澳国立在多个方面受益于IARU。首先,通过IARU申请了多个重大国际科研合作项目,涉及全球安全、人口老龄化与健康、城市可持续发展、环境与能源等领域。其次,澳国立学生可以参加IARU的全球暑期项目、全球实习项目等多个国际交流项目,并可申请奖学金资助。此外,澳国立与IARU其他成员学校之间在人员交流、联合培养、学分互认、科研合作等方面也加强了协作。可以说,IARU已成为澳国立拓展国际合作、强化全球参与的重要平台,在很大程度上提升了其国际知名度。①

　　2. 莫纳什大学国际教育发展经验

　　20世纪80年代以来,澳大利亚政府逐渐加强了对高等教育国际化的重视,推出了一系列留学优惠政策,这使澳大利亚的国际化教育得到快速发展。大量留学

　　① 吴军超:《澳大利亚国立大学国际化的理念、实践及启示》,载《中山大学学报》,2012(2),92页。

生的涌入为澳大利亚高校带来了可观的经济收入,极大地激发了各大高校参与国际化竞争的积极性。以此为契机,莫纳什大学果断将建设国际化高校写入战略目标。只有紧随时代潮流才能为大学发展带来更大的提升。因此,莫纳什大学从战略的高度提高教职人员对大学国际化发展的认识,以确保抓住此次机遇实现飞跃式发展。

第二,通过开设国际化课程,全球招聘优秀教师及加强不同校区间学生的交流,全面提升教育教学水平。首先,莫纳什大学力求为学生提供最有价值的专业课程,依据该专业目前在全球的发展趋势开设国际化课程,以确保学生能够接触到该领域的最新信息。其次,为保证教学质量,莫纳什大学从全球范围招聘优秀教师。最后,莫纳什大学通过多国校区联合办学的做法,丰富了学生的学习经历,提高了学生在不同文化环境下学习与处理事情的能力。

第三,提供各类优惠政策,实施全球招生计划。为吸引更多其他国家和地区的学生前来学习,莫纳什大学采取了一系列措施,主要包括提供多种门类的奖学金和开设不同水平的预科班。莫纳什大学提供了200多种奖学金,包括政府奖学金、学校奖学金和一些机构的资助金,几乎覆盖了所有院系,符合一定条件的学生都可以申请。另外,莫纳什大学还与一些留学生源大国签订了合作协议,通过提供专项奖学金来资助学生留学期间的多项费用。例如,为了吸引优秀的中国学生,莫纳什大学与中国留学基金管理委员会联合发起了莫纳什大学–中国留学基金委博士奖学金项目,并与北京大学、北京师范大学等中国高水平大学结成合作伙伴,以方便合作学校的学生申请该奖学金。针对不能直接申请本科或研究生学位的学生,莫纳什大学开设了各类预科班。例如,对于有意从高二或高三起赴澳学习的中国留学生,莫纳什大学设置了预科学年课程和文凭课程。通过学习这些课程并达到一定学业水平后,留学生就可以继续进行后续的学历学习。此外,莫纳什大学近年也开始尝试直接参考中国高考成绩录取学生的做法,即学生的高考成绩决定其直接进入大学学习还是参加文凭课程学习。

第四,积极开拓各种科研合作渠道,提高学校的科研服务水平。科研服务是高校的重要功能之一。与各高水平科研机构的合作不仅可以提升教师的研究水平,扩大学校在该领域的影响力,而且能够帮助教师了解该领域的最新信息并及时传递给学生。莫纳什大学与全球120多所一流科研机构和科研中心建立了合作关系。例如,莫纳什大学与英国华威大学建立了全球网络联盟,针对影响世界发展的尖端领域开展共同研究。该联盟凭借两所高校不同的地理位置、尖端学者、学术思想以及信息的优势,整合欧洲、亚太地区及非洲地区的各种资源,建立全球化的高等教育,培养具有国际化教育背景且能够承担世界新领域研究课题的人才。该联盟受到了澳大利亚政府以及英国工程和自然科学委员会的大力支持，并吸引了许多领域的优秀学者加盟。该联盟还允许两所学校的优秀在校生参与。学生在这里不仅能够接触到高水平的研究项目，还能获得顶级教授的指导，与很多学术背景多元化、科研经验丰富的研究员一起工作。

第五，多种办学方式实现办学资源的双向拓展。通过多种方式办学，莫纳什大学在输出优质教学资源的同时，也赢得了更多关注与资源。一是开设国际校区。莫纳什大学在马来西亚和南非建立了校区，通过申请校区间的合作研究项目或申报其他校区的课程，所有在校生都可以交换到其他校区进行研究和学习。二是成立驻外研究中心，加强与国外高等教育机构的学术联系。这些中心一方面可以为莫纳什大学的在校生提供短期的培训课程或寻找海外实习机会，另一方面也帮助莫纳什大学建立与欧洲政府、高校及企业的合作关系。三是开展联合办学。例如，莫纳什大学与中国东南大学建立了第一所中外合资学院——东南大学–莫纳什大学苏州联合研究生院，该学院主要培养硕士和博士研究生。中国学生可以通过攻读部分课程或开展合作研究项目赴莫纳什大学交流，莫纳什大学的优秀教师也会来中国讲授部分课程。目前，莫纳什大学与全球 25 个国家的 100 所高校签订了互换交流生的协议。通过灵活多样的办学方式，莫纳什大学较好地实现了办学资源的双向拓展。

第六，优质的学生服务为学校国际化发展提供了坚强的后盾。学生服务与学生的学习与生活息息相关，也是影响一所学校国际化水平的重要因素。莫纳什大学实施了多种措施，确保为学生提供无微不至的服务。首先，学校开设了功能齐全、类型多样的服务部门。莫纳什大学拥有学习技巧、个人或学术事务咨询、健康管理、职业发展等多个服务部门。针对国际学生的特殊情况，学校还专门开设了国际学生综合服务处，满足学生的不同需求。其次，各服务部门都为学生提供细心、周到、及时、人性化的服务。例如，莫纳什大学会为赴国外交流学习的学生提供经济补贴，提前做好学分换算工作。此外，莫纳什大学的网站及时提供了分门别类的信息，以方便国内外人员访问，尤其是国际学生网站还设置了不同语言的访问路径，为学生了解莫纳什大学提供了极大的便利。①

（四）澳大利亚跨国教育质量保障建设

澳大利亚各大学近年来开展国际化教育服务及项目取得巨大成就的同时，也

---

① 刘盼瑜、程接力:《澳大利亚莫纳什大学国际化发展战略与实践经验剖析》,载《世界教育信息》,2014(22),39 – 41 页。

伴生了诸多问题。许多项目的搁浅、教育服务质量的下降使得澳大利亚国际教育整体水平停止不前,甚至有倒退的倾向。为了解决跨国项目中出现的种种问题,澳大利亚政府以及院校实施了一系列针对性措施。

虽然各个大学对跨国教育的监管框架和模式各不相同,但其基本的理念和功能却是相似的。以澳大利亚国立大学为例,其质量保障框架主要包括:(1)合法性;(2)管理:商业与营销计划,风险管理,机会成本分析,财务分析,审查协作,建立专门的行政支援单位;(3)人员编制:招募和选拔工作,就职,工作人员薪金,在澳进行培训和就业机会,合同签署人(包括翻译人),海外教学安排和工作人员交流,教学与学习质量评估,考试,抄袭,结果审查的进程,申诉程序,课程和教材;(4)招生录取:入学人数,课程宣传和招生,学生读修课程的信息,选择/录取程序,先前学习的认可,学术进展,毕业,成绩单和考试合格证书,校友活动;(5)设施与设备:学生获得的服务,境外学生到澳大利亚的访问,访问之前应提供的信息;(6)特别支援服务等。①

澳大利亚大学普遍认同,海外教育项目监管的好坏关系到整个项目运行的成败。建立一个由相关专家组成的专门委员会或决策机构,不但有利于项目前期的开发,而且有利于制定可行的指导方针,引导海外教育项目的健康发展。艾迪斯科文大学(Edith Cowan University,ECU)建议建立一个独立于大学自身管理机构之外的委员会或专门机构来负责海外教育项目的政策制定,这一机构和大学自上而下的行政管理系统不同,可以给予海外教育项目优先发展权。该大学在质量报告中强调建立一个清晰的问责制度,这一制度应涉及教育资源的分配和教育结果的鉴定,跨国教育项目的主要利益相关者都应该在其中承担相应的责任和义务。斯威本国立科技大学(Swinburne University of Technology,SUT)认为,应该建立一个透明、灵活的决策机构来制定跨国教育项目的实施策略并进行风险管理和资源分配。澳大利亚国立大学则主张培养专门的管理人员,组成专门决策机构对海外教育项目实行全局管理,通过制定强有力的政策对海外教育项目的发展进行跟踪指导。成立专门的跨国教育决策机构或委员会符合澳大利亚校长委员会2005年制定的《澳大利亚大学为国际学生提供教育的行为准则》的要求,有利于大学对自己提供的海外教育项目实施监控,为质量保障负责。目前,澳大利亚已设立了国家级的专门的跨国教育涉外机构(如澳大利亚国际教育署,简称AEI);同时,一些

---

① ANU. A Report into Quality Assurance for Teaching Offshore in a Language Other Than English Student Recruitment and International Education[EB/OL].[2008 - 06 - 01]. http://aei. gov. au/AEI/GovernmentActivities/QA Australian Education And Training System/ANU. htm.

大学也开始建立自己的、专门的跨国教育管理机构。

前期的尽责调查对选择合作伙伴至关重要,澳大利亚大学普遍认为,合作伙伴的选择对跨国教育项目的成败起着关键作用,理智地选择合作伙伴可以避免不必要的风险。虽然目前澳大利亚还没有相关的专门法规,但是许多大学已经认识到制定明确、透明而健全的伙伴选择程序制度的重要性。所以,建立合作关系之前对合作伙伴进行尽责调查是必不可少的步骤。澳大利亚大学认为调查的内容应该包括以下几个方面:合作伙伴的学术质量、声誉和学术环境;市场和政治威望;财产状况;法律地位;支付能力;机构的组织能力和设施状况;现有的合作伙伴关系;所在国的政治、经济、文化特点等。概括来讲,对合作伙伴的调查要考虑到商业、教育和政治等方面的因素。

尽责调查之后,制定详细的商业计划指导未来项目的发展是必不可少的环节。商业计划往往也是大学推进国际教育的战略目标。一般来讲,商业计划的内容主要包括以下五个方面。(1)目标制定:目标应该明确,不同层次的合作应该有不同的目标。例如,塔斯曼尼亚大学(University of Tasmania,UTAS)的质量报告提到,要实现增加收入和学生人数的目标,最好选择特许项目的形式;如果想提高国际声誉,构建研究技术网络,提高教学技能,应该选择双联课程的方式;如果要建立战略联盟,通常是采用签署合作备忘录的方法等。为减少风险,通常将这些策略起来结合使用。(2)环境侦察:通过环境评估,可以真实地了解合作方的立法和监管环境、税收政策、对海外教育项目的批准要求,以及该国的学费状况等,从而使制定的计划更加切实可行。(3)风险管理计划的制订:把风险计划纳入商业计划中,是因为项目的实施应该考虑到一些潜在的不良事件及因素,提前对这些事件进行评估,可以提前采取必要措施,从而使风险降到最低。(4)市场营销计划(Marketing Plan):澳大利亚斯文威大学认为:"在项目运行前,大学应该对市场有一个清楚的了解,以便为项目的运作程序提供进一步的建议,对市场的了解包括:该国人口的发展趋势、高等教育入学率、高等教育制度的发展、目前的和潜在的竞争对手以及竞争对手学费收取的市场敏感性等。"(5)财务计划:把财务计划与项目评估花费和财政的灵活性结合在一起考虑,是商业计划制定的重要组成部分。澳大利亚国立大学认为,由于财政上的失误,澳大利亚大学的境外教育项目损失了上千万美元。所以财政计划对机会成本的评估很重要,大学应该参与其中,以便做出理智的选择。

对海外教育合作伙伴的关系进行管理是项目实施阶段的要求,好的伙伴关系对教育质量的保障起着重要作用:它可以使教育提供者(这里指澳大利亚大学)跟学生进行良好沟通,从而了解学生的期望和要求,进而保障教育质量;有利于海外招生工作的开展,维护澳大利亚大学的声誉。澳大利亚斯文威大学认为,最理想的伙伴关系是建立在澳大利亚教育提供者和合作伙伴的高级管理人员及相关工作者的相互尊重和充分参与的基础上的。有的大学认为互惠互利是建立良好伙伴关系的基础,如艾迪斯科文大学认为,有效而牢固的伙伴关系是建立在双方都认为合作能带来好处的基础上。合作初期的信任是确立合作关系的基础。与此同时,双方都可以从中获利是伙伴关系继续下去的关键。合作双方应该遵守合作协议中的承诺,和对方多交流,才能维持良好的合作伙伴关系。此外,文化因素也是伙伴关系管理的一个重要因素,对合作方的文化差异应该有清楚的了解。

签署一份详细的、受法律保护的双边协议也是澳大利亚大学海外教育项目监管的一个必要步骤。双边协议的签署有利于澳大利亚大学对自己提供的教育项目进行控制和管理,从而避免一些潜在的风险。正如艾迪斯科文大学所述,全面正式的书面协议是伙伴关系的基础。境外教育合作合同或协议是建立在当事人之间的,对各方所承担的权利和义务具有法律约束力。澳大利亚国立大学认为,双边协议的签署应该在合作展开之前进行,书面协议应该包括所有细节,双方通过谈判明确自己的责任和义务。如果合作一方对另一方的表现不满意,可以决定项目是否还要继续,从而保护澳大利亚大学的声誉。

制定实施计划的具体程序,明确双方的职责和角色,这和书面协议同样重要。由于跨国教育项目的实施是一个复杂的任务,参与人员来自不同的国家,其他机构人员也往往牵涉进来,导致机制运转具有很高的复杂性。因此,制定清晰的程序至关重要。艾迪斯科文大学明确了各方的角色定位,澄清了各方的责任和义务,如教师工作的日程安排,必要的管理支持(录取通知书、学生证、图书证等),毕业典礼、学位文凭,项目评估及课程设计和开发,招生工作,教室安排及时间表的制定,项目的行政支持(购买教材、教学笔记、教学助理等),招聘工作,学生的评估审核和福利安排,事项应该如何分配、由谁负责,等等。责任和义务一旦在程序中确立,双方都应该遵守。有的大学认为应该制定两套程序:其一是实施的进程安排,其二是保障系统的管理。总之,这一策略的最终目的是能不断检测和审核项目的运行情况,一旦发现问题能及时地处理。①

---

① 黄建如、张存玉:《澳大利亚大学跨国教育项目质量监管策略探析》,载《复旦教育论坛》,2009(5),76-77页。

第六章

"多层次发展"阶段澳大利亚国际教育（2009 年至今）

第一节　发展状况

（一）发展背景

1. 国际金融危机

20 世纪初,亚洲金融危机成为影响各国高等教育政策的重要因素,各国经济持续低迷导致大学出现巨大的经费缺口,极大地影响了大学未来长远的发展。

美国次贷危机于 2008 年下半年演化成席卷全球的金融危机后,高等教育领域也受到不同程度的影响,不少大学因此陷入财政紧缩状态,为了改善自身的经济状况,一些大学不得不采取请求政府支持、提高学费等应对手段,政府对此也做出了不同的回应。2009 年 7 月联合国教科文组织高等教育大会在巴黎召开,会议谈到金融危机可能给高等教育造成的五种后果:第一,政府无力提供研究型大学自身建设所需的资金导致预算吃紧;第二,在实行学生贷款的国家可能会对获得贷款实行严格的限制;第三,学生以及其家庭会面临学费上涨的压力;第四,为了缩减开支学校会雇佣更多兼职教员;第五,一些学校可能暂停雇佣教员、添置新设施以及购买书籍报刊等。此次会议指出金融危机之后,高等教育可能会进入一段严重的萧条期。①如在澳大利亚,地位甚高的悉尼大学在投资中损失惨重,导致其不得不把年度预算削减 10%。②

据澳大利亚毕业生就业机构一份针对 306 名毕业生所做的调查显示,9% 的

---

① 李学梅:《金融危机将对高等教育造成 5 大后果》,载《世界教育信息》,2009(8),5 页。

② Geoff Maslen. Global ： Universities Lose Billions as Recession Deepens ［EB/OL］. http://www. universityworldnews. com/article. php? story = 2008121210071413.

雇主表示他们将会削减聘用毕业生的数量,70%的雇主正在考虑采取此类措施。据《澳洲人报》2008年3月18日报道,由于金融危机的冲击,澳大利亚经济发展受到严重影响,企业在这轮经济危机中受冲击较大,在大学的就业洽谈会上出席的企业雇主数量明显减少,出席毕业生洽谈会的企业雇主数量从2007年的171个下降到143个,在全国其他地区,也出现了类似的情况。①几乎所有金融企业的用人需求出现下降趋势,大量被裁的员工又加入就业的队伍之中,使得大学生面临更加激烈的就业竞争。

在该背景下,为了弥补大学资产流失的缺口而依靠学生的学费,导致学生的经济负担加重。据澳大利亚当地媒体2009年6月28日报道,根据澳大利亚统计局的最新估计,金融危机以来澳大利亚的家庭财富已经损失了36%,贬值和亏损的财产包括现金、银行存款、债券和股票等,截至2009年3月底,澳大利亚家庭财富累计不足7.87亿澳元,而2007年9月澳大利亚家庭财富曾达到12.46亿澳元。在这次金融危机中,澳大利亚平均每个家庭的财富从15.9万澳元下滑至9.8万澳元,人均财富则从5.89万澳元减少至3.62万澳元。②

大学增收学费的做法遭到学生的强烈反对,因此政府出于维护社会稳定的需要,限制大学的学费上涨。各大学在多重压力下只能选择减少支出,所以一些院校关闭了某些相对弱势和冷门的课程,科研和教学计划缩减甚至停工,质量也随之下降。

2009年以后,澳大利亚的国际教育从招收留学生的单一经济发展模式向多层次的高等教育国际化发展方向转变。澳大利亚政府面对竞争激烈的国际市场和恢复金融危机后的经济秩序的压力,开始实施一系列新的教育发展策略。

2.教育市场潜力

国际教育是澳大利亚最大的出口服务,推动经济增长的五大行业之一。德勤经济研究所(Deloitte Access Economics)在2015年12月发布的《澳大利亚国际教育增长及其机会》(Growth and Opportunity in Australian International Education)中预测,到2025年,澳大利亚国际教育的入学率将会增加45%左右,即届时将有72万名国际学生在澳大利亚境内接受教育。③

因此,未来将会有更多学生前往澳大利亚学习。目前,大多数来澳学习的国

---

①　崔爱林:《二战后澳大利亚高等教育政策研究》,河北大学学位论文,2011。

②　《金融危机令澳大利亚家庭财富平均缩水近四成》,新华网,2009 - 06 - 28。http://news. 163. com/09/0628/18/5CTQQQUJ000120GU. html. 2010 - 9 - 24.

③　Deloitte Access Economics. Growth and Opportunity in Australian International Education[R]. Canberra: Deloitte Access Economics Pty Ltd,2015.

际学生主要在中心城市的院校留学,并且选择学习商科等热门专业。但是,澳大利亚某些偏远地区院校的医学、海洋学、农学等专业实力强劲,并能够为留学生提供更加独特的留学经历、更多的社会实践机会。因此,澳大利亚国际教育的服务市场仍有待开发。

澳大利亚能够为国际学生提供全方位的留学保障,既包括规范教学服务的质量,方便学生的留学审批程序以及维护在澳留学生的合法权益,还有为他们在澳大利亚长远发展的考虑。澳大利亚简化了国际学生签证的程序,延长留学生毕业后留在澳大利亚的时间,以及为他们提供先进的教育课程和科研队伍。

3. 全球教育市场

据《澳洲人报》2007 年 12 月 5 日报道,在目前最具影响力的两个全球大学排名中(上海交通大学与《泰晤士报高等教育副刊》的大学排名榜),澳大利亚大学的国际排名整体处于下滑状态,在以研究成果为主要指标的上海交通大学的排名中,澳大利亚的两所一流大学均表现不佳,澳大利亚国立大学从 54 位跌至 57 位,墨尔本大学也由 78 位略滑至 79 位。在《泰晤士报高等教育副刊》的排名中,全球前 200 名的大学中有 11 所来自澳大利亚,但其中 7 所大学的排名在 2006 年至 2007 年间均有下滑,仅 3 所大学的排名有所上升。

"八校联盟"的执行理事迈克·加拉格尔(Mike Gallagher)表示,澳大利亚大学排名的整体下滑反映了激烈的国际竞争,澳大利亚的高等教育系统正处于危险之中。另外,在澳大利亚的大学中,一些学者一直在大学里以"非正式教师"的身份从事教学数年,他们不能获得永久职位的主要原因是大学经费紧张,根据一项对澳大利亚大学教学的调查发现,大学内将近 2/3 的本科生教学任务是由非正式教师完成的,新南威尔士大学的教学项目主任林恩·谢里丹(Lynn Sheridan)表示,该校 60% 以上的本科生教学工作是由非正式教师担任的,在一些系或学院里这一比例高达 80%。澳大利亚国家高等教育联盟负责人乔希·卡利南(Josh Cullinan)谈到,他们对非正式教师在大学教师中占如此高的比例非常担心,认为教师缺乏职业稳定感和安全感会影响大学的教学质量。

2008 年 3 月,澳大利亚政府启动了高等教育重大评估项目,成立专家组就澳大利亚高等教育未来的发展方向,以及当时教育改革的各种方案等内容进行评估审议。2008 年 12 月 17 日专家组正式提交了评估报告,政府在认真考虑了专家组建议和评估结果后公布了一项宏伟目标,即到 2025 年 40% 的 25—34 岁的澳大利亚公民将获得学士及以上学历,为实现这一目标,澳大利亚政府正在酝酿结构调整,从 2012 年起,澳大利亚各大学都将根据学生的需求获得政府拨款,扩充澳大利亚职业技能委员会的职能,提高高教机构正式教师的比例,进一步加强职业教育与培训和高等教育之间的衔接,完善大学与职教院校之间的学分转换和学历衔接机制。①

从世界范围内来看,经济的快速发展带动教育需求的增加,人力资本成为国际竞争的重要因素之一。亚洲地区的国家,国内优质的教育资源相对短缺,相当大一部分的学生或者研究人员、学者选择前往教育水平较高的国外接受教育和培训。并且随着信息技术的快速发展,教育机构和教育项目呈现多样化的趋势,跨境教育方式也越来越普遍。各种新型的教育资源的流动促进人员的相互流动和科研项目的合作。

澳大利亚作为全球教育技术的领导者,拥有发展跨境教育的良好基础,其教育机构也在与工商界合作构建在线教育的诸多学习途径。例如,悉尼大学在澳大利亚电信公司 Telstra 共同探索利用最新技术开展教育教学和科学研究的方式方法;斯威本科技大学与澳大利亚排名第一的工作搜索网站 Seek 合作提供在线学历教育。这些新的发展动向为澳大利亚国际教育提供了广阔的发展前景。②

(二)政策概况

1. 政策协调

(1)宏观政策

在联邦政府层面,主要通过澳大利亚"产业、创新、科学、研究与高等教育部"定期举行的国际教育跨部门论坛,为各州政府及代理机构搭建交流的平台,制定国家教育发展方向上的引领性政策;在制度层面上,由《海外学生教育服务法案2000》(Education Services for Overseas Students Act 2000)和两个国家级管理机构——"高等教育质量和标准政府代理机构"(Tertiary Education Quality and Standards Agency,TEQSA)和"澳大利亚技能质量管理部门"(the Australian Skills Quality Authority,ASQA)共同进行监管。除此之外,还有一些大学联盟机构,包括"澳大利亚大学"(Universities Australia)"八大"(Group of Eight,即澳大利亚国立大学、悉尼大学、墨尔本大学、昆士兰大学、新南威尔士大学、莫什纳大学、西澳大学、阿德雷德大学)"澳大利亚国际教育联盟"(International Education Association of Australia,IEAA)等,制定国际教育各领域的相关政策,有侧重地促进某个领域的国际化发展。③

---

① 澳大利亚政府对高等教育评估报告之回应——要点综述。
② 荆晓丽:《澳大利亚最新国际教育政策评析》,载《郑州师范教育》,2017(3),25 页。
③ 岳芸:《澳大利亚国际教育现状及发展趋势》,载《高教探索》,2014(5),5 页。

　　澳大利亚政府逐渐缩小教育政策制定的掌握权,赋予各州政府和大学院校更多自主权,发挥市场和多方主体的力量,适应国际教育多元化发展趋势。澳大利亚政府筹备建立独立的部长级国际教育协调委员会(Ministerial Coordinating Council on International Education, MC – CIE),由高等教育、技术、科学、研究部(Minister for Tertiary Education, Skills, Science and Research)工商企业和科研领域的专家以及联邦政府部长组成。主要从事制定国家高等教育的总体战略和政策,开展各个层次的教育或宣传活动。

　　部长级国际教育协调委员会还负责拓宽海外市场的营销活动。主要职责包括以下几个方面:解决与国际教育相关的事件,如国际教育与澳大利亚经济的关系、高等教育国际化的发展方向以及在全球化发展背景下促进澳大利亚国际教育的稳步和持续发展;满足澳大利亚国际教育的需求,评估发展机遇与威胁;寻求改善国际学生的教育质量保障体系的途径;提高公众对澳大利亚国际教育经济效益的认识;参与举办国际教育论坛、研讨会,加强国际影响力;编制联邦政府国际教育五年计划并发布年度报告。

　　除了开放教育市场,吸引更多外国学生到澳大利亚留学,澳大利亚政府也开始重新定位国际教育的受众。长期以来的单一输出模式使得澳大利亚本国学生在国际格局中的竞争优势消失,并且缺乏对其他国家的了解。因此,为了使本国学生走出国门,走向世界,澳大利亚政府出台多项措施,鼓励和引导澳大利亚国内学生前往其他国家接受教育或深造。2012 年时任澳大利亚总理的 Julia Gillard 发布《亚洲世纪中的澳大利亚白皮书》(the Australia in the Asian Century White Paper),支持大学生到国外留学。

　　2013 年,"澳大利亚国际教育"(Australian Education International)开展 Asia Bound Grants Program,提供 3700 万澳元给去亚洲进行短期或中期语言学习的学生。2013 年,为使澳大利亚学生提高课程和实习的质量,加强与外国教育合作,澳大利亚与马来西亚建立澳大利亚学生和教师国际实习教育中心。让澳大利业迪肯大学、莫拉什大学、拉筹伯大学、维多利亚大学等大学的 16 个本科项目学生到马来西亚 4 所中学实习。

　　同年 2 月,企业家迈克尔·钱尼(Michael Chaney)主管的国际教育咨询委员会(International Education Advisory Council)向政府提交了《澳大利亚——教育全球化(钱尼报告)》(Australia – Educating Globally)指出,澳大利亚国际教育正面临着学费上涨、全球竞争加剧以及学生诉求多样化等情况,因此澳大利亚应针对性地提出具体措施,以应对现实挑战。

　　2016 年 4 月,澳大利亚贸易委员会(Australian Trade Commission, Austrade)发

布《澳大利亚国际教育 2025 市场开发战略》(Australian International Education 2025 Market Development Strategy)和《国际教育国家战略草案》(Draft National Strategy for International Education),对澳大利亚国际教育未来发展方向作了具体的规划。《澳大利亚国际教育 2025 市场开发战略》提出完善高质量教育培训与科研体系、保障丰富的留学体验和加强教学质量监督的三项目标。

其一,建设世界一流的教育、培训和科研体系,教育部门必须以创新作为发展的重要推动力,增强教育体系的多样性、灵活性和创新性,开发更高水平的教育产品和教育服务。政府制定有利于国际教育发展的政策,推进各方的参与活动,从而推动国际范围内和协调合作。

其二,确保国际学生获得丰富的留学体验。高质量的留学体验是吸引国际学生的重要原因之一。由澳大利亚政府共同开发的澳大利亚国际学生战略(ISSA)2010—2014 年,提出影响国际学生的四个关键领域:国际学生福祉,国际教育质量,消费者保护和有针对性的信息、各国政府每年报告进展情况。国际教育咨询委员会(International Education Advisory Council)提出,保证国际学生在开放、友好的学习和生活环境中学习,这样能够使得澳大利亚在国际世界教育领域保持较好的声誉。因此 2025 市场开发战略应从以下几个方面做出努力:为学生提供及时、准确的信息服务和适宜的住宿条件、融入当地社区和多元化学生群体等支持性服务;增加学生获得工作以支持学费的机会;平等地对待国际学生,提供价格适中的住宿条件、廉价的公共交通和健康服务和就业机会;促进国际学生、国内学生的相互接触与交流,培养他们的跨文化意识和包容并兼的能力。

其三,实施有效的教育质量保障和加强教学监督,重点维护留学生的合法权益。包括境内教育、境外教育、在线教育和远程教育等多种形式,并实施相应的立法保障措施,争取政府、教育机构、工商企业的支持。在国家监管机构强有力的监管环境下,澳大利亚高等教育质量与标准监督署(The Tertiary Education Quality and Standards Agency,TEQSA)和澳大利亚技能质量署(the Australian Skills Quality Authority,ASQA)主要负责维持质量标准和支持国际学生。TEQSA 和 ASQA 作为澳大利亚高等教育和 VET 部门的质量监管方,规定了"ESOS 法案"的提供者义务,用于向在澳大利亚留学的留学生提供教育。TEQSA 注册并评估高等教育提供者对高等教育标准框架的绩效。ASQA 具有相应的监管 VET 部门的角色。它负责注册培训机构,认证课程和进行持续的审核流程,以确保整个行业的合规性。

此外,澳大利亚还通过各种渠道和方式与境内和境外的机构签订合作协议,建立紧密的联系,为未来的长远发展做准备。一方面,在澳大利亚国内,支持国际学生和教育机构、工商企业、地方社区建立联系,提高毕业生的就业能力,推动专业知识向社会产品和科技成果的转化。另一方面,建立国际合作关系,与多个国家展开交流和协议签订活动,以教育援助、帮助建构教育培训框架、教师交流等方式对其他国家进行教育援助。

澳大利亚相继与中国、日本、韩国签署了自由贸易协定,并与美国、马来西亚等12个国家共同缔结了《跨太平洋战略经济伙伴关系协定》(Trans - Pacific Partnership Agreement)。"2025 战略"希望澳大利亚未来能够与更多国家签署自由贸易协定或谅解备忘录,参加多边论坛和工作小组等正式的政府间活动,以扩大教育合作机会,提高澳大利亚教育的国际认可度。政府间关系在宏观层面为双、多边教育合作奠定基础,机构间关系更多的是在微观层面为教育机构、学生和研究人员带来发展机会。为此,澳大利亚将支持教育提供者和研究机构参与国际教育、培训和科研活动,鼓励他们与境外教育机构建立合作伙伴关系,具体方式包括学分互认,学生、教师与研究人员交流,人才联合培养,国际联合科研,提供政策咨询等。①

(2)留学生政策

由于金融危机所引发的一系列影响,2009 年以后,留学生的数量较之前下降了88%。前往澳大利亚留学的人数减少,很多学生选择前往美国、英国等地留学,澳大利亚在国际教育市场面临着激烈的竞争。因此,为缓解生源流失的压力,澳政府出台了多项留学生政策。

2011 年,澳洲移民局规定在留学签证评审过程中设置 GTE 审核环节。GTE是指真实的临时入境者(Genuine Temporary Entrant)。签证官将根据学生的年龄、资金情况、教育背景,考虑申请的专业对留学生的价值,留学生回国后就业难易情况等条件加以审核,有利于规范留学生群体管理。

2012 年 3 月,澳大利亚发布快速简化签证处理(Stream lined Visa Processing,简称 SVP),次年又出台了国际学生毕业后工作签证政策(Post - Study Work Stream,简称 PSW)。针对准备申请澳洲留学签证的学生,SVP 政策规定学生若留学适用于 SVP 政策的学校,学生的风险评估等级将被降低为最低等级。并且,移民局还取消其担保金,符合申请签证的学生只需要提供经济担保证明即可。此外,若学生在递交电子签证之前提交与移民局签约的大学的 COE 文件给大使馆,经审核后可以将签证速度缩短至几天之内。

2013 年,澳大利亚政府又出台了国际学生毕业后的工作签证 PSW(Post Study Work)。PSW 有一定的限制:仅适用于 2011 年 11 月 5 日第一次申请学生签证的

---

① 荆晓丽:《澳大利亚最新国际教育政策评析》,载《郑州师范教育》,2017(3),26 页。

达到 GTE 要求的申请人;完成澳大利亚的 PSW 签证学习,并在学成后的 6 个月内提交申请;满足 2 年澳洲学习,92 周课程并不少于 16 个月学习;年龄小于 50 岁;在澳洲境内申请;必须具有相应的英语水平;澳洲学历必须在 AQF7 级以上;可以打包(Packaged)较低的学历,比如说硕士证书或者硕士文凭能够关联到硕士学位的也符合资格;不需要职业评估等;有效的签证;博士学历 4 年;研究型硕士 4 年;本科或者授课型硕士 2 年;485 签证只能申请一次,现有的 485 签证持有人不能再申请澳洲 PSW 签证,485 签证的持有者享有工作和学习的权利。①

澳大利亚政府在 2012 年开始实施学籍学费保障制度(Tuition Protection Service ,简称 TPS)。强制招收国际学生的院校参加 TPS 制度,学校根据自己的风险系数缴纳保证金,投入海外学生的学费基金,用于预防学校倒闭后返还给学生的学费或者学生转入其他学校就读的学费。

2.财政支持

从 2008 年 9 月份开始,为应对全球金融风暴的影响,澳大利亚陆续推出了一系列措施。2008 年 5 月 13 日,澳大利亚联邦政府公布了 2008—2009 年财政年度预算,兑现总理陆克文在 2007 年大选中对发展教育的庄严承诺,投入巨资实施全方位、多层次、高质量的教育革命。联邦政府提出,为了实现教育公平的目标,到 2010 年 2.49 亿澳元将用于提供 11000 个新的联邦资助的学额,以取代完全自费的本科学额,这将确保学生基于优异而不是支付能力接受高等教育的权益。在以后的 4 年中,另有 2385 亿澳元将用于本科生奖学金,目标是使获奖学金总人数翻一倍,从现有的 44000 名增加到 2012 年的 88000 名,与此同时,2.09 亿澳元将用于研究生奖学金,使获奖学金总人数从现有的 4800 名增加到 2012 年的 10000 名。② 陆克文总理还提出,政府还将帮助各大学与学院完善大学校园基础设施,改善办学条件,支持高等教育教学、研究和有关设施方面的基本费用,优先建设信息与传播技术设施、实验室、图书馆、教学场所等,从而支持高质量的高等教育,促进澳大利亚的科研实力。另外,针对研究者的澳大利亚研究生奖金,从 2010 年开始,其津贴标准将从 20427 澳元增加到 22500 澳元,预计在 4 年里将支出 5170 万澳元。联邦政府还计划拨付 2720 万澳元,以创立为期 3 年的博士后奖学金项目。为了保证产业部门更多的研究经费,从 7 月 1 日起目前的退税政策将会转变为税收地面政策,这种新机制允诺 40% 是不可退换的税收抵免,还有 45% 是可退还税

---

① 张健敏:《澳大利亚高等教育国际化路径对中国西部高校教学改革的启示》,载《黑龙江教育》,2016(5),42 页。

② 胡乐乐编译:《澳大利亚:巨资财政推进教育革命》,载《上海教育半月刊》,2007,39 页。

收抵免,折扣将达到 2000 万澳元。为了更好地推进商业化运作,联邦政府还拨付款项以建立联邦商业化机构,推动实验室向市场化转变。此外,联邦政府还将对地方大学投入 5200 万澳元,帮助其建立合作研究网络,鼓励它们寻求规模发展,重视发展研究的竞争性。①

3. 质量保障

20 世纪 90 年代开始,随着澳大利亚国际教育发展战略的推进,跨境高等教育成为主要的国际教育形式之一。信息技术、互联网技术的不断革新带动跨境高等教育的出现与发展。据澳大利亚政府预计,到 2025 年,澳大利亚留学生将达到996000 人,其中 44% 将通过跨境高等教育方式接受澳大利亚高等教育。②

在这一阶段,跨境高等教育也出现了许多问题亟待解决。在 2007 年《澳洲人报》指出,澳大利亚"八大校"执行董事米歇尔·加拉格尔(Michael Gallagher)说,美国、加拿大和北欧的一些国家已经开始劝告学生不要到澳洲留学,八大校非常担忧国际世界上这些对澳大利亚高等教育的负面评价会影响他们吸引世界上最优秀的学生。

跨境高等教育能够推动知识、资金、人员等多种资源的流动,形成与其他国家密切的合作关系。向外输出教育的同时必须符合对应国家的法律法规、高等教育政策、教育发展阶段以及实际情况。澳大利亚政府期望通过提高跨境高等教育质量的方式,提升国家、教育等多层次、多领域的发展水平,促进人才培养、提高国家形象、建立良好的外交关系。

2005 年,澳大利亚教育、科学、培训部(Department of Education, Science and Training)发布《澳大利亚跨境教育和培训的国家质量战略》(A National Quality Strategy for Australian Transnational Education and Training),提出跨境教育发展的原则和途径。原则包括:正确理解澳大利亚质量控制框架;在跨境教育实施过程中,明确教育提供者和教育消费者的责任范围;公正地执行认证和监管行为,确保境内教育与境外教育具有相同水平。途径包括:加强境内外利益相关者之间的沟通与协调;促进国家质量保障体系的不断完善。

2010 年 2 月,澳大利亚教育部部长茱莉亚·吉拉德宣布,将拨款 51 亿澳元支持澳大利亚教育出口品质与国际评价。同时,联邦政府也实施了一系列措施,包

---

① 白华编译:《澳大利亚:联邦政府投入经费支持研究创新》,载《比较教育研究》,2009(7),93 页。

② Kazuhiro S. Australia's transnational higher education in the Asia – Pacific region :Its strategies and quality assurance[A]. ransnational higher education in Asia and the Pacific region[C]. Tokoy : Hiroshima University,2006,pp. 1 – 20.

括规定所有提供教育服务的机构于2010年12月31日之前重新在教育部登记注册、启动对澳大利亚国际学生服务法的审查、建立高等教育质量标准局、澳大利亚政府理事会制定国际学生服务战略规划、规范管理职业技术学院以及开设国际学生热线电话等。

2012年,澳大利亚政府实施对高等教育质量和标准政府代理机构(Tertiary Education Quality and Standards Agency,TEQSA)和澳大利亚技能质量管理局(the Australian Skills Quality Authority,ASQA)的统一管理,并负责对海外办学机构的注册、监管、执行等工作,规范高等教育市场的发展质量。

(三)发展情况

澳大利亚的高等教育水平全球领先,国内40多所高校有将近一半的院校成为世界500强。国际教育产业近几十年来迅速发展,在2016年成为第三大出口产业。澳政府制定了国际发展战略维持高水平的教育质量。同时,澳大利亚高校还具备活跃和多元的文化氛围,提升了澳大利亚国际教育的竞争力和知名度。澳大利亚正在推动自身向创新繁荣的经济模式转型。国际教育作为服务出口的主要产业之一,具有重要的地位和意义。

从总体来看,2009年以后澳大利亚留学生的数量逐年减少,2012年大致为500000人。该阶段国际留学生数量不断减少的原因在于澳大利亚政府从2010年以来收紧签证政策,严格留学生毕业后申请永久或临时居留等政策限制。另一方面是由于国际金融危机导致政府对教育产业拨款减少,导致留学学费上升。

2009年国际留学生学费收入达170亿澳元(1澳元约合5.77元人民币),而到2012年时却下降至145亿澳元。在学生人数方面,据澳大利亚移民局统计,2009年学生签证发放数量约达31.96万份,而2013年却下滑至约25.93万份,下滑率为18.9%。[1] 2009年以后,留学生人数整体有所下降,但总体上并未有大幅度缩减。2016年澳大利亚一共有519385位国际留学生,比2015年增长了12%。从地域分布来看,大城市吸纳了绝大部分的中国留学生,尤其以悉尼和墨尔本这两个大型城市区域为首,新州38.1%,维州34.5%。

澳大利亚统计局公布的最新数据显示,2014至2015年澳大利亚国际教育服务业的出口额创史上新高,达到188亿澳元。澳大利亚旅游和国际教育部部长理查德·科尔贝克称,在188亿澳元的出口额中,接受高等教育的海外留学生就贡

---

① 《澳大利亚拟大力发展国际教育产业》,2013 - 10 - 18,http://world. people. com. cn/n/2013/1018/c1002 - 23246757. html.

献了125亿澳元,接受职业教育培训的留学生贡献了29亿澳元。他还表示,2014至2015年教育服务出口额较2013至2014财年增长了15%,这意味着澳大利亚国际教育服务业的繁荣与不断发展。① 2015年,在澳中国学生人数达到136097人,较上一年增长13.3%,占澳大利亚国际学生总数的27.3%。国际教育促进澳大利亚收入大约200亿。

2015年,在澳初次注册的国际学生人数达到377973人,比2014年增长7.6%。其中,注册高等教育的学生人数最多,占国际学生总数的42.2%,较上一年增长9.2%,初次注册研究型研究生的学生人数下降3.5%,而其他类型研究生的初次注册人数比2014年增长3.5%。本科学生初次注册人数增长16.4%。注册职业教育与培训的学生占国际学生总数的26.3%。注册"针对海外学生的英语强化课程"的学生占国际学生总数的22.5%,其中中国学生人数最多,占26.5%。注册中小学的学生占国际学生总数的3.2%,其中中国中小学比例最高,达到50.0%,其次是越南和韩国,各占8.9%和6.2%。澳大利亚联邦政府2015年削减各级教育机构管理成本4820万澳元,确保澳大利亚大学、职业教育与培训提供者、英语教育培训机构、中小学能够专注于为学生提供高质量的教育。此外,联邦政府继续致力于提高国际教育部门的竞争力,并为国际学生提供强有力的保护。2015年发布的首个国家层面国际教育战略则设定了澳大利亚国际教育十年发展愿景,以增强该部门所有利益相关者的合作,促进国际教育的进一步发展。②

中国2014年和2015年连续两年成为澳大利亚第一大国际学生来源国。澳旅游与国际教育部公布的调查显示,截至2015年12月,中国留学生在澳大利亚各类学校就读的总人数已经突破17万,比2014年增长12.8%。中国学生约占在澳国际留学生人数的27.3%,印度、越南、韩国、马来西亚等也是澳大利亚重要国际学生来源国。③

2016年,在维多利亚州参加英语语言强化课程的4.25万名留学生中,有1.5万人来自中国。2017年有超过55万名国际学生在澳大利亚学习。迅猛发展的留学教育产业价值已高达280亿澳元,成为澳大利亚第三大出口产业。没有英语水平资质证明的国际学生在完成英语语言强化课程之后,便可以接受高等教育或者职业教育的学习。

---

① 《澳大利亚教育出口额创新高》,2015 – 11 – 25,http://world. people. com. cn/n/2015/1125/c1002 – 27855436. html.
② 唐科莉:《澳大利亚发布2015年国际学生统计数据》,载《世界教育信息》,2016(6),78 – 79页。
③ 鲍捷:《澳大利亚力保国际教育竞争力》,载《人民日报》,2017 – 1 – 17。

澳统计局数据显示,2016 年有 130 多个国家的超过 32 万名国际学生在澳大利亚高校学习。澳教育与培训部统计表明,2014 年至 2015 财政年度国际教育出口为澳大利亚贡献了 188 亿澳元的经济效益。

2017 年 10 月,澳大利亚教育和培训部部长西蒙·伯明翰在塔斯马尼首府霍巴特举行的澳大利亚国际教育大会上宣布,为确保澳大利亚高等教育水平的国际领先地位,自 2018 年 1 月 1 日起,就读英语语言强化课程的海外留学生,在进入澳大利亚高校或者职业学校学习之前,必须通过新推出的英语水平测试来证明自己的英语熟练程度。除了设置英语考试,澳大利亚政府还将进一步规范英语语言强化课程的安排。所有英语语言强化课程,每周必须提供至少 20 小时的"面对面"学习机会,并且师生比例不得超过 1:18。

澳大利亚教育部部长克里斯托弗·派恩在就任后的首次讲话中强调,国际教育产业对澳大利亚的经济发展与国际间合作非常重要。为此,政府将简化赴澳大学就读的海外留学生签证审核程序,并将"最大限度地增加"他们毕业后在澳的工作机会。

第二节　发展特点

(一)澳大利亚国际教育困境显现

1. 学生数量下滑

澳大利亚的教育体系主要包括:海外学生英语强化课程(English Language Intensive Courses for Overseas Students,ELICOS)主要为前往澳大利亚深造的学生提供英语课程、公立与私立中学、高等教育、非学历(Non - award)职业教育和培训(vocational education and training,VET),包括 TAFE,双学位大学和私立学院;提供实际的培训和教育,为从业人员到职业岗位的各级工作人员做好准备。

1986—1990 年,留学人数从 2000 人增加到 40000 人,2002 年超过 200000 人,2009 年打破历史纪录。1994 年,澳大利亚的国际学生注册数量不到 10 万人,到 2009 年留学生数量达到最高点,有 630729 人,但在 2019 年之后,学生数量下降,2014 年数量减少 6.48%。并且教育体系各个部分之间也存在不平衡的情况。其中,高等教育的注册人数占总注册人数的 42.38%,职业教育与培训的人数占 25.39%,海外学生英语强化课程的比例为 23.31%,其他为非学历和中学,非学历占 5.79%,中学占 3.13%,如图 6 - 1 所示。

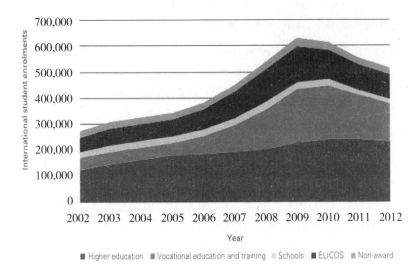

图 6 - 1 各部门国际学生入学人数(2002—2012)

2012 年,高等教育是留学生人数最大的部门,国际学生的入学人数为 230923 人。其中 55% 是本科入学,27% 学习硕士课程,7% 攻读博士学位。与澳大利亚 2009 年的国际学生数量情况相比,一些类别的数量有所上涨,高等教育人数增长 10.75%,非学历上涨 10.47%,但职业教育和培训、中学以及海外学生英语强化课程人数下跌,分别下降 28.09%、32.52%、0.71%。

2. 留学生单向流动显著

澳大利亚作为国际教育的大国接收了许多国家的国际留学生,但澳大利亚本国的学生向外流动则较少。据统计,2007 年共有 10718 名澳大利亚学生出国进行学习或培训,2009 年增长到 15058 人,2010 年为 18340 人,2011 年达到 20906 人。①到 2011 年,澳大利亚 12.3% 的本科生毕业之前有海外学习或者培训的经历。澳大利亚国内学生向外流动的数量远少于外国学生在澳留学的数量。数据显示,2011 年,来澳大利亚留学的人数为 554359 人,而前往其他国家的澳大利亚学生只有 20906 人。②向外流动的学生主要前往美国、英国、加拿大等国家。因此,可以发现澳大利亚留学生单向流动的趋势显著,向澳大利亚境内流动的数量远多于向外流出的学生人数。并且,澳大利亚留学生主要流向文化相近的发达国家。

2010 年,澳大利亚 10330 名学生在外国接受高等教育。从所有国家学生在外

---

① 岳芸:《澳大利亚国际教育现状及发展趋势》,载《高教探索》,2014(5),63 页。

② Chaney M. Australia – Education Globally:Advice from the international education advisory council[M]. Canberra:Education Advisory Council,2013,p. 78.

国学习大学课程的学生占国内所有大学生的比例来看,澳大利亚学生(0.8%)低于英国(0.9%)、印度(1.0%)和中国(1.8%)。

澳大利亚大学国际理事会论坛收集的数据显示,2007年澳大利亚大学生中有10718人有国际学习的经历。2009年为15058人,在2011年期间,达到20906人。2010年前往亚洲地区学习的学生比例达31.8%,2011年为32.7%。图6-2显示,澳大利亚大学生国际学习的五大目的地是美国、中国、英国、加拿大和德国。

Destination	No of experiences	% of all experiences
United States	3,159	15.3%
China	2,009	9.7%
United Kingdom	1,812	8.8%
Canada	1,080	5.2%
Germany	1,050	5.1%

Source: Olsen, A. (2012), 2012 Research Agenda: Australian Universities International Directors' Forum

图6-2 澳大利亚大学生国际留学五大目的地

(资料来源:Australia-ducating Globally Advice from the International Education Advisory Council, February 2013.)

3. 国际学生生源地域集中

在澳大利亚国际教育"单一经济"发展阶段,国际学生的来源主要是亚太地区。在"多层次"发展阶段,国际学生的来源并未发生较大变化,生源地较为集中,主要在亚洲和发展中国家。2014年,澳大利亚前十位国际教育生源地为中国、印度、越南、韩国、泰国、巴西、马来西亚、尼泊尔、印度尼西亚、巴基斯坦。从地域分布来看,亚洲占67.3%,美洲占14.4%,欧洲占9.1%,中东占3%。

表6-1 2016年区域正式协议数量(*国家ABS标准分类)

Region（地区）	Number of Agreements（协议数量）	Proportion of Total（总体比例）	Region（地区）	Number of Agreements（协议数量）	Proportion of Total（总体比例）
Oceania and Antarctica（大洋洲和南极洲）	97	1%	North-East Asia（东北亚）	2533	28%

Region （地区）	Number of Agreements （协议数量）	Proportion of Total （总体比例）	Region （地区）	Number of Agreements （协议数量）	Proportion of Total （总体比例）
North-West Europe （西北欧）	2497	27%	Southern and Central Asia （南亚和中亚）	433	5%
Southern and Eastern Europe （东南欧）	522	6%	North America （美国北部）	1335	15%
North Africa and Middle East （北非和中东）	178	2%	Latin America （拉丁美洲）	413	4%
South-East Asia （东南亚）	1087	12%	Sub-Saharan Africa （撒哈拉以南 非洲地区）	69%	1%

（图表来源：International Links of Australian Universities，Formal agreements between Australian universities and overseas higher education institutions，September 2016.）

　　根据表 6 - 1 所示，东北亚地区和西北欧地区与澳大利亚政府和大学合作协议数量最多，并且东北亚签订的国际教育正式协议数量首次超过西北欧地区。美国北部和东南亚地区的协议也占较大比重。此外，澳大利亚大学确定拉丁美洲是国际参与的战略优先事项，目前有 413 个澳大利亚和拉丁美洲机构之间的正式协议，占总体比例的 4%。

　　从具体的国家来看，澳大利亚与中国（除香港、澳门地区）、美国、日本、德国、英国、法国、印度、加拿大、印度尼西亚和韩国这十个国家签订的国际教育合作协议数量最多。它们在 2016 年占协议总额的 63%，这一比例在过去十年一直保持不变，这些国家之间的协议总数翻了一番。2003—2016 年，澳大利亚与各国签订的协议数量呈递增趋势，其中与中国合作协议数目增加了 207%，与印度的项目协议增加了 582%。从绝对数量来看，中国超过印度，因此，澳大利亚主要的国际教育出口国家仍集中在亚洲地区的中国和印度两个国家。

表 6 - 2   2003—2016 年十大生源国

	2003	2007	2009	2012	2014	2016	% change 2003-2016
China* Exc. Hong Kong and Macau	457	488	628	866	1237	1402	207%
USA	690	759	777	878	965	996	44%
Japan	368	386	383	414	479	568	54%
Germany	256	325	326	501	572	558	118%
UK	233	295	320	395	457	502	115%
France	189	262	279	389	466	441	133%
India	50	98	135	179	276	341	582%
Canada	175	233	258	300	310	338	93%
Indonesia	158	118	126	198	254	313	98%
Korea	193	212	218	276	309	292	51%

(图表来源:International Links of Australian Universities,Formal agreements between Australian universities and overseas higher education institutions,September 2016.)

4. 留学成本提升

20 世纪八九十年代,澳大利亚政府出台了一系列政策降低留学生的留学费用。但 2010 年以来,随着澳元的增值和政府应对金融危机,澳政府和大学提高了留学生的学费,并且延长了同类课程的学习时间。这些原因导致留学生的留学成本增加,使得澳大利亚的竞争力受到挑战。澳大利亚的大学在以国际排名衡量的声誉方面有所改善,但留学成本不断增加。如图 6 - 3 所示,2011 年澳大利亚学习和生活的年平均成本为 44000 美元,与之相比,美国为 37000 美元,英国则为 30000 美元。

5. 现实阻碍

澳大利亚政府认识到追求国际教育规模的增长必然为此付出相应的代价。低质量的课程在短期内能够与不断增长的国际学生数量相适应,但不利于教育水平的提升,即澳大利亚将国际教育作为产业,单纯追求经济利益难以获得长久的发展,而且会给城市的基础设施、社会公共服务、社会文化等方面造成压力。因此,澳大利亚政府在移民政策和规定等方面态度模糊,在不同时期对待国际教育的政策也有所改变,造成移民政策的不稳定性。结果是国际留学生由于移民政策的阻碍而选择放弃前往澳大利亚留学。

近年来,国际留学的安全事故频发,因此安全因素成为制约国际教育进一步发展的重要方面。2016 年,媒体公开报道了留学生海外安全事件达 31 起。数据显示,31 起留学生安全事件,被抢劫、故意杀害、性侵等恶性事件偏多,占比超四成。从年龄结构看,近 60% 的受害者为 22 岁以下,其中 19—21 岁的大学新生

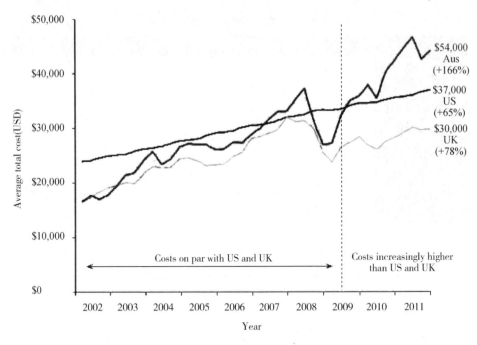

图 6 - 3　高等教育留学成本

（资料来源：Australia – Educating Globally Advice from the International Education Advisory Council,February 2013.）

受伤害最多。公开信息显示,海外女留学生出现安全问题的比例达45%。

2011 年,澳大利亚犯罪研究所(Australian Institute of Criminology)进行专门调查,得出国际学生易受到伤害的三种犯罪类型分别为殴打、抢劫和盗窃。澳大利亚境内人群对国际学生的种族歧视、暴力、恐吓等行为对澳大利亚的教育发展产生了严重的负面影响,使得澳大利亚重新审视国际教育发展背景下对国际留学生的各项保障措施。

(二)注重与国际组织的合作

澳大利亚教育部成立了"国际调查与分析机构"(The International Research and Analysis U – nit),主要提供澳大利亚和全球国际教育许多方面的调查与分析,对在澳大利亚国际学生方面的数据进行月度更新。①澳大利亚还积极加强与其他国家在信息和国际数据等方面的合作,与英国委员会(British Council)和美国国际教育机构(USA institute of international Education)搭建了合作网络,并合作建设国

---

①　安钰峰:《澳大利亚加快高等教育国际化步伐》,载《世界教育信息》,2001(6),10 页。

际学生的数据库(Project Atlas)。

澳大利亚政府重视与国际学术研究机构的合作,以提高国内院校的科研水平和创新能力,通过提高资金投入,引进高端研究技术设施,建设引领世界科研水平的教学和研究体系。

澳大利亚将建立持续的竞争性资助体系,为澳大利亚研究人员提供世界一流的研究设施,促进各行业与研究人员的合作,对关键的优先发展领域研究进行针对性支持,推动产业创新发展,最终实现各行业向智能化、高值化和出口集中化的转变。澳大利亚将审查国家合作研究基础设施发展战略(National Collaborative Research Infrastructure Strategy),建立持续性的资助体系,确保提供世界一流的研究设施,为国家重大研究计划提供支撑。①

澳大利亚实施新研究资助计划,提供3690万澳元支持产业转化研究计划(Industrial Transformation Research Programme),建立9个新研究中心和培训中心,以加强研究人员与行业的合作,培养研究生的实践技能和经验;为联接项目计划(Linkage Projects scheme)拨款8690万澳元,由528家合作伙伴机构(Partner Organizations)以现金和实物形式配套1.532亿澳元,共同资助高校与研究机构完成252个研究项目,推动大学与产业的合作,促进研究成果的技术转移与商品化。②

建立国际研究伙伴关系,澳大利亚研究理事会(Australian Research Council)与国家健康和医疗研究委员会(National Health and Medical Research Council)负责实施竞争性资助体系,鼓励国际研究机构间的合作,探索研究领域的难题,推动国际教育和研究水平的提高。

(三)院校发挥主体和联盟作用

澳大利亚政府为了提升高等教育的发展潜力,由原先依靠政府主导发展的单一经济模式,向教育机构自身发挥主动性和自主性转变。政府在国际教育的规划和国际间合作过程中发挥引导和协调的作用。澳大利亚推动高校与公立学校自治,鼓励公立学校探索私立教育机构形式的办学模式,发展远程教育和在线教育,推动教育方式的革新,逐步扩大市场份额,将中东、拉美和非洲等地区的学生纳入澳大利亚国际教育的版图之中。

---

① Australian Government Department of Education and Training Media Centre. NCRIS 2015 – 16 funding allocations announced[EB/OL]. (2015 – 05 – 14)[2015 – 12 – 21]. http:/ /ministers. education. gov. au/pyne/ncris – 2015 – 16 – funding – allocations – announced.

② 陈兆磊:《澳大利亚国际教育改革全方位考察》,载《山东理工大学学报(社会科学版)》, 2016(3),74页。

以"八校联盟"为例,20世纪初,国际经济的波动和澳政府移民政策的不稳定性背景下,原先重数量、轻质量的国际教育体系难以适应现实的发展。2011—2014年,八校联盟制定重点战略,维持澳大利亚国际教育的优势地位。

八校联盟积极与海外的大学签订合作协议。截止到2012年,澳大利亚的大学与各海外的高校共签订了7123份协议,自2009年起签订的协议有4227份。[①]合作的内容包括学生交换项目、教职工交流、科研项目合作等方面。除此之外,八校联盟开设国际课程,与海外院校合作,共同授课,在课程的设计上具有国际化和多元化的特点,满足国际留学生的求学需求。

大学院校在留学生的生活保障方面也做出了相关的改进。八校联盟校园中设置各个部门为国际学生提供全方位的服务。国际学生办公室、毕业生办公室等机构解决留学生申请、毕业、生活等服务。大学设计不同的项目为国际学生提供服务和支持。例如在新南威尔士大学有为期三天的国际新生适宜项目(Step–up three–day program),内容包括文化适应、澳大利亚的教学特点、时间管理、职业规划等。朋辈辅导项目(Peer Mentoring Program)和语言交换学习项目(Language Exchange program)则让本土学生与国际学生结成对子,实现跨文化的融合,帮助国际学生尽快适应异文化的大学生活。[②]

大学在科研方面也开展了国际化的合作,构建多边或双边的海外合作研究网络。2011年八校联盟与智利大学校长委员会(CRUCH)展开合作。于1954年成立的智利大学校长委员会由智利25所私立和公立大学组成,由智利教育部直接领导,主要促进智利大学间的合作。[③]新南威尔士大学和墨尔本大学加入U21联盟(Universities 21),其由23个研究型大学组成,分布在15个国家,通过基金等方式促进教师之间的交流、学生的交换和科研项目的开发。悉尼大学和西澳大学加入了5大洲16所世界范围内的世界大学联盟组织。悉尼大学则成立国际项目发展基金策略,形成悉尼大学教师与海外研究者的合作机制,促进国际学者的相互访问,支持本科生和研究生参与海外研究机构的合作项目。

---

① International Cooperation and Agreements [EB/OL]. http://www. Universitiesaustralia. edu. au/.

② 徐晓红:《论澳大利亚八校联盟高等教育国际化战略及启示》,载《高教探索》,2013(3),67页。

③ 徐晓红:《论澳大利亚八校联盟高等教育国际化战略及启示》,载《高教探索》,2013(3),65页。

第七章

澳大利亚国际教育对中国的启示

第一节　中国国际教育发展概况

（一）发展历史和沿革

中国传统文化博大精深,源远流长,是各民族在长期历史发展中共同创造的人类文化财富,灿烂光辉,丰富多彩。在中国漫长的文化发展历史进程中,注重实际和人伦关系的儒家文化处于正统主导地位,诸子百家争鸣,文化思想间的交流与碰撞都蕴含了中华文化的诸多精华。具体来讲,社会物质生产方面的农耕劳作、商业贸易、宗教、法律以及文学艺术等,社会生活方面的建筑、礼仪、饮食、服饰、器物等,都是中华文化的重要组成部分。中国教育的国际化发展始终保持着一种与人类知识成长适应的关系,并且积极与经济全球化趋势相适应。中国教育国际化在中国文化漫长发展的历程中经历了不同的发展阶段。历史上,中国便已经是东亚地区教育发展的重心,吸引诸多国际学生前来学习交流,在唐宋时期表现尤为突出。后期,中国教育逐渐实现真正意义上的国际化,据学者研究,从19世纪末到21世纪初,中国教育国际化经历了"被动化""封闭性""主动性"和"双向发展"4个发展阶段①。

1. "被动化"国际化阶段(1848—1949年)

"被动的"国际化是一种与本国、本地区价值理念和文化传统相冲突而又不得不采用的国际化模式。该模式一般以外国军事、经济和文化侵略为特征,以改变传统文化为代价,是一个在殖民地、半殖民地国家所采取的学习、借鉴外国先进思想、技术和文化传统的过程。长期处于半殖民地半封建的社会性质下,在西方坚

---

① 高书国:《中国教育国际化发展阶段与特征分析》,载《中国高教研究》,2016(12)。

船利炮的猛烈攻势下,清王朝面对内忧外患的严重危机,清政府面临亡国的威胁,在一大批知识分子救亡图存的呐喊中,也采取了改革学制、出国留学和建立现代教育体系等重要措施。

之后,为了振兴鸦片战争后的中国,康有为和梁启超等寻求中国自强之学的新道路,中国迎来了教育强国思想的关键成长期,但是这段被动的学习阶段并没有从根本上改变中国的状况,清政府统治者始终以"天朝上国"自居,自给自足的观念根深蒂固,加之几千年来封建思想的负面影响,中国始终不能以开放包容谦虚的心态学习西方先进国家的经验,当西方的坚船利炮强势来袭之时,中国已经远远落后于世界。

帝国主义的侵略给中华民族带来了巨大的灾难,但是反侵略战争的失败,也警醒了中国人,极大地促进了中国人开始思考、探索和奋起。鸦片战争后,先进的中国人开始开眼看世界,注意了解国际形势,研究外国历史,总结失败教训,学习先进经验,寻找救国的道路和抵御敌人的方法。"师夷长技以制夷"提出,主张学习外国先进的军事技术和科学技术。林则徐是近代中国开眼看世界的第一人,魏源编撰的《海国图志》内容包括世界各地的历史、地理等知识以及西洋科技船炮图说等。张之洞曾建议皇帝派送 120 名留学生到国外学习,并且希望为留学生提供培养费用,每年需要 6 万两银子,并多次强调这是"为造就人材之实际,规画富强之本源"。

1902 年,清朝政府颁布了以西方大学制度为蓝本的《钦定高等学堂章程》;1904 年,清政府又颁布了《奏定高等学堂章程》,中国现代高等教育学制体系初见端倪。维新变法期间,在文化教育方面,提倡西学,废除八股,改试策论,翻译外国书籍,派人出国留学。

洋务派领袖人物沈葆桢曾强调"以中国之心通外国之机巧",决不可"以外国之习气变中国之性情"。这同样是曾国藩、李鸿章等洋务派领袖人物的共识,当中国面临内忧外患的严重危机,更是需要"中学为体,西学为用"。

孙中山同样将教育强国作为现代化思想的重要内容。他强调,要"使天下无不学之人,无不学之地。则智者不致失学而嬉;而愚者亦赖学以知理,不致流于颓旱;妇孺亦皆晓诗书。如是,则人才安得而不盛,风俗安得不良,国家安得而不强哉!"此后,国民政府也确实在教育方面做出了具体举措,如由南京国民政府向欧美各国派遣了一批批官费留学生,每年有 100 人左右,最多达到每年 1000 人左右。国民政府教育部于 1933 年颁布《国外留学规程》,其中明确指出公费留学生必须通过考试选拔。

在近代中国的发展进程中,虽然很多人已经认识到教育国际化的重要意义,但是在战乱、殖民、封闭、落后、饱受压迫的旧中国,教育的国际化是难以实现的,阻碍重重。

2. "封闭性"国际化阶段(1949—1976年)

1949年新中国成立之后,中国的教育国际化发展处于一种"封闭"的发展阶段。需要说明的一点是,这里的"封闭"是一种相对的封闭,可以称为"相对封闭"的国际化,它是在冷战时期西方国家对新中国进行各种国际封锁的环境下实施的一种对外交流学习、合作和自我建设的"国际化模式"。学习世界优秀的教育文化是中国共产党人始终不变的教育主张,在长时间的发展历程中,中国共产党人始终坚持以开放的眼光看待世界文化,以包容的姿态学习人类文明的优秀成果,以谦虚的精神学习西方文化的先进经验,以饱满的热情促进中华文化走向世界。毛泽东思想博大精深,"古为今用,洋为中用"是毛泽东思想的一大杰出之处,具有较强的现实意义。

由于新中国建立初期的社会发展情况和历史缘由,此段时期的教育主要面向苏联和东欧社会主义国家。新中国建立后,中共中央提出,要学习苏联先进经验,邀请苏联专家帮助成立中国人民大学。1949年11月,刘少奇同志曾多次打电话、发电报指导中国人民大学建立工作。"建立人民大学的事,我们党在去年同斯大林同志商量过,斯大林同志赞成派苏联教员来中国帮助我们建设。没有他们的帮助,我们的大学是办不好的。""人民大学拟由中央人民政府设立,任命中国人做校长,聘苏联同志为顾问。苏联顾问及教授的薪资,拟照苏联专家一样办理。"1950年,在党中央的高度重视下,在领导人的热切关心下,在苏联专家的帮助和指导下,我国创办了中国人民大学和哈尔滨工业大学。20世纪50年代,我国派往苏联的留学生和进修教师共9106人。

3. "飞跃性"国际化阶段(1977—2000年)

1978年12月8日,十一届三中全会拉开了中国改革开放的大幕,改革开放政策同时成为中国对外汉语教学事业飞跃发展的关键原因,改革开放推动中国经济社会和教育学习西方,走向世界。随着改革开放事业的深化发展,经济、贸易、文化交流等迅速发展,对外汉语教育院校数量和来华接受汉语教学的学生数量在"汉语热"的潮流中快速增长。对于来华留学生的生源结构,层次稳步提升,学习汉语留学生来源国家更为多样,从以前只有少数的几个国家到遍布世界20多个国家和地区,充分表明汉语在世界各国的普及和传播热潮。另一方面,除了继续通过政府协议交换以外,政府通过财政资金,支持一些有资格接受政府奖学金的高等院校直接与国外发展学术组织交流来接收由国外实业机构或友好团体派遣的自费留学生。面对来华留学生数量猛增的状况,我国高等院校在学科设置方面也进行了一定的调整和改革,增设对外汉语教育专业,如1983年北京语言学院开设了对外汉语教学本科专业,教授对外汉语课程,培养对外汉语教师,培养国际化交流人才,从此对外汉语教育有了真正意义上的"科班"出身教师。1987年成立的对外汉语教学领导小组,主要负责统一领导全国的对汉语教学工作,标志着对外汉语教学事业走上了有计划、有目标、有组织的发展道路。

邓小平同志曾经深刻地指出:"我们进行社会主义现代化建设,是要在经济上赶上资本主义国家,在政治上创造比资本主义国家的民主理论更切实的民主,并且造就比这些国家更多更优秀的人才。"1978年6月23日,邓小平同志在听取清华大学工作汇报时,对出国留学工作做出具有划时代意义的指示:"我赞成留学生的数量增大,主要搞自然科学。"1988年,原国家教委成立了"中国留学服务中心",为留学人员提供相关咨询和服务,最大限度为留学生提供生活学习方面的便利与保障。不断建立完善留学生制度,树立系统学习国外先进科技的观念,充分利用国内国外的学习资源,借鉴国外先进的教育思想和办学理念,积极培养国家现代建设所需的专业人才,不断扩大教育领域的对外开放,积极走向世界。

提高教育国际化水平,学习西方先进教育理念和人才培养体系是中国教育发展历史进程的必然选择。中国发展离不开世界,世界的发展也离不开中国。在改革开放的浪潮中,越来越多加入国际教育中,中国留学生、学者以及政府必将长时间保持对经济贸易、文化知识、科技成果、管理经验、生产生活等多领域开展广泛学习。自改革开放以来,国家政策对于留学生教育给予充分支持,"支持留学、鼓励回国、来去自由、发挥作用"。这样的政策方针体现了中国认识到世界范围内教育的发展趋势以及科学知识的广袤无国界,为我国近代教育注入了活力,我国留学生在以后的发展中总体呈现上升趋势,出国留学人数不断增长,回国人数也逐年增加。据《中国留学回国就业蓝皮书2015》数据显示,1978年到2015年底,各类出国留学人员累计404.21万人。其中126.43万人正在国外学习研究;277.78万人完成学业;221.86万人完成学业后选择回国发展,占已完成学业群体的79.87%。2015年全年出国留学52.37万人,回国40.91万人,形成了进出趋于平衡的新局面。中国有数亿人在学习外语,并成为世界最大的留学生派出国家,教育开放正在逐步加深层次和提高水平。

4."双向发展"国际化阶段(2001年至今)

21世纪以来,随着世界经济全球化进程的迅速发展,世界间的紧密联系已经是大势所趋,中国作为国际社会的重要影响力量,其国际教育的发展吸引越来越多的国家投来关注的目光。与此同时,随着中国的快速发展和国际地位的提高,汉语的作用日益显著,越来越多的国家对汉语的重视程度以及国民对汉语的热情程度呈现出上升态势,学习汉语的风潮席卷了整个世界,在世界范围内,甚至一度掀起了一波新的"汉语热"。当今世界是知识的时代,各国之间文化软实力竞争激烈,中国必须在这场文化"软实力"竞争中进行角逐,保持始终学习的态度,用发展的眼光看待国际竞争。如美国俄亥俄州立大学教授奥代德·舍恩卡尔所言,在这场角逐中获得胜利的方法之一就是传播语言①。因此,在汉语的对外传播上,中国必将给予充分重视并不断提升文化传播的质量。

21世纪以来,我国教育开放形势不断延伸和拓展,汉语迈向世界的步伐不断加快,汉语教学也进入了一个新的历史发展期。一方面,我国更加注重汉语对外教学,不断创新教育方法,更新教育手段,探索新的发展路径,致力于提升对外汉语教学的质量,以接受外国留学生为主的对外汉语教学正积极走向世界,融入国际教育的行业中,成为其重要组成部分。另一方面,我们积极建立国外教学基地,孔子学院就是其中较为典型的部分。从2004年开始,中国国家汉办就主导并支持在世界各地广泛建立孔子学院并招聘相关对外汉语教育专业人才,之后的2005年7月,中国国家汉办在首届世界汉语大会上正式提出"汉语国际推广"的名称,开始从对外汉语教学向汉语国际推广的转变。对外汉语国际推广教育不仅是一项教育事业,更是一门新专业和新学科。2012年教育部颁布的"普通高等学校本科专业目录"把"汉语国际教育"归属于文学门类的中国语言文学类,在研究生教育体系中,2010年国务院学位委员会审议通过的文件把汉语国际教育作为专业硕士学位(代码0453)归为教育学门类②。北京语言大学校长崔希亮老师的观点是:"用'对外汉语教学'来指称'在国内对来华留学生进行的汉语教学',用'汉语国际教育'指称'在海外把汉语作为外语的教学'。"③但是,随着汉语国际教育的规模日益扩大,影响力逐渐增强,汉语国际教育事业的成就和潜力正在越来越凸显出来。一段时间的发展之后,目前,来华留学生已经遍布世界各地,汉语国际教育将中华文化带到世界的同时,架起了中国和世界沟通的桥梁,为中国以及其他国家的外交事业做出了重要的贡献。

尤其突出的关键点在我国进入世界贸易组织后,签订教育服务减让表,在留学、中外合作办学等工作方面更加规范和专业,建立完整的国际教育发展规划,更为积极主动地引进先进的教育资源,"双向留学"规模逐渐扩大而且成效显著,可以说,我国的国际教育发展已经取得了令人满意的成绩,我国的教育国际影响力和竞争力进一步增强。在《国家中长期教育改革和发展规划纲要(2010—2020

①　包文英:《试论汉语国际教育中的公共外交意识》,载《华东师范大学学报(哲学社会科学版)》,2011(6)。

②　耿潇:《论汉语国际教育的价值追求》,载《教育研究与实验》,2016(6)。

③　崔希亮:《对外汉语教学与汉语国际教育的发展与展望》,载《语言文学运用》,2010(2)。

年)》(以下简称《教育规划纲要》)部署下,基本形成了多层次宽领域的教育国际交流合作格局。我国与俄罗斯、美国、英国、印度、法国、印度尼西亚等国均建立合作关系,建立联合人才培养机制,与41个国家和地区签署学历学位互认协议,积极开发中外合作项目,广泛交流,实现先进教育资源的共享,推动中外合作办学等项目的平稳良好发展,整合高质量教育资源,培养适应现代社会发展需要的国际化人才,增进国际合作的理解与共识,争取共同进步。2015年共有来自202个国家和地区的39.8万名各类外国留学人员在我国31个省区市811所高校和科研院所中学习深造,这样的数据也反映出,我国正在成为新兴的国际留学目的国。此外,我国教育走向世界的步伐不断加快,"走出去"的速度逐渐增快,孔子学院已经覆盖100多个国家和地区,并且数量仍在持续增长,各地盛行的"汉语热"更是一次次将汉语国际教育引入到人们生活中,据统计,国外学习的人数已达1亿。

更值得关注的是,在"一带一路"倡议背景下,我国国际教育的双向发展更加明显。2013年9月和10月,中国国家主席习近平在出访中亚和东南亚国家期间,先后提出共建"丝绸之路经济带"和"21世纪海上丝绸之路"的构想,得到国际社会高度关注和有关国家积极响应;2015年3月28日,国家发展改革委、外交部、商务部联合发布了《推动共建丝绸之路经济带和21世纪海上丝绸之路的愿景与行动》。"一带一路"倡议将充分依靠中国与有关国家既有的双多边机制,借助既有的、行之有效的区域合作平台,借用古代丝绸之路的历史符号,高举和平发展的旗帜,积极发展与沿线国家的经济合作伙伴关系,共同打造政治互信、经济融合、文化包容的利益共同体、命运共同体和责任共同体。

"一带一路"倡议为我国高等教育的国际化,深化高等教育领域综合改革、提高教育质量提供了重大机遇。①首先,"一带一路"倡议的实施过程中,推动带路沿线国家、辐射其他国家各个领域的多层次发展,在发展过程中,"人"的作用必不可少。因此,在各个国家联动发展模式下,对具有国际视野、熟悉国际规则、精通各国语言、具备突出才能的国际性人才的需要可谓是急不可待。而对这些全能与专能人才的培养就要求各国进一步推动双方教育合作,以国际教育培养国际人才。其次,在各国合作过程中,科技创新必不可少。高校作为科技创新的最基础驱动力,能够成为国与国之间交流的便捷且有效的纽带。最后,"一带一路"促进各国间文化交流,要求新一代人才能够在熟知本国文化基础上进一步了解他国文化,并借鉴融合出符合时代要求和发展的文化。这就要求国际教育进一步完善,通过合作办学、留学教育等多种合作方式促进文化交流与进步。

---

① 王焰新:《"一带一路"战略引领高等教育国际化》,载《光明日报》,2015 - 5 - 26。

以中澳在国际教育方面的合作为例,近年来汉语教学在澳大利亚发展迅速。目前,澳大利亚已建有14所孔子学院和67个孔子课堂。超多100所中小学开设了中文课堂,有3万余名学生学习汉语。此外,40多所澳大利亚高校开设了中文系教学或中国文化中心,大力推广汉语学习。除汉语教学外,中澳两国在如联合办学、互派留学生、建立联合实验室等多个教育领域也有着紧密合作。据统计数据显示,截至2017年3月,中国在澳留学生人数达约14万,同比增长17%。同时,自从2015年澳大利亚正式在中国实施"新科伦坡计划"起,中国已成为最受澳大利亚学生欢迎的留学目的地之一。①

(二)我国发展国际教育过程中的问题和阻碍

国际教育竞争力逐步提高,但服务贸易逆差较高。国际教育作为一种双边的交流性活动,由"输入"和"输出"两部分组成,"输入"与"输出"的动态平衡是其理想状态。虽然近年来中国国际教育服务贸易的市场占有率有所增加,但一直处于人才和资金"双流出"的尴尬状态。在人才流出方面,根据教育部国际合作与交流司提供的统计数据,1978年至2015年,中国各类出国留学人数累计达404.21万②,成为国际教育市场上最大的留学生来源国;相比之下,尽管来华留学人数已经由1978年的1200人③增加到2015年的39.76万人④,但与出国留学人数的差距依然在拉大,人才流失日趋严重。在资金流出方面,以2013年数据为例,中国在创造了大约200亿元人民币教育出口收益的同时,产生了近2100亿元人民币的教育进口支出,支出与收益的严重不平衡同样是一个重要问题。究其原因是多方面的:一是与发达国家享有国际声誉的教育体系相比,中国的优质教育资源相对短缺,教育尤其是高等教育的国际认可度和国际显示度存在较大差距,因而对国际学生的吸引力不够;二是来华留学教育的支持性服务略显不足,这体现在奖学金受益面不大,医疗保险制度不完善,以及来华签证服务、行前咨询、住宿、实习、就业等留学服务的多个环节⑤;三是来华留学生的学费和生活费远远低于赴外留

① 《文化教育交流为中澳"一带一路"合作搭建桥梁》,人民网。

② 《2015年度我国出国留学人员情况》,http://www.moe.edu.cn/jyb_xwfb/gzdt_gzdt/s5987/201603/t20160316_233837.html.2016-03-25.

③ 杨超:《来华留学生教育结构变化及其影响因素——基于1978—2009年统计数据的实证分析》,载《现代教育管理》,2011(10),111-115页。

④ 《2015年全国来华留学生数据发布》,http://www.moe.edu.cn/jyb_xwfb/gzdt_gzdt/s5987/201604/t20160414_238263.html.2016-04-14.

⑤ 李美娟、刘睿:《论我国国际教育服务贸易逆差的原因及对策》,载《教育与经济》,2012(3),38~42页。

学生的境外消费,再加上货币汇率差价,这些因素从客观上拉大了中国的国际教育服务贸易逆差。

随着全球化发展,我国国际教育也在不断发展,规模不断扩大,形式日益多元,内涵不断深化,质量稳步提升。我国与世界上其他国家的合作与交流不断加深,发展模式也在逐步地变化:从向国外学习和借鉴经验的单向需求逐步转向双向需求合作共赢;从学习语言转向学生交流、国际研究等深层面上。并且,我国留学生在各国留学生中的比例名列前茅,受到各国大学和研究机构大力欢迎。与此同时,我国作为一个新兴的留学目的国,来我国留学的学生人数近年来也持续增长。但是,相比那些国际教育输出大国来说,我国还有很大的距离。且我国外国学生占本国学生比例小,留学生来源国单一,学历留学生比例小、培养层次偏低,来华留学生规模较小,对教育服务贸易市场还缺乏有效的监管等。但是,任何一个事物都具有两面性。高等教育国际化,一方面为青年学生带来了全球的教育资源,跨文化的交流,有利于他们懂得成长;另一方面,青年学生在吸收世界先进文化成果的同时,也直接受到西方意识形态、价值观念和生活方式的影响。在这个过程中,如何使我们的青年既要有国际视野,又要保持民族自尊心、自信心,坚定自己的理想信念,无疑给思想政治教育工作提出了新的问题。

从总体上看,汉语国际教育的发展规模呈现出良好的发展态势,其培养专业人才之多,数量增长速度之快,发展规模之迅速是我国国际教育发展中前所未有的。但是这样看似良好的发展态势下,却隐含了一系列的问题,涉及教师队伍的发展、课程体系的建设、培养模式的制定和完善、教学管理和教学质量评估等多个方面。下面,我们将详细对我国目前国际教育中存在的一些问题进行具体分析。

首先,师资力量不足,教育质量欠缺。我国部分高校已经开设汉语国际教育的相关课程并且在汉语国际教育专业方面投入较大,其中只有一少部分专业人才注重实践和理论的结合运用,除此之外的大多数任课教师专业水平不到位、只会纸上谈兵,缺少一定的实践经验。汉语国际教育专业具有应用型和交叉型的特点,涉及语言学、教育学、心理学、文学、政治学、经济学等多个文化领域,因此,对于教师队伍的建设和队伍中成员的专业知识和能力具有特殊性要求和较高标准。在师资方面,目前汉语国际教育专业任课教师以语言类和文学类的学科专业为主,重视汉语学理论和实际教学过程紧密结合的高层次人才严重不足。汉语国际教师在平时的学术科研中应当不断汲取新的知识,扩展自身的学术视野,对中国古代文化和世界文化有更为清晰明确的认识,牢牢掌握中华文化的精髓,以与时俱进的态度对待现代国际社会发展步伐,形成融会贯通的知识体系,引领汉语国际教育走得更远,走向世界。教育质量是大学发展最重要的因素。发展国际教育服务贸易就必须要加强教育质量保障和认证体系的建立。我国要完善现行的教学评估制度,逐步建立各种教育质量认证体系。目前,国际上尚无通用的教育质量认证体系。我国作为 WTO 成员国之一,有责任也有义务为这一体系的尽早出台而努力。我们要借鉴包括澳大利亚在内的其他国家的质量认证体系,寻找共同的认证标准和评估办法。随着国际教育规模迅速扩张,质量和效益问题是应当首要关注的重点问题,但是就我国国际教育发展状况来看,质量和效益问题仍然比较突出,并且中国国际教育在很长一段时间内都以做大增量和引进资源为主攻方向,之前出台的《中华人民共和国中外合作办学条例》等系列上位法和政策举措重点向这方面倾斜,在实践领域也取得了丰硕的成果。截至 2016 年 3 月,中国政府审批或复核通过了 2371 个中外合作独立大学、二级机构和项目,在境外举办了 4 所办学机构和 98 个办学项目①,开办了 500 所孔子学院和 1000 个中小学孔子课堂②。从这些数据可以看出,中国的国际教育事业已经具备了相当的规模基础。但是不可忽视的是,随着对外开放的日益深化和教育国际交流与合作的不断扩展,质量和效益问题已经成为现阶段中国国际教育发展的主要矛盾,并在出国留学、来华留学、中外合作办学、汉语对外推广等方面均有所表现。如在汉语国际推广方面,尽管孔子学院的办学水平不断提升,运行模式日益健全,吸引力进一步增强,但师资和教材问题日渐凸显,这严重影响了汉语国际教育的办学质量,并进而影响到汉语国际推广的全局。因此,今后中国国际教育不宜继续做大增量,而应转向提质增效、盘活存量的发展方向,加强本土教育能力建设③。

其次,教育理念不完善,理论教学落后。理论教学,侧重在教学过程中教授学生有关汉语国际的内容,但是课本内容多涉及相关理论,枯燥乏味,极易引起学生的困倦反应,学生对于理论知识学习的热情下降,兴趣降低。除此之外,许多教师在课堂上总是习惯于采用传统的教学方式和方法,教学形式单一,教师始终将自己置于课堂的中心,缺乏和学生之间的互动交流,让学生作为知识的接受者,并没有给他们充分的讨论和思考时间,学生更多时候处于一种"被迫接受"的状态,自主学习能力无法得到提升,时间一长很容易导致学生情绪低落,逐渐丧失了学习汉语的热情和兴趣。另外,许多学校所选择的汉语国际课本也不够全面,使得学

---

① 《中外合作办学和境外办学的最新发展及政策导向》,中外合作办学教育网,http://www. cfce. cn/a/news/moe/2016/0225/3020. html. 2016 - 03 - 25.

② 《关于孔子学院／课堂》,孔子学院总部网站,http://www. hanban. edu. cn/confuciousin-stitutes/node_10961. htm. 2016 - 04 - 14.

③ 刘强,荆晓丽:《部分发达国家视域下的中国国际教育发展研究》,载《比较教育研究》,2016(10)。

生不能深入地了解并且学习汉语。

理论教学落后的同时，缺乏实践教学理念，理论教学的枯燥无味使得更多学生希望通过实践教学相结合的方式进行学习，但是目前来讲，汉语国际教育过程中，对实践教学的重视程度不够，学生仅仅停留在书本知识，难以很好地将其转化为实践过程中的东西，对知识不能灵活把握。众所周知，进行实践是十分重要的一个环节，它可以帮助学生更好地在理论知识和实践之间找到契合点，理论运用于实践，能够加深对知识的掌握程度也能快速提升他们的口语水平，真正将知识活学活用，不再停留在书本上。但是，在实际教学过程中，许多教师并没有充分重视实践教学的理念，由于长期受到传统教育理念的约束，许多老师的思想一时间还没有很好地转化。

汉语国际教育理论与实践教学不能有机地结合于我国汉语国际教育过程中，理论教学和现实教学理念缺乏的同时还存在的另一个主要问题就是二者不能有机地进行结合，进而极大地影响了学生汉语水平的快速提高以及整个国际教育的发展程度。例如，在教学的过程中，一些老师认为理论教学才是学好汉语的基础，因此他们始终将这样的理念贯穿在实际的教学过程中，过分重视理论教学，注重理论教学方法的传授及讲解，致力于提升学生理论水平素养，因此在实践教学方面付出的时间和精力就会相应减少。与此同时，由于我国许多学校在进行考试的时候仅仅采用笔试，对实践重视程度相对较低，部分老师为了及时高效完成教学任务，展示教学成果，将教学重点进行有目的性的迁移，想方设法提升学生的理论水平。另外，在进行实践教学的过程中，教师也不能将实践教学与理论知识进行有效结合，在实际实践过程中，不能将理论知识灵活巧妙地应用在实际过程中，并且在实践的过程中敷衍了事，加之实践教学要承担时间、精力和金钱等多方面的费用，所以实践教学一直是汉语国际教育的一个薄弱的环节，学生实践技能缺乏，无法将知识转化为实践成果，这是导致我国国际教育质量水平始终无法得到大幅度提升的一个重要原因。

国际教育的深入开展是经济全球化的必然，是社会发展的必然。教育国际化，如同经济全球化一样，是不以人们的意志为转移的，是抵挡不了的世界潮流。我们应该以积极的心态、正确的态度主动去迎接它、抓住它，参与到世界的竞争中，而不应该消极等待或者是抵制。

在高等教育国际化进程中，思想政治教育者在教育理念和教育能力上的准备相对不足。一方面，在教育理念上创新不够。在传统的思想政治教育中，思想政治教育者是主体，始终处于教育的主动地位，掌握着教育的信息主动权。但在高等教育国际化过程中，学生因家长、社会和个人主动申请联系学习院校所在国等原因,学生与思想政治教育者的信息出现了不对称的新情况。另一方面,在高等教育国际化过程中,思想政治教育者接受相关知识的学习和进修机会较少,对高等教育国际化的知识储备或知识结构存在不合理或不适应的情况,从而导致思想政治教育理念相对滞后,难以适应高等教育国际化对思想政治教育提出的新要求。其次,教育能力相对不足。思想政治教育具有政治特性,所以带有明显的国家或地区性特点。

面对高等教育国际化的新形势,教育环境和教育媒体都发生了根本改变,传统的思想政治教育就呈现出触而不及等新问题。如党员学生无法在境外开展正常的组织生活、理论学习和其他活动,面对新形势,教育手段、教育方法显得单一、传统,缺少创新,思想政治教育的有效性难以科学、准确的加以评价。

不可忽略的同样有课程体系不完善。目前来看,汉语国际教育的专业课程设置共性较明显,已初步形成较为完整统一的课程格局,更加注重学生的文学文化素养、汉语和外语写作能力、对外汉语教学的基本理论和方法、普通语言学和汉语言文字学基础理论知识四个方面,提升学生的综合能力和素质。在课程体系的建设过程中,虽然现代汉语、古代汉语、语言学概论、第二语言教学概论/对外汉语教学通论(概论)、对外汉语(课堂)教学(方)法、中国古代文学(史)、中国现当代文学(史)、外国文学(史)、中国文化史纲/中国文化通论(概论)、汉语(基础)写作这十门课程的教学知识和培养目标一致,而且各大高校使用统一教材,但是,同样存在着一些课程体系构建方面的不完善之处。课程设置整体结构框架不合理,课程纵向和横向关系不紧密,内容存在前后衔接不紧密,布局不合理、不规范,理论与实践严重脱节等问题。2007 年底,为保证汉语国际教育硕士专业学位研究生的培养质量,受国务院学位委员会办公室、教育部学位管理与研究生教育司的委托,全国汉语国际教育硕士专业学位教育指导委员会秘书处组织专家制定了《汉语国际教育硕士专业学位研究生指导性培养方案》,课程设置已初步形成体系,但多年来在实践中各高校仍存课程名不符实,课程结构不合理,课程不能反映当前第二语言教学的新教育理念或适应当前汉语国际教育新形势新需求,理论与实践相脱节等诸多问题。还有一个重要的影响因素就是,在教学过程中忽略了在学习汉语的过程中,文化因素对于文化走向世界有着重要的影响,在国际教育过程中,文化因素对于国际教育的质量和效益提升具有一定的意义,也是影响我国汉语国际教育质量水平始终不能取得大幅度进步的因素。现实是,在我国汉语国际教学的过程中,许多学校以及教师不能正确了解并且认识文化因素对于学习汉语的影响,并常常忽略这个方面,因此,他们不能根据学生的实际需求和情况对待文化差异,在教学过程中,用自己国家的文化习俗进行单一理念的教学,教学思维受到局限,也容易形成一种惯性引导。

然后,培养体制不科学教学管理不健全。当前,世界各国对国际教育越来越重视,语言作为国际教育的一个重要载体,世界各国对第二语言的学习都十分的重视,而随着中国经济实力和综合国力的不断增强,汉语逐渐成为人们学习第二外语的重要选择。然而,我国当前以汉语为主的国际教育并没有形成一个完整、科学的发展体系,整体教学制度还不是十分健全,相对较为分散,导致我国的国际教育发展方向不明确,规划不到位,前景不明晰。所以长期以来,我国在国际教育方面一直处在摸索阶段,难以实现跨越式的发展,这样的发展状态对我国汉语国际教育在整个世界国际教育体系中造成了不利影响。在教学管理方面,虽然我国针对留学生权益有一定的制度保障,建立相关规定,不断完善管理制度,长期进行监督管理,对其质量和效益也有评估体系,总体来讲教学管理标准较高、规定较严,给我国国际教育的发展提供了强有力的保障,但是管理体系建设不均衡,有的学校尚未形成系统的教学管理体系,对于细节的把控仍然不是十分到位,漏洞不可避免地发生将对我国国际教育的发展产生不利影响。加之教育质量评估与教育管理体系尚不完善,急需建立健全规范管理体制,为我国国际教育的发展增添更加平稳的推动力。

以经济效益作为驱动,或是借此实现国家外交战略、人才战略,抑或是促进我国高等教育事业的发展,提高我国高校学生的跨文化交际能力,上述发展国际教育的动机,尚未在我国高等教育发展规划中得以体现,使得某些地区和高校盲目招收留学生,大规模开展中外合作办学。从短期来看,高校的国际化水平似乎有所提升,但是从长期来看,这种无方向性的发展,对我国的国际教育还是有弊无益的。宏观层面的国际教育政策体系处于相对完善的状态,但我国对其战略地位认识不到位,目前尚没有明确的国际教育发展战略性目标,对国际教育的战略定位较为模糊。据不完全统计,自改革开放以来,中国政府出台了100多份有关国际教育的政策文件,并且这些政策体现出良好的整体性、系统性和层次性。2016年4月29日,中共中央办公厅、国务院办公厅印发的《关于做好新时期教育对外开放工作的若干意见》(以下简称《意见》)就中国国际教育未来五年的发展问题做出战略部署。《意见》在坚持"围绕中心、服务大局,以我为主、兼容并蓄,提升水平、内涵发展,平等合作、保障安全"的工作原则下,对留学教育、涉外办学、一流大学和一流学科建设、人文交流、双多边教育合作、"一带一路"教育行动进行了重点安排,力求"到2020年,我国出国留学服务体系基本健全,来华留学质量显著提高,涉外办学效益明显提升,双边多边教育合作广度和深度有效拓展,参与教育领域国际规则制定能力大幅提升,教育对外开放规范化、法治化水平显著提高,更好满足人民群众多样化、高质量教育需求,更好服务经济社会发展全局"①。除此之外,政府部门还在《国家中长期教育改革和发展规划纲要(2010—2020年)》等纲领性文件中反复强调"扩大教育对外开放"②,并通过《高等学校接受外国留学生管理规定》《高等学校境外办学暂行管理办法》等专门性政策法规对国际教育子领域的发展做出了具体规范。尽管如此,国际教育政策的制定者主要是从教育外事的角度谋划国际教育事业,而很少置于国际教育视角。

最后,面对文化交流与碰撞的鉴别力有待提升。高等教育国家化所体现出来的办学理念、教育主体、课程内容以及国际化的合作交流,必然带来不同民族、不同文化的碰撞和交融。面对不同的文化,我们要学会扬弃,既要吸收不同民族的优秀文化,也要剔除那些糟粕。当代青年学生最突出的特点是开放程度高、信息量大、思想变化快、个性强。虽然他们在生活上学会了独立自主,但在思想上还处于发展阶段,如果不能辩证客观地分析问题、看待问题,很容易在多元的文化、价值观冲击中迷失自我。与此同时,所在国的文化也会随着时间的推移,移植、融合到他们的学习、生活中。如澳大利亚政府在高等教育国际推介过程中提出"生活,学习,成长"的口号,这三个词语不仅体现出教育上的收益,更包含了"住在澳大利亚是生活和社交上的收益,学在澳大利亚是知识和学业上的收益,以及生活学习在澳大利亚是所有个人和志向上的收益"。对此,中国学生是否能够在其中准确把握自己,是否能够在多元文化中学会科学辨别与吸收,显得尤为重要。走中国特色社会主义道路,实现中华民族的伟大复兴是我们每一个中国人的共同理想与追求。但一直以来,由于众所周知的教育弊病——应试教育所致,在中小学阶段始终存在着"重智育、轻德育"的现象,思想政治教育没有得到强化,反而被弱化,导致有些学生的理想信念不坚定。尤其是我国目前正处在经济社会转型的关键时期,各种矛盾交织突显,青年学生容易用现实来否定理想,从而导致理想信念模糊,甚至发生动摇;更有甚者,将会迷失自我,淡化国家意识,消减对民族文化的认同。这无疑让思想政治教育者肩负的"培养什么人,如何培养人"的重大使命面临严峻的考验。

①　中华人民共和国中央人民政府,中共中央办公厅、国务院办公厅印发《关于做好新时期教育对外开放工作的若干意见》,http://www. gov. cn/home/2016 – 04/29/content _ 5069311. htm. 2016 – 05 – 07.

②　《国家中长期教育改革和发展规划纲要(2010 – 2020年》,http://www. moe. edu. cn/public-files/business/htmlfiles/moe/moe_838/201008/93704. html. 2016 – 05 – 07.

第二节　澳大利亚国际教育的发展经验

近年来,我国国际教育总体在不断发展,规模不断扩大,形式日益多元,内涵不断深化,质量稳步提升。但是,我国在加强国际教育方面还有很长的路要走。我国应当积极从国际教育大国的成功案例中汲取经验,并根据中国国情实现我国的高等教育国际化。

国际间的合作、交流和互换是当今澳大利亚高等教育的一个重要特色。近年来,澳大利亚已经成为世界上高等教育国际化推进速度最快的国家之一。2010 年,澳大利亚高等教育在册学生数为 119 万人,其中国际学生 33.5 万人,占28.1%。此外,澳大利亚还注重办学理念的国际化发展,澳大利亚高等教育国际化,首先体现在高校办学理念的国际化上。各高校都把培养国际化人才,培养为国家和世界服务的优秀人才作为自己的办学目标。例如,悉尼大学在其战略目标中提出,大学应该为国家和世界服务,要让优秀的教师和学生充分发挥他们的潜能。皇家墨尔本理工大学提出,要给学生一个全球化的护照,让学生在全球都能找到工作。

澳大利亚注重推进教育主题国际化,在高等教育中,教育主体并不是单一的,既包括教师,也包括学生。澳大利亚各大高校,留学生比例高,学生的流动性强。例如,悉尼大学 2011 年注册学生人数 49020 人,其中留学生有 11000 余名,来自 134 个国家,占学生总数的 22%。为吸引中国学生赴澳留学,澳大利亚通过驻华使领馆教育处每年举办春秋两季大型巡回教育展,创建“留学澳大利亚”中文网站,向广大中国学生和家长详细介绍赴澳留学的相关信息,积极宣传推广澳大利亚教育。同样,师资队伍的国际化程度也非常高。澳大利亚各高校每年大约有 10% 的新学术职位被来自海外的人才获得,如皇家墨尔本理工大学,49% 的教师都具有海外背景。此外,澳大利亚还十分重视课程建设国际化。课程国际化,即将国际或跨文化内容引入高等教育教学、研究、社会服务。澳大利亚的大学注重在全球化的国际大背景下构建具体的课程体系和课程目标。一方面要求增设具有国际意义的专业课程,另一方面要求一般课程具有国际意义,以适应教育内容的国际化要求。澳大利亚各高校注重国际间联合办学,通过联合办学的方式,积极开展高等教育国际合作。其中,澳大利亚高校与中国的合作办学,一般以二级学院或者联合开办学位课程班的形式出现,如上海大学的悉尼商学院、浙江师范大学的中澳教育硕士课程班。同时,也加强国际间的学习交流。如澳大利亚大学校长委员会设立的亚太地区大学交流项目,其宗旨是通过高等教育系统中师生的流动来促进不同国家的文化以及经济、社会体系之间的相互了解,提高教育质量。又如皇家墨尔本理工大学,有30多个学生在天津师范大学学习汉语;同时还与南京中医药大学合作建立孔子学院,主要开设中医课程,今后还将通过中医药领域逐步向其他领域扩展,如卫生、食品等。另外,还积极开展了国际间的科研合作。下面将就各个方面进行具体分析。

(一)政府的大力支持

1. 政府对国际教育的政策支持

随着经济全球化和信息时代的到来,教育全球化和国际化成为当今教育发展的一个趋势。世界主要发达国家将教育服务出口作为赚取外汇收入的一个重要的手段,在这些国家中,澳大利亚的国际教育服务发展较为迅猛。澳大利亚作为一个留学热门国家,一直在积极地推进教育国际化战略。澳大利亚政府大力推进大学国际化发展,在其高等教育国际化快速发展进程中发挥着举足轻重的作用。由于其政府的政策支持、高质量的教育水平、严格的教学质量保障以及大量的就业机会,澳大利亚成为各国留学生最受欢迎的国家。

在澳大利亚整个出口贸易的排名中,教育服务贸易是澳大利亚出口贸易的第八名,可以看出来,教育服务贸易为澳大利亚的财政带来了巨大收益,随着高等教育国际化发展规模的急剧扩张,教育服务贸易为澳大利亚财政做出的贡献也就日益显著。尤其在20世纪末,高等教育国际化趋势呈现出良好的发展态势,澳大利亚在关键时刻能够抓住这一契机,利用国家政策对高等教育国际化的积极引导,在教学课程和教学目标上实施国际化战略。据统计,澳大利亚36所高校中有30所进行了课程设置的国际化调整,其中有21所高校甚至出台了高校课程国际化战略标准,有25所高校对国际化教育活动的质量保证和高等教育的国际化标准做出了承诺[1]。

为使国际教育的发展更为顺利,政府不断提升重视程度,积极出台相关政策法规为国际教育提供坚实的制度保障。伴随着高等教育国际化的发展,澳大利亚政府相应出台了一系列法律政策,虽然每一时期政策的侧重点不尽相同,但都是为了提升澳大利亚国际教育发展水平这一个共同的目标。在教育国际化的萌芽时期,澳大利亚政府制定了教育援助政策,这个政策主要针对亚太地区的留学生,政策内容包括不收取部分亚太地区国家留学生的费用,适当减免或者奖助政策,

---

[1] 葛凤书:《简析澳大利亚教育服务贸易的成功经验及对我国启示》,载《经营管理者》,2014(27)。

而且放宽了非欧洲裔学生的移民政策,多项政策的出台,对海外学生具有极大的吸引力,也大大提高了海外学生赴澳留学的热情。当然,我们在前面也多次提到,国际教育的发展是建立在国家利益基础上的,澳大利亚推出这些政策的目的也是站在政治利益的角度进行考量,希望加强通亚洲地区国家间的联系,最终提升澳大利亚国际教育的影响力,拓展其国际教育联系范围,最终促进澳大利亚高等国际教育的国际化发展。在高等教育贸易化时期,澳大利益的国际教育政策开始由政治利益的考量转向经济利益,坚持以经济驱动为主,将教育服务贸易作为国家的一种重要出口产业重点发展。发展战略制定之后,澳大利亚政府根据教育产业的发展目标出台了一系列政策,如1979年颁布《海外学生收费办法》,《办法》中明确规定留学生需缴纳其培养成本三分之一的费用,且这部分费用在1982年之后逐步增加。之后的长时间里,澳大利亚仍然不断完善其国际教育发展的政策体系,自20世纪90年代以来,澳大利亚就已经形成了较为完备的法律政策来推进大学教育国际化发展的规范性,如澳大利亚大学校长委员会先后通过了《澳大利亚高等教育机构对海外学生提供教育的道德行为准则》和《澳大利亚高等教育机构提供海外(非本土)教育和教育服务的道德行为准则》等法规来促进国际高等教育的发展,可以说,这样的政策法规为澳大利亚国际教育的发展提供了强有力的支持与保障。澳大利亚国际教育不仅顺应国际化发展潮流,而且拥有国家政策导向和本国高校的努力配合,加之财政、技术、政策等多方面的支持,经过了20多年的发展,澳大利亚的高等教育国际竞争力显著增强,引起了许多国家的关注,澳大利亚不少高校跃居世界一流高校之列,知名度和影响力的提升以及课程的国际化设置大大增加了外国留学生的人数,扩大了澳大利亚国际教育的发展规模,促进了当地学生的国际化,使得澳大利亚的教育服务贸易产业在那个时期迅速发展。

澳大利亚联邦政府通过加强立法来管理国内和国外提供的教育服务质量。并且,各个州也都制定相关的法律以防个人和公司以大学名义进行非法教育贸易或通过教育来实现个人营利的目的。2001年通过的《海外学生教育服务法》,旨在利用法律手段对国际教育服务者的权力进行监督,来保证海外学生的生活和学习。2001年制定的《海外学生教育服务实施条例》规定了《海外学生教育服务法》的具体实施办法,保护了持学生签证来澳大利亚留学学生的权益,对保障澳大利亚教育出口产业的质量以及澳大利亚在国际领域的声誉起到了极其重要的作用。《教育服务法》自颁布以来,分别于2002年和2005年进行了两次修订,并于2004—2005年期间对其进行了全面评估,提出了41条修改建议。之后,2006年10月澳大利亚颁布了新的《国家准则》,对2001年《国家准则》进行了全面修订,对联邦政府与州政府的职责划分、注册要求以及注册机构的运行等做出了更加详尽的规定,其中对注册机构的招生、学生服务、学生权益保护、签证管理、师资及教学设备等制定了 15 条标准。

政府不仅在宏观层面给予充分的政策支持,在一些细节方面,同样有相关政策举措。例如,澳大利亚制定了有利于海外生的移民政策。由于移民政策的优惠性,澳大利亚的移民政策受到很多想要移民的留学生的青睐。对一些外国学生而言,同意其在澳大利亚留学或让其有在澳大利亚就业的机会,甚至成为公民等移民政策,在一定程度上影响其赴澳留学的意愿,也减轻了其在澳留学、就业、生活方面的一些负担。为了留住优秀的外国人才,也为了吸引更多优秀的国外学生赴澳留学并且长期生活,澳大利亚政府在 2001 年制定了一项新移民政策,让毕业后六个月内找到技术性工作的外国学生拿到永久居留权,这为澳大利亚吸引了更多优秀外国学生,为澳大利亚人才结构的优化起到了重要作用。不仅如此,对于赴澳大利亚 TAFE 学院就读的外国学生,只要符合澳大利亚的技术移民条件,均予以优先办理。这样的移民政策在很大程度上解决了澳大利亚技术工人短缺的现状。

对于澳大利亚来讲,法律政策推动下建立有序和良好的法律政策环境是国际教育发展过程中的重要一环,澳大利亚的教育服务贸易所要面对的困难和挑战重重,政策法规为保障,制度建设为动力,教育体系为依托,都是支撑澳大利亚教育服务贸易发展的关键。在建立健全政策法规方面,澳大利亚政府积极探索并尽力保障相关院校、留学机构以及留学生的合法权益。另一方面,为了提供良好的政策环境,随时应对复杂多变的社会环境,政府及相关部门也在及时调整政策,为澳大利亚学生在外留学以及外来学生在澳大利亚留学等方面提供了诸多政策支持和保障,积极为国际学生的自由流动、学习和生活创造条件,包括在申请签证、勤工助学、住宿医疗、日常生活等方面提供便利。为配合政府制定的教育出口战略,澳大利亚大学校长委员会制定了一系列相关准则,如 1990 年制定的《澳大利亚高校在本土向海外学生提供服务的从业道德准则》,1995 年出台的《澳大利亚高校在境外向留学生提供教育和教育服务的从业道德准则》,并于 1998 年将上述两个准则合并为统一的从业道德准则。2000 年澳大利亚议会通过了《海外学生教育服务法》。该法案全文包括 8 个部分、177 条,分别规定了"国家运用法律手段监督国际教育服务提供者的权力""建立国家的国际教育服务机构的认可、注册制度""为了保障海外学生当前和长远经济利益,政府设立海外学生保障基金制度""规定所有提供者必须向海外学生保障基金支付注册费和年度基金""强制所有招收海外学生的机构设立学费保障基金,以保障学生的课程学习利益""政府调查、追寻提供者、担保者,直至取消合法、认可资格的权力"。2001 年澳大利亚政府又制定了更为详尽的《海外学生教育服务条例》,具体规定了《2000 年海外学生教育服务法》实施办法。譬如政府规定,2003 年的"海外学生教育服务保险基金"缴纳标准是 475 澳元基本费加上所有学费收入的 0.75%①。

除了政府政策支持以外,澳大利亚一些学校也积极出台相关政策紧跟国家宏观政策导向,最大限度贴合外国留学生的多方面需求,保障学生权益。对于许多国外留学生来讲,医疗保障、消费权益、课程体系设置以及工作支持等是他们在进行留学选择时的重要考虑因素。而事实证明,澳大利亚针对留学生这些方面的需求考虑得十分到位,在解决留学生类似问题的时候十分人性化,没有将规定停留在表面而是切实深入实施并取得了良好的反响,这也就是澳大利亚国际教育在国际上声誉显赫的一个重要原因。在课程设置方面,长期以来,澳大利亚国内大学针对外国留学生的学业需求、生活需求、课程进度、硬件设施等有关国际教育所需的多方面进行国际化调整,顺应时代发展趋势,尊重不同国家和民族的文化多样性,以适应广大留学生的需求。其中,相继出台的《保护外国学生消费利益法》和《外国学生教育服务法》对外国留学生的消费权益保障做出了非常详细的规定,并在实际中将其彻底落实,一方面切实保障了外国留学生的消费权益,另一方面也极大提升了澳大利亚高等教育的可信赖程度和国际声誉。在工作支持方面,澳大利亚政府不仅允许留学生本人在留学期间的兼职活动,而且也准许留学生的家人申请工作签证。这些贴合留学生需求建立起来的各方面保障制度为澳大利亚教育服务贸易产业的发展提供了政策依据。在医疗保障方面,澳大利亚针对外国留学生设立的外国学生健康保险制度详细规定了包括住院费、医药费、救护费等各项医疗费用,保障了外国留学生在学习期间的医疗救助问题。这些做法使得外国学生的权益获得保障,生活方面也享受到诸多便利并成为促进澳大利亚高等教育国际市场成长的重要措施。

作为一个英语国家,经济发展水平较高,人口稀少而自然条件较好、资源丰富,澳大利亚在吸收国际生方面的优势不言而喻。政府坚持把国际生作为顾客、消费者来对待,采取顾客至上的服务理念,从吃、住、行、消费等方面都提供高质量的服务保障,并制定相对宽松的移民政策,为很多国际生提供就业和移民的机会,也是吸引国际生最重要的因素之一。澳大利亚处处体现以学生为本的教育服务理念,几乎所有大学都会为学生提供一系列生活及学术上的辅助服务,帮助国际学生快速适应澳大利亚生活。其中包括机场接机、住宿安置、新生入学教育、社交和娱乐活动、学生福利及辅助咨询(国际学生咨询、学术技巧辅导、心理咨询)、残疾人服务、紧急救助及医疗服务等。不但各大学均有学生服务中心,甚至州政府

---

① 张民选:《澳大利亚:迅速崛起的教育出口大国》,载《教育发展研究》,2003(11)。

也设有学生服务中心,目的是为了帮助学生适应留学生活。为努力提高帮助支持学生的能力,他们从办理时间、高风险学生监控、残疾学生关爱、所提供学生服务的种类和数量等方面,分年度、分性别、分学院、分学生层次统计分析自己的工作业绩和效率。通过记录、统计、分析为学生所提供服务的情况,来分析学生人群特点,提早做好预案。

2. 政府成立专门的机构,对国际教育进行管理,非营利组织的介入

澳大利亚联邦政府的积极推动主要体现在两个方面:一是制定相关法律法规,二是成立专门机构。目前,澳大利亚国际教育司(Australian Education International, AEI)是澳大利亚政府为了促进澳大利亚教育国际化,并向世界各国推广澳大利亚各级教育与培训所设立的专门机构。它支持教育出口产业和政府间教育合作,以及加强与各州在教育和培训质量保证、对招收海外学生的教育机构制定有关规章制度、资格认可和对海外学生的消费保护等方面的合作。另外,澳大利亚政府先后设立了国际教育开发署、高等教育国际开发计划组织和国际教育基金会等专门机构,致力于推进国际教育服务贸易的发展。其中,国际教育基金会在海外建立了38个分支机构,广泛收集信息,开展宣传服务。澳大利亚政府还有专门的官方网站为全世界各地有意到澳大利亚学习的留学生提供有关在澳大利亚求学的全面信息及搜索功能,该网站提供各种语言版本,而且涵盖了所有课程和教育机构以及不同学习领域和层次的奖学金信息。各地留学生还可以在该网站上查询验证所申请学校的合法性。

教育机构作为国际教育发展的重要载体,对于国际教育的作用尤为显著,澳大利亚十分重视教育机构的设立,澳大利亚政府在1969年出资建立了澳大利亚—亚洲大学合作项目(Australian – Asian Universities' Cooperation, AAUCS),其目的在于帮助亚洲国家高校提升教学和科研能力。经过一段时间的发展,到1981年,AAUCS更名为澳大利亚大学国际发展项目。1984年,成立了IDP澳大利亚教育国际开发署,其成立目的在于服务澳大利亚全部39所大学,这就是今天通用的IDP的发展前身,当时的IDP主要负责澳大利亚大学的对外招生与留学咨询。1985年,IDP转变为非营利的中介机构,更名为IDP教育有限公司(IDP Education Ltd),主要从事双边或多边的国际教育交流与合作;1993年,IDP开始进入中国市场,与教育部留学服务中心共同设立"赴澳留学办公室",为中国学生提供澳大利亚留学服务;2006年,IDP教育从非营利性机构转型为公司运营,并且呈现出迅猛的发展态势。截至2016年IDP项目办公室全球网络覆盖32个国家的100多个办公室,设立雅思考试考点90多个。目前,IDP教育集团发展成为全球最大的国家

留学服务机构①。澳大利亚教育国际开发署在澳大利亚高等教育国际化发展的不同时期具有不同职能。高等教育国际化萌芽时期,在《科伦坡计划》引导下,IDP作为一种官方机构,被赋予了一定的教育推广与交流使命,它在协调并推进当时对外援助项目的实施上发挥了巨大作用。在澳大利亚高等教育贸易化时期,IDP转变为非营利性机构后,仍然维持和协调着大学与社会的关系。这一时期它的主要功能,是以公益性机构的身份来调节政府与大学以及与学生的利益关系,积极开展并参加教育活动以及发布最新的高校信息等。在高等教育国际化走向规范和制度化时期,IDP的发展也更为成熟,从非营利性机构转变成运营公司,其业务范围涉及留学服务、发展调研及国际考试三大领域。2000年,澳大利亚成立了一个独立的非营利性机构——澳大利亚大学质量署,该组织通过保障质量来推动高等教育国际化的发展。澳大利亚特别强调大学质量署在国际教育发展中的评估作用,规定在该机构董事会的带领下,每5年对澳大学进行一次评估,并通过颁发相关法律来监控大学的教育质量,澳大利亚政府也为其提供必要的资金支持。2004年,澳大利亚政府出台了《全国质量策略——澳大利亚跨国教育与培训》,这份报告涉及了国内外各级各类跨国教育项目的质量认证问题。2005年,澳大利亚政府颁布了《澳大利亚跨国教育与培训全国质量策略》,规定了各类跨国教育机构在质量上应达到的要求,这成为全国性的跨国教育质量保障策略框架②。

非政府组织作为重要的社会力量,应当在国际教育中发挥积极作用,澳大利亚的非政府机构对国际教育政策制定及国际教育项目活动的开展起了相当大的作用。澳大利亚的教育国际开发署、澳大利亚大学委员会(Universities Australia)等非政府机构,对本国国际教育的发展、政策、战略出谋划策,为高等学校、学生的国际教育活动提供及时、详尽、有针对性的统计信息与政策建议。澳大利亚的教育国际开发署是澳大利亚38所大学所拥有的专门为澳大利亚院校进行海外招生的全球教育机构,采用会员制,为1000多家教育机构服务,在50多个国家和地区设立了77个分支机构。据相关统计,每年澳大利亚国际学生的25%都是通过教育国际开发署招生的。此外,澳大利亚国际教育开发署也非常重视分析和研究地区和国别教育市场,为国家国际教育市场的推进提供了相关的信息依据。澳大利亚的大学校长委员会也以高校提供教育研究和信息、行业规范管理、政策协调和政府沟通、国际合作、项目引进和输出为己任,对推进澳大利亚国际教育战略方面也起了举足轻重的作用。

---

① 陈小忆:《澳大利亚教育国际开发署在高等教育国际化中的功能探索》,载《经济研究导刊》,2015(1),236页。

② 黄容霞、叶青:《澳大利亚高等教育国际化探析》,载《煤炭高等教育》,2016(5)。

这些国家层面的国际教育机构为推进国际教育提供了极好的指导,既有利于学校国际市场的开拓,又从另一个角度保证了国家国际教育政策的实施。

澳大利亚作为教育的输出大国,为了保障高等教育的质量和信誉,提高高等教育的国际竞争力,不论是政府还是社会各界都积极进行探索,并且澳大利亚已经建立起了比较完善的质量保障和认证框架,并加强了有关方面的制度建设。1995 年澳大利亚质量体系(Australia Qualification Framework,AQF)制定,为澳大利亚教育部评估高等和职业教育的学历与学位质量提供了国家标准。2000 年建立的澳大利亚大学质量机构(Australia University Quality Agency,AUQA),是一个独立、非营利性的国家机构,该质量机构每 5 年对澳大利亚各大学以及州和地方认证机构进行一次审计、评估工作,根据评审结果对大学以及非大学高等教育的认证标准进行修改,报告澳大利亚大学在国际中的地位及澳大利亚教育质量保证的程序和标准。2000 年澳大利亚还建立了"大学教学委员会"(Australian Universities Teaching Committee,AUTC),目的是促进大学教学和改善学习质量。此外,2005 年澳大利亚政府正式以"跨国教育和培训"的名称制定颁布了"澳大利亚跨国教育和培训国家质量战略",以期管理澳大利亚众多境外(Offshore)教育服务项目的质量,确保澳大利亚教学机构在海外提供与国内一致标准的教育服务,平息就此引发的教育质量争议,进而争取更大份额的国际市场①。

3. 政府制定的国际教育发展战略

政府主导规划建立国际教育发展的形式给澳大利亚国际教育的发展带来诸多契机。政府主导长期规划,致力于提高和保障澳大利亚的国际教育质量。2003 年 5 月澳大利亚政府提出了《高等教育未来发展财政预算》。在预算中,政府明确提出,教育服务已经成为一项每年具有 50 亿澳元收入的出口产业,为了支持这项事业的发展,政府拨款 1.13 亿澳元,专门用于国际教育的研究开发工作。其中专门设立 4 个"卓越国际教育研究中心",着重研究高等教育的质量保障问题,以确保澳大利亚的长期利益;一个"国家国际英语研发培训中心"进行作为第二语言的英语的教学研究,扩大对外国学生语言学习的吸引力;拨款 2.6 亿澳元给移民部和教育部研究和改善签证、检疫、移民等问题②。不仅如此,澳大利亚大学校长委员会、澳大利亚教育国际等官方与其他半官方和非官方机构也都制定了符合自身发展需要的中长期国际教育发展规划和相关政策文件及规范。保障范围更为广

① 孔江榕、周涛、王晖:《澳大利亚国际教育及其对中国的启示》,载《现代大学教育》,2012 (6)。

② 张民选:《澳大利亚:迅速崛起的教育出口大国》,载《教育发展研究》,2003(11)。

阔,辐射人群也更为庞大,例如澳大利亚大学校长委员会2002年制定的文件是《国际教育战略发展规划和工作计划》,澳大利亚教育国际的文件为《提升澳大利亚教育和培训的未来地位》。大学和国际教育服务机构也纷纷制定自己的发展目标,譬如墨尔本大学制定了《2003战略发展规划》,确定了自己在未来几年中的发展目标并对具体内容进行细化:提升国际学生人数占在校学生总数的比重,从21%上升到2010年的28%,并且注重培养高层次留学生,提升一流留学生的比例;加强自己在国际性大学中的地位,并且利用这个世界优秀大学联盟,开展网上远程本科和研究生教育,普及在线教育,扩大大学在国际高等教育中的地位,争取率先成为澳大利亚第一所进入世界100强的大学。

回顾澳大利亚国际教育发展的历史我们发现,在建校之初,澳大利亚的国际化取向就已经深受英国剑桥大学、牛津大学以及美国霍普金斯大学等世界知名高校的影响,所以澳国立最初的定位就是一所专门从事科学研究、开展研究生教育为主的研究型大学。对于教育来讲,教育者是其中的重要力量,所以在师资方面,澳大利亚将重点放置在师资的国际化,就是在全球范围内招聘一流学者来校任教。建校之初,学校由四个研究型学院组成,首任院长均聘自国外一流大学和知名学府以及重量级的研究机构。他们的共同特点是在国外获取学位并工作多年,且在自身研究领域获得较高的国际声誉,如医学院院长霍华德·弗洛里(Howard Florey)教授,毕业于牛津大学,先后在剑桥大学、谢菲尔德大学从事教学和科研工作,并于1945年获诺贝尔医学奖。这些海外学者带来了世界一流的研究水准和最新的办学理念,对澳国立的发展产生了极为深远的影响。其次是学生的国际化培养。早在1948年,即学校成立的第3年,澳大利亚国立大学就启动了"海外学习项目",旨在为学校的未来发展培训和储备师资力量。至1950年,共向牛津大学、剑桥大学、哈佛大学等海外知名大学派出56名学生①。

实施国际化战略规划,将教育提升到战略层面,充分表明了国际教育在澳大利亚整个国民经济发展中的举足轻重的作用,以澳大利亚国立大学为例,作为澳大利亚唯一一所国立大学,它的国际化发展理念、参与全球事务的目标以及培养人才的战略定位非常明确。该校在2006年制定的五年战略规划就已经提出:在科研方面,与国际学术界同行密切配合,致力于解决全球性重大课题;在教学方面,通过与世界顶尖大学的合作,为学生提供多样化的国际交流机会,并确保自身的教育水平居世界前列;在社会服务方面,力求对世界范围内的前沿探索、社会纷

---

① Foster S,Varghese M. The Making of the Australian National University 1946 – 1996[M]. ANU E Press,2009.

争、文化繁荣、重大决策和财富创造有所贡献。澳大利亚国立大学的国际教育发展处于世界前列，并在多个学科领域居全球高校前列，并且拥有良好的国际声誉，受到较多留学生的青睐，这一系列的成绩，与其鲜明的国际化定位是分不开的①。

通过对文献的多方查阅以及相关分析研究，综观澳大利亚的国际教育服务贸易发展，澳大利亚国际教育服务贸易的发展模式是以教育出口战略为导向，以法律政策推动为依托，通过提供富有特色和高质量的教育服务来提高国际竞争力，逐步走向国际教育输出大国的行列，澳大利亚将实施教育出口战略作为国际教育服务贸易发展模式的重要导向，是澳大利亚国际教育成功发展的关键，以政府为主导建立和推进实施的教育出口和高等教育国际化战略不仅拥有官方的大力支持，还有社会的协助，全方位为澳大利亚国际教育发展保驾护航。综观澳大利亚国际教育服务贸易的发展历程，政府从战后改善国际形象的教育支援计划，到随着世界范围内留学生教育高潮的兴起，澳大利亚政府抓住国际教育服务贸易的机遇，逐步形成了颇具特色的教育出口战略。几个典型的战略有：成立专门机构，协调和推动澳大利亚高等教育国际化和跨国教育的发展；实现教育出口类型的多样化；准确定位教育市场，以亚洲作为战略重点，建立完善的竞争机制。②③

4. 调整签证，降低门槛

大量招收海外学生是澳大利亚国际教育发展的起点，也是推动整个产业发展的一个重要组成部分。2001年起，澳大利亚将留学与移民政策紧密关联，留学生只要顺利完成澳大利亚劳动力市场上紧缺专业的学习即可申请技术移民。这一政策的实施给澳大利亚留学生教育带来了空前繁荣，来澳留学生的数量大幅度增长。但一段时间后，这种模式的弊端逐渐显现出来。许多留学生为了能在完成学业后顺利地申请到绿卡，选择了劳动力市场上紧缺的专业，但是并非自己感兴趣的专业，这也就造成了某些专业留学生扎堆，而有些专业却少有人问津的情况。更有许多留学生在成功获得绿卡之后，转行从事别的工作，造成了人才培养的浪费。为了打破这种留学与移民捆绑销售的国际教育模式，均衡各专业之间的发展，同时也要考虑对现有留学生市场进行保护，澳大利亚政府实施了一整套留学生签证和技术移民调整方案。澳大利亚移民局采取了简化留学生学生签证的申请手续，对于申请在澳大利亚大学就读的申请者，无论来自哪个国家，均按照最低

---

① 吴军超：《澳大利亚国立大学国际化的理念、实践及启示》，载《中州大学学报》，2012(2)。

② 张民选：《澳大利亚：迅速崛起的教育出口大国》，载《教育发展研究》，2003(11)。

③ 王留栓、褚骊：《澳大利亚高等教育国际化概述——从发展教育出口产业谈起》，载《教育发展研究》，1999(8)。

风险考察标准执行,并保证学生签证在 10 个工作日内完成。降低学生签证的申请难度,吸引更多留学生来澳,保证留学生市场的稳定性。其次,在澳大学完成任何专业学习的留学生,在英语水平达标的情况下,均可申请 PSW(Post Study Worker)工作签证。与之前的类似签证相比,取消了对申请人所学专业的限制,但是该签证并不承诺可以获得绿卡。

(二)社会对国际教育的重视

1.加强国际交流与合作,注重高校国际教育质量

在国际教育发展中,一定要建立健全的教育保证体系。在澳大利亚的国际教育发展中,以教育服务贸易为主的经济体系下,教育是其存在的根本,教育保障体系是澳大利亚教育发展的衔接和支撑,良好的发展体系将有助于澳大利亚国际教育发展具有明确的目标性和导向性,有助于其在培养过程中的系统化和全面化,有助于提升教育质量,促进国际教育更好更快发展。在这一点上,澳大利亚同样表现出对国际教育发展的高度重视,在积极调整课程国际化设置的同时丝毫没有放松其教育教学的质量,高校教学质量包括留学生的教学质量由澳大利亚大学质量保证局监督,赢得了国际上的广泛赞誉。不仅如此,在教育保障体系的维护下,澳大利亚的大学还有一套严格的教学质量保证体系,除了官方及社会的监督和评价以外,学校还会进行自我评估,同时每 5 年还要进行一次公开的评价。特别要指出的一点是,澳大利亚大学质量保证局还将境外教育质量列为评价项目之一,学校的各方面评价结果完全公开,并且会将结果通知工作细致到相关负责人,这样的责任制度将有利于提升教学人员的意识,督促相关工作人员主动改善工作,鞭策高校在强大的压力下进行质量检测与改进,从而最终达到保证澳大利亚大学教学质量的目的,培养高层次人才。

澳大利亚重视本国高等教育质量建设,政府大幅增加对高等教育的投资,改进高校的教学、管理质量,对高校学生和科学研究进行资助等。为了促进高校的发展,这些经费不是平均拨给各高校,而是高校通过竞争的方式来获得。为了提高高等教育的教学质量,澳大利亚成立了全国性的高等教育教与学协会,主要负责管理与教学创新相关的事务。除此之外,澳大利亚政府还引入了奖励和激励机制,政府对高校的拨款和高校教与学的绩效挂钩。

接下来将以澳大利亚与中国国际教育交流与合作为例,更便于我们探讨澳大利亚与中国未来国家教育的发展方向以及双方的借鉴补充之处。据统计中国 2014 年、2015 年连续两年成为澳大利亚第一大国际学生来源国。澳旅游与国际教育部去年 2 月公布的调查显示,截至 2015 年 12 月,中国留学生在澳大利亚各类学校就读的

总人数已经突破 17 万,比 2014 年增长 12.8%。中国学生约占在澳国际留学生人数的 27.3%,印度、越南、韩国、马来西亚等也是澳大利亚重要国际学生来源国。由此可见,澳大利亚在国际教育方面对中国学生具有较为强大的吸引力且在国际教育方面澳洲已经取得了较为卓越的成就。虽然因为服务质量下滑等原因而出现了留学生数量下滑的问题,但这并不影响中国为澳大利亚国际学生来源的主要国家。因此,研究澳洲国际教育显得十分必要,这关系着中国与澳洲两国甚至是世界的教育发展以及一系列联动的利益关切。综合《阿德莱德时报》《先驱太阳报》、澳广网2017 年 1 月 31 日报道,蒙纳士大学商学院公布的研究报告显示,未来 10 年,澳中在小学、中学以及职业教育领域的合作将进一步增长,并预测称,中国在澳大利亚小学与中学教育市场所占份额将自目前的 31% 升至 42%;同时中国在澳大利亚职业教育市场所占份额将自当前的 26% 升至 36%。为此,澳大利亚刮起了一股"中文热",中国与澳大利亚的国家教育合作逐渐呈现出升温的态势。例如,澳大利亚维州课程与评估管理局(VCAA)在全州范围内进行了一次教学调研,以找出可帮助增加中文课程学生人数的有效办法。在此背景下,维州教育当局计划本周推出一门面向参加维州高考(精品课)考试(VCE)学生的涉及当代中国文化与语言的新课程;除维州外,Plympton 国际学院将获得 350 万澳元政府拨款升级教师与无线网络,方便该校师生通过网络与中国姐妹学校师生进行面对面的交流。同时,南澳大学(University of South Australia)与南澳教育厅还将展开合作,以找出增加 Plympton 学院课程表中中英双语元素的有效途径。①由此可见,澳大利亚根据具体生源情况、跟随时代步伐对中国留学生政策做出合适的调整与改变,吸引广大优秀中国留学生,促进国际交流与合作,提高国际交流质量。

建立教育质量保证系统也是澳大利亚注重提升国际教育质量的一大方法。澳大利亚政府认识到缺乏可靠的质量保证系统会伤害到大学在全球市场的地位。因此,澳大利亚联邦政府成立了澳大利亚大学质量保证局,通过对大学严格的控制、学校自我评估、每五年进行一次评价的方法来运作。评价结果公之于世,让各个大学感受到强大的压力而进行质量改善。澳大利亚政府对其境外教育的质量也十分注重。澳大利亚的大学在与海外合作学校进行境外教育时,必须依靠质量保证支持系统才能让其合作关系成功。澳大利亚大学质量保证局特别将境外教育质量列入评价项目,将评价结果通知大学相关人员,有利于相关人员改善工作,

---

① 《教育助力澳中关系 澳大利亚掀新一轮"中文热"》,中国侨网。

提升境外教育质量①。

2. 发展全球范围内的远程教学，创新教育服务方式和手段

发展全球范围的远程教学，要不断创新教育服务手段和方式。在日益发展的今天，传统的教学模式已经不能满足现代化发展的需求，要想将一国的教学工作和优秀文化及先进成果深入到全世界潮流中，除了吸引大量外国留学生来本国学习，还必须利用现代高科技技术，大力发展远程教育。远程教育是一种方便快捷的教学方式，澳大利亚进行了有益的探索并取得了一定的成效。澳大利亚本土高校通过远程教育将其教育事业扩张到全世界，大大拓展了其国际教育的影响范围，同时也极大地增强了其教育服务贸易能力。澳大利亚的大学实施的远程教育在所提供的教材、授课内容、考试内容方面与本土学生接受到的教育几乎没有太大的差别，顺利通过考试的学生得到的学位证书也是完全一样的。社会发展带动下的远程教育本身是一种经济、实惠、方便、快捷的新兴教育方式，加之澳大利亚国际教育质量长期积累的良好声誉，使得澳大利亚的远程教育具有优于部分国家的极大吸引力和竞争力。澳大利亚也十分看重其远程教育的发展未来，为推动其远程教育事业，澳大利亚成立专门的数字学习决策小组，并且通过各个大学之间的协作，联合起来建立全球性的在线虚拟大学，通过一系列努力和不断尝试，实现了学生与教员互换、教学与实践研究相结合等富有创造性的教学形式。如澳大利亚在 1997 年开始实施的 21 世纪大学计划是由墨尔本大学与新加坡、美国、加拿大、英格兰、中国、德国等的 17 所知名学校合作，通过合作研究、学生与教职员互换、课程国际标准化等合作，取得了丰硕的成果。这样的方式创新了国际教育的方式，吸引了更多留学生的目光，甚至在某些程度上弥补了本土授课的不足，实现了国际化远程教育的开创性发展，具有极强的现实意义。

发展全球范围内的远程教学创新了国际教育发展的手段和方式，能够利用现代高科技，最大限度地超越时间和空间的局限，达到国际教育的目的。"全球化课程"概念的提出，将国际教育提升到一个联系更加紧密的高度。2000 年在墨尔本举行的澳大利亚课程组织第七届全国大会上，代表们提出了一个全新的课程概念——"全球化课程"（World Class, World Class Curriculum 或 World Class Education），并指出这不是一门具体课程，而是一种教育和课程新理念，它强调的是课程的全球观——要增进各民族和全国人民的相互认识和理解。随着"全球化课程"新理念的提出，澳大利亚开始注重在全球化的国际大背景下构建具体的课程体系

---

① 张若琼：《澳大利亚国际教育服务贸易发展模式研究》，载《高教发展与评估》，2009（25），70 - 74 页。

和课程目标。此外,澳大利亚1100所大学、职业教育学院和中小学为国际学生提供约25000门课程,适合各层次人员的学习需要。澳大利亚通过以下几种方式实现课程的国际化:第一,增加课程中的国际内容;第二,创办联合学位课程,包括专业课程和国际研究语言课程;第三,开设涉及多国的交叉学科科目;第四,引进语言学习和地区研究;第五,采用比较和跨文化的研究方法;第六,规定部分国外学习课程或国外学习经历;第七,安排在海外实习或教学旅游;第八,聘请外国访问学者授课。另外,澳大利亚还特派教师去海外实习或进行教学旅游,以使课程和教学方法更具有国际竞争力。

3. 致力于提供灵活的境外教育服务

不断利用新兴教育手段,改善教育服务方式,澳大利亚的大学除了招收国外学生到本土就读外,同时还积极拓展境外教育。一是在国外设立大学的海外分校,海外分校会提供与大学相同的课程计划。这种方式实现了学生不用出国就能获取澳大利亚的学位的便利,对于部分外国学生来说吸引力极强。澳大利亚大学海外分校的教师主要由澳大利亚本土派遣及在当地招收优秀教师组成,大约有30%是由澳大利亚本土进行派遣,其余则是在当地招收优秀教师。在任教前,这些教师要接受完整的教学训练,训练教学思维,学习教学方法,他们当中拥有至少硕士以上的学位与丰富的专业经历。澳大利亚尽量减小海外分校与本土教学之间的差距,并且充分利用区位优势,最大程度利用海外分校的特点和优势,发展国际教育。虽然澳大利亚的大学海外分校班级规模比本校小,教学模式与本校也不同,但是在课程的体系建构和教材内容方面差距较小,分校的教材与课程是由本校提供,要求水平与本校相同。二是一些澳大利亚大学与世界各地的大学合作,向外国学生输出课程。外国学生可以在本国先修完前几年的学分,再到澳大利亚的大学修完所剩学分,外国学生可同时获得澳大利亚大学与当地大学的双学位。教育理念先进,在澳大利亚,各级政府,尤其是中央和发达地区的省市政府和大专院校拥有较为先进的高等教育观念,他们将高等教育自然而然地看作是一项公益性的、具有教育性的、培养人的视野,同时可作为产业进行出口,可以为经济发展做出贡献的现代知识产业。澳大利亚注重建立这样一种现代的教育理念,这也就是他们可以在国际教育领域取得良好的声誉,拓展教育规模的重要原因。只有更新教育理念,才会不断地发现新的教育服务市场、方式和对象,提供各种令人满意的教育和培训服务。澳大利亚通过建立这样的理念,在教育进口和贸易活动中坚决维护社会利益和经济利益,获得新的科学技术、知识经验和物有所值的教育服务。

仍以澳大利亚与中国的国际教育方面的合作为例,借此更加生动且具体的展现澳大利亚境外办学的发展与特色。首先要介绍澳大利亚一所优质的大学——

黑利伯瑞学院。它是澳大利亚联邦政府资助,由教育部门负责管理的传统贵族学校。创始于1892年,至今已有120多年的历史。在墨尔本有三个校区,是一所从幼教到高中实施全面基础教育(K12)的老牌名校。多年来,黑利伯瑞学校提供完善的教学设施,全部采用澳大利亚式小班授课制,以提供完善的文化交流、体育以及户外活动、国际交流等而闻名,是全澳大利亚教育资源最丰富的学校之一,为澳大利亚和西方的教育做出了贡献。2013年该校与北京首创置业联合在中国开设的第一所分校——天津黑利伯瑞学校,是黑利伯瑞学院在中国唯一的一所姐妹学校,设有小学部、初中部和高中部。学校利用澳大利亚黑利伯瑞学校办学经验、教育体系和师资与国内基础教育结合,培养学生双语教育,既体现了中国教育的优势,同时发挥西方教育理念。不需要雅思等语言考试,直接进入国外名牌大学,从而在国内就可轻松沉浸于西方文化教育环境,实现与国外高等教育相对接模式。学校的目标就是通过黑利伯瑞的教育模式让学生进入一流的国内和国外大学。这是澳大利亚在中国开设分校发展境外关系的典型案例。

另外,在合作办学方面,中国教育部教外综函〔2007〕89号文件复核批准了"南开大学与澳大利亚Flinders大学合作举办国际经贸关系专业硕士"学位教育项目。自2000年开始在中国招生,2012年7月,又获得了教育部延期批准。该项目在教育部中外合作办学项目的历年评估中名列前茅。该合作方式表现为中澳双方共同授课,学生在缴纳10.5万元/两年学费并在学习两年且提交合格毕业论文后便可获得学位。课程由中方课6门、外方课8门共14门课程组成。课程设置将涵盖MBA主干课程,包括西方经济学、东亚经济、国际经济学、国际关系理论、管理学、国际金融与贸易体系、市场营销学、世界经济发展全球化与区域化、商务英语、国际商务环境分析、人力资源管理、国际市场营销和投资、环境与亚洲发展、国际商法等在内的各种中澳双方大学国际经贸关系专业所修课程。由澳大利亚Flinders大学国际经贸关系专业具有丰富教学经验的教授及南开大学有丰富经贸管理专业知识的优秀教授讲授。学生修满规定的课程,考试合格,硕士学位论文完成并通过,将被授予澳大利亚Flinders大学"国际经贸关系"专业硕士学位,同时由南开大学颁发学习证明;所获得的硕士学位由中国教育部留学服务中心进行学历+学位认证。这就是澳大利亚与中国合作办学的典型案例。

4.注重整合营销高等教育产业

早在1988年,澳大利亚政府就开始进行大学教育商业营销,整合各大学的公私有资金。回顾历史,澳大利亚之所以注重教育商业营销,与其早期经历密切相关,早期抢占东南亚高等教育市场的行动中,澳大利亚的大学常常彼此暗中攻击,以增加本身的市场占有率。澳大利亚政府认识到,要想在国际教育中取得主动地位,获得良好的声誉,必须要主动融入国际教育市场,提升国际教育竞争力。为此,澳大利亚政府决定加强大学间的营销整合,增加市场占有率,澳大利亚联邦政府除了在每个驻外大使馆建立教育中心外,还在教育、科学与训练部下设置了国际教育处,进行政策研究分析与市场调查研究,并向政府提供政策性意见与建议,负责协助大学在国际市场的整合营销。澳大利亚政府在中国等20多个国家皆设有办事处,办事处主要举办大学博览会,提供澳大利亚大学的相关信息,拟定营销策略等。在政府的大力协助下,澳大利亚的大学可以采取更为灵活的竞争和合作方式推进国际教育海外营销,拓展国际市场,这也导致其在20世纪90年代大幅扩展了高等教育国际市场占有率。除了国家的努力之外,澳大利亚的大学还致力于教育产业方面的营销与合作,比如非营利组织澳大利亚国际教育发展计划中心即是负责这项工作的跨校组织,组织遍布全球主要的教育市场,在55个国家和地区设立了101个办事处,通过提供教育刊物、面谈咨询等方式,协助各大学招收外国学生,并提供考试评估服务、发展性服务,向其他国家提供顾问服务,包括教育、卫生、财政管理、环境管理等。这样的做法极大地提升了澳大利亚大学的声誉,有助于其高等教育国际市场的开拓,为澳大利亚国际教育的发展做出了不可磨灭的贡献。

(三)全方位对国际教育的把控

1. 以教育服务贸易为主的国际教育,形成产业结构

综观澳大利亚的国际教育发展,加之之前对澳大利亚国际教育服务贸易的研究,笔者认为,澳大利亚国际教育服务贸易的发展模式是以教育出口战略作为其发展的导向,依托法律法规政策的力量,通过提供富有特色和高质量的教育服务来提高国际竞争力,逐步走向国际教育输出大国的行列。首先,澳大利亚政府对国际教育在政策和财政方面大力支持。澳大利亚国际教育服务贸易的发展与本国的政策支持是分不开的。联邦和州政府以及大学对国际教育服务贸易采取了积极的行动,使得澳大利亚国际教育服务贸易有了很好的发展。教育服务贸易是澳大利亚在教育服务贸易领域发展贸易的一种方式,在教育优先的战略思维下,坚持优化高等教育的教学科研条件,注重提升高等院校的教学科研水平和质量,不断提升吸引来澳留学生的能力,通过贸易,将国际教育的发展推上一个新的发展阶段,将教育产业与贸易相结合,畅通国际教育发展的渠道,加强各国之间的商业往来和文化交往。澳大利亚将国际教育服务贸易放置经济发展的重要地位,形成了具有澳大利亚发展特色的国际教育服务贸易并且逐渐建立较为完善的发展体系,形成一定的规模且收益明显。

2.澳大利亚本身具备的优势

澳大利亚的国际教育发展历史悠久经验丰富,"教育出口"是高等教育国际化发展到"服务贸易"阶段才逐渐流行起来的一个术语。据澳大利亚学者报道,澳大利亚在1904年接待了第一批自己出资到澳大利亚来上大学的外国学生。这应该可以算是澳大利亚国际教育的开端。20世纪50年代,澳大利亚政府推出了"科伦布计划","决定出资援助一些东南亚国家",招收一些东南亚国家官方派出的留学生,其目的也在于扩大澳大利亚在东南亚和太平洋地区的影响力。至此,国际教育成为澳大利亚整个外交政策的重要组成部分。1960年以后,到该国留学的外国学生开始缓慢而稳定地增长。在澳大利亚留学的国外学生从1962年的12049人到1980年竟然上升到20000余人(包括在大学以外各种学院和中学的外国学生),澳大利亚国际教育发展涉及人数之多,规模之大,早在20世纪就已经显现出来。1984年澳大利亚学者杰克逊首次提出,澳大利亚应当将高等教育发展成为"教育服务出口产业"(Export Industry in Education Service),并且指出应该对大部分外国学生收取"全额成本学费",而仅向少量特殊人才授予奖学金。澳大利亚大学和政府观念真正发生转变的时候应该是20世纪80年代后期的高等教育改革。当时改革的主要内容之一是减轻政府和纳税人的经济负担,实行"高等教育贡献方案"(HCS),"高等教育贡献方案"的实质是向大学生收取相当于20%高等教育成本的学费,同时向困难学生提供助学贷款。这个方案承认了在高等教育领域中实施"谁受益、谁付账"的成本分担、利益分享原则。这个原则不仅向本国学生提出了承担部分高等教育成本的要求,同时也向外国学生提出了承担教育费用的要求。为此,澳大利亚政府决定,要求大学向外国学生收取"全额成本学费"。也正是从那时起,澳大利亚进入了"教育出口服务"发展的快车道,发展速度迅猛,发展规模扩大,发展成效显著。1988年澳大利亚教育大学校长委员会改建了"澳大利亚大学国际发展项目"组织,使之成为澳大利亚大学开展国际教育服务的协作机构。1994年联邦和各州政府又组建了"澳大利亚国际教育基金会",这个基金会先后在亚洲许多城市设立"澳大利亚教育中心",开展教育咨询服务,促进亚太地区学生赴澳留学。澳大利亚的外国留学生从1980年的877人上升到200年的95540人。外国留学生从1970—1980年的平均增长率2%,上升到1980—1990年的12%。1980—1999年澳大利亚的外国留学生总数增加了1.09倍,外国留学生增长幅度居世界第一①。

教育出口的优势究竟为澳大利亚带来了怎样的发展契机,通过大量的官方文

---

① 张民选:《澳大利亚:迅速崛起的教育出口大国》,载《教育发展研究》,2003(11)。

献和学者研究成果我们发现,澳大利亚的教育出口拥有以下三大优势。首先一点就是澳大利亚的国际教育质量在国际上拥有良好声誉,澳大利亚所有高等院校都有自己的发展模式和教学特色,对于质量的要求较高,澳大利亚几乎所有的大学都是"公立的",政府对高等教育的发展重视程度极高,也可以这样理解,澳大利亚所有大学的质量,都有政府做强有力的担保。所以不论是在教学方面还是在研究方面,澳大利亚政府致力于将所有大学的质量提升到合适的标准层面,而这一点与美国的高等教育大有不同。在美国,既有世界一流的研究型大学,如哈佛、斯坦福大学,也有声名狼藉、声誉较差的学校。在政府主导的发展模式下,澳大利亚经过长时间的努力,培育出一批像澳大利亚国立大学、悉尼大学和墨尔本大学等的世界知名大学和许多很有特色、具有吸引力的学科,如农业科学、生命科学、天体物理、民用工程、国际商务、数学、地质科学和远程教育等。这是澳大利亚大学能够吸引外国学生的主要原因。第二,我们将目光转向澳大利亚的区位优势上面,与许多发达国家相比,澳大利亚有明显的地理优势,一方面,它靠近亚太地区,尤其临近东南亚地区,这在距离上和经济上都便利了学生之间的往来。联合国教科文组织和经济合作与发展组织的数据表明,亚洲尤其是东亚地区已经成为当今世界留学生主要输出地区,在经济合作与发展组织中 45% 的外国留学生来自亚洲;另一方面,澳大利亚幅员辽阔,人口相对较少,有能力也有一定的容纳力接收大量外国留学生来澳留学。这样的地理优势正好与 1990 年以来主要的"教育进口国"和"留学生输出国"的位置南北相接,它们为澳大利亚输入了近80% 的外国留学生。此外,随着英语使用范围的越来越广,成为国际语言,选择到英语国家留学的学生呈现出日益增多的趋势。1999 年全世界 160 万留学生中就有 54% 流入英、美、加、澳、新等五个国家。澳大利亚作为一个国际教育声誉良好的英语国家,在留学生的语言选择方面具有明显的优势。加上东南亚和南亚地区的许多国家,如新加坡、马来西亚、印度、巴基斯坦和我国的香港地区,都曾同属于"英联邦国家和地区",使得澳大利亚又有了留学生语言上的更多便利。

3. 澳大利亚"扩大教育出口"战略

"天然优势"给澳大利亚的国际教育发展奠定了坚实的基础,除了上述那些"天然"的优势以外,澳大利亚的研究学者、大学、政府和社会力量的积极推动同样是澳大利亚成为"教育出口大国"的关键。澳大利亚积极制定并坚决实施扩大教育出口的战略。在研究的基础上,澳大利亚政府和大学主要采取了以下战略。首先一点就是,澳大利亚将新型教育出口方式作为努力发展的重点和方向,扩大"离岸教育服务"(Offshore Education Service)海外办学的优势,1995 年 WTO 的《服务贸易总协定》颁布以来,澳大利亚的大学认识到《服务贸易总协定》里达成的两大共识,即成员国之间必须努力"降低贸易壁垒",同意成员国之间的"教育服务""商业存在",大力拓展澳大利亚政府和大学在海外的教育服务机构,充分利用澳大利亚发达的远程教育优势。到 2001 年,澳大利亚已经建立了两个促进海外教育事业的官方机构:"澳大利亚教育国际"(Australia Education International)和"澳大利亚贸易委员会"(Austrade)。在政府的鼓励下,各个大学在积极招收海外学生的同时,努力拓展"离岸教育服务"。澳大利亚大学校长委员会 2001 年的调查显示,澳大利亚 38 所大学在世界各国开设的"离岸教育服务"项目共有 1009 个,学生人数达到 349056 人①。澳大利亚的努力与探索不断取得新的成就,开始改变澳大利亚留学生的比例结构和教育贸易的比例。近年来还不断进行新的尝试与探索,例如提出新的概念,如"无国界教育业务""跨国教育服务",领导和参与这些新兴教育组织的活动等。同时要维持一定的收费标准,将收费标准的制定作为战略规划的一部分。对于留学生的收费一定要符合实际情况,并且需要对其进行适当补助,允许外国留学生利用课余时间打工赚取一定的生活费用。成本和价格是制约留学生留学意向选择的一个重要的影响因素,对于亚太地区的一些发展中国家来说,在经济支付能力方面略显不足,因此在费用等方面的支持,建立低价格和物有所值的战略将对吸引留学生有一定的积极作用。

第三节　中国国际教育的发展路径

《国家中长期教育改革和发展规划纲要(2010 — 2020 年)》中对高等教育国际化提出了明确要求,同时也指明了发展方向②。为此,我们应积极借鉴澳大利亚高等教育国际化的发展经验,提高我国高等教育的国际化水平,开拓国际化思维和道路。从大的方向来讲,国内高校和相关留学机构等要深入分析外国学生的需求,改进和完善自身的办学条件,开发一系列满足来华留学生求学需求的课程和教材,培养一批外语水平较高、思想开放、专业基础扎实、综合水平高的师资队伍,投资建好一批来华留学生实习实训基地,进一步夯实培养外国留学生的基础。注重优化高等院校的办学条件,不断提高教育教学品质,为来华留学生提供优质的服务质量。

人类社会正在经历一个巨大的历史发展转变期,在这样一个由农业文明和工

---

① 张民选:《澳大利亚:迅速崛起的教育出口大国》,载《教育发展研究》,2003(11)。
② 吴光明:《基于贸易导向的澳大利亚高等教育国际化发展经验与借鉴》,载《教育与职业》,2013(32)。

业文明跨步走向信息文明的新时代,不管是社会形态还是生产方式、生活方式都发生着重要的变化,这样的发展变革推动着教育要在以往传统教育的基础上不断进行新的发展与创新,因此,把握教育发展是迎接未来各种挑战的重要之举。在国际教育发展方面,我国正在稳步推进,逐渐构建起相对完善的国际教育发展体系,在课程建设课程体系教学内容等方面始终在探索和完善,近年来以对外汉语为主的国际教育发展如火如荼,赢得国际学生的广泛赞誉,中国的高等教育、高等院校的吸引力不容小觑。我们在语言、文化、中医、艺术、民用工程技术方面都有独特的吸引力。我们有大量的海外华人和儒教文化圈,在这些人群和地区上我们具有巨大的潜在影响力。但是,我国目前在国际教育领域的发展仍然存在一些不足与缺陷,而这样的不足如果不能够及时解决,必将成为阻碍我国国际教育发展的一大因素。为此,我们需要不断探索新的方法,提出新的构想,借鉴别国发展的成功经验,适当进行引入,推动我国国际教育与世界接轨,被更多留学生肯定,赢得国际地位。首先,我国政府也应该进行政策方面的导向和支持,对留学生的消费权益、医疗保障、工作支持方面制定详细的相关法律规定,从政策上对来华留学生予以支持和相关利益保证;一定要注重严把高等院校的教育教学质量,学习澳大利亚在教育服务领域的特色和创新之处,不断优化高等院校的教学条件,提高高等教育的教学水平,才是吸引来华留学生的根本;最后学会利用现代技术,主动研发在线教育平台,通过远程教育的形式扩大我国高等教育的影响力,开辟我国教育服务贸易新领域。但在笔者看来,虽然我们应当以谦虚和包容的姿态学习澳大利亚国际教育发展的成功经验,但是在学习的过程中还是有许多值得思考和研究的地方。首先需要注意的一点就是,澳大利亚在教育出口和教育进口中明确了自己的位置,这也说明了教育出口国和教育进口国之间是可以相互转化的,澳大利亚也正是充分利用了语言方面和地理方面的优势,坚持严把教育质量关,不断打开国际教育的市场,采用多样的方式吸引留学生。第二,作为一个教育进口国,我们一定要比教育出口国更重视对国际教育提供者的管理。澳大利亚对国际教育的提供者有许多法律规范和限制,包括政府监督、注册管理和担保金、保证金制度,以便减少学习者和政府的经济和社会风险,保障国家教育服务贸易的长远利益[1]。而我国作为一个教育进口国,不管是在政府还是社会层面,需要承受的压力和风险都比较大,因此,注重"合作办学"的质量是我们始终应该坚持的一个重要方向。质量低下、违规操作、卷逃资金、偷税漏税等问题都会成为国际教育发展中的诸多隐患,会引起国际社会、学者以及留学生的严重不满,从而影响国际声誉

---

① 张民选:《澳大利亚:迅速崛起的教育出口大国》,载《教育发展研究》,2003(11)。

和地位。在这方面,澳大利亚和教育进口国新加坡、马来西亚、泰国和我国的香港台湾地区都有过惨痛的教训。下面将从政府、社会、高等院校等方面,对我国国际教育未来发展提出针对性的意见和构想。

(一)政府法律法规方面给予大力支持,提供有力保障

邓小平同志早在 1983 年就提出"教育要面向现代化,面向世界,面向未来"。这样的教育思想无疑是高瞻远瞩、极具前瞻性的,面向现代化是奋斗目标,面向世界是内在要求,面向未来是战略方向,因此,中国教育国际化应当坚持目的论和工具论的统一。《教育规划纲要》在总结中国教育改革开放历史经验的基础上明确提出:"坚持以开放促改革、促发展。开展多层次、宽领域的教育交流与合作,提高我国教育国际化水平。"《教育规划纲要》是第一次在党中央和国务院文件中明确提出要提高教育国际化水平,从理论突破和实践创新方面均有深远的重要意义。2013 年,习近平总书记对中国教育对外开放提出新的更高要求:"中国将加强同世界各国的教育交流,扩大教育对外开放,积极支持发展中国家教育事业发展,同各国人民一道努力,推动人类迈向更加美好的明天。"

建立健全相关法律法规,为我国国际教育提供制度保障和推进动力。面对国际国内形势的变化,特别是我国加入 WTO 后教育开放程度进一步扩大,越是在这样的关键机遇期,我们越是要认真总结国内外先进的国际教育发展经验以及前几年我国与国外进行中外合作办学的成功经验和失败教训,深入思考我国教育国际化的发展规划,认真分析我国教育开放与社会发展的协同关系,对当前国际形势有充分的认识,认真研究我国国际教育发展与国际合作的关系及政策界限,针对复杂多变的关系,不断制定和完善新的中外合作办学法规。虽然从目前来看,我国已经陆续出台了一些国际教育服务贸易的法律法规,但是仍然存在某些不足和有待完善的地方,伴随着变化多端的市场,我们必须根据 WTO 教育服务贸易条例及我国承诺的相关事项,修订国际教育服务法律法规,对市场行为进行规范,通过系统的法律法规来对相关教育服务贸易机构实行有效监督与管理,保护和促进我国国际教育事业健康、有序发展①。对于教学项目,要始终保持严谨负责的态度,加强教学观念的积极引导,积极参与国际间的交流与合作。对于新的法规,我们一定要把握"扩大开放,依法办学,规范管理,促进发展"的准则,其核心是坚持国家法律在规范中外合作办学行为中的应有地位,促进我国教育的双向开放,对中

---

① 孔江榕、周涛、王晖:《澳大利亚国际教育及其对中国的启示》,载《现代大学教育》,2012(6)。

外合作办学按照法定程序实行审批、实施监管和评估①。

此外，还需不断加强立法对教育服务贸易机构实行有效监管，在复杂的国际环境下，随着教学内容和方式的日趋多样化，人数不断上升，国际教育领域中的部分事务或多或少会涉及国家安全和国家主权问题，因此，对国内国外的相关教育机构和学院的管理和监督就显得尤为重要，一套良好的监督体制可以促进国际教育发展质量的不断提高，同时提升其服务的效益。

在国际教育方面，国家应该更为清楚地表明在国际教育方面坚持的国家利益，明确政策方向，提升公民参与国际教育的积极性和主动性，为公民提供保障；积极开放适合用于国家利益的教育资源；不断激发省、高等学校、商业界、特许社团等社会各界的加入，在多元参与主体下拓宽资金来源渠道，增强灵活性。

教育是国家大计，国际教育作为整个国家教育的重要组成部分，应当将其发展列入国家人才发展的战略层面，制定详细的战略发展规划。从澳大利亚、英国、美国等国的国际教育战略中我们可以看到，国际教育已经大大超越了时间和空间的局限，其发展意义已经远远超出了狭义上的教育，成为影响各国经济实力、外交政策、国家安全乃至国家战略的关键性因素。对于国际教育政策必须有明确的发展规划及具体执行，将工作落到实处，坚决避免纸上谈兵，加强教育部门、学校、机构及广大社会商业团体的全力配合、通力合作，共同为我国教育事业的发展做出贡献。不论是中国各级政府还是社会各界抑或是普通民众，都要保持对知识的敬畏、始终怀揣着对国家和民族未来发展高度认真负责的态度，保障国家安全和人才安全，为提升我国的国际竞争力和文化软实力贡献自己的力量，将我国国际教育的发展提升到战略高度，积极培养一批具有国际视野和国际交流合作能力的跨国型人才，以更好地适应时代发展要求。在提升教育现代化水平的进程中，必须将提高我国教育国际化水平作为一项长期战略任务。坚持面向国际国内两个大局，面对国际国内两个市场，引进国际先进的教育资源，学习先进的教学方法，不断提高教育交流合作水平，实施"请进来，走出去"战略，扩大开放合作的渠道，参与国际教育规划标准的研究制定，培养大批具有国际视野、通晓国际规则、参与国际事务和国际竞争的国际化人才。对内注重培养相关人才，学习西方先进的教育经验，为我国现代化建设助力，对外输送一批高素质、高修养、高层次的中华文化传播者和先进领袖，积极推动中华文化走向世界。在政府的大力支持下，在各项制度体系不断构建和完善的良好态势下，在国际间交流与合作日益紧密的良好契机下，我们更应该充分重视并重新审视当前中国国际教育发展工作，及时调整国际教育工作方针，积极参与国际教育合作

① 邹秧珍：《中外"国际教育"比较》，载《宁波大学学报（教育科学版）》，2003（4）。

的发展热潮,并结合自身实际情况,做出长远的、适宜的、具有良好发展前景的战略规划,为我国国际教育未来的发展保驾护航。

制定国际教育发展战略是一项长久之计,战略规划制定过程中一定要统筹协调,加强国际教育事业的组织建设,为此,中国可以根据自身发展的实际情况,有选择地借鉴英国和澳大利亚经验,比如可以成立一个专门负责国际教育战略实施的领导工作小组,并由其根据教育层次和教育类别的特点,出台差异化的国际教育政策,制定更加完善的国际教育工作方案。加强教育部、外交部、文化部、商务部等多部门共同参与,真正发挥各方主体力量和作用,协同指导各省、自治区、直辖市人民政府教育厅/局国际合作与交流处及各级各类教育机构对口单位制定、落实配套的国际教育工作方案,明确任务、划清职责,保证国际教育活动规范有序开展①。除了政策的充分支持以外,政府还要加强专项财政的投入,引入社会资源,鼓励社会资本进入,为国际教育的发展提供坚实的物质和经费保障。

(二)坚持中国教育国际化是全球化与民族性的统一(注重国际教育中全球性与民族性的协调)

首先要更新教育理念。推动教育国际化,国际教育的深入开展是经济全球化的必然发展阶段,同样是社会发展的必然。教育国际化,就像经济全球化一样,不以人们的意志为转移,在轰轰烈烈的世界潮流下,我们应该树立新的国际观念,广大教育工作者更需要不断更新教育理念,摆脱以往传统僵化陈旧的理念,及时关注时代发展,紧跟时代发展步伐,以积极的心态、正确的态度参与世界竞争,而不应该消极等待或者是抵制。

中华文化历史悠久,灿烂辉煌,在数千年的发展历程中,中华文化展现出它特有的辉煌。中国教育国际化的历史进程,与大多数发展中国家相似,并具有更为突出的典型特点和典型价值。一个有着5000年历史的文明古国,在近代时期经济落后、教育落后、文化落后的社会背景下,开启了振兴的步伐,重新学习、重新崛起、重新发展,在中国教育发展历史上具有一定的世界意义。中华文化之所以能在逆境中重生,正是因为中国教育在始终保持民族性和中国特色的基础上,以一种开放视野、广阔胸怀向世界教育学习。将教育的国际化作为中国教育现代化的重要组成部分,同步推进中国教育的国际化与现代化。民族的才是世界的,中华文化正在以积极的步伐,通过国际教育这一发展契机,向世界迈进。毋庸置疑,中

---

① 刘强、荆晓丽:《部分发达国家视域下的中国国际教育发展研究》,载《比较教育研究》,2016(10)。

华文化必将成为世界文化中一颗璀璨耀眼的明珠。

哈佛大学费尔南多·瑞莫尔斯(Reimers)教授认为:"全球化能力包括,能帮助人们了解如今我们居住的地球所需的知识和技能,包括能融合不同领域的知识,以帮助理解全球事务,并创造合理的解决方法的能力。具有全球化能力的个人,还要有相应的态度和伦理观念,以便能够与其他来自不同地区的人们进行和平、平等和有效的互动。"中国教育学会原会长顾明远先生曾针对国际教育表达了自己的看法,他认为,经济全球化发展离不开教育国际化,教育国际化同样是我国教育改革和发展的需要,也是日益频繁的国际教育交流与合作的必然趋势。但教育国际化既非西方化,也非国际趋同化,而是指国际间的人员交流、财力支援、信息交换(包括教育观念和教育内容)、教育机构国际合作以及跨国的教育活动等。

在中国的国际教育发展中,一定要保持全球性和民族性的统一,以全球化的视野看待国际教育的同时,要坚持和传承民族性,这是国际教育的发展要求,也是世界各国教育的历史使命和重要责任。近几年来,中国的国际教育发展规模较为迅速,成长较快,越是在这样的关键时刻,越是要保持对于民族文化的责任与担当。中国在推进教育国际化进程中,应当高度重视学校在承载深厚的民族文化精神和民族传统方面的重要作用,注重将因材施教、有教无类、学以致用、知行合一的教育方法和理念融入学校教育和学生发展过程之中。把自强不息、厚德载物、孝亲、尚同、仁义礼智信等传统民族文化精神也深深融入学校教育之中。改革开放以来,我国的经济飞速发展,国际地位与日俱增,综合国力逐步增强,促使全球不少国家出现"学汉语热",现在有许多外国人对我国的京剧、书法、中医等传统的专业领域有浓厚的兴趣,可以吸引大量留学生来到中国学习。我国国际教育的发展可以借鉴澳大利亚的发展经验,还要建立在我国的国情上,符合我国的现实状况。在教育国际化进程中应当主动思考两个方面的问题,一是在学习西方先进的科学技术和经验过程中如何为我所用,如何在他们的基础上实现新的突破,如何实现跨越;二是在纷繁复杂多样的文化环境下,如何保持一种谨慎的态度,如何应对西方文化的渗透问题。

国际化意识是开展国际教育的重要前提,只有具备包容的心态、国际合作的视野、国际交流的知识,才能更好地融入国际教育中,国民的国际意识是国际化的重要体现,学校系统要在全面弘扬和践行社会主义核心价值观的基础上,开展适应基本国情的国际理解教育,培养国民对世界多元文化的包容精神,增强国民对世界的了解,提升国民参与国际教育的积极性与主动性。

新中国成立以来,特别是改革开放30多年来,中国教育取得了举世瞩目的伟大成就,中国教育的成功经验受到多国政府和学者的重视,中国的教育制度和发展模式也引起越来越多的人关注。这一历史进程是漫长的,是具有借鉴意义的,对这一历史进程进行客观、公平和科学总结,我们仍然处于一个刚刚起步的阶段,还有很多尚未完成的研究课题和重要使命。因此,我们需要科学总结中国教育改革发展的成功经验,扎实推进中国教育国际化的发展。我们要始终牢记党的教育方针,不能期望国际组织、外国大学的专家学者来总结中国经济社会和教育发展道路、模式和理论。只有在现实中进行科学总结,才能真正做到"取其精华,去其糟粕",才能让中国国际教育的发展兼具全球性和民族性特点,走向世界,走向未来。加强中国教育国际化模式和理论总结,迫在眉睫、时不我待。

社会主义核心价值观是社会主义意识形态的本质体现,是全党全国各族人民团结奋斗的共同思想基础,主要包括坚持马克思主义指导思想,坚持中国特色社会主义共同理想,坚持以爱国主义为核心的民族精神和以改革创新为核心的时代精神,坚持社会主义荣辱观四个部分,从理论层面上解决了中国人民"举什么旗、走什么路、实现什么目标、应当具备什么样的精神面貌和精神状态、人们的行为规范"等问题。它以中国传统文化为思想源泉,是对中国传统文化的升华和创新。一个民族的发展无法与它的历史文化相割裂,中国传统文化是中华民族的根和魂。因此,在高等教育国际化进程中思想教育者要结合中国传统文化,加深对社会主义核心价值观的理解和认识,要勇于向人们展示自己的思想、信仰和情感,并身体力行,切实做到真懂、真信、真行,从而加强对教育受体的社会主义核心价值观教育,用自己的人格去诠释教育的真理性。只有这样,才能让马克思主义中国化、时代化、大众化的最新成果武装头脑、深入人心,才能让受教育者牢固树立科学的理想信念,才能把社会主义核心价值观认识得更深、理解得更透、坚持得更久、传播得更远。如果社会主义核心价值观教育脱离了中国传统文化,那就等于树苗失去了土壤和营养,我们的教育就会显得苍白和空洞。

高校要有效实施国际化战略,必须加强人才队伍的建设。在一般人看来,高校人才队伍建设主要是指教学、科研人员队伍建设。其实不然,就如浙江师范大学人才队伍建设专题会议上学校党委指出的那样:"要实现学校国际化、跨越式发展目标,高素质的师资队伍是最核心的宝贵资源,高水平的管理队伍是最关键的宝贵资源,高效率的支撑队伍是不可缺少的宝贵资源"。可以说,在思想政治教育过程中,思想政治教育者是最核心的宝贵资源。在高等教育国际化进程中,建设一支高素质、高水平的思想政治教育者队伍,首先要搭建平台、创造条件让这支队伍走出去,开阔视野,完善知识结构,通过学习培训,在传承过去教育理念的同时,坚持世界性和民族性的统一,与时俱进,及时转变教育观念,创新教育方法,提升教育能力。

在思想政治教育中,思想政治教育者教育个性的差异往往会导致不同的教育效果,在国际教育中也是如此,在各国间复杂多样的文化环境渲染下,我们要尊重差异性。教育个性与教育效果成正比,思想政治教育者教育越有个性,对受教育者的吸引力也就越大。有人说,思想政治教育者教育个性是由思想政治教育者的素质优势发挥、情感参与组成,一个思想政治教育者教育个性鲜明,说明其素质优势发挥得比较好,情感参与度比较高,其教育魅力也通过个性的呈现折射出来,所以容易吸引受教育者。因此,在高等教育国际化进程中,要提高思想政治教育的有效性,就要重视思想政治教育者教育个性的形成和发展。具体地说,就是思想政治教育者要以形成自身的素质优势为核心,以教育创造性为动力,以独特的风格为特征,以对教育对象和教育环境的准确把握为基础发展教育个性。在形成自身素质优势过程中,思想政治教育者要根据高等教育国际化的发展深化和更新自己的教育理念,努力形成自己的思想优势和能力优势,不断提升自己的思想、政治教育能力水平,在知识、能力、气质、性格等方面发展自己。

(三)完善国际合作办学体制,整合资源,注重提升教学质量,注重吸引学生来华留学

全球高等教育体系是一个比任何国家教育体系更加开放、创新、联盟和市场化的教育体系。在保证国家教育主权和教育安全的前提下,中国应超越传统意义上的国家限制,更为主动地参与全球教育体系建设,分享世界优秀的教育资源、教育文化和教育经验,让世界分享中国教育改革和发展的成功经验、成功模式和成功理论。充分整合国内外各类优质资源,积极拓展海外招生市场。从政府部门到高等院校可以多方整合国家驻外使领馆、商会、海外华人组织、跨国企业等社会资源和教育资源,将其引入市场领域,通过市场化运作使其作为来华留学生招生咨询及代理机构,开展招生简章发放等工作,承担接待学生咨询等任务,通过通力合作,建好来华留学生招生网络,尽力提高来华留学生的数量和质量。

随着中国国际地位的日益提升,中国国际教育的发展总体态势较好,中国拥有丰富的学位资源、教学资源和教师资源等教育资源,是世界上重要的教育资源中心,也是世界上教育规模最大的国家之一。多年来,为许许多多到中国学习的外国人提供有质量的基础教育、职业教育和高等教育学习机会,同时培养出诸多国际化人才。随着国际教育在中国教育体系中的重要性不断提高,未来中国将会把开发具有中国特色和世界水平的教育课程资源纳入教育发展议程。预计到2030年,中国将成为世界最重要的教育信息中心之一。可以预见的是,我国国际教育的发展前景大好,但是由于起步较晚,经验不成熟以及体系不完善等一系列问题,目前我国中外合作办学水平不高的问题日益凸显,在合作办学初期,国外一

流大学很少进入,一直在观望形势,而一些三流、四流大学竞相涌入中国。当初决定采用中外合作办学的想法是希望引进国外的优质教育资源,以期促进国内的教学方式和手段以及教学内容的创新,因此,经过近10年的发展,中外合作办学应该进入提高"外方"质量的阶段。其实国外有实力的学校注重维护自己的品牌形象,对合作办学也很谨慎。由于注重合作办学的质量和档次,很多海外学校选择了2+2(即学生至少在国外上两年学)的合作方式,因为他们认为只有这样才能够保证教学质量,保证其颁发的学历证书的质量。虽然现阶段这种模式对中方学校和学生都是一个较高的要求,但是我们确实应该朝着这个方向努力①。因此在合作办学中一定要谨慎选择合作方,关注合作办学的质量,不能一味进行引进,否则将会适得其反。

在市场的利益驱动下,部分高校可能会将注意力放置在吸引更多留学生方面,单纯注重数量的增加和规模的扩大而忽视了教学质量的提高,长此以往,很容易陷入恶性循环,造成质量下降,声誉受到影响。在这个过程中,如果对其听之任之不加以重视,则很有可能使得我国国际教育发展过程中不良影响因素泛滥成灾。众所周知,对于教育工作来讲,质量是维持其生存发展的生命线,贯穿于整个教育事业的始终,因此提高教育质量是有效开展国际教育的重中之重,而我国作为国际教育体系中的重要组成部分,必须推动建立一个完善的、良好的教育质量保障与认证体系,不断发展变革,尽自己最大的努力使之达到国际化标准。我们必须不断提高中国教育的国际认可度,而实现这一目标的一大举措就是必须注重提升教育质量,只有教育质量提高了,才能在国际教育市场中占据有利地位,才有竞争力。质量提升是美国和澳大利亚增强教育国际竞争力的重要举措,对于中国来讲,同样是中国国际教育实现可持续发展的核心任务。中国将成为全球教育治理的重要参与者。作为当今世界第二大经济体,作为全球教育治理的重要参与者,中国承担着重要的国际责任,需要在国际教育事业中提供与其国际地位相适应的国际公共教育服务产品,更好地树立起大国形象,为扩大和提升全球公共教育产品的规模和范围贡献自己的力量。在经济全球化的影响下,教育改革发展也在朝着全球化稳步前进,正在进入一个全新的时代。对于我国的国际教育发展,尤其在来华留学方面,要加大重视,着力建设一批来华留学示范基地,重点打造一批具有中国特色并且得到国际学生认可的品牌课程,健全完善来华留学管理服务体系,优化来华留学教育体验。此外,在中外合作办学方面,摒弃以往单纯注重数量提升的做法,将我国国际教育工作重点转向质量提升和内涵建设,紧密围绕高等教育和职业教育领域以及国

---

① 邹秧珍:《中外"国际教育"比较》,载《宁波大学学报(教育科学版)》,2003(4)。

内目前新兴、有急切需要以及相对薄弱学科专业领域邀请国外优质教育机构来华开展合作办学项目,吸引更为先进的教育经验,弥补我国教育所需。在以汉语为主的我国国际教育体系下,要注重汉语国际推广,建设诸多高质量的文化交流和学习基地,着力打造一支精通中华文化和传统知识并且兼具国际化视野的对外教学教师队伍,开发一批能够满足留学生基本学习所需以及适应国外学习群体思维方式的教学方法和教学课程,最大限度将中华文化精华进行传播,让世界感受中华文化的魅力与独特之处,满足广大学习者的文化和语言需要。

提升教育质量的一个关键内容是强化产业意识,教育服务贸易是英国和澳大利亚等国家十分重视并一直强调的,这些国家十分重视并且强调增加教育服务贸易的市场占有率、扩大教育服务的出口规模以及增加国际教育所带来的外汇收入。面对巨大的教育服务贸易逆差,中国也应该学习国外的成功经验,积极主动调整国际教育方式和手段,按照国际教育服务贸易的市场规则和规律进行运作,迅速适应国际教育市场发展要求,结合国家外交、经济、科技、文化、商务、侨务、安全等领域的发展战略规划,学会从多方面入手来提高市场占有率,注重对留学工作进行总体规划和设计,稳步增加学生、教师、研究人员的跨境流动规模,而不能忽视国际教育的质量。鼓励高校和众多国际教育机构以多种方式进行海外宣传工作、开展市场营销工作,不断扩大来华留学教育的总体规模和层次,丰富国际教育内容,着力提高国内高校开展国际教育项目的积极性和主动性。国际教育涉及国家利益这一重要问题,必须紧密结合国家外交战略布局,以本国发展的实际情况为基础,以境外的实际教育需求为导向,鼓励高水平教育机构到境外办学并对其给予相关政策支持,输出中国教育服务。在互联网技术日益发展的今天,要善于利用现代科技,以互联网、信息技术、无限传输技术为手段,加快发展远程教育技术,在众多高校开展网络教育,大力支持高校向海外提供优质在线教育,创办若干所高质量"国际虚拟大学",借助现代化的技术手段增加国际教育供给、提升国际教育质量,为学生带来诸多方便与快捷。另外,相关人力资源和社会保障、教育、公安等政府部门要协同合作,积极出台涉及就业、卫生、医疗、助学、补贴等的政策,为外国学生来华就读提供坚实的政策和物质保障;高等院校要加强汉语培训机构的建设,完善对其的评价和考核机制,引进先进课程和方法,为来华留学生的汉语学习提供良好的教育资源,为全方位提升教育质量助力。

为了使我国的国际教育为世界更多人所知,我国应该加大宣传力度,展现中华文化的独特魅力,推出相关优惠政策,采取各种有效措施吸引海外学生来华学习。一方面,让海外学生更加深入地了解中国,激发其来华学习的渴望;另一方面,也让海外学生更为放心地来华进行学习和交流。在优惠政策方面,我国应设立更多有吸引力的外国留学生奖学金与各种助学鼓励政策,让更多国外学生有机会前来学习。还有更重要的一点就是,我们应当注重留学生生活质量,教育质量提升的同时也应满足海外学生基本的生活所需,应该加强供留学生学习的各种教学硬件设施及住宿条件,在生活及学习各方面提供便利的服务,更好地与国际接轨,努力提升到国际化水平,有助于学生迅速适应学习生活环境。进行宣传推广的目的也不仅仅局限在招生上,也是希望让外国人了解我们的教育和我们的文化。所谓"合作办学",就应该建立在平等、双向基础上的合作,但由于历史原因目前确实是单向引进为主,要做到真正的双向平等合作,需要相当长的时间。当然,这也是我国国际教育未来发展的一个重要导向。另外,我们也要充分发挥自身的条件,调整课程结构,加速课程的国际化。比如,我们可以适当地突出我国的特色,注重优化我国传统文化的精华和优秀成果,汉字文化、汉语文化、历史、地理、中医、书法等课程,将这些特有的因素作为我国发展国际教育的一大特色,成为我国的一张标签,增强吸引力以吸引更多留学生。

　　进一步加强学术教育领域的交流合作是提升我国国际教育质量的又一重要举措。国外一些国家,如英国、美国、加拿大以及澳大利亚等国家,他们的高等教育体系不仅世界领先,而且得到世界各国的广泛认可。在学术研究领域,我们确实应该保持一种谦逊的态度,虚心学习他国先进经验和成果,进一步加强学术研究领域中研究生及以上层次的教育双向交流,吸引更多留学生就读硕士、博士学位,开展高层次的合作研究。同时可以采取一些短期交流学习的方式,推动短期交流学习项目的合作。随着我国国际教育的发展特色日益显著,在国际社会上的声誉也不断提高,越来越多的澳大利亚学生希望来中国短期学习,越来越多的澳大利亚高校也有意与中国的高校开展短期学生交流项目。我国目前也有部分院校逐渐探索短期学习交流项目并且具有一定的成效,但是仍然处于起步阶段,尚未发展成熟。今后我们要加大与其他国家的合作,让更多的海外青年通过短期交流的方式来中国学习,开阔视野,促进理解和交流,增进友谊。在推进国际合作办学的过程中我们也应当注意以下几方面的问题,合作办学有利于引进资源,加强联系,但是要注重办学过程中的规范和质量以及相关主体的利益问题。首先,要建立相应法律法规,公开办事规程,提供必要的服务和政策指导。我们要提供稳定的制度保障,提高政府办事效率,取消烦冗的审批环节,提倡社会的诚信理念,健全市场经济规则,整治市场秩序。同时,要有计划地宣传《中外合作办学条例》,公开办事程序,提供必要的政策指导和服务。其次,对于合作办学的申请既要坚持原则,依法审批,又要热情服务,充分保护合作双方的办学积极性。有关部门要指定专人负责接待合作办学的咨询和申请。欢迎中外各界人士前来洽谈合作事宜,积极鼓励和支持对任何形式的合作方案的探讨。第三,要利用各种对外交流渠道,积极主动地寻找合作伙伴,改变过去那种"守株待兔"的做法。我们应该充分利用原有的校际、友城、政府间和民间交流与合作关系来推动中外合作办学。要把有意来华开展一般性交流与合作的外方人士引导到合作办学上来。第四,要充分利用政策的导向作用,出台适当地鼓励措施,摸准外方的动机,满足外方的合理要求,不断增强在中国合作办学的吸引力。我们应抓住我国入世的契机,提高我国的教育对外开放水平。要充分利用我国新的政策条件和外国对我国入世的期盼,大力发展中外合作办学。我们在对外交往中要始终主动地宣传我国的传统优势和现代化进程,宣传我国教育需要优先发展的领域,让外方对潜在的合作机会充满信心。第五,积极鼓励外方以各种资源参与合作,不断探索符合中外双方需要的新的合作方式。我们要本着"门当户对"互惠互利、真诚合作的精神,帮助中外双方以各种有用的资源建立各种形式合作办学关系。我们鼓励高层次的、有利于我国学科建设的、以培养市场急需专业人才为目的、整体提高我国教育教学质量的合作,但也允许一般性的、单项的或小规模的、普通层次的合作。中外合作办学者可以用资金、实物、专利使用权、知识产权、非专利技术和其他财产权利作为办学条件。合作形式可以多种多样,可以设立各种学历或非学历的、独立设置或非独立设置的教育机构,开办的可以是学校、院系科、中心、部、班或办学点等。

开展中外合作办学的根本目的是取别人之长,补自己所短,我们应充分利用国外的办学资源,通过合理地引进国外优质的教育资源,如品牌、课程体系、教师、教学方法、教学手段、管理模式、评估体系,促使我国提高教育质量和效益,推动我国教育改革的深化,使我国教育更适应社会主义市场经济的要求,顺应教育发展的世界潮流。同时,要积极开拓海外教育市场,开展国际教育,加速我国教育的国际化,以增强我国的办学实力和竞争能力,适应经济国际化时代的到来①。

(四)积极应对全球多样化带来的机遇,开拓国际市场

21世纪的今天,世界教育发展的最大趋势是在竞争中走向融合。各国间国际交流日趋紧密,我国要积极参与国际研究,影响国际规则的制定。规则和标准的制定将直接影响国家和大学的利益,因此,纵观澳大利亚政府和大学,他们一直积极支持该国学者参与国际教育服务贸易的研究。他们的研究成果已经直接和间接地影响着这些组织的规则制定。我国是一个发展中国家,在改革开放政策的指引下,高等教育从闭关自守转向对外开放,已建立了积极发展留学生教育、向世界

---

① 邹秩珍:《中外"国际教育"比较》,载《宁波大学学报(教育科学版)》,2003(4)。

各国尤其是发达国家派遣公费留学生,鼓励自费出国留学,努力向世界各国学习先进科技、先进文化知识和先进管理经验的理念和制度。但从联合国教科文组织和经济发展与合作组织的分类来看,我国目前还属于"教育进口国家"①。

在激烈的国际竞争中,世界上很多国家想要争夺 21 世纪发展的主导权,随着当代世界教育呈现信息化趋势、全球化趋势、国际化趋势、终身化趋势和追求卓越趋势,世界各国纷纷制定国家和地方教育发展战略规划,制定教学发展目标和任务,以期在政治、经济、科技、文化等多个方面赢得更大的发展机会和竞争主动权。一方面,竞争让国际教育的发展更具有推动力,激发创新,激发其不断前进,在竞争中实现新的突破。但是,从另一方面来看,在更高层次上分析,大融合是全球化时代世界教育改革发展的最典型标志和整体趋势。世界教育正在竞争中日益走向融合,合作的发展格局则有利于东西方文化的交流与借鉴,融合的核心是东西方教育发展思想、发展模式、发展制度的相互学习及交融。未来教育国际化将是东方与西方教育思想、教育制度、教育体制和教育成果相互融合,双向的国际化。从教育教学和人才发展方面而言,未来教育国际化将是一种"统一标准 + 个性发展"的国际化。统一标准,是为了保障每一个儿童少年都能享受有质量的学前教育和基础教育,不因学习失败而落伍;个性发展,是要实现人的主动发展、全面发展和创新发展。在竞争中合作,在合作中竞争,国际教育在多变的国际关系下显得尤为重要。

中国是 21 世纪教育国际化的重要部分,建设教育强国和人力资源强国,在现有教育的基础上不断实现发展思想创新、发展模式创新、发展路径和文化内容创新,既是中国教育发展的未来方向,也是中国教育的历史责任与使命。中国的综合国力日益提升,在国际社会中的作用显著,影响力不断增强。所以,对中国教育思想和发展特点以及发展模式的学习需求日渐旺盛。在这样一个开放的时代,我们决不能将思维局限,应积极主动地参与国际教育发展与交流进程,促进全球教育思想、教育体系和教育标准建设,尤其是我国加入 WTO 并做出了有关教育服务的承诺,就更应该承担起国际责任,扩大我国教育的开放程度,发挥我国在中国传统语言文化、中国传统中医文化以及某些特殊学科的优势,利用我国多年来发展国际教育的经验,利用我国在收费方面偏低、基础教育和本科教育方面长期注重学生基本功、学科知识扎实的特点,更大规模地吸引境外学生来华学习,积极提供教育服务,开拓国际教育市场。要抓住加入世界贸易组织后,知识流动和知识共享障碍减少的契机,主动学习和引进国外较为的先进和成熟的并且经过漫长历史检验的教育理念和教育方法,同时也要主动地打开国门,走出国门,把中国的教

---

① 张民选:《澳大利亚:迅速崛起的教育出口大国》,载《教育发展研究》,2003(11)。

育和中国的文化同时向外推广。在国际教育发展中,重视联合国教科文组织的作用,积极主动参与联合国主导下的全民教育政策研究与制定工作,结合中国的教育实际发展情况以及一些经验,如普及义务教育、扫除文盲和消除性别差距的成功实践,为部分发展中国家提供培养和指导。

习近平总书记在"一带一路"国际合作高峰论坛上说:"在'一带一路'建设国际合作框架内,各方秉持共商、共建、共享原则,携手应对世界经济面临的挑战,开创发展新机遇,谋求发展新动力,拓展发展新空间,实现优势互补、互利共赢,不断朝着人类命运共同体方向迈进。这是我提出这一倡议的初衷,也是希望通过这一倡议实现的最高目标。""我提出'一带一路'倡议,就是要实现共赢共享发展。""一带一路",就是中国为解决当前世界局势提供的一条解决之道、破局之道。"一带一路"是经济的纽带,同时是文化的桥梁,将世界联系得更加紧密,在"一带一路"建设成果显著的今天,我国的国际教育更是要借助这样一个机遇,以全球化为动力,结合"一带一路"倡议,加强教育国际交流与合作,继续重视中国与印度、巴西、俄罗斯等"金砖国家"之间的教育国际合作。不仅如此,还要拓宽视野,与沿线国家开展合作办学项目,研究制定服务地区教育与人才开发的公共教育政策,在区域性国际教育规划、跨境资格鉴定、学历学位授予等方面率先取得突破性进展。因此,我国需要加快提高教育服务"一带一路"倡议的能力,总结"一带一路"目前发展过程中存在的问题和阻碍,提炼其发展的成功经验,充分发挥中央和地方各级政府、各级各类教育机构、高等院校以及广大社会民间力量,构建中国与"一带一路"沿线国家在国际教育领域的合作机制和交流平台以及高层教育磋商机制,加强联系,构建多层次合作关系,促进教师、专家学者、学生与科研人员往来活动,拓展和深化人文领域交流沟通,共建"一带一路"国家教育共同体。在财政方面,中央及地方各级政府财政应做好明确的规划,拓宽融资渠道,广泛吸纳社会资本的注入,"一带一路"教育发展基金、"一带一路"教育援助计划、"一带一路"留学中国计划、"一带一路"合作办学推进计划、"一带一路"语言文化人才培养计划等都是"一带一路"研究中的重要项目成果。以"一带一路"为布局重点,推进国别和区域研究基地和协同创新中心建设,规划开展国别和区域教育研究,为国际教育事业提供强有力的智力支撑和人才保障[①]。在国际教育领域的合作中,青年人才是重要力量,青年学生投身于"一带一路"的发展进程中更是为国际间的交流与合作增添了很多动力,以青年为主体,以文化交流为主线,加强国家间的合作。青年是

---

① 刘强、荆晓丽:《部分发达国家视域下的中国国际教育发展研究》,载《比较教育研究》,2016(10)。

一个国家未来的希望,青年人的思想是紧跟时代发展潮流的,以青年为主体的文化交流活动,提供了一种更为新颖的交往模式,也充分展示了国际交往的朝气与活力。近年来,随着旅游业的开放发展,给越来越多的各国青年人提供了交流和学习的机会。在人才培养合作机制方面加以创新,适当增加公派选派留学生项目,通过"年轻的人"把"年轻的思想"运用到正"年轻化"的国际交往中。从小处入手,通过文化的交流与传播,有利于增强更高层面的政治交往和政治互信,建立不同国家之间的友好合作关系。从社会、文化方面入手,以促进更深层次、更接地气的交流与合作,加深不同国家之间的人们对于"一带一路"的了解和认识,以便更好地投身到它的建设中去,努力促进"一带一路"建设的良性发展,将国际教育培养的国际化视野应用于"一带一路"发展进程中,以更好应对世界全球化的发展趋势。

(五)利用现代互联网技术,推进远程教育和在线教育的普及

现代互联网技术的利用是一个老生常谈的问题,有很多领域都希望通过现代高科技互联网技术实现信息化和快速化发展,达到方便快捷实惠的目的,国际教育领域也是如此。在国际上,特别是美国,互联网教育的脉络已经比较清晰了。爱乐奇创始人潘凯鹏在《国外在线教育发展趋势及其与国内在线教育的区别》分享活动中曾经提到,美国现在主流的在线教育,思路在于如何为互联网时代设计教育,这是一个大的命题,也就是互联网时代和传统的工业时代、传统的农工时代差别非常大,在这个大前提下怎么设计教育。互联网时代将世界的联系加强,互联网时代下的世界呈现出良好的合作和发展态势,互联网时代一定是全球化教育的目标,互联网培养出来的人,是具有全球视野的综合性人才,这样的人才是属于世界的,是具有很强的全球属性的。

目前很多国家的国际教育发展正是利用了这样的全球化属性,通过海外分校以及远程教学等手段,让学生用不同的学习方式接受知识,了解文化的差异,甚至可以体验不同国家的文化习惯,这是一种新奇的体验,缩短了距离,方便了知识共享。这样的话,在某种程度上讲,的确省下了很多经费,这部分经费用于提升教学质量和改进教学方法,的确可以收到意想不到的效果,像 Harvard、MIT、Stanford、Minerva 的话,也有非常强的全球化属性、互联网属性。在线教育还有一个显著的特点就是教学和上课形式,缺乏面对面的情景带入是其面对的问题,但是远程视频教学带来的无距离感和自在感以及新鲜感和好奇感却是面对面教授方式不具备的特点。以讨论形式为课堂教学的主要方式,教学主体通过高速视频会议系统在全球各地来进行,也就是说在一个国家的教授可以通过视频教学系统和全世界不同校区的学生同时上课,可以 20 个小学生在线同时上课、同时讨论。

通过光纤等技术,可以更好地将不同城市和不同国家的学生联系起来,这样的话,在应对一个共同的问题上,由于各国所处的环境不同,背景不同,所以在一些项目上所采用的方法和侧重点也会有所差异,国际教育正是通过知识和经验的广泛传播,达到相互借鉴、相互学习的目的,在相互交流和借鉴的过程中鼓励创新,激发创造。在线教育的重要优势之一就在于可以同时在线,学生之间可以进行相互讨论,交流思想,相互分析,甚至整个学习和讨论过程也可以被完整地记录下来,便于日后对课程进行分析完善和改进。

国际信息技术教育中,一种重要的形式就是网络教育,就目前发展状况而言,虽然部分国家已经率先开始了探索,但是技术不够成熟、课程不够完善、体系不够健全仍然是很多国家(尤其是发展中国家)面对的重要难题,在一定程度上制约了网络教育的推广。对于网上课程中出现的各种问题,应注重教学质量的提升,突出网络课程的特色,发挥其优势,注重实践教学课程的规范和评估,致力于保持网上教育的价值。可以预料到的一点是,在经济和科技不断提升的 21 世纪,技术的更新换代也将不断加快,教学成本也将随着技术的成熟和网络的普及不断下降,一个人人都有能力和有条件参与其中的、以网络为媒介的学习化社会正在来临[1]。目前在国际教育领域,包括留学、国际课程、国际游学等,信息技术的普及和应用十分广泛,是当今国际交流与合作过程中一个比较耀眼的部分。随着时代的快速发展,信息化已经成为国际交流的新方式和新手段,如果互联网来了,教育的思路不进行修改,甚至一味朝着老方向去跑,若干年后,会遇到来自多方的压力的阻碍。所以对于远程教育和在线教育的发展,我们必须保持一个前瞻性的视角,以发展的眼光看待其进步与成效,合理、理性使用现代技术,依托现代高科技云数据等,推进国际教育的更好发展。

以计算机为代表的现代网络技术和多媒体教学方式与手段在教学过程中的应用是一个新兴但是十分复杂的问题,虽然已经有大量的研究数据表明,计算机、远程教育等方式在提升学生学习兴趣,提高学生成绩方面的效果非常显著,学生更富有活力,解决问题的能力也有很大的提升,但另外一方面,也有学者对计算机的作用表示怀疑,认为传播媒体只是传递教学内容的工具,并不能实实在在对教学质量造成影响,从长期来看,短时间内能提高学生学习成绩的研究结果并不具有代表性。所以,对于计算机网络手段在国际教育中的作用,也应该用辩证的思维方式去看待,根据各国发展国际教育中出现的实际情况合理使用远程教育,以达到良好的效果。

---

[1]　冯俊增:《当代国际教育发展》,载《华东师范大学出版社》,2002(10)。

第八章

澳大利亚国际教育的未来展望

第一节　官方机构的政策导向

20 世纪 70 年代起,澳大利亚政府举全国之力发展国际教育产业,经过 30 多年的发展,国际教育产业已经成为澳大利亚主要的经济增长源,国际教育产业的产值占国家财政收入的大部分。2014 至 2015 财政年度国际教育出口共为澳大利亚贡献了约 188 亿澳元。在澳大利亚国际教育产业发展过程中,政府主要采取三大政策:立法保护国际教育市场、开拓国际教育市场以及保障该国国际教育的质量。然而,在整个发展过程中,难免存在许多问题,例如政府从支持过渡到减少对国际教育产业的投资的过程过快、高校盈利化程度过高、学生数量和教职工数量不成正比、高校海外拓展失败和出现投机分子等。

近年来,随着这些问题不断演化、加重,澳大利亚政府、相关高校、机构开始重新审视和规范澳大利亚国际教育产业,相关官方机构随之提出了一系列政策以正确引导该国的国际教育产业,使之继续保持高水准、高声望的国际地位。

(一)提高国际认可度

1. 主要背景

国际教育产业的特殊性在于,其一切的发展都基于国际认可的程度,倘若一国的国家地位、教育、文化、经济等各方面因素的国际认可度较低,即使该国花费大量财力、物力和人力在国际教育产业上,也难以取得较大的成就。

在过去的三四十年中,毋庸置疑的是,澳大利亚作为国际上最早发展国际教育产业、政府投入大量资金和人力在国际教育产业上的国家之一,在国际教育方面拥有较强的经验与声望。

同时,澳大利亚的确拥有较为高质量、具有点睛之笔的教育资源——传统的

"澳洲八大高校"世界综合排名长期居于前列,"八大高校"中的各个高校均有较为出色和顶尖的世界一流学科;包括小学、初中、高中在内的各类合法学校均受到政府的监察。但是,澳大利亚同样存在学校质量良莠不齐的情况。

此外,在文化方面,作为传统的移民国家,澳大利亚对于外来移民、留学生的包容度居于欧美国家的前列,文化包容度较高。

最后,在经济方面,澳大利亚早已是发达国家,国民生产总值(GDP)居世界前列,人均生产总值(GNP)更是超过美国、英国等国,其经济实力得到国际社会的广泛认可。

综上所述,在过去的三四十年中,澳大利亚在国际教育产业方面的国际认可度,依靠其强大的政治、经济、文化等能力,以及该国对于国际教育产业的重视程度,总体水平较高。

2. 政策导向

随着其他国家的国际教育产业也开始迅速发展,同时澳大利亚本国的国际教育产业也开始出现各种问题,在这种"内外夹攻"的情形之下,澳大利亚政府不得不联合各大机构出台新政策以应对。

(1)引导国际学生分布

一般来说,传统赴澳国际学生主要选择在澳大利亚修读高等教育课程。但是,随着国际学生的数量逐年增多,澳大利亚各大高校的趋利化程度越来越高,长此以往必然导致高校教学负荷严重、高校质量下降、澳大利亚国际教育产业的国际认可度降低。因此,澳大利亚政府出台政策,着重支持该国职业教育学校,附加支持其中小学、语言学校的发展。2009年9月,职业教育与培训部门的国际学生注册人数首次超过了高等教育部门,前者为212538人,后者则为200593人。[①]至此,澳大利亚的五大国际教育产业组成部分——高等教育、海外学生英语语言集中课程、职业教育与培训、中小学和其他部门的发展日趋平衡。

其次,澳大利亚国际教育产业主要针对亚洲市场,其中中国和印度是澳大利亚国际教育产业的最大客户源。但是,单一的客户来源对澳大利亚在整个国际社会的认可度不利,尤其是在加强与经济实力更为强劲、国际影响程度更高的欧洲、北美洲的合作中阻力重重。针对该问题,澳大利亚政府联合澳大利亚多所研究型大学,于2004年拟在德国柏林建立一个开放性学习中心,其目的在于推进澳大利亚本土高校和欧盟大学的交流合作,促进双方学生、教师的交换学习。该学习中

---

① Baird, B. Review of the Education Services for Overseas Students(ESOS)Act 2000: Interim Report [R]. Canberra: Commonwealth of Australia,2009,pp. 1 - 2.

心的建立,提高了澳大利亚大学在欧洲——这个传统教育强地的影响力,同时,也有利于澳大利亚大学研究实力的壮大,因此,其最终结果有利于该国的国际教育世界认可度的提高。

(2)高校"自救"策略

此外,受近年来澳大利亚政府对国际教育方面的投资呈日趋缩减之态势的影响,澳大利亚各大学校(尤其是知名度较低,资金力量较弱的学校)愈加依靠留学生来填补其资金缺口,因此对学生录取的规范性下降。在这样的情势下,澳大利亚国际教育产业在国际上的口碑日益败坏,国际认可度呈下降态势。澳洲各大高校,尤其是知名高校业已逐渐意识到这个问题,针对"政府不能介入大学内部管理"的法律规定,开始提出各项"自救"政策,以挽救自身的国际知名度和认可度。

例如,澳大利亚各个大学几乎都制定了详细且可操作的计划和质量管理框架,在大学内部设立独立的计划和质量检查部门,对毕业生发放就业状况和学生价值评估调查问卷,并且将每年的调查对外公布、对内改善。除此之外,澳大利亚各主要高校建立了"澳大利亚大学校长委员会",该委员会主要负责统一委员会中的各大高校的学位评审标准、监督各大学高级学位的学术质量(主要针对硕士和博士阶段)、制定高校开发课程的指导规范以及组织高校学术交流会。另外,澳大利亚各大高校开始致力于提高毕业生质量。以澳大利亚法学类博士为例,法学院可独立决定法学硕士的研究方向,独立决定是否录取某个学生,不受其他学院、高校行政部门的影响。除了以上三个例子,澳大利亚各大学校还建立了学生监督学校工作的机制,某些学校学生有权利参与学校聘任教师的流程中,大部分大学都要求学生在学期期末对每位老师的教学质量进行评价,对于成绩不满意者可以向专门的委员会申诉,同时配备专员解决学生投诉的问题。

同时,澳大利亚的多所高等教育机构还试图通过跨境教育(Transnational Education,TNE)来规避国内国际教育政策趋紧的态势。具体而言,即澳大利亚的多所合法高等教育机构出台政策,开始在海外为国际学生提供培训和教育,具体形式包括 N + N 合作课程、海外分校、远程在线课程等。

(3)政府新方针的出台

澳大利亚政府加强国际教育产业国际合作的新方针,在于引导本国国际教育产业发展模式由单一的、招收留学生的模式,转变为多层次的、引导高等教育国际化的模式。在确立了这一方针之后,澳大利亚政府出台了以下实施策略。

首先,建立大范围的、由国家统筹安排的协调机制。作为一个联邦国家,澳大利亚各州、各大学和研究机构拥有比较自由的自主权,并且澳大利亚的相关国际教育政策,多由各州政府及第三方机构商议、投票而得。澳大利亚政府在政策制定的过程中,主要发挥为各州政府和相关机构搭建平台的作用。这种做法有利于充分汲取民意,尽可能考虑到各州的实际情况。但是,随之而来的是缺乏国家统一的战略思考、缺少国家的协调性、无法从国家层面坦然面对他国竞争等问题的产生。

因此,澳大利亚政府希望建立一个有关国际教育产业的国家级机构,以负责管理本国的国际教育产业。该机构由澳大利亚联邦教育、科学与培训部为首,联合联邦政府部长以及高等教育等领域的专家学者共同组成一个"独立的部长级国际教育协调委员会(Ministerial Coordinating Council on International Education, MC－CIE)①"。同时,澳大利亚国家奖委员会主席、各州政府代表、澳大利亚首席科学家等相关人士亦可参与监督。该委员会将致力于明确澳大利亚国际教育的战略和政策,同时代表整个国家与他国协调国际教育领域的矛盾和竞争。此外,待时机成熟之后,该国家级机构还将建立子机构,主要负责以下内容:首先,发现并重视国际社会中关乎国际教育的相关问题;其次,预测澳大利亚国际教育产业的新需求、新威胁和新机会,并制定联邦政府有关国际教育的 5 年计划并定期总结;再次,提供与留学生有关的相关政策建议;然后,对内对外宣传国际教育对澳大利亚经济、政治、文化发展的重要性;最后,组织相关国际教育论坛。

其次,规范和调整现行的留学生签证。近年来澳大利亚国际教育产业得到迅速发展,与它从 21 世纪初开始施行的留学与移民相结合的政策有关。但是,经过几年的发展,到 2008 年前后,受留学生数量迅速膨胀以及经济危机的影响,该政策导致了澳大利亚国内劳动力市场供给不平衡、人才浪费等问题。因此,调整留学生签证是澳大利亚政府的重要政策导向。

再次,实现对跨境高等教育的质量监控。随着互联网和全球化的发展,以慕课(MOOC)为代表的跨境高等教育已成为国际教育产业的重要一环。据岳芸的《澳大利亚国际教育现状及发展趋势》一文可知,"据澳大利亚政府预计,到 2025 年,澳大利亚留学生将达到 996,000 人,其中 44% 将通过跨境高等教育方式接受澳大利亚高等教育。"②因此,重视并保证跨境高等教育的质量,对于提高澳大利亚国际教育的国际认可度十分重要。2005 年,澳大利亚联邦教育、科学与培训部颁布相关战略——《澳大利亚跨境教育和培训的国家质量战略》(A National Quality Strategy for Australian Transnational Education and Training)。该战略基于以下四项原则:明确跨境高等教育的提供者和消费者的责任;确保澳大利亚国内外政府、

---

① 岳芸:《澳大利亚国际教育现状及发展趋势》,载《高教探索》,2014(5),64 页。
② 岳芸:《澳大利亚国际教育现状及发展趋势》,载《高教探索》,2014(5),65 页。

高校、民众和相关机构正确理解并承认其国际教育质量控制框架;确保执行监督的过程公平公正;进一步完善和巩固该国际教育质量控制框架。2012 年,为改进、该策略,确保该策略可以有效实施,澳大利亚政府将原有的跨境高等教育质量监控系统分配至高等教育质量和标准政府代理机构(Tertiary Education Quality and Standards Agency,TEQSA) 和澳大利亚技能质量管理部门(the Australian Skills Quality Authority,ASQA),以上两个部门均受到专门的监管委员会的监督。

此外,澳大利亚还建立了高等教育问责的新机制——以政府和大学的契约为核心。这项新机制创立于2009—2010 预算年度,以 20 世纪 80 年代以来澳大利亚的各种高等教育问责旧机制(例如大学每年向政府提交"年度教育情况报告(The Annual Educational Profiles)"、实施机构评估框架(Institutional Assessment Framework)等机制为基础,通过引进以大学的使命为基础的契约,来达到建立政府与大学的新型关系的目的。该契约由澳大利亚教育、就业和劳动关系部(Department of Education,Employment and Workplace Relations,DEEWR) 和创新 、工业、科学和研究部 (Department of Innovation,Industry,Science and Research,DIISR)共同发起。

通过一系列讨论、研究和准备,澳大利亚于 2009 年 7 月制定并公布了《大学的使命为基础的契约 :一个框架讨论稿》(Mission – based compacts for universities:A framework for discussion)。此讨论稿公布的意义在于,为大学、政府和其他利益相关者就契约制定的具体框架进行磋商而奠定基础。因此,作为一种过渡性的安排,各高等教育机构首先和 DEEWR 及 DIISR 协商达成临时协议(Interim agreements for mission – based compacts),这个临时协议旨在帮助大学明确各自的使命和战略方向,表明大学对于澳大利亚政府高等教育改革如何应对,以及它们在教学、学习、研究等方面的成就和愿景。直到 2011 年,澳大利亚联邦政府和大学签订了第一个契约,这标志着政府和大学之间合作达到一个新的顶点。

澳大利亚联邦政府和大学达成契约所依据的原则有:第一,契约制定的决策过程是完全公开的,向大学提供公共资金的过程是公开且接受全社会监督的,需要满足公平性和一致性的原则;第二,契约主要集中于每所大学在其不同的使命范围之内达到一定的卓越成就,而不考虑大学之间的战略目标或其他因素的不同;第三,大学和政府要共同承担向公众进行绩效汇报的责任,绩效结果要以清晰和可测可控的方式呈现,契约需要达成对大学及相关教育机构结果的问责;第四,契约应是一个一体化的、可改进的资金和问责框架。根据这些原则,该契约希望达到以下目标:第一,有利于保证公共资金的使用,维护公共利益;第二,帮助大学设定并达到一定的成绩及目标。

以契约为核心的"新问责模式"对于提高澳大利亚高等院校的绩效、保障学生学习权益具有重要意义。对于海外留学生而言,此契约的存在,对维护其在校期间的机会平等、得到高质量的研究指导等均具有促进作用。

布拉德评估报告建议国家建立一个新的国家管理机构对所有第三级教育机构进行统一管理。基于此,澳大利亚政府对高等教育体系管理进行了改革,出台新政策以建立一个新的高等教育质量管理组织体系。新组织体系由以下四个部分组成:第三级教育质量和标准署(the Tertiary Education Quality and Standards Agency,TEQSA);高等教育提供者的国家注册机构(National Register);新的国家高等教育标准框架(Higher Education Standards Framework);"我们的大学"网站(the My University Website)。其中,第三级教育质量和标准署是核心所在。受新的高等教育质量管理组织体系的影响,澳大利亚许多高风险、未注册的教育机构将接受严格的监督,以保证澳大利亚高等教育的声誉。同时,TEQSA 网站上公布"国家注册的高等教育提供者"相关信息,对于准备在澳大利亚接受高等教育的本国学生以及国外学生而言,这些信息是权威的,有重要的参考价值。

最后,提高本国学生的跨文化学习能力,促进双向流动。受长期过度重视引进外来人才的政策的影响,澳大利亚本国学生对于国外陌生环境知之甚少,因此在一定程度上造成了澳大利亚在国际交流中的劣势,从 2012 年 10 月起,澳大利亚政府决心改变这一状况。时任总理吉拉德公布《亚洲世纪中的澳大利亚白皮书》(the Australia in the Asian Century White Paper),该白皮书着重强调鼓励澳大利亚当地大学生至国外学习,这种学习是多方面的,不仅包括学科知识,也包括国外的文化。2013 年,澳大利亚相关机构——澳大利亚国际教育(Australian Education International)推出总计 3700 万澳元的 Asia Bound Grants Program 项目,以鼓励学生赴亚洲学习,学习范围包括短期学习、中期学习和语言类学习。2013 年,澳大利亚 5 所大学(澳大利亚迪肯大学、拉筹伯大学、维多利亚大学等)、澳大利亚驻吉隆坡 DIISRTE 委员会与马来西亚政府在马来西亚建立澳大利亚学生和教师国际实习区域教育中心,该中心致力于为澳大利亚学生、教师提供海外培训。同时,负责澳大利亚学生海外学习贷款的 OS – HELP 将申请人范围由本科生提高至研究生,同时提高 OS – HELP 最高贷款额度。

(二)建立国际合作

1. 背景

自 2009 年后,澳大利亚的国际教育产业受到其他国家的激烈冲击,其竞争力大大下降,单单依靠本国原有的优势,并不适用于当今快速发展的国际教育产业。因此,如何更好地使澳大利亚的国际教育产业走得更远、更广,成为亟待解决的问题。同时全球化的发展趋势也为澳大利亚政府、各大高校和相关机构提供了一条新思路,即建立国际合作。

2. 政策导向

由上文可知,2013 年澳大利亚国际教育机构联合马来西亚教育部建立 Asia Bound Grants Program 项目,除了该项目,澳大利亚各方还出台了其他各项政策、措施以加强国际教育领域的合作。

(1)参与相关国际组织的活动及国际计划

澳大利亚地处大洋洲,与亚洲相毗邻,并且澳大利亚的主要海外留学生源地即亚洲地区,尤其是东亚地区。因此,无论是出于地缘因素考虑,抑或是出于利益角度考虑,积极参与亚太地区的相关国际组织的活动与计划,既有利于澳大利亚整体政治、经济和文化的发展,也有利于其国际教育产业的发展。

因此,澳大利亚主要参与了东南亚教育部长组织(Southeast Asian Ministers of Education Organization,SEAMEO)和亚太大学交流会议(University Mobility in Asia and the Pacific,UMAP)两大组织的活动与计划。

东南亚教育部长组织方面,虽然澳大利亚并非东南亚国家,但由于该组织的目的在于促进东南亚教育文化事业的合作,因此,与东南亚相近且具有较为发达的国际教育产业的澳大利亚顺利加入该组织。澳大利亚参与了大部分东南亚教育部长组织举办的会议及制定的计划,目前为止,澳大利亚在该组织参与的最为重要的计划是 SSEAMEO 澳大利亚机构联结计划,此外还参与了多次教育部长会议。

亚太大学交流会议作为成立时间较久、致力于高等教育国际合作的组织之一(成立于 1993 年),它主要的工作在于联合亚太地区的各大高校,由官方或非官方出面,就高等教育方面加强合作,即加强跨地域的各大学之间学生和教职工的交流。为达成亚太地区高等教育国际合作的目标,该组织设计了 UMAP 学分转换系统(UMAP Credit Transfer Scheme,UCTS),这是一个学分转换制度,目的在于方便参与该组织的组织的学生交换计划学生转换学分。

但是,仅仅关注区域性的国际合作远远不够,澳大利亚国际教育产业面临的危机,更多来自世界其他地区,尤其是欧美关于生源的争夺。因此,澳大利亚仍然需要在整个国际社会上产生更大的影响力。例如,澳大利亚参与了世界贸易组织(World Trade Organization,WTO)、经济合作开发组织(Organisation for Economic Cooperation and Development,OECD)、联合国教科文组织(United Nations Educational Scientific and Cultural Organizaion,UNESCO)等国际组织的活动和计划。

世界贸易组织作为世界性的、最重要的国际贸易组织之一,拥有 164 个成员,成员贸易总额达全球的98%。它的职责主要是提供进行多边贸易谈判的场所、解决贸易争端、监督各国贸易政策以及和其他国际组织进行有关经济政策方面的合作。因此,国际教育产业作为澳大利亚主要输出产业之一,澳大利亚联邦政府必然要参与并依靠世界贸易组织以及它出台的与国际教育产业有关的服务贸易协定。通过这些途径,澳大利亚可以较为快捷地在他国开发国际教育市场。

经济合作开发组织的初衷在于组织各国、各国际组织一同处理全球化背景下的政治、经济、社会、文化等的挑战,以更好地利用全球化带来的机遇。此外,该组织还致力于为各国、各相关机构提供研究和讨论政策的平台。在国际教育领域,经济合作开发组织除了发挥以上作用,也针对该组织成员的特点提出了一项高等教育机构管理计划(Institutional Management in Higher Education,IMHE)。澳大利亚作为高等教育及国际教育事业都较为发达,且急需拓展本国国际教育产业的国家,高度重视并参与了高等教育机构管理计划。通过该计划,澳大利亚积极参与研究和讨论有关国际教育及高等教育质量的相关议题,并从中得到灵感,完善本国高等教育质量监督机制。

联合国教科文组织作为联合国下属的重要机构之一,已有70多年的历史,在教育、科学和文化方面的国际声望居于世界前列。联合国教科文组织的工作重点在于促进教育、文化、传播和信息、自然科学以及社会与人文科学等方面的国际合作。澳大利亚作为其重要成员国之一,一直希望利用联合国教科文组织广泛而权威的影响力,以及强大的资源系统,提高自身在国际教育方面的实力并加强与其他国家及组织的国际合作。澳大利亚多次参与联合国教科文组织所推动的计划和活动,比如一些关于高等教育的全球会议、主动加入和高等教育质量保证有关的国际网络等。

(2)和其他高校、机构和国家签订双边合作计划

由澳大利亚政府推进的国家层次的国际合作,主要形式是和国外其他高校、机构和国家签订双边合作计划。之所以如此操作,主要是因为澳大利亚联邦政府作为其国家的最高代表者,需要从宏观层面对国际教育进行规划,也需要并有能力代表整个国家与其他高校、机构和国家进行谈判。

澳大利亚在与其他高校、机构和国家签订双边合作计划时,主要采取签订协议备忘录(Memoranda of Understanding,MOUS)的形式。在该协议备忘录中,有关国际教育合作的内容有:人员交流、研究及学术的合作、不同教育系统之间的关系的建立、两国教育系统之间教育机构的关系的建立、学分互认与学分转移、未来发展计划以及教育政策、教育信息、教材等信息的交流。

（三）保证学历质量

1.背景

早在20世纪70年代，澳大利亚高等教育已进入大众化阶段，随之而来的是一系列学校负荷过重、学生与教职工比例不均衡、教师质量良莠不齐、学历价值下降等问题。随着20世纪80年代以来澳大利亚国际教育产业的迅速发展，越来越多的留学生选择到澳大利亚学习（尤其是高等教育领域），据岳芸的《澳大利亚国际教育现状及发展趋势》一文所说，"根据'澳大利亚国际教育'（Australian Education International）官方数据显示，2012年共有515,853名海外学生持学生签证来到澳大利亚，超过同年英国435,230人的留学生数量，成为仅次于美国的全球第二大留学目的国①。"因此在之前澳大利亚高等教育大众化带来一系列问题的基础之上，澳大利亚面临的学历质量保证问题越来越严重。

学校负荷过重的问题在于，自澳大利亚国际教育迅速发展且成为世界第二大留学目的地以来，澳大利亚的部分学校未适应这种变化。其表现在于：首先，澳大利亚地广人稀，传统学校所能容纳的学生数量相对较少；其次，澳大利亚的学校所配备的教职工数量不能适应迅速膨胀的学生数量，学生和教职工的比例不均衡；再次，学校的硬件设施不能及时跟上；然后，由于澳大利亚此前多将国际教育的目光放在高等教育上，随着近年来赴澳中小学、职业教育及幼儿留学生的数量增多，这些类型学校由于缺乏相关经验而不堪重负；最后，过多国际学生的涌入，导致澳大利亚当地学校原有的课程不再适应现有的课堂。

教师质量良莠不齐的问题是基于第一个问题——学校负荷过重衍生出的。虽然以悉尼大学为首的一批澳大利亚的大学，其教育学专业的世界排名几乎都居于前列，但是仍然存在一系列问题。第一，随着澳大利亚海外留学生数量呈迅速上升的趋势，其学校负荷度较高，因此教师与学生的比例趋于不平衡状态，由于教师缺口大，造成一些资质不高、教师道德水平不高的教师进入学校工作；第二，受经济危机、学校资金短缺等因素的影响，存在一些学校聘请质量不高的教师工作；第三，随着澳大利亚国际教育产业迅速发展，对语言教师以及专门辅导国际学生的教师的需求增大，但是作为教师职业中较为特殊并较为专业的一部分，这两类老师常处于缺口状态，因此常常出现一些自身语言水平或国际教学经验不充足的教师应聘这类岗位；第四，随着全球化的发展，越来越多的国际教师赴澳进行教学，但受到国际信息不流通等因素的影响，随之而来的是一些非法或未取得相应

---

① 岳芸：《澳大利亚国际教育现状及发展趋势》，载《高教探索》，2014（5），62页。

资格证的外国人士进入澳大利亚从事教学活动。

学历质量问题本质上即学历价值不高。学历价值不高的问题并非存在于整个澳大利亚学校体系之中。以澳大利亚八大名校联盟(The Group of Eight)为首的一系列名校,无论是学术水平、国际声望都使其学历价值得到大部分国际社会的承认。但是,随着澳大利亚国际教育产业的不断扩张、膨胀,有关学历价值的问题层出不尽。

首先,受近30年来澳大利亚政府对国际教育产业的重视,以及大量国际留学生带来的数额较大的经济价值的影响,澳大利亚的许多学校开始和国内外中介联合,意图使海外留学生选择本校。但是,一般而言这类学校多是师资力量较弱、学生素质较低以及国际影响力较弱的。而澳大利亚的海外留学生以东亚发展中国家为主,对澳大利亚国内状况不甚了解,因此常常是以委托中介的形式来到这类学校,最终得到的这类学校的毕业证书的价值及认可度可想而知。

其次,由于上文所提的教师质量良莠不齐、学校负荷过重等问题,澳大利亚部分学校存在敷衍式教学的现象,因此学生的学习成果较低,最终导致其难以找到工作,并且在社会上形成较差的口碑。

最后,由于海外留学生初来澳大利亚存在语言、文化、生活习惯等方面的问题,最终难以融入澳大利亚本地社会,因此如果这些问题得不到妥当的解决,容易导致学生无法正常学习、生活,最终影响其成绩。例如,以亚洲国家为首的一些留学生常常存在"抱团"现象,在澳大利亚当地居民中还曾流行"中国幽灵"一词,指的就是该现象。这种"抱团"行为使留学生一直处于"文化安全区",长此以往容易导致留学生们难以融入澳大利亚当地社会、语言水平无法提高以及跨文化交流能力较弱。在这个过程中,有些学生无法顺利毕业,而可以顺利毕业的学生也容易因为上述问题产生心理障碍或留下学习漏洞,最终影响其学历质量。

2. 政策导向

随着澳大利亚国际教育产业面临的学历质量问题越来越严重,澳大利亚联邦政府及各州政府越来越重视其在保障国际教育质量方面的工作。例如:1990年3月澳大利亚设立联邦员工发展基金(Commonwealth Stuff Development Fund)以提高各大高校教职工的综合素质;1992年成立澳大利亚大学教学促进委员会(Committee for the Advancement of University Teaching),并通过该委员会顺利建立了独立国家教学优化中心(National Center of Teaching Excellence),两个机构都意在推动高等教育的教学实践向精品化方向发展,并为澳大利亚的国际教育及高等教育产业提出宝贵的建议;1996年,澳大利亚联邦政府推动大学教学与员工发展委员会(Committee for University Teaching and Stuff Development)的成立;2000年,澳大利亚大学教学委员会成立;进入 21 世纪,澳大利亚推出新的高等教育革新计划 (High Education Innovation Program),以支持多项提高教学质量的项目。

同时,澳大利亚各大高等教育机构(包含各个大学在内)也推行了多项政策以提高本校,乃至本国学历质量。例如,目前澳大利亚所有合法的、已被官方认证的高校都设有专门且独立的学术委员会及管理委员会。以上两个委员会的作用在于监督和指导本大学教学中的课程设置、论文写作、教学评估等。两个委员会也拥有对教学内容进行与时俱进、符合学生就业需求的调整。并且,如昆士兰州立技术大学这类知名度较低的高校,也在通过一些决策进行自救:2002 年,该校建立了普通科研人员教学发展计划(Casual Academic Stuff of Teaching and Learning Development Program),这项计划的目的是在提高该校科研人员学术水平的同时,提高科研人员的教学水平。目前,澳大利亚大部分高校都倡导自我反省和主动创新的教学方式及教学质量监督形式。

(1)评估政策

首先,设定统一但有针对性的教学质量标准并依据该标准对各个学校和机构进行评估。该项措施具有较强的可操作性与实用性,因此通常被放在评估政策的首位,具体步骤如下。

第一,按照分类的不同设立统一而又有针对性的标准。例如,通过合法中介将高校分为自我认证大学(self – accrediting university)和非自我认证教育机构(non-self – accrediting institutions),由合法的、经过认证的中介设立相关标准。在这样的背景下设立的标准看似混乱且非官方,实际上由于有各级政府的监督,这种标准设立更符合高校发展需求,因此可执行性较强。

第二,建立具有澳大利亚特色的教学质量评估方式。一方面,对学生的学习结果进行评估,通过搜集来自联邦教育、科学与培训部的相关成绩指标,进行毕业生技能评估考试,调查学生满意度以及调查毕业生去向四种方式,对学生的学习成果进行综合评估。这四种方式涵盖学生学习生涯的各个阶段,具有比较全面、综合以及公正的价值。另一方面,对学位标准进行严格地厘定和执行。虽然,作为一个联邦国家,澳大利亚没有全国统一学位标准,但是受其较为成熟的教育发展形势影响,大部分澳大利亚公立和私立教育机构设置的学位标准是值得肯定的。但是,要想在教学质量上得到进一步的提高,总结各个高校在教学上的不足之处,就需要进一步严格规范学位标准。例如,大部分澳大利亚公立大学以自我管理为主,但是澳大利亚教育部联合各相关组织出台的学历资格评定框架对公立大学的学位标准进行了规范。同时,2001 年澳大利亚大学教学委员会(Australia Universities Teaching Committee)出台了学生学习评估守则(Assessing Student

Learning），该准则是一项有关荣誉学位发放标准的进一步规范的准则，意味着澳大利亚在树立学科权威、提高学科教学质量上的决心。

（2）优化政策

优化政策是澳大利亚一项旨在提高学生学习效率和学习资源利用率，优化学生的学习活动、教师的教学活动以及学校的管理活动的政策。优化政策作为澳大利亚国际教育及高等教育的一项重要政策，最终目的在于促进澳大利亚教学质量的提高。该政策涉及范围包括学生、老师和学校。

优化政策主要从以下两方面进行。

第一，观念层次。观念包括两方面——学生的观念和教师的观念，其中教师的观念较为重要。学生观念的优化在于培养学生对学习、学术的兴趣，从被动学习转化为主动学习，从而更好地提高学习的质量。而这种优化，更是国际学生所急需的，因此澳大利亚政府及教育机构正极力鼓励国际学生优化自身的学习观念。教师观念的优化主要以联邦政府的引导为主：从"主动地教"转变为"学生主动地学"，从而使教师有更多精力致力于理解和研究学生的学习行为；从"以教师自己为中心的学习"转变为"以学生为中心的学习"，将学生从独特的个体和一个集体两个角度进行研究，通过这种研究促进学生的学习。

第二，操作层次。澳大利亚各大学校、机构及政府从以下四方面提高学历的质量。首先，鼓励学校提高学生的毕业率。鼓励学校提高毕业率不意味着降低学生的学习质量，而在于重视那些因为时间限制及非连续性学习而无法及时毕业的学生的学习活动。其次，提高大班教学的质量。随着国际学生的增多以及教育的普及，澳大利亚的大部分教育模式逐渐由小班式教学转化为大班教学。21世纪初澳大利亚大学班级平均人数已达18.5人，比20世纪90年代增加了约5人。在这种情况下，如何维持大班教学的质量成为当务之急。因此各高校出台政策转变原有教学模式及课程设置，并且积极应用现代化技术，开办网络教程以方便学生学习。再次，建立新的课程结构，这种新的课程结构以学生为中心。新课程结构的建立是为了适应海外留学生与本土学生的不同需求，以及本土学生随着时代的变化对知识的需求的改变。新的课程结构在不同的大学得到了不同的应用，有的大学通过改变教学时间来完成，有的大学通过改变公共课程及专业课程的比例来完成，有的大学通过承认海外及其他大学的学分以提供更加多元化的课程来完成。最后，建立高质量的网络课程。身处网络时代，最具效率地利用网络是提高学历质量的重要途径之一。以第二章所提到的五所高校为例，他们都建立了专属的慕课课程（MOOC）——网络公开课。通过这种方式，除了为非该校学生提供学习的机会，也有利于本校学生的查缺补漏，提高自身的学术能力。同时，网络也为学生提供便捷地查阅数据资源的机会,有利于学生加深对学术知识的全方位了解。

(3)重视学术的政策

重视学术的政策根本目的在于努力在学校中提高教学的分量和质量,同时跟随时代的变化对教学中的一些概念进行及时的更新。澳大利亚重视学术的政策主要从以下四个方面进行:学术、成就、教学和学者。

首先,从学术的角度来看,澳大利亚目前最主要的任务在于概念的更新。随着国际教育的发展、外来概念的引进,澳大利亚从 20 世纪 90 年代起就存在着多种对学术概念上的纷争。例如,有学者认为广义的学术在于发现、整合、运用和教学,但是以格拉斯克(Glassick)为首的一些学者认为上述说法过于功利、过于广泛,使教学从事者因此容易忽略教学在学校中的重视度。换言之,对于第一类学者而言,科研远重于学术。但是随着第二类学者的思想逐渐传开来,澳大利亚学校对学术教学工作的重视度也在不断加强。

其次,从成就角度而言,成就与学校教师存在着至关重要的联系。成就即教职工的教学业绩。在澳大利亚,几乎所有学校对教职工的评测都基于教职工的教学业绩,而教职工的教学业绩除了关乎教学,还关乎教职工的科研和学术水平(尤其是对于高校教师而言)。例如,昆士兰大学设定教师的教学和科研所占比例需占总业绩量的30%。随着国际教育的发展,教职工的业绩即涉及与海外留学生的交流、沟通以及对海外留学生的教学。这意味着要想在成就角度提高教职工的学术水准,学校、政府及相关机构的鼓励、支持变得更为重要。

再次,从教学的角度而言,重视学术意味着改变传统意义上的教学模式,无论在高等教育领域还是基础教育领域,都要将"教学专业化"放在重要地位。举个例子,从专业化的角度出发,澳大利亚的大部分大学都重新阐释了大学教学的概念,用专业化的教学来代替传统大学中的教学概念。一所学校的教学活动,主要取决了从事教学活动的老师,老师的素质直接影响"教学专业化"的水平,因此如何提高老师的素质成为重要的议题。教师职业的素质主要取决于其动机、行动以及教学专长。虽然,澳大利亚是传统的教育强国、国际教育强国,但是受该国文化影响,其教师培训跟同等国家相比较为落后。为改变这种状况,1998 年西部委员会(West Committee)建议大学教职工发展委员会(Committee for University Teacher and Stuff Development)下发文件,鼓励各个高校在任命学术员工时,首先让他们取得教师培训的资格认证,从而有效地保证员工的教学能力。此后,在 2001 年,联邦政府制定了一个相关研究计划,对教师培养及其专业发展进行研究,以弥补该国在此方面的不足。同时,开始尝试开设相关课程对教师进行专业培训。一些大学在此基础上增加了自己的特色——根据教师在这类课程上所学的成绩来审定教师资格,并以此作为鼓励或惩罚的考虑要素之一。这种做法说明了高校对教师教学专业化的重视程度。

最后,从学者的角度而言,因为"学者"这一概念既包含担任教学任务的教师,也包含担任科研任务的科研人员,因此从这个角度出发讨论重视学术的问题,主要针对高等教育而言。随着国际学生的不断增多,以及社会变化等因素的影响,学者受到外界的干扰越来越多,同时面临的学术上的变化也呈增多趋势,因此,重视学者,重视学者的生存,很大一部分也是为了重视学术,重视学术的发展。澳大利学者舒尔曼(Shulman)曾指出,要严格区分学问的教学(scholarly teaching)和教学的学问(scholarship of teaching),同时他强调,这两个概念读起来拗口,实际上有很大不同。在这种思想的引导下,中部昆士兰大学(CQU)于1997年在《学术人员事业合同》中设立了专门的教学学者一类,以区别于专注于学术科研研究的学者。通过应用这个概念,对从事教学工作又有显著成绩的教学学者进行认定,以此突出教学的地位与作用,也以此引起大家对教学与学术的关系的重视。

(4)问责制度

保证学历质量除了要通过多种政策在正面加以影响,同时也要通过恰当的问责制度保障以上种种政策能够顺利有效地实施。因此,在过去的数十年间,教育问责成为教育领域改革的热点话题,成为世界各主要国家的重要研究对象,澳大利亚也不例外。澳大利亚政府实施教育问责制度有着明确的目的,他们希望能够在保证教育公平的前提下,尽可能提升教育绩效,实现公平与绩效的统一。这不仅有利于本国学生的发展,也有利于吸引外来留学生、外来人才赴澳做出贡献。

首先是教育问责的构建问题。为解决该问题,澳大利亚政府于2002年公布了《学校问责框架2002》,作为澳大利亚教育问责体制构建的基本政策准则。根据该框架的内容,澳大利亚的教育问责体系从以下几个方面入手:第一,致力于高标准的教学,努力确保每个学生进入学校后可以接受符合学生能力的最高标准的教育,以为国家发展提供高素质的劳动力;第二,致力于提高每一所学校,尤其是公立学校的效能,每一所学校都应该建立高标准的教学体系,以满足在校学生的学习需求,同时也应该借此作为评估教育进步以及教学改善的绩效考核标准,督促学校改进自身的教学体系;第三,致力于高质量的教学,力保每个学生都有权利接受合格的、称职的并且富有责任心的教师的教育,力保每位教师都了解并掌握学生的学习情况,并有针对性地提出改进计划;第四,致力于家长、社区和学校的合作,家长和社区有权利知道孩子所在学校的教学质量,因此学校必须公开本校校务状况;第五,致力于使公众更便利地了解学校取得的成就以及教学标准,以取得社会公众、社区以及相关机构的信任及支持。除了通过以上五个方面的努力,澳大利亚政府还希望学校能够在自我检视的基础上认识自身的优缺点,并且通过这种审视提出相关的改进计划。

其次,教育问责的实施问题。在实施过程中,主要通过澳大利亚学历资格审核体制(Australian Qualificaitions Framework,AQF)和国家海外技术认可局(National Office of Overseas Skills Recognition,AEI–NOOSR)两个机构和部门实行。澳大利亚的教育问责实施主要靠政府部门。澳大利亚政府的机构——评价与问责署是澳大利亚负责教育问责的具体机构,隶属于澳大利亚政策、规划与问责司。评价与问责署由四部分组成:教育测量局、评价局、学校绩效局和系统绩效局。

教育测量局主要负责对西澳大利亚的本土和国际学生以及公立及私立学校进行考评。其指定的评估方案如下:全国读写与计算能力评估测试(NAPLAN),对 3 年级、5 年级、7 年级、9 年级学生的算术和识字进行评估,对学前教育进行评估;西澳大利亚教育监测标准(WAMSE),主要对 5 年级、7 年级、9 年级学生的科学、社会和环境开展评估;国家评估方案,对 6 年级、10 年级学生的科学、公民权、信息和通信技术素养开展评估;国际评估方案,主要参加 PISA(国际学生评估计划)、TIMSS(国际数学和科学研究)和 PIRLS(促进国际阅读素养研究)等三项评估。

评价局主要承担与评价事项有关的一切事宜,同时还负有提供相关建议以及发展跨部门评估的责任。其目的在于有效增强部门职责,为澳大利亚公立学校学生的学习需求提供保障。同时,评价局还需要负有确保学校评估和研究活动的程序性、完整性和严谨性的责任。虽然目前其管辖范围仅限于公立学校,但随着评价局的这种评价为公立学校带来的优势越来越多,势必会吸引私立学校加入或模仿这种制度。

学校绩效局主要通过提供绩效评估政策框架、评估工具、开展研究以及为公立学校提供相关的建议,来促使公立学校的质量得到全面提升。和上文提到的一样,随着学校绩效局的工作越来越深入,势必会有越来越多的私立学校效仿这一做法。学校绩效局的具体工作如下:首先,开发和实施学校问责政策框架;其次,提供评估工具和咨询,以支持学校领导、学区董事和其他方面评价者的工作;再次,向相关部门提供有关学校问责和绩效的研究,并且给出自己的具体分析和咨询意见;最后,提供公立学校一些工作人员以支持,分析和解释学校层面的绩效信息。

系统绩效局主要任务在于确保绩效保持在一定水平,并且为公立学校、政府及相关机构提供可以用于战略规划和管理、监控以及报告教育系统层面的绩效的相关信息。系统绩效局的主要工作包括:协调系统层面的报告,例如编制年度报告;制定可用于战略规划、管理以及部门年度报告的绩效指标;为教育部门搜集有关学校和学生的相关统计资料;负责实施内部问责,进行绩效衡量,安排问责议程;与评价与问责署下属的其他部门以及附属团队进行合作,以确保教育绩效和问责手段能够始终跨部门使用。系统绩效局还设有信息服务科,通过西澳大利亚教育系统,信息服务科可以收集和报告相关学校、教职工以及学生的信息。

总的来说,澳大利亚教育问责的框架模型主要由五部分组成。成功的学生是学校改善和问责的核心内容,并与其他构成要素共同关注学生成就标准,同时这是教育问责的出发点和最终点。学校改善循环即学校评估其表现,并改善计划和行动,这是一个持续的过程,是学校有效改善和问责的核心。学校的运作包括学生成功的两个先决条件:教学与学习环境,以及学生成功的条件——资源、领导和关系。绩效报告是学校需在每年规定的时间就学校绩效出具报告,并公之于众。学校审查即学校需参加每年的审查过程,评价学校效能,提供学校准备如何提高绩效的相关信息。

再次,教育问责的具体内容。主要包括以下三方面:学校评估、教师评估和学生评估。

学校评估方面。根据澳大利亚教育部出台的政策,学校评估需要以年度报告的形式来公布,其主要内容为学校的绩效。学校评估主要是自评,同时囊括一部分的外部评估。学校自评作为学校问责架构的核心,主要包括学生的成绩,必须确保基础教育阶段家长能够每年两次收到学生成绩的信息。同时,学校还需要在此基础上分析和研究学生的成绩进展情况,并且向学生、家长以及社会报告学校的绩效进展情况。学生成绩的进展主要基于教师的判断和全国性测试的结果,在此基础上,学校优先事项的进展、学校改进和问责政策的制定都属于判断学生成绩进展的附加事项。

学校评估以年度报告的形式发布,学校年度报告的内容除了学生的成绩进展,还包括学校计划优先发展事项的进展程度、年度预算与财务信息和学校年度亮点(学校年度亮点要求要向当地社区报告该校在过去一年中的工作亮点和取得的成就)。虽然在学校评估中,外部评估所占的比例较小,但其地位十分重要。学校接受的外部评估的最终结果都需要以报告的形式公布给社区和公众,并进行公示,以方便公众和政府进行监督、比较。这是对公民知情权的保护。

总体而言,澳大利亚的学校评估方式有利于强化学校的主动意识和责任意识,将被动地接受监督和检查转变为主动开展评估,从而及时发现教学中的问题,从长远的角度来看,有利于学校的长久发展,防止积重难返。

教师评估方面。根据澳大利亚政府颁布的《澳大利亚2020》规划纲要,可知澳大利亚政府正着重强调提高教师质量是基础教育改革的重要方向,只有保证这一重要方向,才能保障儿童接受最优质的教育。因此,在《澳大利亚2020》规划纲要的基础之上,2009年澳大利亚政府公布了新的《全国教师专业标准》。其基本理念是:促成高质量的教学,为教师质量提供全国性基准,提升教师的职业期望和专业成就,促进统一的教师认证与注册体系建立等。①这些基本理念主要基于澳大利亚地区间教师质量标准不一、教师流动性较小的情况而定。依照这一《标准》,澳大利亚政府希望可以平衡地区间教师质量标准的差异化水平,促进教师的流动,并且提高全国教师专业水准。

依据《澳大利亚2020》规划纲要以及《全国教师专业标准》,澳大利亚出台了新的教师评估守则。

在新教师培训方面,澳大利亚教育部提倡以大学为基础的理论培养和以学校为基础的具体实践相结合的入职辅导模式。在教师入职之前,加强教师所在大学和准备入职的学校间的联系,以加强理论与实践的结合。此外,还需要建立相关机制引导新教师对实践中产生的问题进行反思,提出改进计划。在新教师入职之后,对新教师入职前所建立的大学和学校之间的联系还应该进一步加强和巩固,同时学校要定期组织新教师对具体的教学环节进行反思,同时鼓励和支持新教师的行为研究。

对于有经验的教师的评估方面,首要任务是进行细分,将有经验的教师分为熟练教师、娴熟教师和主导教师。对于三类不同的教师,根据其不同特点,围绕知识水平、实践能力和发展方向进行考核,在考核之后进行相关指导,并向教师明确其知识、技能和道德方面的具体要求。但是,只有考核而没有相应的激励措施是远远不够的。对于有经验的教师的评估,离不开明确具体的晋升标准。同时,等级晋升与绩效工资相挂钩,以此提高教师的积极性和主动性,将评估效果最大化。

此外,根据新的教师评估守则,澳大利亚鼓励教师标准交由教师自己定,以此来提高教师对自身职业的责任感、道德感和认同感。

总之,澳大利亚的教师评估是在国家统一标准的框架之下,以分层分类为原则,分别设立了不同层面、不同等级的教师评估及培训标准,运用具体问题具体分析的方法,强调教师的发展性及实践性。

学生评估方面。澳大利亚政府鼓励教育要以人为本,既要注重澳大利亚整体教育的发展有序进行,又要关注学生的个体差异,实现学生的个性化发展。有关学生评估的相关政策主要是由澳大利亚课程评估和报告局(ACARA)制定的。

---

① 唐科莉:《澳大利亚颁布全国统一教师专业标准》,载《中国远程教育》,2010(10)。

澳大利亚课程评估和报告局是澳大利亚政府的下辖机构,主要负责收集并向政府报告澳大利亚学校及学生的相关数据,同时管理全国读写与计算能力评估计划并制定全国性的课程大纲。该局的主要作用如下:帮助教师、家长以及相关辅导机构了解学生的学习进展;帮助家长和老师监控学生的成绩;及时更新有关改进学生学习的信息与举措;提供相关信息以便某些机构、学校及家长判断相应评估项目的信息是否有效。

以澳大利亚全国读写与计算能力评估测试(NAPLAN)为例,该测试由澳大利亚课程评估和报告局每年举办一次,主要使用五个方面的全国性统一测试来评估学生,即阅读、拼写、语法、标点和计算能力。这项测试由国家和地区、政府和非政府学校部门协作开发,并由专业的教育测量专家提供技术支持。最终的测试结果通过评估报告的形式公布给公众、家长以及教育系统,以便他们了解学生的发展情况、学校的绩效表现以及地区间的差距,同时便于他们依据结果开展有针对性的改进活动。该项测试之所以通过以上方式开发试题和公布结果,是因为这种方式较为公平、公正,其得到的结果便于比较,有利于学生评估工作的顺利展开。

每年,澳大利亚全体三年级、五年级、七年级和九年级学生都需要参与该测试。但是,考虑到某些有特殊缺陷或来自非英语国家的国际学生的具体情况,澳大利亚课程评估和报告局允许智障或残疾学生以及来自非英语国家到澳大利亚不满一年的学生不需要参与该测试。

对于教育问责评估的评价方面。在整个澳大利亚教育问责框架之中,自我评价是重中之重,绩效报告是问责的主要手段。澳大利亚政府希望通过该教育问责评估框架,产生以下效用:用预先设定的标准来衡量和评估学生、学校以及一些校董事会的绩效;提高学生的成绩;给教师、学校和一些董事会提供有助于改善绩效的计划;改善课堂教学的软硬件设施及质量;便于学校分析和研究其办学绩效,并鼓励这种行为。

对于判断内部评估是否有效,主要从以下几方面来看:第一,是否有利于学校搜集学生成绩水平信息;第二,是否有利于分析和判断学校发展过程中存在的优缺点并提出改进意见;第三,是否方便公众对学校的教学进行监督;第四,是否可以督促学校加强自身的约束。

澳大利亚与当今世界上大部分国家的教育问责目的不同:对于大部分国家而言,教育问责的目的在于将问责和惩罚挂钩,而澳大利亚除了通过教育问责完成"问"的部分,还希望通过"问"发现学校在教学过程中存在的问题及不足,并在此基础上提出有针对性的改善措施和计划,最终实现提高教育绩效和学生素质的终极目标。

从澳大利亚的相关政策可发现,澳大利亚政府,尤其是教育部门,十分重视学校后续的改善工作,并长期对此进行跟踪调查。换言之,澳大利亚政府通过评估发现学校及教育系统存在的问题和不足,接着相关教育机构和学校系统内部联合进行有针对性的改造,并再次接受政府派来的专业评估人员的评鉴及给出的处理方法。

澳大利亚教育问责实际上是为澳大利亚教育的改革和完善助力。澳大利亚教育改革和完善,主要方向是关注弱势群体,因人而异地对待和帮助不同层次的学生,并不断改善澳大利亚教育系统的绩效。根据澳大利亚政府于 20 世纪末公布的《21 世纪国家学校目标宣言》可知,政府提倡学校要全面充分地发展所有学生的天赋和能力。[①] 并且,根据该宣言,当时的澳大利亚政府制定出了 21 世纪学校教育要达到的具体目标以及 8 个关键学习领域的课程标准,以此保障全国可以在平等一致的水平上追求高质量的学校教育。时至今日,澳大利亚历任政府都基本遵循此原则。据此,澳大利亚的教育问责发展,主要遵循由注重数量到注重质量最后到注重个性发展的规律。

(四)维护留学生利益

1. 背景

根据澳大利亚政府官方数据,2016 年澳大利亚一共有 519385 位国际留学生,比上年增长 12%,其留学生数量居世界第三位。澳大利亚前总理茱莉亚·吉拉德公布的《亚洲世纪的澳大利亚白皮书》指出,亚洲学习成为澳大利亚学校的核心课程之一,亚洲素养成为澳大利亚教育改革的核心要素。另外截至 2015 年 12 月,共有 170212 名中国大陆留学生在澳留学,比 2014 年同期增长 12.8%,中国留学生占澳大利亚国际学生人数的 26.4%,居各国留学生数量之首。同时,在上述《白皮书》中,澳大利亚的国际教育蓝图中还特地指出了希望在 2025 年有更多澳大利亚大学生出国留学并且在亚洲国家取得学位,体现澳大利亚希望国际教育产业是一种双向互动流动,而非单向流动。

受赴澳国际留学生数量不断增长的影响,澳大利亚文化多元化的程度不断提高,留学生初至澳大利亚,除了会面临初次面对澳大利亚当地不同文化的无措感,还会面临初次面对多种文化冲击的双重震撼感,因此,常常会受到较大的文化冲击。在这种文化冲击之下,初来乍到的海外留学生常常无法摆正心态,导致学业、生活受到不利的影响。

---

① 郑宏宇、张颖:《澳大利亚教育问责制度研究》,载《教育评论》,2011(2),164 页。

作为传统的白人国家,澳大利亚虽然拥有较为发达的国际教育产业,但是其文化仍然不可避免地带有自身的特点——对于外来移民、留学生难免会有所排斥,尤其是对该国最大的留学生来源地——东亚,由于两地文化存在较大差异性,他们对东亚赴澳留学生难免会产生嫌隙,留学生权益因此受影响成为一件不可避免的事。举个例子,2017 年上半年,墨尔本大学传出相关新闻——墨尔本大学校园内张贴歧视华人公告的事件。与此同时,澳大利亚国立大学的国际班课上,一位讲师在 PPT 上公然用中文打出了"我无法忍受学生作弊"的字样。种种事件均严重侵害了留学生的权益。

澳大利亚是世界知名的最宜居的国家之一,原因之一就在于它的治安良好,生活保障高。墨尔本市的中心地区更是曾经被赞为一年只发生 10 件案件的地区。但是,近年来,随着经济形势改变等因素的影响,澳大利亚的治安水平渐渐不如从前:2017 年 10 月 23 日,在澳大利亚首都堪培拉的一个公交车站,两位中国留学生在放学后被当地一个不明团伙攻击,导致其中一名学生的右眼被缝 7 针,眉骨断裂。这类事件虽多为个案,但也显示了留学生在澳大利亚的安全常常会受到侵害。

自一系列恐怖组织在全球活动日益猖獗,澳大利亚的防恐形势也日趋严峻。虽然,2014 年悉尼发生了震惊全国的悉尼 Lindt 咖啡馆人质劫持恐怖事件之后,澳大利亚政府和各界日益重视本国的防恐任务,但是不可否认的是,近年来澳大利亚的防恐任务日益加重。在这样的背景之下,海外留学生的安全保障难免有所下降。

自 20 世纪 80 年代中期,澳大利亚将留学生教育确立为一项"出口贸易"以来,澳大利亚一直将国际教育定位为一个商业实体来经营。在这样的定位之下,即使澳大利亚的教育产业较为发达、学术成就在世界范围内普遍得到认可,但是难免会产生对经济利益过度追逐的现象。而当盈利变成大学的经营目标,教育成为大众消费的商品之时,常常会使教育的通用性强化,个性、特殊性和公平性大打折扣。同时,在经过 20 多年的发展之后,澳大利亚的国际教育产业化运作的弊端愈加明显,诸如市场无序、规模过度扩张、基础设施压力过重、安全隐患过多和教育质量欠佳等问题逐渐成为澳大利亚国际教育产业的短处。

此外,如上文所言,对于海外留学生而言,还存在由于多种因素影响导致的学历质量、教学质量得不到保障。而海外留学生之所以赴澳留学,最终目的仍然是为了获得更好的学习环境和学习成果。在这样的矛盾之下,赴澳留学生根本利益无法得到保障。

从以上几点可以看出,澳大利亚留学生的利益仍然存在多层面的挑战,长此以往不仅有损海外留学生的利益,对于澳大利亚本国的国际教育产业的长久发展也是有损无益的。因此,澳大利亚政府学校、政府及相关机构希望通过一些政策来保障海外留学生的利益,进而保障本国的国际教育产业能够顺利发展。

2. 政策导向

(1)保障留学生经济利益

20世纪90年代以来,澳大利亚联邦政府联合各州政府,逐步建立起一个较为完整、较为先进的立法框架——海外学生服务立法框架。其中,保障海外留学生的经济利益是这一框的一个重要而关键的功能。如果海外留学生的经济利益无法得到恰当的保护,那么容易造成留学生经济利益受损,进而导致其无法缴纳在澳读书的学费、生活费等费用,最终导致海外留学生放弃在澳大利亚学习、生活。如果这样的情况层出不穷,长此以往对澳大利亚的国际教育产业将产生较大不利影响。

因此,澳大利亚政府十分重视保障留学生的经济利益,进而十分重视海外学生服务立法框架中的经济利益部分。

海外学生服务立法框架为海外留学生预付学费提供了三重保障。

第一重,在学生或者教育提供者(学校或相关教育机构、公司等)违约之后,教育提供者需要退还学生已经缴纳的学费,或者提供可替代性课程。如果教育提供者无法满足上述两个条件,那么这些本应由其承担的责任将由"学费保障计划"或"海外留学生服务保障基金"所承担。海外学生服务立法框架规定了一系列投诉与上诉流程。海外学生除了可以通过学校等教育提供者所提供的内部投诉与上诉流程进行权利维护外,还可以通过教育提供者外部的投诉、上诉流程来维权。两种渠道的共同维护,方便海外留学生投诉和上诉,也令身处异国他乡的留学生们敢于投诉所遭受的经济损失。除了重点保障预付学费之外,该框架还要求教育提供者,尤其是学校,为学生提供一系列支持活动,如向海外留学生提供经济支持和精神辅导,使他们能够较快适应在澳大利亚的学习和生活。

第二重,海外学生服务立法框架对教育提供者的行为有很强的管制作用。为了防止教育提供者的行为有失水准和公平,给留学生带来经济损害,澳大利亚政府通过该框架,严格把控教育提供者的注册以及注册后的行为。具体措施如下。

首先,严格把控国际教育产业的准入门槛:澳大利亚联邦政府要求教育提供者(尤其是私立学校)及课程必须进行注册,注册系统是面向海外学生的机构和课程联邦注册系统(CRICOS)。未经注册,均属于非法机构或非法教师。

其次,对于已经在上述系统进行注册的教育提供者,实行非常严格的管理措施。对于这类教育提供者,如被发现提供和营销存在欺骗性或误导性的课程,将会被清除出 CRICOS 系统,并且其法人代表及公司在一定年限之内不得从事该行业。

最后,推动教育代理制的推广。对于教育代理制,澳大利亚政府采取鼓励和规范并存的态度,对于教育代理的行为进行严格规范,严禁不诚信的代理工作。

第三重,海外学生服务立法框架还致力于抑制留学生签证滥用的现象。留学生签证滥用容易导致留学生误入歧途,导致留学生的经济利益受损。根据立法框架,与海外留学生有关的数据要由专业部门数字化,供移民局以及其他联邦机构使用。同时,教育提供者还负有监督和报告学生签证使用情况的责任,最基础的包括课程进步和出勤率情况等。同时,立法框架还要求已注册的教育提供者必须定时对使用了提供者注册和国际学生管理系统(PRIMS)的学生进行电子确认。并且,教育提供者还要将学生的出勤率和住址信息进行登记,及时上报不符合规定的海外留学生。

(2)相关法律法规

澳大利亚政府建立了相关法案保障海外留学生的利益,具体包括 2000 年海外学生教育服务法案(Education Services for Overseas Students,ESOS)、澳大利亚联邦政府招收海外学生院校及课程注册登记系统(CRICOS)及管理教育产业机构和保障海外留学生利益的国家规范。

ESOS 法案作为一项全国性法案,由联邦政府和州政府共同执行。之所以建立该法案,是因为海外留学生赴澳留学从签证到学费与财政等方面都应得到法律保护。并且,海外留学生还需要法律法规保障其在本国就读课程得到认可。

在确保就读教育机构质量的部分,ESOS 法案规定,任何对非澳大利亚籍学生提供教育服务的机构以及其所提供的课程,都必须向 CRICOS 申请注册,否则都被视为非法课程。当违反法令时,针对其注册身份部分,政府可以对其停权或注销。并且根据法案,所有教育机构需要首先获得州政府的认可,之后才可以向澳大利亚联邦政府申请注册。

(3)保障人身安全与防恐

自 9·11 恐怖袭击过后,全球恐怖主义活动已经上升近 5 倍。随着国际防恐形势的加剧,无论是国际社会还是澳大利亚国内都对反恐怖主义高度重视,并且出台了相应政策应对这种形势。

作为国际社会中反恐怖主义的中坚力量——联合国,根据 2017 年 6 月 15 日大会第 71/291 号决议设立的联合国反恐怖主义办公室正是在这种形势下产生的。该办公室主要承担以下五项职能:整个联合国系统领导大会交付给秘书长的反恐怖主义任务;加强 38 个反恐怖主义执行工作队实体的协调一致性,以确保平衡实施《联合国全球反恐战略》的四个支柱;加强联合国向会员国交付反恐怖主义能力建设援助;提高联合国反恐怖主义努力的能见度,加强其宣传,为其推动资源调动;确保给予整个联合国系统打击恐怖主义的工作应有的重视,确保防止暴力极端主义这项重要工作牢牢扎根于《联合国全球反恐战略》。在以上五项职能的基础之上,联合国反恐怖主义办公室提出了以下战略。

首先,实施消除有利于恐怖主义蔓延条件的措施。具体如下:继续加强、尽可能利用联合国在预防冲突、谈判、调停、调解、司法解决问题、法治、维持和平和建设和平方面的能力,帮助成功地预防和和平解决持久未决的冲突,我们确认和平解决这种冲突将有助于加强全球反恐斗争;继续在联合国主持下安排实施各种举措和方案,促进不同文明、文化、民族、宗教之间的对话、容忍和理解,促进各种宗教、宗教价值观念、信仰和文化相互尊重,防止诽谤行为,在这方面,我们欢迎秘书长发动的"不同文明联盟"倡议,我们也欢迎世界其他地区提出的类似倡议;通过在适当情况下开展和鼓励有社会所有阶层参与的教育和提高公众认识方案,促进追求和平、正义和人类发展的文化,促进族裔、民族和宗教容忍,促进对所有宗教、宗教价值观念、信仰或文化的尊重,在这方面,我们鼓励联合国教育、科学及文化组织发挥关键作用,包括推动不同宗教之间、宗教内部以及不同文明之间的对话;遵照我们各自依照国际法承担的义务,继续致力于采取必要和适当的措施,以法律禁止煽动实施恐怖主义行为,并防止这种行为的发生;重申决心确保及时全面实现联合国各次主要会议和首脑会议商定的各种发展目标,包括千年发展目标,我们重申承诺为所有人消除贫穷,促进持续经济增长、可持续发展和全球繁荣;作为奋斗目标,在各级推行和加强发展和社会包容议程,确认在这方面做出成绩,尤其是降低青年失业率,能够减少边际化和由此产生的受害意识,这种意识会激发极端主义,助长恐怖分子的招募;鼓励整个联合国系统加大在法治、人权和善政领域已开展的合作和援助的规模,以支持经济和社会持续发展;考虑在自愿基础上建立国家援助系统,促进满足恐怖主义受害者及其家属的需要,帮助他们恢复正常生活,在这方面,我们鼓励各国请联合国的有关实体帮助建立这样的国家系统,我们还将努力促进国际团结共同支持受害者,并推动民间社会参与反对和谴责恐怖主义的全球运动,这可包括在大会探讨建立切实可行的机制向受害者提供援助的可能性。

其次,采取防止和打击恐怖主义的措施。具体如下:不组织、煽动、便利、参与、资助、鼓励或容忍恐怖主义活动,并采取适当的实际措施,确保各自的领土不被用作恐怖主义设施或训练营地,或用于准备或组织意图对其他国家或其公民实施恐怖主义行为;遵照我们依国际法承担的义务,在反恐斗争中进行充分合作,查出任何支持、便利、参与或企图参与资助、规划、准备或实施恐怖主义行为或提供安全避难所的人,不让他们有安全避难所,并根据引渡或起诉原则,将他们绳之以法;确保根据国内法和国际法,特别是人权法、难民法和国际人道主义法的相关规定,逮捕和起诉或引渡恐怖主义行为的实施人,我们将为此目的,尽力缔结和实行司法互助和引渡协定,并加强执法机构之间的合作;在适当情况下加强合作,及时交流关于防止和打击恐怖主义的准确信息;加强各国的协调与合作,打击可能与恐怖主义有关联的犯罪,包括贩毒所有方面的活动、非法军火贸易(特别是小武器和轻武器,包括单兵携带防空系统)、洗钱,以及核材料、化学材料、生物材料、放射性材料和其他潜在致命性材料的走私;考虑毫不拖延地成为《联合国打击跨国有组织犯罪公约》及其三项补充议定书的缔约国,并予以实施;采取适当措施,在给予寻求庇护人庇护之前,确保其未曾从事恐怖主义活动,并在给予庇护之后,确保其难民身份不被用于与上文规定相悖的用途;鼓励相关区域和次区域组织创建或加强反恐机制或中心,如果它们为此需要合作与援助的话,我们鼓励反恐怖主义委员会及其执行局,以及联合国毒品和犯罪问题办事处和国际刑事警察组织在符合它们现有任务授权范围内,协助提供这种合作与援助;确认可以考虑创建一个国际反恐中心的问题,认为这是加强反恐斗争的国际努力的一部分;鼓励各国实行金融行动工作组《关于洗钱问题的 40 项建议》和《关于资助恐怖主义问题的 9 项特别建议》中所载的综合国际准则,同时认识到各国为实行这些准则可能需要援助;邀请联合国系统同会员国一起,发展一个单一的生物事件综合数据库,并确保它与国际刑事警察组织设想建立的生物犯罪数据库相互补充,我们还鼓励秘书长更新他可利用的专家和实验室的名册以及各种技术准则和程序,以便及时、高效率地对生物犯罪的指控进行调查,此外,有一项重要的提议,就是在联合国的框架内会聚生物技术各大利益攸关方,包括工业界、科学界、民间社会和各国政府,一起开展一个共同方案,目的是确保生物技术进展不被用于恐怖主义目的或其他犯罪目的,而只用于公益,并适当地尊重关于知识产权的基本国际规范;与联合国一起,在适当顾及保密、尊重人权和遵守国际法所规定的其他义务的情况下,探讨各种途径和方法;在适当情况下,加强国家努力以及双边、次区域、区域和国际合作,改进边界和海关管制,以防止和查明恐怖分子的流动,防止和查明小武器和轻武器、常规弹药和爆炸物、核生化或放射性武器和材料等的非法贸易,同时也认识到有些国家为此可能需要援助;鼓励反恐怖主义委员会及其执行局继续应各国请求,同各国一起推动采取立法和行政措施,以履行与恐怖分子旅行有关的义务,并确定在这方面的最佳做法,尽可能借鉴国际民用航空组织、世界海关组织、国际刑事警察组织等技术性国际组织的做法;鼓励安全理事会第1267(1999)号决议所设委员会继续致力于加强在联合国制裁制度下对基地组织和塔利班及相关个人和实体实行的旅行禁令的有效性,并且作为优先事项,确保将有关个人和实体列入制裁名单、从名单上删除或因人道主义理由允许例外是有公平、透明的程序可循,在这方面,我们鼓励各国交流信息,包括广泛分发国际刑事警察组织和联合国关于列入制裁人员的特别通知;在适当情况下加强每一级的努力与合作,提高身份和旅行证件制作和签发的安全性,防止和查明篡改或欺诈使用证件的行为,同时也认识到有些国家为此可能需要援助,在这方面,我们邀请国际刑事警察组织加强其被盗和遗失旅行证件数据库,并将在适当情况下,特别是通过交流相关信息等途径,尽量充分利用这一工具;邀请联合国改善协调,以做好对用核生化或放射性武器或材料进行的恐怖主义袭击的应对规划,特别是审查和提高现有机构间协调机制在提供援助、开展救济行动和支援受害者方面的有效性,使所有国家都能得到充足的援助。在这方面,大会和安全理事会拟订万一发生用大规模毁灭性武器发动的恐怖主义袭击时进行必要合作和提供必要援助的指导准则;加强一切努力,改善对基础设施、公共场所等特别易受攻击的目标的安全与保护,以及在发生恐怖主义袭击和其他灾害时的应对措施,特别是对平民的保护,同时也认识到有些国家为此可能需要援助。

再次,采取建立各国防止和打击恐怖主义的能力和加强联合国在这方面的作用的措施。具体如下:鼓励会员国考虑为联合国的反恐合作和技术援助项目提供自愿捐款,并探讨这方面的其他供资来源,我们还鼓励联合国考虑争取私营部门为各种能力建设方案提供捐款,特别是在港口、海事和民用航空安全等领域;利用各相关国际、区域和次区域组织提供的框架,交流在反恐能力建设方面的最佳做法,并推动这些组织为国际社会在这方面的努力做出贡献;考虑建立适当机制,使要求各国提交反恐方面报告的规定合理化,消除重复要求提交报告的情况,其中要考虑到并尊重大会、安全理事会及其处理反恐问题的各个附属机构的不同任务范围;鼓励采取措施,包括经常地举行非正式会议,以加强会员国,处理反恐问题的联合国机构,相关的专门机构,相关的国际、区域和次区域组织以及捐助者在适当情况下更频繁地就进行合作和提供技术援助发展各国执行联合国相关决议的能力等问题交流信息;欢迎秘书长在现有资源范围内,使反恐怖主义执行工作队成为秘书处内的制度化机构,以确保联合国系统的反恐努力做到总体协调和一致;鼓励反恐怖主义委员会及其执行局继续提高在反恐领域提供技术援助的一致性和效率,特别是为此加强同各国和相关国际、区域和次区域组织的对话,并同所有双边和多边技术援助提供者密切合作,包括进行信息交流;鼓励联合国毒品和犯罪问题办事处(包括其预防恐怖主义处)同反恐怖主义委员会及其执行局密切协商,应请求加强向各国提供技术援助,协助执行关于防止和制止恐怖主义的国际公约及议定书和联合国的相关决议;鼓励国际货币基金组织、世界银行、联合国毒品和犯罪问题办事处和国际刑事警察组织加强同各国的合作,帮助它们充分遵守关于打击洗钱和资助恐怖主义行为的国际准则和义务;鼓励国际原子能机构和禁止化学武器组织在各自的任务范围内,继续努力帮助各国建立能力,以防止恐怖分子获取核材料、化学材料或放射性材料,确保有关设施的安全,并在一旦发生用这些材料发动的袭击时做出有效应对;鼓励世界卫生组织增强其技术援助,帮助各国改进其公共卫生系统,以预防和防备恐怖分子发动的生物袭击;继续在联合国系统内开展工作,支持国家、区域和国际各级边境管理制度、设施和机构的改革和现代化;鼓励国际海事组织、世界海关组织和国际民用航空组织加强合作,协助各国找出其本国在运输安全领域的任何不足之处,并应请求提供援助加以解决;鼓励联合国同会员国和相关的国际、区域和次区域组织合作,找出和交流防止特别易受攻击的目标受到恐怖主义袭击的最佳做法,邀请国际刑事警察组织同秘书长合作,以便他能够就此做出提议,同时也认识到在这方面发展公私伙伴关系的重要性。

最后,采取确保尊重所有人的人权和实行法治作为反恐斗争根基的措施。具体如下:重申大会2005年12月16日第60/158号决议为"在打击恐怖主义的同时保护人权和基本自由"提供了基本框架;重申各国必须确保它们为打击恐怖主义而采取的任何措施都符合它们依照国际法,特别是人权法、难民法和国际人道主义法承担的义务;考虑毫不拖延地成为人权法、难民法和国际人道主义法方面核心国际文书的缔约方并予以实施,并且考虑接受国际性和相关区域性人权监测机构的管辖权限;尽一切努力发展和维持基于法治的有效的国家刑事司法制度,以便能够遵循依照国际法承担的义务,在适当尊重人权和基本自由的情况下,确保根据引渡或起诉原则,将任何参与资助、策划、筹备、实施或支持恐怖主义行为的人绳之以法,并确保国内的法律法规将这类恐怖主义行为定为严重刑事罪行,同时,有些国家可能在发展和维持基于法治的有效的刑事司法制度方面需要援助,我们鼓励它们利用联合国毒品和犯罪问题办事处等机构提供的技术援助;重申联合国系统在通过促进法治、尊重人权和建立有效刑事司法制度加强国际法律体系方面的重要作用,这三者构成我们共同反恐斗争的根基;支持人权理事会,并在理事会逐渐成形的过程中,协助它开展与在反恐斗争中促进和保护所有人的人权这个问题有关的工作,支持加强联合国人权事务高级专员办事处的业务能力,特别侧重于增加其外地行动和存在,该办事处应继续在审查如何在反恐的同时保护人权的问题方面发挥主导作用,包括就各国的人权义务提供一般性建议,应请求向各国提供援助和咨询,特别是在提高国家执法机构对国际人权法的认识方面;支持在反恐的同时促进和保护人权和基本自由问题特别报告员所起的作用,特别报告员应继续支持各国所做的努力,并提供具体咨询意见,包括同各国政府进行联系,前往各国访问,同联合国和各区域组织保持联络,并就这些问题提出报告。

在联合国反恐怖主义办公室的相关战略、政策的影响之下,澳大利亚政府也将政策导向加强防恐、巩固国防安全的方向。对于在澳留学的海外留学生,澳大利亚政府承诺予以他们同样的保护,以保护留学生的安全利益,坦然面对越来越严峻的安全形势。

(4)消除种族歧视

早在1978年,澳大利亚联邦政府即制定了贯彻多元文化政策,联邦政府成立多元文化事务所,专门负责有关政策和相关学术研究。同时各州响应联邦政府的号召,成立多元文化和民族事务委员会。该委员会的工作之一,在于吸引亚洲移民的参加。但是,澳大利亚是一个此前受"白澳政策"影响百余年的国家,要想消除种族歧视,仅仅依靠上述政策并不足够。以上这些政策背景,既说明澳大利亚政府有着较强的文化多元化、消除种族歧视的决心和传统,也说明澳大利亚要想真正消除种族歧视,从而保障海外留学生的利益,是一件任重而道远的事情。

种族歧视的根本原因是经济原因——近年来澳大利亚经济不景气,赤字严重,失业增多。在这样的背景之下,种族歧视者认为,是海外移民、留学生的涌入,导致他们的社会福利、失业救济趋于减少。因此,针对这一原因,澳大利亚的政策走向应是大力发展经济,通过经济实力的强大来削弱种族歧视的气焰。

此外,早在1996年,澳大利亚联邦政府即公布,要提供500万澳元的财政拨款,专用于全国范围内反种族歧视的教育运动。近年来,受全球化趋势不断增强的影响,澳大利亚政府对增强国际人员往来以及吸引外来人才越来越重视,因此有关反种族歧视方面的政策也愈趋丰富。

(5)保障留学生学习权益

据上文可知,保障海外留学生的学习权益,最重要的是保障海外留学生的学历质量与教育质量。

保障学历质量,除了上文所提到的几种方法以外,还包括以下几种政策。

第一,建立澳大利亚学历资格审核体制(Australian Qualifications Framework, AQF)。该审核体制主要涵盖中学、职业学校和训练学校以及高等教育机构等30余种学历资格。设置该审核体制的目的,在于统一认定澳大利亚职业技术教育与训练,以及高等教育机构所授予的学位和文凭资格,并且在这二者之间得到有效而便捷的连接。因为该体制囊括了澳大利亚所有教育机构所提供的所有文凭、证书和学位,所以较好地简化了国际之间学历认可时的程序,保证海外留学生以及本土学生能够获得认可水平和价值较高的学历资格。同时,由于该政策所建立的时间较长(建于 1995 年),见证了澳大利亚国际教育的兴盛,因此该审核体制在建立伊始,就不可避免地带有为澳大利亚国际教育产业服务的色彩,对于海外留学生的权益保护,可见一斑。

第二,充分发挥国家海外技术认可局(National Office of Overseas Skills Recognition,AEI – NOOSR)的作用。澳大利亚国家海外技术认可局隶属于澳大利亚工业、创新、科学、研究和高等教育部国际教育司(AEI)之下的国际政策及认可部门,是澳大利亚政府的重要组成部分之一。作为国际教育司的一个下属机构,其工作任务主要在于为国际学生提供专业的学历认可咨询和鉴定服务。由于其浓厚的官方背景,因此对于该局做出的学历认可,在澳大利亚国内以及大部分其他国家都具有较高的认可度。此外,为了方便澳大利亚各机构对海外学生学历资格的认定,国家海外技术认可局还出台政策,提供一部分关于研究各国教育系统和学历资格的经费,并建立世界其他国家和澳大利亚教育系统之间的相互比较记录。通过出台这些措施,海外留学生能够较好地保存原所在国的学历,同时尽快得到澳大利亚国内相关教育机构的学历认可。

第三,保障教育质量,主要通过澳大利亚的教育质量保障体系。澳大利亚的教育质量保障体系建立时间较澳大利亚学历质量相关政策的出台时间悠久,于20世纪50年代就已逐步建立完整。其主要组织大部分分布于高等教育领域。截至目前,澳大利亚国内的高等教育质量保障体系已经拥有五个较为成熟的组织:澳大利亚大学质量保证署(Australian Universities Quality Agency,AUQA)的审核机制;联邦政府的相关补助、监控和评价机制;大学本身的学术要求;州政府的法令法规;AQF 系统的认可机制。五个组织呈现分工与合作并存的工作模式。

澳大利亚大学质量保证署主要针对澳大利亚大学和政府相关部门进行质量监督,并且每隔五年对澳大利亚大学的教学、学习、研究、管理等方面的质量与绩效进行评价,同时修改现行标准,完成各教育机构的检察报告并公之于众。这些工作都是由非营利性国家机构进行主持,以澳大利亚国内的大学共同建立的教学和行为标准为标杆而进行。

第四,成立"国际教育顾问委员会"。国际教育顾问委员会是一个从第三方角度出发,为澳大利亚国际教育产业提供监督和建议的委员会。它站在权衡政治、文化和经济利益的高度,从全盘角度出发考虑国际教育发展的长期战略。它的主要特点是,由于该委员会是从第三方的角度出发考虑问题,因此能够为较为成熟同时也较为老化的澳大利亚国际教育产业提供新的发展思路。

第五,要保障国内的教育质量。受澳大利亚国际教育产业不断发展、国际影响力不断加强的影响,政府愈加重视维持澳大利亚海外课程的质量。因此,在上文所述五大组织机构的系统质量监督之外,澳大利亚政府还于2005年建立了跨国质量策略,专门针对澳大利亚的大学及教育机构所提供的海外教育质量。该策略针对的主要是课程部分,尤其是设立国外分校、联合学位以及远距离的课程。除了澳大利亚大学质量保证署进行监督之外,澳大利亚政府还对这类课程建立资料库,帮助相关机构和海外留学生了解此类课程的具体信息和相关规定,并且确保国际教育的教育评价顺利进行,维持澳大利亚以往较高的国际教育声誉。

第二节　澳大利亚留学生的职业选择

对于大部分的留学生而言,出国留学的最终目的,是在国外完成学业之后能够成功申请到一份体面的工作,这一点对于大部分赴澳留学生而言也是如此。但是,随着全球范围内人才供需不平衡愈加严重,且2008年全球金融危机余波未消导致失业率呈普遍上涨趋势,对于留学生而言,要想通过出国留学为未来换取更为良好的职业选择,已经越来越困难。因此,赴澳留学的海外留学生们不可避免地面临这个问题。在这种情势之下,研究澳大利亚留学生的职业选择,包括留澳留学生的职业规划以及离澳留学生的相关规划,成为研究澳大利亚国际教育产业的重要步骤。

(一)留学生求职方法之概要

首先,学会利用大学中的Career Office。一般而言,以澳大利亚、英国为代表的英语国家的大学,都会提供Career Office给所有大学生撮供较为全面和优质的求职指导和服务。Career Office除了配置专职管理教师、专家以外,还提供学生之间的互助活动(主要由高年级学生向低年级学生分享求职经历)。Career Office向学生提供大量的公司信息和近期招聘资讯,同时提供简历指导、模拟面试、模拟无领导小组讨论、商务演示和角色扮演等在求职中较为实用的相关培训。对于学生而言,如果能够从入学第一天起就到Career Office注册、准备,对建立大学所在国的职业、职场框架,整合自身求职资源具有较强的指导作用。但是,受传统文化的影响,以中国为代表的东亚国家的留学生通常较为内敛,经常封闭于本国的社交圈,因此,Career Office在求职中的重要作用常常被忽略。

其次,学会正确、恰当地兼职。对于海外留学生而言,兼职是缓解留学压力的重要途径。而受各国不同政策的影响,留学生兼职常常会受到诸多限制。如何在种种限制之中选择有利于今后职业规划的兼职,是海外留学生所应考虑的。一般而言,较为正确的兼职选择分为两种:选择和所读专业有关的兼职以及慈善性的兼职。

选择和所读专业有关的兼职,首先能够为自己提供判断是否适合从事该行业的计划,其次为今后的就业履历提供一些较为光鲜的经历,同时也是为今后从事类似工作积攒经验。但海外留学生常常因为身处异国他乡而心存自卑,总认为自己申请不上和专业相关的工作,转而投向一些劳动密集型产业。实际上,事实并非如此——排除一些种族歧视因素,在大部分行业之中,对于语言过关的留学生而言,申请工作所面临的关卡和本地学生是一致的。

选择慈善性质的工作。西方国家一向重视慈善事业的发展,注重个人在慈善领域的成绩,重视社会责任感。因此,选择在一些带有慈善性质的组织机构和公司工作,无疑有利于提高留学生未来履历的可读性。此外,通过参与慈善性质的工作,提高自身的社会责任感,对于留学生今后更好地理解企业价值观、融入企业,打下坚实的基础。选择慈善性质的工作还有一个优点,即寻找方便。大部分西方国家的学校都有 Recruit Center,在此注册之后一般而言学校会优先考虑为学生寻找诸如义工之类的工作。

最后,拥有积极主动的信息收集能力。对于大部分留学生而言,申请海外学校的过程就是他/她确定未来希望进入哪个行业或公司的过程。因此,海外留学生可以尽早开始选择心仪公司的准备工作。具体步骤如下。

第一,了解公司动态并收集相关信息。通过 Career Office、网络资讯和公司官网获取大量公司信息。举个例子,将自己目标行业中的公司,按规模分为大型公司、中型公司和小型公司,将它们的官网收藏并每天阅读其中的重要版块和信息。在这个过程中,留学生不但可以了解公司及整个行业对求职者的要求,还可以提高自身的英语水平,弥补语言上的不足。

第二,通过 Facebook 等社交网站联系目标公司的工作人员。对于留学生而言,缺乏相应的资源是留下就业的最大短板之一。

第三,频繁参加学校组织的或全国性质的 JobFair。参与 JobFair 的意义在于不断积累工作经验,找出相关的不足,同时也通过此类比赛和相关公司进行交流,认清自身定位。

(二)留澳学生的职业选择与未来展望(career office)

1. 职业教育毕业留学生

澳大利亚的学校较为重视对学生综合素质尤其是实用技能的培养。早在学生的小学阶段,大多数学校都开设了手工课,课程内容包括手工制作和简单的木工、铁工技能培训,主要教授学生如何剪裁、制图、下料及制作简单的木器和铁器。同时配备了专门的木工和铁工实验室。在中学阶段的前三年,澳大利亚的学校为学生提供各类选修科目。这些选修科目涉及学科范围较广。同时在十一年级到十二年级期间,学生需要根据所考虑的未来发展方向,确定主攻课程。学校所提供的主攻课程通常包括各类培养实用技能的课程,如金工、技术制图、农业机械、园艺等。

澳大利亚学校多重视探究性学习,所布置的作业多是课下研究性质的,如制作糕点等实用性较强的作业更是家常便饭。

在澳大利亚,初中毕业生有三种选项:进入高中深造、进入职业或技术学校和直接进入社会。进入高中深造的初中毕业生,在完成十二年级课程并参加州统考获得高中毕业证书之后,还可以选择三种去向:进入高等院校、去职业技术学院、进入社会就业。受传统文化的影响,澳大利亚社会对学生以上两次重要的人生选择大都保持包容的态度。因此,与中国社会相比,由职业教育学校毕业的学生在澳大利亚就业市场受到的歧视较少。

从以上的介绍可知,在澳大利亚选择接受职业教育也是一条较好的职业规划道路。而留澳留学生选择职业教育亦有政策支持。

以澳大利亚的 TAFE 系统为例,即澳大利亚全国通用的职业技术教育形式系统,是澳大利亚义务教育阶段之后最大的教育与培训系统。澳大利亚政府及相关教学机构将其视为澳大利亚教育体系中拥有重要战略地位的系统。目前,澳大利亚有 TAFE 学院共 250 多所,遍布全国主要城市及偏远地区。据统计,“近年来全澳大利亚每 6 个大学毕业生中就有 5 个人要进入 TAFE 继续学习,与此同时,迫于信息化社会就业形势的压力,约有 30% 高中毕业生进入普通大学学习,而近 70% 则选择各类 TAFE 学院学习和培训。”①而 TAFE 的受教范围,则包括高中、专业的职业技术学院和大学,受教范围较广。

TAFE 系统是澳大利亚政府调节社会关系的“杠杆”——受到诸多因素的影响,澳大利亚的就业状况大不如前。因此,TAFE 系统一定程度上解决了部分失业

---

① 朱建峰:《澳大利亚 TAFE 人才培养模式研究》,四川师范大学学位论文,2008。

问题,调节并且延缓了就业压力,提高了教育平等程度。目前,从 TAFE 系统毕业的学生,其就业率和大学毕业生的就业率相似。而同等条件下,由于拥有实用技术,从 TAFE 系统毕业的学生在需要专业技术的岗位上更受欢迎。因此,TAFE 系统对于缓解澳大利亚人民就业压力起到了较大的作用。

作为澳大利亚职业教育培训的主要提供者,TAFE 系统为澳大利亚培养了不同类型的人才,是澳大利亚职业技术教育的主力军(每年承担的培训职业技术人数,占澳大利亚接受职业教育人数的75%),是澳大利亚重要的教育资源提供者之一,也是澳大利亚向国际社会推广其高职教育的知名文化品牌。从以上几点出发,为了增强本国国际教育的竞争力,多方位发展国际教育,澳大利亚政府积极向留学生推广 TAFE 系统,并提供了多种支持——自 20 世纪末开始,TAFE 系统每年都会得到一笔联邦资金,用于新教学楼建设、师资队伍建设、图书馆建设、教学大纲研究与开发和广告策划,借以提高公众对学院的认识与了解。此外,澳大利亚建立起了以 TAFE 系统为主题,政府、行业、学校和社会相结合,与中学及大学有效衔接,但是相对独立而又多层次的综合性职业教育培训体系。同时,TAFE 系统每年向全球各个地方派出专职人员,到各个国家、教育论坛等推广 TAFE 系统,希望可以吸引更多留学生来澳就读 TAFE 系统的职业教育学校。

再以职业技术人才培训包(Training Package)为例,此“培训包”由行业技能委员会依据职业资格框架(AQF)和各行业不同技术等级的行业职业能力标准进行开发。培训包是整个行业以及职业教育提供者必须遵循的规范和准则,包含国家认证部分和辅助材料(不需国家认证)两部分。国家认证部分包含了“能力标准”“职业资格”“评估指南”三部分,这些是各州必须遵守的全国统一的准则;辅助材料包含“学习方法”“评估材料”和“专业发展材料”等,可以根据各地情况相对灵活地设置和安排。这样既保证了全国统一的标准,也照顾到了区域特色。培训包开发完成后须经过严格的评估以保证达到相应的质量标准,确保其与实际技能的贴近以及与国家标准的一致。由于培训包并不是真正意义上的课程,而是开发 TAFE 专业(course)和课程(subject)的基础,因此,并不会导致各州(领地)的课程和专业千篇一律,州(领地)在 TAFE 课程和专业设置上仍可以展示其多样的才情与思考,培训包的主要意义在于保证人才培养的基本质量。为了确保行业技能的提升,澳大利亚政府也力争让更多行业的职业资格证书或文凭教育都有相对应的“培训包”。

除了充足的资金支持以外,澳大利亚通过法律法规,要求雇主重视职业培训,一定程度上也推动了澳大利亚职业教育与其他教育类型平等化的进程,提高澳大利亚企业参与职业教育的积极性并且加深了企业对于职业培训的认识和理解。

1990年实施的《澳大利亚培训保障法》规定,年收入在22.6万澳元以上的雇主应将工资预算的1.5%用于对其员工的职业资格培训。实施新学徒制后,为了鼓励企业聘用新学徒,雇主每雇佣一名学徒工,政府向其提供4000澳元的资金支持,由雇主结合自己的工作需要和学徒的实际水平选择注册的培训机构并支付学费。新学徒的学徒期为4年,雇主须保证新学徒每年去TAFE学院接受8周的培训。

在澳大利亚,一些特殊行业将国家资格体系所对应的各级证书作为准入门槛。例如,一级证书被用于日常的、被严密监督的工作,二级证书对应一些工作责任有限,但是要在监督下完成一系列日常任务的工作。以上两级证书都是职业教育中以半熟练工人和高级操作员为培养目标的。而三级证书持有者则是可以经常应用其判断能力和识别能力适应不同情况,且可以完成一系列有技能的任务的人;四级证书致力于培养能应用广泛的技能的人(包括规划、评估、领导和指导他人,并对其他人的工作负责——多扮演监督者的角色)。以上两类证书是一级和二级证书的提高阶段,即实用知识技能的提高阶段,其培养目标是熟练工人和高级熟练工人。因为有针对性较强的培养目标,所以拥有这类证书的学生毕业之后,通常较为容易找到对口工作。而五至六级文凭证书则要求持有者在具备动手操作能力基础之上,还要具备一定的技术分析和设计能力与解决实际问题的能力。五至六级的培训目标是辅助技工和辅助管理人员,其理论性学习较多,实际操作性较少于一至四级证书的拥有者。但是,它仍然属于职业教育中的重要证书,拥有五级证书和六级证书的学生,可以免试直接升入大学二年级攻读本科学位,是澳大利亚教育体系为学生提供的又一个职业选择机会。同时,以上六级职业证书所设置的教育内容是相通的,学生可以选择从一级证书教育一直学习到获得高级职业文凭证书为止,也可以选择在就业之后根据需要分解完成教育。这种教育模式有利于学生根据个性发展的需要选择学习。同时,澳大利亚的职业教育实践较短,一般而言,获得每一级证书所需时间不超过三年。由于所需时间较短,对于一些经济状况不佳的留学生而言,在澳学习职业教育课程,与就读高等教育相比,可以较大程度地缓解经济压力。同时,取得相关证书毕业之后,受专业对口、澳大利亚相关专业技术人才引进政策等有利因素的影响,这些经济状况欠佳的留学生,可以在澳大利亚寻得较为满意的工作,从而获得新生活。

得益于以上政策的保障,以TAFE系统为首的教育体系的教育质量真正赢得了公众的认可和国际声誉。因此,越来越多的海外留学生选择赴澳就读职业教育课程,在就读职业教育学校的过程中,得益于澳大利亚丰富的课程设置体系,他们得以选择自己真正想走的职业发展道路。并且,由于澳大利亚对职业教育毕业生的需求较大,相关的保护较为完整,这类海外留学生大多选择留在澳大利亚就业,且从事的多为拥有熟练技术或技能的行业。

2. 高等教育毕业留学生

与留澳接受职业教育的海外留学毕业生相比,选择接受澳大利亚的高等教育进而留澳生活、工作的海外学生,在职业选择和未来规划上多有不同。由上文可知,由于澳大利亚所接纳的留学生多来自东亚地区,因此这些留学生职业选择与未来规划方面难免受祖国传统文化的影响。基于此,这些留学生多选择祖国的热门专业作为今后毕业走向——如金融、IT、护理等。同时受澳大利亚移民政策的影响,留澳的高等教育毕业留学生的选择也随着政策的不同而有微妙的改变。由于澳大利亚长期面临劳动力短缺的人口问题,本国的养老和社会保障负担较重。2010—2011 年度,澳大利亚中央和各州政府就在社会福利上花费 1194 亿澳元,其中 75%(900 亿澳元)直接用于养老等费用,另 25% 是福利服务费。在 900 亿澳元中,363 亿澳元用在老年人身上,另 255 亿澳元用在家庭和孩子身上。而排除物价因素,2011—2012 年度,澳大利亚政府的 GDP 总额才不过 14297 亿澳元。① 基于以上原因,澳大利亚联邦政府将吸引短缺技术人才作为移民政策的重要使命。从上文可知,澳大利亚非常重视职业教育,重视培养技术人才,但是实践与理论的相辅相成性决定要想真正改变劳动力短缺等人口问题,仅仅在政策上倾斜于职业教育是不够的,而应该用政策平衡职业教育和高等教育。

为解决上述问题,澳大利亚政府希望能够引进大量移民人才,因此以吸引 15～34 岁之间的移民为主。澳大利亚政府对此做出了以下具有针对性的技术移民方案。

首先,公布优先处理程序以及新的急需型技术职业清单。在这个清单中,删除了技工的优先处理职业,而保留了信息技术、工程、医疗、建筑等领域的优先处理职业。并且,独立技术移民的申请,其雇主担保、州或领地担保以及偏远州的提名具有优先审批的权利。新型的技术职业清单,较为偏向高等教育所涉及专业,因此对于海外留学生而言,选择如信息工程、医学等专业赴澳进修,将成为一种新趋势。

其次,削减技术移民的配额。例如 2009 年 3 月,澳大利亚政府将当年的技术移民配额缩减至 115000,比上年减少 20000 个。削减技术移民的配额则在一定程度上加剧留澳海外留学生的移民难度。因此对于一些所读学校较差、又没有条件进行投资移民的海外留学生而言,此条措施的出台将使他们的未来规划逐渐转向澳大利亚以外的地区,包括回国就业。

---

① 赵昌:《从官方统计资料看国际移民政策对澳大利亚人口问题的调控作用——兼论中国国际移民政策体系的建构》,载《人口与发展》,2016(5),50、61-68 页。

再次,取消 MODL 和 CSL,出台新的移民职业清单(SOL)。2010 年 2 月 8 日,澳大利亚移民部部长宣布"取消并取而代之的是一份新的移民职业清单,同时这份清单将会在年月日生效,最终形成三表合一的状态"。而清单是一份更完整、更全面并符合澳大利亚就业市场需求的一份移民职业清单。在这份新的清单上,技工类位居第一,医疗类居于第二,各种工程类、护理类、教育类、建筑类、法律类以及其他科学如运输、消防警察紧随其后。经过修订,澳大利亚独立技术移民可加分的职业中仅剩下具有高度附加值的职业。根据这份清单,专业人士类的申请者均需至少持有本科学位。另外,对于会计师的要求提高,但是例如营销、物流、厨师、发型师、翻译等专业则不见踪影。由此可见,澳大利亚政府的政策趋势是强调吸纳拥有优秀综合能力的人才(高学历、拥有高附加值、专业背景雄厚、工作经验丰富并且英语能力出色的人才)。由于吸纳这类人才的难度相对较大,因此澳大利亚倾向于吸引在澳读书的优秀留学生。这种倾向对于有意于留在澳大利亚的海外留学生而言,是一个好机会,但同时也意味着各校的优秀留学生之间竞争将越来越激烈。

最后,出台新的打分系统。2010 年 11 月 11 日,澳大利亚移民局颁布新的移民打分系统及打分标准。与旧的打分系统相比,新打分系统总分为 65 分,较之过去减少了 55 分(主要是因为 SOL 表的出台而减去近 60 分的职业分)。此外对申请移民者语言能力的要求更加严格(雅思成绩要求达到 7 分和 8 分才可加分)。最后,该新打分系统侧重申请者的工作经验,相关分数比重较旧打分系统增加,分为 5 分、10 分和 15 分三档。与上一点相同,从新打分系统可以明显看出,澳大利亚对移民的选择越来越偏向高质量的人才型移民,对于留澳留学生的未来规划而言,是挑战,更是机会。

(二)离澳学生的职业选择与未来展望

据澳大利亚教育部所属国际教育机构网站消息,截止到 2015 年 12 月,共有645185 名持有学生签证的国际学生在澳大利亚各级各类教育机构注册全额付费学习。①虽然在同类发达国家中,澳大利亚的移民政策较为宽松,但是对于一部分海外留学生而言,出国留学只是职业发展的一个跳板,或者是人生迷茫时期的一种选择,而在完成学业之时,他们可能会选择和预想不同的道路。因此,一部分海外留学生的未来规划是离开澳大利亚。

---

① 《2015 年中国在澳留学生人数统计》, http://www. eduaustralia. org/publish/portal72/tab5536/info122475. htm

对于选择离开澳大利亚的学生而言,未来规划和选择受其在澳大利亚所接受教育的影响很大。例如原卫生部副部长黄洁夫,曾在悉尼大学完成其博士后研究(外科)。归国后,他历任中山医科大学附属第一医院肝胆外科主任、副院长、院长,中山医科大学副校长、校长兼党委书记,北京协和医院肝脏外科主任、博士研究生导师,中华人民共和国卫生部副部长、中央保健委员会副主任。在悉尼大学做外科博士后研究期间所获取的知识、能力,对于其在 20 世纪 90 年代中期国内第二次肝脏移植高潮中的工作,提供了较大帮助,使他成为这次肝脏移植高潮中公认的推动者和学科带头人。

由于上文提到的,经济的持续增长、劳动力稀缺日益成为澳大利亚所面临的重要问题,因此,自霍华德政府(1996—2007)开始,澳大利亚开始实施"技术技能移民计划"。这是一项希望通过招收外国留学生并将其中的优秀人才接纳为技术移民,从而缓解劳动力资源短缺和老龄化危机的计划。但是,随着大量留学生的涌入,该政策在后期令澳大利亚引入大量通过假装留学从而移民的人员,给澳大利亚社会造成了极大困扰。因此,澳大利亚政府在近年来实施新政时,一方面宣布废除上述技术移民计划,削弱在澳留学与获得永久居留权之间的联系,使留学生教育提供者真正依靠质量参与全球移民竞争;另一方面通过对《海外学生教育服务法》的修订,对国际教育产业进行整顿,加强对国际教育产业的监管,提高准入门槛;同时,还通过立法成立"高等教育质量和标准署"及"澳大利亚技能质量署",在联邦政府层面增强对高等教育和职业教育及培训行业的全面规范与监管。

在这样的形势之下,对于海外留学生而言,顺利留在澳大利亚的可能性变小,难度增大。同时,由于赴澳海外留学生以亚洲发展中国家学生为主,其海外留学背景在祖国常常拥有较大的就业优势。在以上两个方面的共同作用之下,选择离开澳大利亚回国就业的海外留学生比例增大。

第三节 访谈实录

(一)马丁·瑞丹谈高职教育之国际交流①
时间:2010 年 10 月 15 日
地点:中国北京·中国大饭店

---

① 职业教育国际论坛会议实录,搜狐出国网站,http://m.sohu.com/n/275849596/。

记者:您好,首先非常欢迎您来到这次职业教育国际论坛!

马丁·瑞丹:谢谢,能够参加此次职业教育国际论坛是我的荣幸。

记者:此次论坛主要是有关国际教育中的职业教育方向。您作为澳大利亚 TAFE 校长委员会首席执行官,主要是因为什么原因选择参与此次论坛呢?

马丁·瑞丹:我这次是以澳大利亚 TAFE 校长委员会首席执行官的身份参加这次论坛。可能有很多朋友仍然不知道 TAFE 校长委员会是什么。我来解释一下:TAFE 即 Technical And Further Education,已经拥有超过一百年的历史。TAFE 是一种在澳大利亚全国通用的职业技术教育形式,主要由澳大利亚联邦政府负责实施教育和培训。通过 TAFE 取得的学历文凭受澳大利亚联邦政府认可。而在澳大利亚国内,大约有 127 万学生就读于 TAFE 系统。这是个什么概念呢? 目前,澳大利亚约有 75 万普通高等院校的学生,经过这么一对比就可以发现,在澳大利亚,就读于 TAFE 系统的学生数量是普通高等院校的 1.7 倍。

TAFE 的教学特色在于,首先,政府非常重视 TAFE 教育系统的建设。澳大利亚联邦政府主持建立了全国统一的 TAFE 标准体系,政府参与 TAFE 系统建设的布局设置、资金筹集和培训管理等方面。要知道,在澳大利亚这样一个联邦国家,能够得到政府这么全面支持的教育系统,非常罕见。我们可以通过表 8-1,具体了解澳大利亚全国统一的职业资格框架体系。

表 8-1　澳大利亚职业资格框架表①

高等教育领域证书	职业教育和培训领域证书	高等教育领域证书
		博士学位(博士、高等博士两类)
		硕士学位(研究型硕士、课程型硕士、广博型硕士三类)
	职业教育研究生证书/职业教育研究生文凭	研究生文凭(graduate diploma)\研究生证书(graduate certificate)\ 本科荣誉学位(Bachelor honour Degree)
		本科学位(Bachelor Degree)
	高级文凭(Advanced Diploma)	副学士学位(Associate Degree),高级文凭
	文凭(Diploma)	文凭(Diploma)

① 夏伟:《职业教育的国家战略:对澳大利亚 TAFE 的思考》,载《中国高教研究》,2012(1)。

续表

高等教育领域证书	职业教育和培训 领域证书	高等教育领域证书
	Ⅳ级证书	
	Ⅲ级证书	
Ⅱ级证书	Ⅱ级证书	
Ⅰ级证书	Ⅰ级证书（Certificate Ⅰ）	

其次，TAFE 系统的机制是灵活的。为了顾及职业教育的特殊性和实用性，我们的 TAFE 系统从建构之初就采取了灵活多样的学制、学习对象、课程设置、教学方式和考核方式。

最后，充分发挥行业的主导作用也是 TAFE 系统的一大特色。既然 TAFE 系统针对的是职业教育，就意味着它必然需要投入到实用的工作、技术中去。因此，TAFE 系统和行业紧密结合，一直保持着合作关系，致力于产学研一体化的建设。同时，为了保证和行业有良性的合作关系，我们还建立了专门的产业培训理事会，连接产业和国家培训管理局，互相进行监督、支持和发展。

当然，TAFE 也一直致力于满足社会各行各业的不同需求。随着科技革命、经济全球化的深入发展，以及教育结构改革的相对滞后，世界各国都不同程度地出现了相对劳动力过剩的情况。但是，在一些基础性技术性行业，人才远远达不到社会发展所需要的数量，社会对许多技术型工种仍然是需求旺盛的，这一状况不仅在发展中国家如此，在澳大利亚也是如此。TAFE 的发展一定程度上就是为了缓和这一现状。

我们知道，此次参加职业教育国际论坛的各个国家代表，都带来了本国在职业教育方面所面临的诸多困难与挑战。在全球化趋势日益显著的当今，澳大利亚职业教育所面临的困难与其他国家也有许多相似之处——青年失业率居高不下，大部分青年技能水平不高或不愿意从事技术工种，这些问题在今天参加论坛的国家之中都是存在的。

因此，我们选择参加职业教育国际论坛，也是希望能够和各国代表共同交流如何解决本国的职业教育，即高职教育发展存在的困境，同时也希望大家能够互相合作，共同渡过难关。

记者：听说您听完今天上午张司长和马院长的演讲之后，感触颇深，可以具体谈一谈您的看法吗？

马丁·瑞丹：就像我前面说的那样，听完他们的演讲，各国可以达成共识的一点是:其实大家都清楚本国的职业教育存在一些问题,关起门来解决已经力不从心了,现阶段必然需要改革。如何改? 在现在这个全球化时代,国际教育也发展到较为成熟的程度了,因此改革需要通过国际合作才能进行。

记者:那么,澳大利亚目前的改革措施有哪些呢? 您可以简要谈一谈吗?

马丁·瑞丹:当然可以,但是首先我们要了解澳大利亚目前的一些背景情况。

记者:好的,您说。

马丁·瑞丹:众所周知,澳大利亚是国际社会中国际教育发展较为完善的。近年来,澳大利亚在全球,尤其是东亚地区不断接受大量外国学生,可以说,在国际教育方面进行国际合作,对于我们而言是较为熟悉的。而职业教育方面,虽然澳大利亚以较为优秀的学术水平和高等教育闻名于世,政府也一直出台各类政策支持职业教育,TAFE 就是重要的代表,但是职业教育不得不说是澳大利亚教育产业的短板。但是,现阶段不管是发达国家,抑或是发展中国家,都存在着职业教育吸引力不足的问题。

记者:那么,澳大利亚目前的改革措施是?

马丁·瑞丹:首先,我们通过举办交流活动来提高认知度和认可度。以中国为例,我们 TAFE 委员会已经和中国教育国际交流协会合作多年,建立了多项交换项目。澳发署与之合作的位于重庆的项目目前也取得了很好的成效。此外,我们还和中国共同举办了一些有关领导力的交流项目,效果也不错。

其次,我们也在进一步重视高职教育的发展。日前,我们已经将高职教育发展战略并入澳大利亚高等教育的相关战略之中。同时,我们积极争取外界的投资,例如 ADB、IMF、世界银行等机构都对我国的高职教育进行了投资。当然我们不仅仅将高职教育的目光放在国内,我们更希望高职教育可以在全世界范围内发挥作用——利用我国工业和矿业的长处,为世界提供这两个方面的高职教育经验。

再次,一直以来,我国对职业教育的学历认可一直存在着地区与地区之间、不同公司机构之间的差异性。就目前的改革措施而言,澳大利亚政府和相关教育部门提出在高职教育和高等教育之间建立相应的合作,并提供相应的学历认可机构。最重要的是让就读高职教育的学生在社会上得到学历认可,同时方便其在毕业之后还能够继续学习。

最后,澳大利亚是一个移民国家,移民国家在国际教育,尤其是国际教育中的职业教育方面是很有优势的:来自不同国家的移民为我国提供丰富的、可供选择的人才储备,而职业教育恰恰十分需要既有专业化知识,又有较广视角的人才。当然,有利就有弊,因为我们是一个移民国家,因此我们提倡以包容的姿态接纳世界各国的学生。但是,受某些原因的影响,有的学生来自经济稍欠发达的国家,澳大利亚的海外留学生之中,约有20%是来自这些国家的。这些学生的文化课水平、经济情况等都不尽如人意。他们与其他学生相比,学习较为吃力,获得相应的证书更为困难。因此,我们所需做的,就是专门拿出一部分精力帮助这些学生,同时支持他们通过职业教育实现人生价值。这些帮助,不应该仅仅是学业或是经济上的资助,还应该是精神上的——让他们更好地融入澳大利亚社会。

记者:请问您对本次论坛的主题"教育引领未来"有何看法?

马丁·瑞丹:教育对于每个国家以及整个人类社会的发展都是至关重要的。只有通过教育来对下一代负责,人类社会才能有更长久的发展。对于澳大利亚和TAFE而言,我们会帮助学生在澳大利亚更好地通过教育得到成长。这不仅仅是因为有利于我们国家的国际教育产业发展,也是因为这是我们的责任,是澳大利亚对未来的负责,对社会的负责。

记者:好的,非常感谢您的发言,谢谢。

马丁·瑞丹:谢谢。

(二)澳大利亚教育和培训部前助理部长 Simon Birmingham 谈国际教育合作①

时间:2015 年 7 月 13 日

地点:中国

记者:首先,欢迎您此次来中国访问,我们知道,此次您的中国和韩国之行,主要目的是推广澳大利亚的优势留学产业,以及加强国际社会上国际教育的联系。

Simon Birmingham:是的,这是我此次来中国的首要目的。今年澳大利亚国际教育发展的主要目的地就是东亚。早在2013年,就有超过3.5万名的学生通过在中国当地的澳大利亚教育分支机构上学,占澳大利亚所有海外校区学生人数的72%。并且,和教育有关的旅游服务也在蓬勃发展。有这样的前提条件在,澳大利亚非常希望能够和中国建立更为长久的国际教育合作关系。

记者:请问您认为澳大利亚国际教育在中国的优势有哪些?

Simon Birmingham:首先,澳大利亚拥有丰富的境内和海外国际教育提供机构,这些机构遍布世界各个国家、地区。以亚太地区而言,这些机构帮助海外留学生提高他们在就业市场的竞争力。

---

① 徐桂庭:《加强国际交流合作 推进职业教育改革——中国—澳大利亚职业教育与培训战略政策对话活动在北京举行》,载《中国职业技术教育》,2015(25)。

其次,澳大利亚的职业教育体系以高质量的教学水平、与产业紧密结合的就业模式而闻名于世。在澳大利亚的国际教育战略中,以上两点是目前最关键的组成部分。同时,在此基础上,我们将提升本国职业教育的输出和推广。此次访问中国,我希望能同中方在职业教育方面达成共识,并推动两国职业教育,尤其是高职教育的交流。

记者:好的,祝您在中国访问顺利。

Simon Birmingham:谢谢!

(三)玛格丽特·加德纳(Margaret Gardner)谈国际教育

时间:2016 年 3 月 1 日

地点:澳大利亚·墨尔本·2016 年度亚太地区国际教育协会年度会议

记者:加德纳女士,您好。非常高兴您能来参加此次亚太地区国际教育协会举办的年度会议。

玛格丽特·加德纳:这是我的荣幸。非常感谢此次有机会参与这个会议,与大家共享有关地区国际教育的话题。

记者:好的。我们知道,在这次年度会议上,APEIE 迎来了新总裁 Sue Elliott。前两天,她和 PIE 新闻谈起对当今国际教育的看法时,提到:"我们已经看到人们远远超出了学生流动和研究合作国际化的正常对话,把大学的国际化视为一项真正的活动。"同时,她也强调,在现今的 APEIE 框架上,学生流动与交换体制是较为成熟的,并且,在有了许多早期的准备之后,目前关于国际教育的研究合作也正走在正轨上。因此现在的国际教育合作和改革要将重点放在如何使参与国际教育的学校和学生的体验得到提高——不仅仅是学术上的提高,也包括其他方面能力的提高。

对于 Elliott 女士的说法,请问您有什么看法?

玛格丽特·加德纳:我非常同意 Elliott 的看法。我是澳大利亚莫纳什大学的副校长,作为澳大利亚一所高校主管国际交流的副校长,在近几年的工作中,我非常清晰地感受到国际教育不仅仅在澳大利亚,也在全世界范围内得到了迅速发展,所取得的成就也不可谓之少。可以说,我非常同意 Elliott 所说的当今世界顶尖的国际教育产业已非常成熟。因此,在国际教育领域,仅仅强调和考虑学生流动性的程度已经远不能满足现阶段的需求了——考虑学生如何"增值"早应该提上日程。

我所说的"增值",与 Elliott 所说的类似,因此在这我只简要说一下。在我看来,"增值"分别针对参与国际教育的学生、学校和国家三个部分。对于学生而言,除了通过国际教育提高成绩,还会在这个过程中发掘自身的潜能,同时增加自身的竞争力,发现自己的价值所在,改变对世界的看法。对于学校而言,通过国际教育首要是提高自身的国际知名度,此外是缓解财政压力,但最重要的还是通过国际交流提高自身的学术科研水平。对于国家而言,除了表面上财政收入的增加,此处的"增值"还意味着文化软实力的提高。

记者:请问您在莫纳什大学管理国际教育期间,有经历过相关的"增值"案例吗?

玛格丽特·加德纳:当然,我对"增值"的看法,除了通过对世界上其他国家和地区的国际教育进行观察而得外,很大一部分是通过这几年我在任上的"实战"经验而得的。

比如说,莫纳什大学和英国沃里克大学建立了合作关系。去年一年,两校共有113名学生进行交换、交流。可以说,这个数量居澳大利亚和英国的前列。我比较欣赏这个项目的一点在于,该项目包含一个为期两天的本科生研究会,同时经过多年发展,这个项目的基金会还创办了一个联合研究期刊。对于学生而言,通过以上两点,不失为提高学术水平的一种方法;对于学校而言,这两个项目也是学术交流的一种途径。通过对交流学生的回访,我发现大部分学生在交流之后,对于世界的看法愈加广阔,考虑问题更为全面。这就是一种"增值"。

又比如,在2013年时,我校和东北财经大学出国留学培训基地签署了合作协议,建立了1+1硕士留学项目和2+2本科生出国留学培训项目。并且每年两校都会适时调整两个项目的课程设置等细节。这个过程,表面上只是两校商讨交换学生的事宜,实际上也是两校一种间接的文化和学术交流。我认为,这也是莫纳什大学一种"增值"方式。

记者:您的介绍确实体现了国际教育急需提高各方面的能力,以进行"增值"。我们知道莫纳什大学是澳洲八大名校之一,名校光环很重。但是,不是所有参与国际教育的亚太地区学校都拥有这样的名校光环,亚洲大学在国际招生和国际化方面还远远落后于欧美一些发达国家。对于这类学校在国际教育方面要如何发展,您有什么看法呢?

玛格丽特·加德纳:我不认为一些不太出名的学校不能从"增值"的角度出发进行发展。

首先,和两三年前相比,整个亚太地区的国际教育发展已经有了较大进步——他们越来越专业化,也越来越重视国际教育。我认为,只要有重视国际教育的意识,那么一切困难都是暂时的。

其次,可以看到包括中国在内的多个亚太国家,政府都出台了一系列措施支持国际教育的发展。中国教育部公布的高等教育计划中,已经承诺要增加高校教师的人数。因此,对于目前实力较弱的一些学校,有新教师的注入,无疑是一种鼓励和支持。

最后,受亚太地区文化的影响,校友参与率也呈增加态势。这是一个好兆头,优秀校友是学弟学妹的学术榜样,也是学校文化的传播者,更是学校财政的保障之一。而优秀校友并不是只有所谓的"知名学府"才有,很多不知名的学校也培养出了优秀的人才。从这个角度来看,校友也是推动"增值"的一部分。

记者:我们知道,在今年的会议上,有 1600 多名代表参加此次会议,俄罗斯更带来了约 100 个旗舰项目,法国、秘鲁、美国等国也有代表作为特约代表参与。对此,您有什么看法?

玛格丽特·加德纳:虽然此次亚太地区国际教育协会年度会议题为"亚太地区",实际上以目前的全球化趋势,地区内的合作固然对国际教育很重要,但是全球国际化、专业化的推动也必不可缺。我觉得作为国际教育的年度会议,能够吸引其他地区的国家、组织参与,是一件幸事,更是一件好事。"幸"体现在这说明亚太地区的国际教育已经得到其他地区的重视。"好"则是在"幸"的基础上增加了一种对于未来发展的利好希望。

记者:非常感谢您接受我们的采访,谢谢。

玛格丽特·加德纳:这是我的荣幸。衷心希望亚太地区的国际教育可以得到更加长久的发展。